KB091337

Windows Server Container
시작하기

Windows Server Container 시작하기

Windows와 Docker의 새로운 만남

스리칸스 마히라지 지음
백승주 · 김세준 · 최정현 · 최한홍 옮김

최근 들어 컨테이너^{Container}는 점점 고급화된 방식으로 가상 시스템 서비스를 제공하고 있다. 마이크로서비스^{Microservice}와 연계돼 격리되고, 자체적인 응용 프로그램 서비스를 제공한다. 컨테이너는 인프라스트럭처에서 솔루션을 개발 및 배포할 수 있는 혁신적인 방향을 제시한다. Docker는 오픈소스 기반으로 컨테이너를 만들고 컨테이너 클러스터를 구성하기 위한 인기 있는 기술이 됐다. 이는 수백 개 혹은 수천 개의 컨테이너를 실제 Server에 구현함으로써 서비스를 최적화하거나 유연하게 운영할 수 있는 기능을 제공한다. 필요한 모든 기능을 갖고 있으면서도 개별 컨테이너 내에서 다른 운영체제(리눅스, Windows 등)를 사용할 수 있다는 점은 모듈식 시스템을 만드는 데 용이하다. Microsoft Windows와 Microsoft 애저 클라우드 플랫폼은 지속적으로 발전하고 있어 전 세계 기업의 IT 시스템 내에서 현재 디지털 트랜스포메이션^{Digital Transformation}을 위한 시스템을 만드는 데 중요한 역할을 하고 있다. 수백만 명(또는 수천만 명)의 모바일 사용자가 사용하는 엔터프라이즈 응용 프로그램이나 수십억 개의 IoT 센서를 사용하는 응용 프로그램이 있더라도 컨테이너 모델을 통해 Windows를 플랫폼으로 사용할 수 있으며, 필요한 만큼 확장이 가능한 마이크로소프트 애저 클라우드를 사용할 수도 있다.

배포와 잦은 릴리스는 컨테이너 기술에 의해 발전한 또 다른 영역이다. 코드 형태로 인프라스트럭처^{Infrastructure as a code}를 만들어 개발, 배포, 운영을 자연스럽게 연결하는 DevOps는 오늘날 솔루션을 만드는 빠른 방법의 일부가 됐다. 컨테이너 형태를 이용하는 것은 변경이 어려운 인프라스트럭처로 솔루션을 쉽고 효율적으로 배포할 수 있게 해준다.

이 책은 앞서 언급한 모든 주제를 다루고 있다. Windows 컨테이너를 이해하고 다른 유형의 시스템을 만들 때 사용할 Windows와 Microsoft Azure 개발자의 도구들도 다룬다. DevOps의 연동도 주제로 다룸으로써 응용 프로그램 개발 방법론을 구현하는데 유용하다.

저자는 노련한 개발자며 아키텍트[Architect]다. 대규모의 고객을 위한 최신 기업 솔루션 구축 경험과 복잡한 요소를 함께 다루는 실용적인 모범 사례들을 모든 페이지에 담으려고 노력했다. 그의 컨설팅 경험과 수많은 기술적 경험을 담아 Windows 컨테이너를 활용한 응용 프로그램 개발에 대한 구체적인 방법론을 제시하고, 이는 클라우드 기반으로 확장성이 요구되는 기업용 응용 프로그램 개발을 담당하는 개발자들, 아키텍트 그리고 운영 팀에게 매우 유용한 도구가 될 것이다.

컨테이너와 마이크로서비스에 대한 소개부터 시작해 저자는 간단한 'Hello World' 컨테이너에서 실용적인 사례까지 개발자들을 깊이 있는 여정으로 안내한다. 이는 SQL Server, Redis Cache, 저장소 볼륨, 지속적인 개발 및 배포를 위한 VSTS, 리소스 관리 및 통찰력[Insight]를 활용해 복잡한 기업 응용 프로그램을 개발할 수 있게 도움을 줄 것이다.

마이크로소프트 인도 지사 시니어 기술 전도사[Senior Technology Evangelist]

스리칸스 마히라지^{Srikanth Machiraju}

열정적인 기술 전문가로서 Microsoft Azure와 .NET 기술을 주 분야로 하는 DevOps 전문가이자 개발자 컨설턴트다. 인도 하이데라바드에 위치한 마이크로소프트 글로벌 서비스의 모던 앱^{Modern Apps} 팀에 재직 중이다. 지난 9년간 리드 컨설턴트로서 클라우드 기반 응용 프로그램의 설계 및 개발, 클라우드로 레거시 응용 프로그램을 이전하는 데 관련된 업무를 하고 있고, Microsoft Azure 기술에 대한 기업체 및 마이크로소프트 기술과 관련된 다양한 사용자 그룹에서 스피커로 활동 중이다. 응용 프로그램 개발에 대한 모범 사례와 유용한 팁을 널리 알리고 전파하는 데 깊은 희열을 느낀다. 스마트한 최신 클라우드 기반 응용 프로그램을 통해 접근성을 높이고, Microsoft Azure를 활용한 IoT 서비스, AI^{Artificial Intelligence}, 딥러닝^{Deep Learning}, 병렬 처리^{Parallelism}, 그리고 기업 환경의 보안을 통합적으로 제공할 수 있는 기술을 지속적으로 알리고 있다. 여가 시간에는 가족을 위해 새로운 레시피를 개발해 요리를 즐기며, 영화 감상, 수영, XBox 게임을 즐긴다.

또한 마이크로소프트 봇 프레임워크^{Microsoft Bot Framework}를 활용한 『Developing Bots』이라는 책을 집필 중이기도 하며, 2017년 말 출간 예정이다. 이 책은 마이크로소프트 봇 프레임워크와 Microsoft Azure Cognitive Services를 활용해 봇을 개발하는 데 중점을 두고 있다.

이 책을 빌어 나의 가족에게 감사의 인사를 전하며, 특히 이 책을 출판할 수 있게 아낌없는 지원을 해준 아내 소니아 마단(Sonia Madan)에게 깊은 감사를 표한다. 또한 나의 멘토인 브레인스케일(BrainScale)의 비닛 바티아(Vineet Bhatia)와 파니 티파라주(Phani Tipparaju)에게도 감사의 말씀을 드린다. 그들의 조언과 가이드가 없었다면 이번 책은 쉽게 이뤄지지 못했을 것이라고 생각한다. 많은 사람이 도움을 주셨고, 미처 언급되지 않은 분들을 통해 배우고 성취해 배운 지식들을 이 책에 담을 수 있었다.

| 기술 감수자 소개 |

로메오 믈리나르^{Romeo Mlinar}

마이크로소프트의 시니어 시스템 엔지니어로, 컴퓨터 기술 분야에 10년 이상 몸담아 왔으며, 마이크로소프트의 제품과 기술에 대해 헌신적인 노력을 하고 있다. 관심 분야는 시스템 센터^{System Center}, 액티브 디렉터리^{Active Directory}의 계획 및 설계, Windows Server 서비스 등이 있으며, 가장 최근에는 가상화(Hyper-V)에 대해 특별한 관심을 갖고 있다. 다수의 마이크로소프트 기술 자격증을 보유하고 있고, 2012년부터 마이크로소프트가 부여하는 Cloud and Datacenter Management 부분의 MVP^{Most Valuable Professional} 자격을 유지하고 있다. 정기적으로 국내외의 다양한 IT 콘퍼런스의 연사로 활동하고 있으며, 또한 크로아티아 자그레브에서 IT Pro 사용자 그룹과 교육 분야의 IT Pro 그룹을 이끌고 있다. 시간이 날 때마다 IT업계의 사람들과 교류하며 새로운 지식을 쌓고 공유하는 것을 즐기는 동시에 가족과도 즐거운 삶을 보내기 위해 노력한다.

블로그는 http://blog.mlinar.biz/다.

로마인 세레^{Romain Serre}와 베네딕트 베르거^{Benedict Berger}의 공동 저서인 『Hyper-V 2016 Best Practices』의 감수자이기도 하다.

아낌없는 지원과 이해, 그리고 격려를 해준 아내 Ana와 사랑하는 아들 Vito에게 깊은 감사를 표한다. 나의 가족이 없었다면 기술에 대한 열정을 세상에 쏟아내지 못했을 것이다. 당신들은 나의 행복과 영감을 얻는 원천이다.

| 옮긴이 소개 |

백승주(Koalra@outlook.com)

2006년부터 현재까지 한국 마이크로소프트에서 유영하고 있는 엔지니어 구루, 11년간의 기술 전도사^{Technical Evangelist}를 거쳐 최근 대한민국 기업 내에서 Microsoft Azure를 구현하고 적용하는 기술 전문가^{Technical Solutions Professional}로 활동 중이다. 클라우드, 온-프레미스를 가리지 않고 즐겁게 느껴지는 일들을 마구 섭렵하고 있으며, 시간이 허락하면 쌓아놓은 프라모델 박스를 열고 만들거나 훌쩍 몇 주간 여행을 떠나기도 한다.

김세준(kimsejun@outlook.kr)

개발을 꿈꾸는 엔지니어다. 한국 Azure 사용자 그룹 운영진으로 활동 중이며, 처음 애저를 사용하는 사용자가 애저에 쉽고 재미있게 접근하는 방법에 관심이 많다. 영문으로 된 문서를 한글로 번역해 쉽게 전달하는 것을 취미생활로 한다. 현재 클라우드 서포트^{Cloud Support} 팀장을 하고 있으며, 최근에는 시스템을 얼마나 안정적으로 운영할 수 있는지에 대해 관심이 많고, SDDC의 발전으로 자동화된 운영을 위해 개발 쪽에도 관심이 있으며, 운영자를 위한 플랫폼을 만드는 것이 꿈이다.

최정현(oopslync@outlook.com)

컴퓨터 분해 조립과 Windows 설치를 재미로 삼다가 마이크로소프트 파트너 사에서 기술 지원 엔지니어, 기술 영업을 거쳐 현재 SkillSupport 교육센터에서 컨설턴트로 활동 중이다. Microsoft Azure MVP이며 마이크로소프트 공인 강사로 활동하고 있다. 다양한 분야의 현업에 종사하는 많은 사람을 접하면서 알고 있는 내용을 전달하는 역할을 하고 있지만, 반대로 배우는 것이 더 많아 즐겁게 살아가고 있다. 정확한 기술을 가지고 즐겁게 구현하고 전파하는 것을 목표로 살아가고 있지만, 아직 갈 길이 멀다는 것을 항상 느끼면서 주경야독晝耕夜讀하고 있다. 고민이 깊어지는 시기에는 가끔씩 주경야주晝耕夜酒하면서 스트레스를 해소하는 경우도 있다.

최한홍(ardentm@hotmail.com)

마이크로소프트의 기술 전도사로, 2012년 입사 이후 마이크로소프트의 기술 플랫폼을 한국의 개발자들에게 알리는 업무를 하고 있으며, 지금은 주로 국내 소프트웨어 개발사들이 클라우드로 솔루션을 전환하는 일을 돕는 역할을 하고 있다. 호기심이 많아 다양한 분야의 지식을 익히는 것을 좋아하며 여러 취미를 갖고 있지만, 특출한 지식과 취미가 없는 것 같아 최근 선택과 집중에 대한 고민이 많다.

| 옮긴이의 말 |

대한민국처럼 IT에 대해 기민성 및 유연성을 요구하는 나라도 많지 않다. 논의가 끝나기가 무섭게 마우스 클릭 몇 번만으로, 혹은 몇 번의 명령어를 입력해 변화를 요구하는데, 오픈소스 세상의 Docker가 제격이다. 많은 엔지니어/개발자가 환영하는 기술을 Windows Server에도 품어 좀 더 높은 가치를 제공할 수 있다는 데 경의를 표한다.

지난 몇 개월 동안 업계에 마이크로소프트 애저를 대표하는 MVP인 최정현 책임, 김세준 팀장, 그리고 같은 팀에 있어 서로를 잘 아는 최한홍 과장과 함께 번역을 할 수 있던 것은 또 하나의 즐거운 경험이었고, 감사드린다. 이 책을 통해 작게는 컨테이너 기술을, 넓게는 클라우드를 향하는 분들에게 미약하지만 도움이 됐으면 한다. 마지막으로 언제나 까탈스런 성격을 웃으면서 받아주는 가족들, 특히 항상 옆에 있는 Sunny에게도 또 다른 결과의 고마움을 표현하고 싶다.

백승주

우선 이런 기회를 주신 백승주 부장님께 감사드린다. 함께 번역 작업을 하면서 번역을 하는 데 영어만 잘해서는 안 된다는 것을 배웠고, 기술서 번역을 할 때엔 많은 기반 지식이 없으면 독자를 이해시키기 어렵다는 점도 배웠다. 이전에는 독자나 청중에게 쉽게 전달하는 것만 초점을 맞추었는데, 이번 번역서 작업을 하면서 전문적인 지식을 단순히 쉽게 풀어쓸 것이 아니라 독자가 쉽게 이해할 수 있게 더욱 노력해야겠다는 생각을 많이 했다. 번역서 작업은 원문 언어만 잘하면 되는 줄 알았지만, 그보다 우리

나라 말을 더 잘해야 독자가 쉽게 읽을 수 있다는 점을 깨닫고 더욱 한글을 사랑하고 올바르게 사용해야겠다고 다짐해본다.

책을 번역하면서 많은 도움을 주신 분들께 감사하며, 특히 번역 작업이 하기 싫을 때 옆에서 채찍질해준 아내에게 감사한다.

김세준

가상화를 이용한 기술은 여러 가지가 있다. 이 책에서 다루는 내용은 최근 가장 핫한 이슈로 대두되는 Microsoft Azure와 컨테이너 기술인 Docker를 모두 다루기 때문에 빠르게 바뀌는 IT 트렌드에 맞춘 최신 기술을 공부하기에는 좋은 소재로 도움이 될 것 같다. Windows 기반에 익숙한 옮긴이 본인의 경험상으로 Docker는 낯선 기술이다. 이 책의 내용을 살펴보면 마이크로소프트 기술이 오픈소스 기술도 포용하는 부분을 직접 느낄 수 있다. 또한 엔지니어/개발자가 감당해야 할 분야가 점점 확대, 통합되는 것을 생각해볼 수도 있을 것 같다. 개인적으로는 이름 석 자가 기록되는 첫 번째 책이라서 신기한 부분도 있다.

항상 깨달음의 기회를 주시는 백승주 부장님께 감사드리며, 같이 번역 작업을 진행하면서 많은 것을 배우고 느낄 수 있게 해준 최근 새신랑이 된 최한홍 과장님, 그리고 최근 아빠가 된 김세준 팀장님께 감사드린다. 또한 작업을 진행하면서 도움을 주신 SkillSupport 대표님 이하 임직원들께도 감사의 마음을 표현하고 싶다.

최정현

Docker는 빠르게 이슈가 된 만큼 실사용 또한 빠르게 진행되고 있는 기술인 것 같다. Docker를 지원하는 클라우드 플랫폼이 늘어나는 만큼 Docker를 잘 활용하기 위한 다양한 오케스트레이션 도구 또한 늘어나 그 자리를 견고히 하고 있다. 2015년, Windows Server 2016의 기술 프리뷰^{Technical Preview}에서 첫 선을 보인 Windows 컨테이너는 미약했던 첫 시작과는 달리 Docker 명령어를 품고 Windows 10으로 지원 영역을 확장하는 등의 많은 변화가 있었다. 최근 마이크로소프트 본사에서 새로운 기술들이 소개될 때마다 Windows/Linux 컨테이너에 대한 지원이 빠지지 않는 것을 볼 수 있다. 어찌 보면 이러한 Windows 컨테이너의 중대한 전환기에 번역서를 출간하게 돼 기대되고 감회가 새롭다.

첫 번역 작업을 제안해주시고 번역 작업 동안 가장 고생이 많으셨던 백승주 부장님께 먼저 감사의 말씀을 드리고 싶다. 또한 번역 작업에 소중한 주말을 양보해준, 이제 막 나의 아내가 된 한아에게도 지면을 빌어 고마움을 표하고 싶다.

최한홍

| 차례 |

1장 가상화   33

11장 복합 컨테이너와 클러스터링 387

| 들어가며 |

컨테이너는 최신 클라우드 기반 응용 프로그램을 만드는 차세대 혁신 도구며, 이는 Server 가상화 같은 이전 기술들과 비교되고 있다. 컨테이너화Containerization는 가장 빠르고 리소스 측면에서 효율적이며 확장 가능한 응용 프로그램을 호스팅 환경에서 개발하는 데 현재까지 가장 안전한 방법이라고 인식되고 있다.

이 책은 Docker 명령어와 Docker REST API를 이용해 최신 Windows Server 플랫폼에서 컨테이너화된 ASP.NET 응용 프로그램을 만들기 위한 길고 깊은 여행으로 안내할 것이다. 이 책은 단일 환경에서부터 지속적인 통합CI, Continuous Integration 및 지속적인 배포CD, Continuous Delivery를 활용하는 환경에까지 컨테이너를 만들고 전달하는 방법을 살펴본다. 가상 컴퓨터 같은 격리 수준을 제공하는 확장 가능한 저장소 컨테이너와 캐시 컨테이너를 사용해 컨테이너화된 응용 프로그램을 만드는 방법도 배운다. 이 책은 컨테이너 호스트 환경 생성, 복합 컨테이너 배포 관리 및 리소스 관리에 대해서도 도움을 줄 것이다.

■ 이 책의 구성

1장, 가상화에서는 여러 가상화의 각기 다른 수준에 대해 소개하고, 각 가상화 유형에 따른 도전 과제와 가상화 플랫폼으로서의 컨테이너, 컨테이너화된 응용 프로그램 운영의 장점, 도구 지원, 시장 내의 다른 컨테이너 플랫폼에 대해 알아본다.

2장, 첫 번째 컨테이너 배포에서는 개발 환경을 구축하는 방법을 알아보며, Docker 용어에 대한 이해, Docker Hub에서 이미지 설치, Docker CLI와 dockerfile 작성을 활용한 Windows 컨테이너 사용자 지정 이미지 생성 방법을 알아본다.

3장, 컨테이너 이미지 작업에서는 컨테이너 목록 확인, 시작/중지, 사용하지 않는 컨테이너의 제거 혹은 Windows Server 환경에서 Docker CLI를 활용한 이미지 사용 등 일반적인 컨테이너 관리 작업에 대해 알아본다.

4장, 컨테이너 응용 프로그램 개발에서는 Visual Studio 2015, .NET Core, 그리고 C#을 활용한 ASP.NET Core 웹 응용 프로그램을 Windows Server 2016 Server Core에서 동작하는 Windows 컨테이너에 PowerShell과 Docker CLI를 사용해 생성, 배포하는 방법을 알아본다.

5장, 컨테이너 응용 프로그램 배포에서는 Microsoft ARM^{Azure Resource Manager} 템플릿과 PowerShell, 컨테이너 호스트를 위한 원격 관리 설정, Windows 컨테이너와 Hyper-V 컨테이너로 응용 프로그램 원격 배포, 소프트웨어 부하 분산 장치 설정 등을 활용해 Windows Server 컨테이너 환경을 생성하는 방법을 알아본다.

6장, 저장소 볼륨에서는 Docker 볼륨을 활용한 파일 및 저장소 기반의 컨테이너 생성 및 Microsoft SQL Server를 활용한 관계형 데이터베이스 컨테이너 등을 만드는 방법을 알아본다.

7장, Redis Cache 컨테이너에서는 Redis와 저장소 볼륨을 활용해 영구적인^{Persistent} Redis Cache 컨테이너를 만드는 방법을 알아본다.

8장, 컨테이너 네트워크에서는 Windows 컨테이너 네트워크, 다른 네트워킹 모드, 이를 활용한 사용자 지정 컨테이너 네트워크의 생성과 해당 네트워크에 컨테이너 배포 방법 등과 같은 Windows 컨테이너 네트워크에 대해 알아본다.

9장, 지속적인 통합과 배포에서는 Microsoft Azure, Docker Hub와 Git상의 Visual Studio Team Services(TFS 온라인)를 활용한 컨테이너 응용 프로그램의 지속적인 통합과 배포 파이프라인에 대해 알아본다. 개발을 위한 사용자 지정 서버 구축과 패키징, 그리고 컨테이너를 Windows 컨테이너 호스트에 릴리스하기 위한 방법도 알아본다.

10장, 리소스 할당 관리 및 REST API에서는 컨테이너 리소스 활용, 생성, 그리고 Postman과 C#으로 Docker REST API를 이용한 컨테이너의 생성 및 관리, 이미지 최적화 전략 및 컨테이너와 컨테이너 호스트에서 사용 가능한 모니터링 옵션에 대해 알아본다.

11장, 복합 컨테이너와 클러스터링에서는 Docker Compose를 이용해 다중 컨테이너 배포 조정Orchestrate, 다중 컨테이너 환경에 대한 확장 설정, 그리고 Docker Compose Service 정의를 작성하는 방법을 알아본다. 또한 Docker Swarm과 ACSAzure Container Service를 활용해 클러스터를 관리하는 방법을 알아본다.

12장, Nano Server에서는 Windows Nano Server에 대한 소개로, PowerShell을 활용한 사용자 지정 Nano Server 이미지 구성과 Nano Server로 컨테이너 배포, Nano Server에서의 컨테이너 관리, PowerShell DSC를 활용한 Nano Server 구성 방법을 알아본다.

▌ 준비 사항

이 책은 독자가 PowerShell, C#, ASP.NET 5, 클라우드 컴퓨팅 및 Microsoft Azure에 대한 기본 지식이 있다고 가정했다. 이 책은 Windows 10(1주년 업데이트 이상)과 같은 데스크톱 운영체제에서 개발 환경을 구성할 수 있으며, 온-프레미스나 Microsoft Azure에서 실행 중인 가상 컴퓨터에 컨테이너 응용 프로그램을 배포할 수 있게 한다. Windows 10과 같은 온-프레미스 환경에서 컨테이너화된 응용 프로그램을 만들려면 호스트 컴퓨터에는 Hyper-V 역할이 활성화돼야 한다. 이 책은 Windows 10에 기본 내장된 Hyper-V를 이용해 가상 환경을 만들지만, VMware나 VirtualBox 같은 다른 데스크톱 가상화 소프트웨어를 사용할 수도 있다. 또한 Visual Studio 2015를 이용해 응용 프로그램 환경을 다루는데, Visual Studio에 대한 경험이 있으면 예제를 손쉽게 실행할 수 있을 것이다. 다음은 Hyper-V와 Visual Studio 2015를 실행하기 위해 필요한 기본 하드웨어 사양이다.

- CPU: 1.6GHz 이상의 프로세서, 4Core
- SLAT^{Second Level Address Translation}를 지원하는 64비트 프로세서(Hyper-V를 사용하려면)
- VM 모니터 모드 확장^{Monitor Mode Extension}을 지원하는 CPU(인텔 CPU의 경우 VT-C) (Hyper-V를 사용하려면)
- 8GB 이상의 메모리
- 디스크 공간: 80GB

이런 사양 이외에도 Microsoft Azure에 컨테이너 환경을 만들려면 구독이 필요하다. 유료 구독이 없는 경우 마이크로소프트는 30일간 무료 구독을 제공한다. 이 책을 살펴보기 위해 필요한 소프트웨어는 다음과 같다.

- Visual Studio 2015(Community 에디션 이상)
- Windows 10(1주년 업데이트 이상)
- SQL Server Management Studio
- Redis Desktop Manager
- Postman

응용 프로그램 개발을 위한 패키지 설치, Windows Server 2016 이미지(ISO) 다운로드, 또는 깃허브 저장소에서 소스코드를 다운로드하기 위한 인터넷 연결도 필요하다.

▌ 이 책의 대상 독자

이동 가능한 앱을 만든 후 코드의 변경을 거의 하지 않고 원하는 곳(노트북, Server, 그리고 공용/사설 클라우드)에서 구동할 수 있는 Windows Server 컨테이너를 이용하려는 개발자다. 개발자들은 높은 품질의 응용 프로그램을 만들고 전달할 수 있을 것이다. Windows 컨테이너는 개발자와 관리자 모두에게 큰 영향을 줄 것이므로, 이 책은 사용과 유지 보수가 용이한 인프라스트럭처를 준비하는 IT Pro, 또는 DevOps 엔지니어에게 유용하다. IT Pro는 서버당 응용 프로그램의 밀집도를 높여 리소스 사용률을 최적화할 수 있을 것이다. 이 책에서 다루는 개념은 DevOps에서 컨테이너 개념 정립, 개발 환경에서 프로덕션 환경으로 손쉽게 개발된 코드를 컨테이너 형태로 게시하는 작업 연결에 도움이 될 것이다.

▌편집 규약

이 책에서는 다른 종류의 정보를 구분하기 위해 여러 글꼴 스타일을 사용한다. 여기서 각 스타일에 대한 예시와 의미를 설명한다. 문장 중에 사용된 코드, 데이터베이스 테이블 이름, 사용자 입력, 트위터 핸들^{Twitter Handle}은 다음과 같이 표기한다.

"remove( ) 메소드는 엘리먼트의 첫 번째 인스턴스(인자로 전달된)를 찾고 목록에서 삭제한다."

모든 커맨드라인 입/출력은 다음과 같이 표기한다.

```
docker search microsoft
```

새로운 용어나 중요한 용어는 고딕체로 표기한다. 메뉴나 대화상자와 같은 화면에 보이는 단어들은 다음의 텍스트처럼 고딕체로 보여준다.

"연결 테스트를 클릭하고, 성공적으로 연결됐는지 확인한다."

 경고나 중요한 내용은 이와 같이 나타낸다.

팁이나 요령은 이와 같이 나타낸다.

▌독자 의견

독자로부터의 피드백은 항상 환영한다. 이 책에 대해 무엇이 좋았는지 또는 좋지 않았는지 소감을 알려주길 바란다. 독자 피드백은 앞으로 더 좋은 책을 발행하는 데 매우 중요하다.

일반적인 피드백을 우리에게 보낼 때는 간단하게 feedback@packtpub.com으로 이메일을 보내면 되고, 메시지의 제목에 책 이름을 적으면 된다.

여러분이 전문 지식을 가진 주제가 있고, 책을 내거나 책을 만드는 데 기여하고 싶다면 www.packtpub.com/authors에서 저자 가이드를 참고하길 바란다.

▌고객 지원

팩트출판사의 구매자가 된 독자에게 도움이 되는 몇 가지를 제공하고자 한다.

예제 코드 다운로드

이 책에 사용된 예제 코드는 http://www.packtpub.com의 계정을 통해 다운로드할 수 있다. 다른 곳에서 구매한 경우에는 http://www.packtpub.com/support를 방문해 등록하면 파일을 이메일로 직접 받을 수 있다.

코드를 다운로드하려면 다음과 같이 한다.

1. 팩트출판사 웹사이트(http://www.packtpub.com)에서 이메일 주소와 암호를 이용해 로그인하거나 계정을 등록한다.
2. 맨 위에 있는 SUPPORT 탭으로 마우스 포인터를 이동한다.
3. Code Downloads & Errata 항목을 클릭한다.
4. Search 입력란에 책 이름을 입력한다.
5. 코드 파일을 다운로드하려는 책을 선택한다.
6. 드롭다운 메뉴에서 이 책을 구매한 위치를 선택한다.
7. Code Download 항목을 클릭한다.

파일을 다운로드한 후에는 다음과 같은 압축 프로그램의 최신 버전을 이용해 파일의 압축을 해제한다.

- **Windows** WinRAR, 7-Zip
- **맥** Zipeg, iZip, UnRarX
- **리눅스** 7-Zip, PeaZip

저자의 코드 저장소 https://github.com/vishwanathsrikanth/learningwsc에서 최신 코드 예제를 다운로드할 수 있다. 또한 이 책의 코드 전체는 팩트출판사의 깃허브 저장소 https://github.com/PacktPublishing/Learning-Windows-Server-Containers 에서도 제공된다.

다음 주소에서 팩트출판사의 다른 책과 동영상 강좌의 코드도 다운로드할 수 있다.

https://github.com/PacktPublishing/

또한 에이콘출판사의 도서정보 페이지인 http://www.acornpub.co.kr/book/windows-server-containers에서도 예제 코드를 다운로드할 수 있다.

정오표

내용을 정확하게 전달하기 위해 최선을 다했지만, 실수가 있을 수 있다. 팩트출판사의 도서에서 문장이든 코드든 간에 문제를 발견해서 알려준다면 매우 감사하게 생각할 것이다. 그런 참여를 통해 그 밖의 독자에게 도움을 주고, 다음 버전의 도서를 더 완성도 높게 만들 수 있다. 오탈자를 발견한다면 http://www.packtpub.com/submit-errata를 방문해 책을 선택하고, 구체적인 내용을 입력해주길 바란다. 보내준 오류 내용이 확인되면 웹사이트에 그 내용이 올라가거나 해당 서적의 정오표 부분에 그 내용이 추가될 것이다. http://www.packtpub.com/support에서 해당 도서명을 선택하면 기존 정오표를 확인할 수 있다.

한국어판은 에이콘출판사 도서정보 페이지 http://www.acornpub.co.kr/book/windows-server-containers에서 찾아볼 수 있다.

저작권 침해

인터넷에서의 저작권 침해는 모든 매체에서 벌어지고 있는 심각한 문제다. 팩트출판사에서는 저작권과 사용권 문제를 매우 심각하게 인식한다. 어떤 형태로든 팩트출판사 서적의 불법 복제물을 인터넷에서 발견한다면 적절한 조치를 취할 수 있도록 해당 주소나 사이트명을 알려주길 부탁한다.

의심되는 불법 복제물의 링크는 copyright@packtpub.com으로 보내주길 바란다. 저자와 더 좋은 책을 위한 팩트출판사의 노력을 배려하는 마음에 깊은 감사의 뜻을 전한다.

질문

이 책과 관련해 질문이 있다면 questions@packtpub.com으로 문의하길 바란다. 최선을 다해 질문에 답하겠다. 한국어판에 관한 질문은 이 책의 옮긴이나 에이콘출판사 편집 팀(editor@acornpub.co.kr)으로 문의해주길 바란다.

01

가상화

경쟁이 치열하고 급변하는 세계에서 최첨단에 있고자 하는 기업은 높은 안정성, 비용 효율적, 그리고 무한히 확장 가능한 IT 인프라가 필요하다. 기업은 변화하는 고객의 요구에 적응하는 것과 실패에서 교훈을 얻어 새롭게 변화하는 것 모두 중요하다. 하드웨어 비용이 낮아지고 있지만 이미 투자된 인프라스트럭처Infrastructure를 최대한 활용하기 위한 측면과 신규 인프라스트럭처의 구축이나 임대하는 측면에 대한 투자 금액도 줄이는 데 중점을 둔다. 이는 근본적으로 기존 IT 환경에서 더 많은 응용 프로그램/서비스 구동을 의미한다.

가상화Virtualization 인프라스트럭처는 앞선 문제들을 해결하고, 현재 기업의 모든 IT 요구 사항에 부합한다. 가상화는 계산Compute, 스토리지Storage, 또는 네트워킹Networking 리소스를 추상화Abstraction하고, 인프라스트럭처 관리에 대한 통합 플랫폼Platform을 제공한다. 가상화는 리소스 최적화, 비용 관리, 실제 공간의 효율적인 사용률^{Utilization}, 기간계^{LOB, Line-of-Business} 응용 프로그램의 고가용성, 탄력적인^{Resilient} 시스템, 무한한 확장성, 내결함성^{Fault-Tolerance} 환경, 그리고 하이브리드^{Hybrid} 컴퓨팅을 가능하게 한다.

다음은 가상화의 몇 가지 기능이다.

- 가상화는 IT 인프라스트럭처에 설치했을 경우 한 대의 실제 서버 내 여러 가상 컴퓨터^{VM, Virtual Machine}들을 구동할 수 있게 함으로써 단일 평방피트당 컴퓨터의 밀집도^{Density}를 상승시키는 소프트웨어다.
- 가상화는 단순히 여러 대의 컴퓨터를 사용할 수 있게 할 뿐만 아니라, 모든 스토리지 장치를 하나의 큰 가상 스토리지 영역으로 생성해서 컴퓨터들이 공동 사용하거나, 요구 시 추가 프로비저닝^{Provision}[1]할 수 있다.
- 여러 유형의 운영체제^{OS, Operating Systems}를 동시에 구동해서 하이브리드 컴퓨팅의 이점을 제공할 수도 있으므로, 크고 다양한 고객에 대응할 수 있다.
- IT 인프라스트럭처를 중앙 집중화해서 컴퓨터와 비용, 패치 업데이트 실행, 또는 요구 시 리소스의 재배치를 관리할 수 있는 단일 지점을 제공한다.
- 탄소 배출, 항온 요구, 전력 소비를 줄인다.

클라우드^{Cloud} 컴퓨팅 또한 가상화의 구현이다. 하드웨어 리소스의 가상화를 제외하고 클라우드는 사용량 기반으로 과금하는 형태^{Pay-per-use}인데, 신뢰성, 셀프-서비스^{Self-Service}, 그리고 인터넷 기반 확장성과 같은 훌륭한 서비스의 제공도 약속한다.

비용의 감소로 인해 공용^{Public}이나 사설^{Private} 클라우드 벤더가 제공하는 오늘날의 가상 컴퓨터는 매우 강력하다. 그러나 응용 프로그램이나 서비스가 서버 용량을 효율적으로 이용하고 있는가? 응용 프로그램이 실제 사용하는 계산, 그리고 스토리지의 비율은

---

1. 가상화 환경에서 무언가를 새롭게 만들어 제공하는 것을 프로비전(Provision) 또는 프로비저닝(Provisioning)이라고 한다. 만든다는 단어로 번역할 경우 정확한 의미가 아니므로, 이 책에서는 프로비저닝이라는 단어를 사용했다. - 옮긴이

얼마인가? 정답은 매우 낮다. 전통적인 응용 프로그램은 높은 리소스 사용을 하지 않는다(일부 배치 작업 시스템, 복잡한 과학 계산을 하는 빅데이터 시스템, 그리고 컴퓨터 처리 능력을 모두 사용하는 게임 엔진은 제외). 고객에게 높은 확장성과 개별 격리^{Isolation}를 제공하기 위해 결국 10~30%의 이용률을 갖는 개별 가상 컴퓨터에서 응용 프로그램의 여러 인스턴스를 구동하고 있다. 또한 컴퓨터를 수배하고 응용 프로그램 및 이들의 연결 관계를 구성해서 실제로 사용 가능하게 하는 데 꽤 많은 시간이 필요하다. 그리고 사설 데이터센터에서 구동 중인 가상 컴퓨터의 숫자는 소유한 실제 공간으로 한정된다. 동일한 수준의 격리와 확장성의 이점을 가지면서 좀 더 최적화된 리소스 사용률은 정말 가능할까? 오늘날 가진 것보다 더 많은 IT 인프라스트럭처의 처리량을 가질 수 있을까? 응용 프로그램을 구성하고 사용 가능하게 하는 데 필요한 준비 업무의 양을 줄일 수 있을까? 동일한 실제 인프라스트럭처를 사용해 더 많은 서비스를 구동할 수 있을까? 이 모든 것이 가능하다. 컨테이너화는 우리의 마술 지팡이다.

컨테이너화^{containerization}는 가상 컴퓨터 가상화의 대안으로, 실제 혹은 가상화 기반의 단일 컴퓨터에서 기존과 동일한 수준의 격리, 보안, 신뢰성, 확장성을 제공하면서 여러 소프트웨어 구성 요소를 구동할 수 있게 해준다. 효율적 사용률을 제외하고도 컨테이너화는 컨테이너^{Container}라고 부르는 독립 배포 단위 형태로 이뤄져 있어 소프트웨어 구성 요소의 패키지, 출시, 배포를 위한 옵션을 제공해서 빠른 응용 프로그램 배포도 할 수 있게 한다.

1장에서 다루는 내용은 다음과 같다.

- 가상화 수준
- 가상화의 문제점
- 컨테이너화와 장점
- Windows Server 컨테이너
- Hyper-V 컨테이너
- 클라우드 관리

- 용어 및 도구 지원

Microsoft 가상화의 역사

가상 컴퓨터 및 하드웨어 가상화에 관련된 Microsoft의 여정은 Hyper-V라고 부르는 첫 번째 하이퍼바이저^{Hypervisor}로 시작됐다. 실제 컴퓨터 내의 여러 VM을 호스팅할 수 있는 Hyper-V의 역할을 2008년에 Windows Server 2008/2008 R2에서 출시했다.

Windows Server 2008은 Standard, Enterprise, Datacenter 형태의 여러 에디션으로 제공됐다. 에디션별로 서버당 무료로 호스팅할 수 있는 가상 컴퓨터나 게스트 OS의 숫자가 달랐다. 예를 들어 Windows Server 2008 Standard 에디션에서는 하나의 게스트 OS를 무료로 구동시킬 수 있고, 더 많은 가상 컴퓨터를 구동시킬 경우 신규 게스트 OS 라이선스^{License}를 구매해야 한다. Windows Server 2008 Datacenter 에디션은 무제한의 Windows 게스트 OS 라이선스를 제공한다.

> ℹ 종종 가상화를 이야기할 때 **호스트 OS**(Host OS)와 **게스트 OS**(Guest OS)라는 단어를 사용한다. 호스트 OS는 가상화 환경을 제공하기 위해 실제 컴퓨터에서 구동되는 OS 다(또는 OS가 중첩된 가상화(Nested Virtualization)을 사용할 경우 가상 컴퓨터에도 해당된다). 호스트 OS는 여러 가상 컴퓨터를 구동하는 플랫폼을 제공한다. 게스트 OS는 개별 가상 컴퓨터 내에서 구동하는 OS를 말한다.

동시에 Microsoft 또한 Hyper-V Server 2008이라는 다른 하이퍼바이저를 출시했다. 이는 Windows Server Core, CLI$^{Command Line Interface}$, 그리고 Hyper-V 역할만 가진 제한된 형태를 갖고 있다. 역할을 가진 서버와 Hyper-V Server 버전의 기본 차이는 라이선스다. Microsoft Hyper-V Server는 무료 버전이고, 기존 Windows Server 라이선스를 이용해 가상화 환경을 이용할 수 있게 한다. 물론 호스트 OS로서 Windows Server의 전체 설치 버전을 이용해서 그래픽 기반의 OS 관리처럼 OS의 좋은 기능을 사용하고자 할 수 있다. Hyper-V Server는 원격 인터페이스와 CLI를 통해서만 관리할 수 있다. Hyper-V Server는 가상화 환경을 구동할 경우 필요한 사항을 만족시키기 위해 다듬어진 버전이다.

2008년, Microsoft는 Windows Azure(현재 Microsoft Azure)라고 부르는 클라우드 플랫폼을 발표했다. Microsoft Azure는 내부적으로 Hyper-V 기반으로 구성돼 있으며, Windows Server를 이용해 계산, 저장소 및 네트워크 리소스의 멀티테넌트 환경을 구동한다. 또한 여러 지역적 위치에 분산된 가상화 인프라스트럭처를 사용해 PaaS[Platform as a Service]와 IaaS[Infrastructure as a Service] 형태의 다양한 서비스를 제공한다.

2012년 8월, Windows Server 2012와 2012 R2는 향상된 멀티테넌트 환경, 사설 VLAN[Private Virtual LAN], 강화된 보안, 동시에 진행되는 실시간 마이그레이션, 실시간 스토리지 마이그레이션, 비싸지 않은 비즈니스 복구 옵션 등과 같은 서버 기술에 대해 주요한 이정표를 남겼다.

Windows Server 2016은 내부적 요소[Core]에서 Server OS의 주요한 변화가 생겼다. 2016년 중반 출시된 Windows Server 2016은 컨테이너화 및 크기가 작아진[Thin] OS 등과 같은 신규 트렌드에 대응할 수 있는 뛰어난 장점이 있다.

- **Windows Server 컨테이너 및 Hyper-V 컨테이너를 제공하는 Windows Server 2016**: Windows Server 2016은 컨테이너화를 지원할 수 있는 컨테이너 역할[2]을 갖고 있다. 컨테이너 역할을 이용해 응용 프로그램들을 쉽게 패키지화할 수 있고, 단일 가상 컴퓨터 내의 높은 격리 수준으로 독립 컨테이너 형태를 배포할 수 있다. Windows Server 2016은 Windows Server 컨테이너와 Hyper-V 컨테이너라는 두 가지 형태를 제공한다. Windows Server 컨테이너는 Windows Server 운영체제에서 직접 구동되며, Hyper-V 컨테이너는 Hyper-V

---

2. Windows Server는 주요한 기술을 역할(Role)이라고 이야기하며, 큰 기술로 분류되지 않은 작은 기술들을 기능(Feature)라고 부른다. – 옮긴이

에서 동작하는 작은 형태의 신규 가상 컴퓨터다. Windows Server 2016은 또한 중첩된 가상화 같은 향상된 Hyper-V 기술도 갖고 있다.

- **Windows Server 2016 Nano Server**: Nano Server는 전통적인 서버에 비해 크기가 93% 정도 작아진 Windows Server 운영체제의 축소 버전이다. Nano Server는 사설/공용 클라우드에서 마이크로서비스Microservice 형태의 최신 클라우드 응용 프로그램을 제공할 수 있게 설계됐다.

Microsoft의 다른 가상화 플랫폼에는 다음과 같은 것이 있다.

- Microsoft는 또한 2003년 Connectix에서 인수한 Virtual PC라고 부르는 호스트 기반 가상화 플랫폼을 제공했다. 호스트 기반 가상화Hosted Virtualization는 일반적인 하이퍼바이저 플랫폼과는 다르다. 호스트 기반 가상화는 Windows 7 운영체제 이상의 일반적인 데스크톱 컴퓨터와 같은 32/64비트 시스템에서 구동되지만, 전통적인 하이퍼바이저는 특별한 하드웨어와 64비트 시스템에서만 동작한다.
- Microsoft에서 제공하는 몇 가지 가상화 솔루션은 Windows Server 2003에 사용할 수 있는 Microsoft Virtual Server 2005라는 호스트 기반 가상화, 레거시 응용 프로그램 호환성을 위한 **응용 프로그램 가상화**App-V, Application Virtualization, MED-VMicrosoft Enterprise Desktop Virtualization, 원격 데스크톱 서비스(터미널 서비스라고 부르기도 함), 그리고 VDIVirtual Desktop Infrastructure가 있다.

▌ 가상화 종류의 이해

사용자로부터 하위 인프라스트럭처를 추상화하는 방법과 격리 수준에 따라 다양한 가상화 기술들이 발전하고 있다. 다음 절에서는 최종적으로 컨테이너화로 향하는 가상화의 종류를 개괄적으로 살펴본다.

하드웨어/플랫폼/서버 가상화

가상화 시대가 오기 전에 실제 컴퓨터는 하나의 운영체제와 여러 응용 프로그램을 갖고 있는 단일 엔티티로 고려됐다. 매우 중요한 비즈니스를 구동하고 있는 기업과 멀티테넌트 환경은 응용 프로그램 간 격리가 필요하다. 이는 여러 응용 프로그램에 대해 단일 서버를 사용하는 것을 제한한다. 가상화 또는 가상 컴퓨터 가상화는 하나의 실제 서버를 나눠 개별적으로 완벽하게 격리된 다수의 컴퓨터를 제공한다. 개별 가상 컴퓨터의 CPU와 메모리는 응용 프로그램의 요구에 따라 맞춰 설정할 수 있다.

하이퍼바이저라고 부르는 소프트웨어와 VMM$^{Virtual Machine Manager}$은 가상화가 가능한 하드웨어에서 동작해 서버 가상화를 제공한다. 현재의 공용 및 사설 클라우드 플랫폼은 모두 하드웨어 가상화의 가장 좋은 예다. 실제 서버들은 호스트 OS라고 부르는 OS을 구동하며, 이는 개별 OS를 가진 다수의 가상 컴퓨터(게스트 OS)를 동작시킨다. 호스트 OS의 하위 메모리와 CPU는 가상 컴퓨터가 생성될 때 설정한 값에 따라 가상 컴퓨터 간 공유된다. 또한 서버 가상화는 다양한 형태의 게스트 OS를 배치할 수 있는 하이브리드 컴퓨팅을 가능하게 한다. 예를 들어 Linux, Windows 10/8.1 같은 Windows 클라이언트, 여타 Windows Server를 가상 컴퓨터 형태로 제공할 수 있는 Hyper-V 역할이 있다. 서버 가상화의 몇 가지 예는 VMware, Citrix XenServer 및 Microsoft Hyper-V가 있다.

간단히 살펴보면 플랫폼 가상화는 다음과 같다.

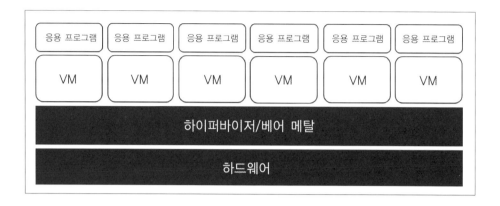

저장소 가상화

저장소 가상화[Storage Virtualization][3]란 단일 콘솔에서 관리가 가능하게 하나의 큰 저장소 영역을 제공하는 스토리지 자원의 풀링[Pooling](묶음)을 의미한다. 저장소 가상화는 백업 관리, 보관[Archiving], 저장소 할당 요청 등과 같은 관리적 이점을 제공한다.

예를 들어 Microsoft Azure 내의 가상 컴퓨터는 기본적인 저장소로 2개의 디스크 드라이브를 제공한다. 추가 요청이 있을 때 가상 컴퓨터에 여러 개의 디스크 드라이브를 몇 분 내에 추가할 수 있다. 이는 사용량에 대해서만 비용을 지불하고 필요시 확장 및 축소할 수 있으므로, 즉각적인 확장성과 좀 더 나은 사용률을 가능케 한다.

저장소 가상화는 다음과 같다.

---

3. Storage라는 단어에 대한 번역을 꽤 오랫동안 고민해왔다. Microsoft의 Windows Server나 Microsoft Azure는 Storage를 저장소로 번역해오고 있다. 그렇지만 IT 엔지니어 입장에서는 스토리지라는 단어가 더 익숙할 것이다. 구분을 위해 하드웨어 Storage의 경우에는 스토리지로 음차했으며, 소프트웨어 기반 (Windows Server, Linux, Microsoft Azure 등)의 Storage는 저장소라고 번역했다. 이와 같은 사항은 6장에서도 동일하게 적용했다. - 옮긴이

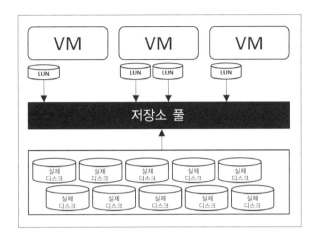

네트워크 가상화

네트워크 가상화^{Network Virtualization}는 계산, 스토리지, 또는 다른 네트워크 자원에 대해서 논리 네트워크를 생성하고, 관리하는 것을 의미한다. 가상 네트워크의 구성 요소들은 같은 지역, 또는 지역적으로 다른 위치에 배치돼 있는 실제 네트워크 내에 원격으로 배치될 수 있다. 가상 네트워크는 사용자 지정 주소 공간, 논리 서브넷, 사용자 지정 네트워크 보안 그룹, 사용자 지정 IP 구성(고정 IP 또는 특정 범위의 IP를 요구하는 일부 응용 프로그램), 도메인 지정 트래픽 라우팅 등을 만들 수 있게 한다.

향상된 보안, 격리, 확장성의 이유로 인해 대부분의 LOB 응용 프로그램은 비즈니스 구성 요소 간 논리적인 분리를 요구한다. 네트워크 가상화는 접근 제어 목록^{ACL, Access Control List}을 활용한 논리적인 서브넷이나 노드 간 접근 제한 및 사용자 지정 라우팅을 통한 인바운드/아웃바운드 트래픽 제한 같은 서브넷 수준의 보안 정책을 설정한 격리 수준을 만들 수 있게 한다. 공용 클라우드 벤더는 사설 IT 인프라스트럭처를 운영할 여유가 없는 중소규모의 기업을 위해 사용량에 기반을 두고 과금이 되는 네트워크 가상화를 제공한다. 예를 들어 Microsoft Azure에서 네트워크 보안 영역을 제공하는 가상 네트워크와 개인 노트북, 또는 온-프레미스 인프라스트럭처, 높은 대역폭을 가진 사설망에서 접속할 수 있는 VPN 터널 등을 사용량 기반 과금 체계에서 만들 수 있다. 추가 네트워크 장비에 대한 투자 없이 클라우드에서 높은 보안이 적용돼 있고, 논리적으로 분리된 노드들을 이용해 응용 프로그램을 실행할 수 있다.

OS 가상화

이 책의 주제는 OS 가상화와 연관돼 있다. OS 가상화는 격리된 단일 가상 컴퓨터 내에서 여러 프로세스 간 공유된 커널Kernel을 제공한다. OS 가상화는 커널에서 한 단계 위에 존재하는 사용자 모드User Mode, 또는 사용자 영역User Space에 대한 가상화로도 불린다. 개별 사용자 영역 인스턴스를 컨테이너라고 부른다. 커널은 컨테이너 간 자원 관리에 관련된 모든 기능을 제공한다.

이는 다수의 서버로 분산돼 있는 서비스들을 단일 서버로 통합하는 데 유용하다. OS 가상화의 몇 가지 장점은 취약점이나 바이러스가 접근할 수 있는 영역을 줄여 높은 보안을 제공할 수 있으며, 좀 더 나은 리소스 관리, 호스트 간 응용 프로그램이나 서비스의 쉬운 마이그레이션, 그리고 빠르고 대응 가능한 동적 부하 분산을 꼽을 수 있다. OS 가상화는 특정 하드웨어의 지원이 필요하지 않으므로 다른 기술보다 구현이 용이하다. OS 가상화를 가장 최근에 구현한 형태가 Linux LXC, Docker, Windows Server 컨테이너다.

OS 가상화는 다음 그림과 같다.

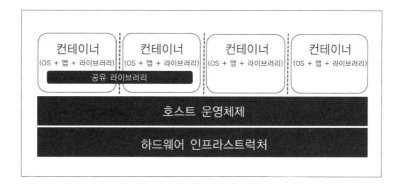

오늘날의 컨테이너는 아직 Linux 컨테이너를 Windows에 직접 구동시키는 형태와 같은 크로스플랫폼(Cross-Platform)이 아니다. OS 가상화 형태의 컨테이너는 커널 기능에 연계돼 있기 때문에 크로스플랫폼 간 이동성을 구현하는 데 어려움이 있다.

▌ 가상화의 제한 사항

컨테이너화로 향하는 하드웨어나 서버 가상화는 몇 가지 단점이 있다. 이를 살펴보자.

컴퓨터 부팅 시간

가상 컴퓨터는 OS를 갖고 있다. 컴퓨터가 켜지거나, 다시 시작, 종료할 때도 전체 OS 동작 단계를 거쳐야 한다. 일부 기업은 신규 IT 리소스를 수배하는 데 엄격한 정책을 갖고 있다. 신규 요청별로 전체 단계를 모두 진행해야 하므로, 가상 컴퓨터를 생성하거나, 기존 가상 컴퓨터를 업그레이드할 경우 팀에서 필요한 시간은 길어진다. 예를 들어 가상 컴퓨터의 프로비저닝은 요구 사항 수집, 신규 가상 컴퓨터 생성, 소프트웨어 라이선스 구매, OS 설치, 저장소 할당, 네트워크 및 내결함성 구성, 그리고 보안 정책 설정 등이 포함된다.

응용 프로그램을 배포할 때마다 Web Server, 데이터베이스 서버, 런타임, 그리고 컴퓨터에 설치돼야 하는 플러그인 드라이버 같은 지원 소프트웨어 형태의 응용 프로그램과 관련된 요구 사항이 적합한지 확인해야 한다. 빠른 속도로 이를 제공해야 할 팀이 있다면 현재의 가상 컴퓨터를 이용한 가상화는 느리며, 적절하지 않다.

낮은 리소스 사용률

앞의 문제들은 요청 시 리소스를 프로비저닝하는 클라우드 플랫폼을 활용해 일부 해결할 수 있다. 그러나 공용 클라우드 벤더가 제공하는 가상 컴퓨터(미리 구성된)를 이용할 경우 모든 응용 프로그램이 할당된 CPU와 메모리를 모두 사용하는 것은 아니다.

일반적인 기업의 시나리오에서 작은 크기의 응용 프로그램들은 격리와 보안상 이유로 개별 가상 컴퓨터에 배포된다. 게다가 확장성 및 가용성을 위해 동일한 형태의 가상 컴퓨터들이 생성되고, 이들 사이에 트래픽이 분산된다. 응용 프로그램이 CPU 용량의 5~10%만 사용한다면 IT 인프라스트럭처는 매우 낮게 활용되고 있는 것이다. 이들 시스템에 대한 전력 및 항온 요구 또한 높고, 이는 비용을 증가시킨다. 일부 응용 프로그램은 특정 기간 동안 이용하거나 특정 사용자 집단에서 이용하지만 서버는 항상 켜져 있어야 하고, 서비스를 제공해야 한다. 가상 컴퓨터의 또 다른 중요한 약점은 운영체제와 관련 서비스들의 용량이 응용 프로그램 그 자체보다 더 크다는 것이다.

운영비용

모든 IT 조직은 인프라스트럭처의 주기적인 유지 보수 업무를 진행하는 운영 팀이 필요하다. 해당 팀의 책임은 컴퓨터 조달, SOX 준수[Compliance], 주기적인 업데이트 진행, 그리고 보안 패치를 적절한 시점에 처리하는 것이다. 서버 가상화로 인해 운영비용이 증가할 수 있는 몇 가지 단점은 다음과 같다.

- 운영 팀의 규모는 IT 규모에 비례한다. 대형 인프라스트럭처는 대규모의 팀이 필요하고, 이는 유지 보수의 비용 증가로 이어진다.
- 모든 기업은 고객에 대한 지속적인 비즈니스를 제공하기 위해 복수의 시스템 및 복구 시스템을 구축해야 한다. 복구 시스템은 동일한 규모의 리소스 및 원본과 동일한 구성을 가지곤 한다. 이는 2배의 비용이 들어감을 의미한다.
- 기업은 사용량과는 무관하게 게스트 OS에 대해 라이선스를 지불해야 한다.

응용 프로그램 패키징 및 배포

가상 컴퓨터는 쉽게 전달해 설치할 수 없다. 모든 응용 프로그램은 개발자 컴퓨터에서 테스트된 후 서버 준비와 응용 프로그램 배포를 담당하는 운영/배포 팀이 진행할 작업 방법이 적절하게 문서화돼야 한다. 여러 경우를 문서로 기록해놓고 주의를 기울이더라도 응용 프로그램이 마지막으로 테스트되던 환경과 완전히 다른 곳에서 실행되기 때문에 배포는 종종 실패한다.

가상 컴퓨터 내의 응용 프로그램이 성공적으로 설치되더라도 여전히 가상 컴퓨터는 매우 큰 용량으로 인해 응용 프로그램용 패키지로 전달하기가 쉽지 않다. 이는 DevOps 형태의 업무 문화에도 적합하지 않다. 여러분의 응용 프로그램이 높은 품질을 보장하게 하려면 엄격한 테스트 주기를 진행할 필요가 있다고 생각해보자. 개발된 기능을 배포하고 테스트할 때마다 새 환경을 만들고 구성해야 한다. 응용 프로그램은 서버에 배포돼야 하고, 테스트 사항들은 실행, 확인돼야 한다. 애자일^{Agile} 팀의 경우 릴리스가 매우 자주 일어날 수 있다. 그런데 서버의 프로비저닝과 준비 작업으로 인해 테스팅 단계에 소요되는 시간은 매우 길 수밖에 없다.

서버 가상화와 컨테이너화 사이의 선택은 전적으로 범위와 필요성의 문제다. 항상 컨테이너를 사용하는 것이 가능하지는 않다. 예를 들어 서버 가상화의 장점은 가상 컴퓨터의 게스트 OS와 호스트 OS가 같지 않은 경우다. Linux와 Windows를 가상 컴퓨터의 형태로 Hyper-V에서 함께 구동할 수 있다. 서버 가상화는 하드웨어 레이어를 가상화하기 때문에 가능하다. 컨테이너는 호스트의 커널 OS를 공유하기 때문에 Linux 컨테이너는 Windows 컴퓨터에 구성될 수 없다. 미래에는 사설 클라우드와 공용 클라우드 모두 컨테이너와 가상 컴퓨터의 장점만 취할 것이다. 기업도 범위와 필요에 따라 하이브리드 모델을 사용할 경우가 있을 것이다.

■ 컨테이너화 소개

컨테이너화는 전달 가능한 컨테이너 형태로 응용 프로그램을 빌드[4]하고, 패키징하는 기술이다. 컨테이너는 공유된 커널을 사용하는 사용자 모드 내에서 격리 형태로 동작한다. 커널은 사용자 입력을 받아 CPU의 명령으로 처리할 수 있게 변환/번역하는 운영체제의 심장이다. 공유된 커널 모드 안에서 컨테이너는 실제 컴퓨터 내에 배치된 가상 컴퓨터에서 할 수 있던 것을 동일하게 할 수 있다. 하위 OS가 필요한 응용 프로그램들을 상호 격리시킨다. 이런 기술의 몇 가지 주요 구현에 대해 살펴보자.

컨테이너의 몇 가지 주요 구현

컨테이너의 몇 가지 주요 구현 사항은 다음과 같다.

- 컨테이너라는 단어는 1982년 프로세스 격리를 소개했던 UNIX의 chroot에서 유래됐다. chroot는 프로세스와 해당 자식 프로세스에 대한 가상 루트 디렉터리를 만든다. chroot에서 동작하는 프로세스는 환경 밖에 있는 어떠한 것에도 접근할 수 없다. 이렇게 수정된 환경을 chroot 감옥[jails]이라고도 한다.

---

4. Build라는 단어를 "만든다"라고 번역해도 일부 이해는 되겠지만, Build는 정확하게 컴파일을 해 결과를 만드는 작업을 의미한다. 이에 Build는 빌드라고 음차했다. - 옮긴이

- 2000년, FreeBSD(무료 UNIX OS)용 새로운 격리 메커니즘이 Jail이라는 이름으로 R&D Associates 주식회사 소유주인 Derrick T. Woolworth에 의해 소개된다. Jail은 단일 커널 내 FreeBSD의 격리된 가상 인스턴스다. Jail은 개별적으로 소유한 파일, 프로세스, 사용자들 및 슈퍼 계정들을 가진다. 개별 Jail은 다른 Jail로부터 봉인돼 있다.

- 솔라리스^{Solaris}는 2004년, 솔라리스 10에서 Zone이라는 OS 가상화 플랫폼을 소개했다. 격리된 Zone에서 하나 이상의 응용 프로그램이 실행될 수 있다. Zone 간 상호 통신은 네트워크 API를 통해서만 가능하다.

- 2006년, 구글^{Google}이 리소스 사용량을 제한, 처리 및 격리할 수 있게 설계된 기술인 프로세스 컨테이너$^{Process\ Container}$를 출시했다. 이는 차후 cgroups$^{control\ groups}$로 이름이 변경되고, Linux 커널 2.6.24로 병합됐다.

- 2008년, Linux가 OpenVZ에서 파생된 LXC$^{Linux\ Container}$라는 최초의 컨테이너를 출시했다(OpenVZ는 앞서 동일한 기능을 가진 Linux의 확장을 개발했다). 이는 cgroups와 네임스페이스를 이용해 구현됐다. cgroups는 CPU, 메모리, 블록 I/O 및 네트워크에 대한 관리 및 우선순위 처리를 담당하고, 네임스페이스는 격리를 제공했다.

Docker

2013년, PaaS$^{Platform\ as\ a\ Service}$ 기업 dotCloud의 CTO인 솔로몬 하이커$^{Solomon\ Hykes}$는 컨테이너화를 다시 도입한 Docker를 출시했다. Docker 이전의 컨테이너는 그저 격리된 프로세스였고, 개별 환경 간 응용 프로그램의 이동성은 전혀 보장받지 못했다. Docker는 컨테이너를 이용한 응용 프로그램의 패키징과 전달을 소개했다. Docker는 개발자가 기존 데스크톱 OS에서 응용 프로그램을 만들고 테스트할 수 있게 인프라스트럭처에서 응용 프로그램을 격리했고, 쉽게 패키징해서 큰 문제없이 운영 서버에 전달할 수 있게 했다.

Docker 아키텍처

Docker는 클라이언트–서버 아키텍처를 사용한다. Docker Daemon은 Docker 플랫폼의 심장인데, 서버로 동작하는 매 호스트마다 존재한다. Docker Daemon은 컨테이너 생성, 수명주기 관리, 이미지 생성 및 저장, 그리고 컨테이너와 관련된 중요한 여러 사항을 담당한다. 개발자 데스크톱의 컨테이너에 설계되고 개발된 응용 프로그램은 Docker 이미지^{Image}로 패키징된다. Docker 이미지는 응용 프로그램과 이에 관련된 구성 요소를 캡슐화시킨 읽기 전용 템플릿이다. Docker는 또한 응용 프로그램 개발을 시작하기 위해 매우 작은 OS를 가진 기본 이미지들을 제공한다. Docker 컨테이너는 Docker 이미지의 인스턴스일 뿐이며, 아무것도 존재하지 않는다. 호스트 내에 있는 다수의 컨테이너가 이미지를 이용해 만들어질 수 있다. 컨테이너는 격리된 환경 내의 Linux 커널 위에서 바로 실행된다.

Docker 리포지토리^{Repository}는 Docker 이미지의 저장소다. Docker는 공개^{Public}와 비공개^{Private} 리포지토리를 제공한다. Docker의 공개 이미지 리포지토리를 Docker Hub라고 부르는데, 누구나 Docker CLI나 웹 브라우저를 통해 공개 리포지토리 내의 이미지를 검색, 다운로드할 수 있고, 응용 프로그램의 필요에 따라 사용자 지정할 수 있다. 공개 리포지토리는 기업용 시나리오에 적절하지 않으므로 더 높은 보안이 요구될 경우 Docker는 비공개 리포지토리를 제공한다. 비공개 리포지토리는 기업 내 사용자만 이미지에 접근할 수 있게 하며, Docker Hub와는 달리 비공개 리포지토리는 무료가 아니다. Docker 레지스트리^{Registry}는 사용자 지정 이미지의 리포지토리며, 사용자들은 모든 사용 가능한 이미지를 풀^{Pull}하거나 저장소로 푸시^{Push}해 다른 사용자들과 공유할 수 있다.[5] Docker Daemon은 호스트별로 레지스트리를 관리할 수 있다. 이미지를 요청받았을 때 데몬이 우선 로컬 레지스트리를 검색하고, Docker Hub 같은 공개 리포지토리를 검색한다. 이 메커니즘은 매번 공개 리포지토리에서 이미지를 다운로드하지 않게 한다.

---

5. Docker에서 이미지를 리포지토리나 레지스트리에서 가져오는 것을 풀(Pull)한다고 한다. Pull이란 단어를 번역할 수 있지만, 정확한 이해를 위해 이를 그냥 음차했다. 푸시(Push)의 경우는 전송하는 것으로, 이 역시 그대로 음차했다. - 옮긴이

Docker는 여러 Linux 기반 기술을 이용해 기능을 제공한다. 예를 들어 Docker는 격리를 제공하기 위해 네임스페이스, 자원 관리를 위해 cgroups, 그리고 매우 가볍고 빠른 컨테이너 생성을 위해 통합 파일 시스템을 이용한다. Docker 클라이언트는 커맨드라인 인터페이스CLI, Command Line Interface인데, Docker Daemon과 상호 교신할 수 있는 유일한 사용자 인터페이스다. Docker 클라이언트와 데몬은 클라이언트와 서버 형태로 단일 서버에서 실행될 수도 있다. 서버에서 사용자는 클라이언트를 이용해 로컬 서버와 통신할 수 있다. Docker는 또한 원격 Docker 호스트와 상호 교신할 경우 사용하는 API를 제공한다.

다음 그림에서 이를 볼 수 있다.

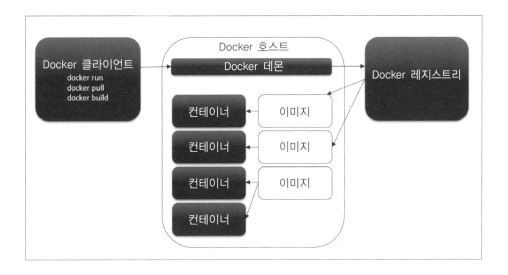

개발 수명주기

Docker 개발 수명주기는 다음 순서와 같다.

1. Docker 컨테이너 개발의 시작은 Docker Hub에서 기본 이미지를 다운로드하는 것이다. Docker Hub에는 우분투Ubuntu와 페도라Fedora 같은 몇 개의 이미지가 있다. 응용 프로그램도 개발 후 컨테이너화시킬 수 있다. 항상 응용 프로그

램을 도커화된^{Dockerizing} 이미지로 만들 필요는 없다.[6]

2. Docker용 명령어를 이용해 응용 프로그램 요구 사항별로 이미지가 사용자 정의된다. 명령어들의 묶음을 dockerfile이라는 파일에 저장한다. 배포 시 Docker Deamon이 dockerfile을 읽고 최종 이미지를 준비한다.

3. 이미지는 공개/비공개 리포지토리에 게시될 수 있다.

4. 사용자가 Docker 호스트에서 다음 명령어를 실행했을 경우 Docker Daemon은 로컬 컴퓨터에서 먼저 이미지를 검색하고, 이미지가 로컬에서 없을 경우 Docker Hub에서 시도한다. 이미지가 있으면 Docker 컨테이너가 생성된다. 컨테이너가 커지고 실행된 후 실행 중인 컨테이너 내에서 [명령어]를 실행하게 된다.

```
$ docker run -i -t [이미지 이름] [명령어]
```

Docker의 성공 스토리

Docker는 기업에서의 삶을 편하게 만들었다. 응용 프로그램은 컨테이너화돼 호스트 사이에 손쉽게 전달되며, 팀 사이에 큰 마찰 없이 배포될 수 있다. Docker Hub는 현재 재사용할 수 있게 공개된 450,000개의 이미지를 제공한다. 이들 중 유명한 몇 가지는 ngnix Web Server, 우분투, Redis, Swarm, MySQL 등이 있다. 이를 천만 명 이상의 사용자가 다운로드했다. Docker Engine은 40억 번 이상 다운로드됐으며, 다운로드 횟수는 여전히 늘어나고 있다. Docker는 2,900명의 커뮤니티 참가자와 250개의 모임 그룹 형태의 규모가 큰 커뮤니티 지원을 받았다. Docker는 현재 Windows와 Mac에서도 사용 가능하다. Microsoft는 공식적으로 공용 클라우드 플랫폼인 Microsoft Azure에서 Docker를 지원한다.

주요 전자 상거래 사이트인 이베이^{eBay}는 Docker를 이용해 당일 배송 비즈니스를 운영

---

6. Dockerizing, 도커라이징이라고 읽지만, Docker용 이미지를 만드는 것을 의미하기에 Docker화된으로 번역했다. – 옮긴이

한다. 이베이는 Docker를 그들의 CI^{Continuous Integration} 프로세스에 사용한다. 컨테이너화된 응용 프로그램은 개발자의 노트북에서 테스트된 후 운영 환경으로 원활하게 이동된다. Docker는 또한 응용 프로그램을 개발자 컴퓨터 및 운영 인스턴스에서 모두 실행할 수 있게 한다.

글로벌 금융 서비스 조직인 ING는 레거시 기술 기반의 모놀리식^{Monolithic} 응용 프로그램을 지속적으로 변경하려고 했을 때 어려움에 봉착했다.[7]

개별 변경 사항을 구현하려면 수정에서 운영까지 이르는 데 68개의 문서를 거쳐야 하는 힘든 과정이 있었다. ING는 CD^{Continuous Delivery} 플랫폼으로 Docker를 연동해 테스트 및 배포에 높은 수준의 자동화, 최적화된 사용률, 낮아진 하드웨어 비용 및 시간 절약을 할 수 있게 됐다.

Docker의 미래

Docker 릴리스 0.9까지 컨테이너는 Linux 중심 기술인 LXC 기반으로 만들어졌다. Docker 0.9는 LXC와 함께 libcontainer라는 새로운 드라이버를 발표했다. libcontainer는 지속적으로 향상되고 있는 오픈소스며, 비영리 라이브러리다. libcontainer는 사용자 공간이나 LXC 등과 같은 밀접하게 연결된 기능에 의존하지 않고, Linux 커널 API를 사용해 컨테이너를 만들고 있으며, 이는 Go 언어를 사용한다. 이는 컨테이너화를 추구하고 있는 회사들에게 많은 것을 의미한다. 앞으로 Docker는 Linux 중심 기술에서 벗어나 앞서 언급한 솔라리스 존^{Solaris Zone}, BSD Jail 등과 같은 다른 플랫폼을 채택할 수도 있다. 구글, Microsoft, 아마존, 레드햇^{RedHat}, VMware 등과 같은 메이저 기술 벤더들이 기여^{Contribution}하고 있는 libcontainer를 통해 공개적으로 사용할 수 있다. Docker는 핵심 런타임 및 컨테이너 포맷 개발을 담당한다. Microsoft Azure나 AWS 같은 공용 클라우드 벤더들은 그들의 클라우드 플랫폼에 주요 영역으로 Docker를 지원한다.

---

7. Monolithic은 일반적으로 분리가 불가능한 형태로 연결된 것을 의미한다. 해당 응용 프로그램의 설계가 특정 요소를 분리할 수 없게 돼 있기 때문이다. - 옮긴이

▌ Windows Server 컨테이너

Windows Server 컨테이너는 Windows Server 2016 이상에서 사용 가능한 Microsoft의 운영체제 가상화 기술이다. Windows Server 컨테이너는 개별적으로 격리된 작은 프로세스며, 운영체제, 프로세스, 파일 시스템 및 네트워크에 대해 비슷한 형태를 갖고 있다. 기술적으로 이야기하면 Windows Server 컨테이너는 앞서 살펴본 Linux 컨테이너와 유사하다. 한 가지 차이점은 하위 커널과 컨테이너를 실행되는 워크로드에 있다. 다음 그림은 Windows Server 컨테이너를 보여준다.

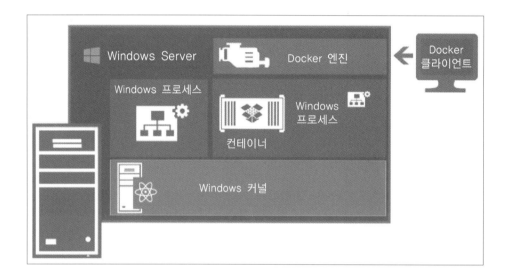

Windows Server 컨테이너의 탄생

Windows Server 컨테이너는 다음과 같은 개발 배경을 갖고 있다.

- Microsoft 리서치 팀은 Windows Server 생태계에 유명한 컨테이너 기술을 가져오는 Drawbridge 프로그램에 참여했다.
- 2014년, Microsoft는 Docker 기술을 Windows에 이식하기 위한 작업을 Docker와 함께 시작했다.

- 2015년 7월, Microsoft는 범용 컨테이너 표준, 포맷, 그리고 런타임에 대한 지원을 확장하는 OCI^{Open Container Initiative}에 가입했다.
- 2015년, Microsoft Azure의 CTO인 마크 러시노비치^{Mark Russinovich}가 Windows와 컨테이너의 연동을 시연했다.
- 2015년 10월, Microsoft는 Windows Server 2016 TP^{Technical Preview} 3과 Windows 10에서 Windows Server 컨테이너와 Docker를 지원할 것이라고 발표했다.

Microsoft는 Docker를 유명한 Windows Server 생태계에 적용해 개발자가 같은 도구를 이용해 Windows/Linux 컴퓨터에 컨테이너를 개발, 패키징 및 배포를 할 수 있게 했다. Windows Server 내 Docker 도구에 대한 지원을 넘어 Microsoft는 PowerShell과 Windows 명령 프롬프트를 통한 컨테이너 작업의 기본적인 지원도 발표했다.

OS 가상화가 커널 수준의 기능이기 때문에 Linux 컨테이너가 Windows에, 또는 반대 형태의 플랫폼 간 이동은 아직 불가능하다.

Windows Server 컨테이너 버전

Windows Server 컨테이너는 다음 OS 버전에서 사용 가능하다.

- **Windows Server 2016 Server Core(GUI 없음)**: 최소 설치 형태의 일반적인 Windows Server 2016 Server. Server Core 버전은 디스크 사용량과 공격이 가능한 지점을 줄였다. 로컬/원격 관계없이 명령 프롬프트만이 Server Core에 대해 작업을 할 수 있는 유일한 도구다. 여전히 명령 프롬프트에서 start powershell 명령어를 실행해 PowerShell을 실행할 수 있다. 또한 getWindows-Feature를 이용해 Server Core에서 사용 가능한 기능 목록을 볼 수 있다.
- **Windows Server 2016(GUI 버전)**: 일반적인 데스크톱 경험을 가진 Windows Server 2016 전체 설치 버전으로, 서버 관리자를 통해 서버 역할을 설치할 수 있다. Server Core를 전체 설치 버전으로 변환할 수 없다. 이는 설치 시점에서

만 결정할 수 있다.

- **Windows 10**: Windows Server 컨테이너는 Windows 10 Enterprise/ Professional 에디션(1주년 업데이트[8] 이상)에서 사용할 수 있다. 컨테이너 작업을 하기 전에 컨테이너와 Hyper-V 가상화 기능을 활성화해야 한다. Windows 10을 이용해 컨테이너와 이미지를 만드는 것은 2장에서 다룬다.

- **Nano Server**: Nano Server는 Server Core에 비해 30배 또는 93% 정도 작은 Windows Server다. 이는 적은 공간을 사용하며, 소수의 업데이트를 요구한다. 더불어 높은 보안과 다른 버전에 비해 빠른 부팅 속도를 제공한다. Nano Server와 Windows 컨테이너에 대한 작업은 12장에서 다룬다.

Windows Server 컨테이너에서 가장 중요한 부분은 2가지 형태의 컨테이너, 다시 말해 Windows Server 컨테이너, Hyper-V 컨테이너가 제공된다는 점이다. 앞서 언급한 모든 OS들은 Windows Server 컨테이너와 Hyper-V 컨테이너를 구동할 수 있다. 두 컨테이너 모두 Docker API, Docker CLI, 그리고 PowerShell을 통해 관리할 수 있다.

▌ Hyper-V 컨테이너

Hyper-V 컨테이너는 높은 수준의 격리와 보안을 제공하는 컨테이너의 특별한 유형이다. 커널을 공유하는 Windows Server 컨테이너와 달리 Hyper-V 컨테이너는 커널을 공유하지 않고 특별한 가상 컴퓨터에서 만들어지는 자체 커널을 이용해 개별 컨테이너가 실행된다. 다음 그림은 Hyper-V 컨테이너를 보여준다.

---

8. Windows 10 1주년 업데이트(Anniversary Update)는 Windows 10 출시 1주년 때 배포된 업데이트 버전을 의미한다. 2015년 7월, 처음 출시된 Windows 10은 약 6개월을 주기로 기술 및 기능을 업데이트하는 방향으로 진행되고 있다. Windows 10 1주년 업데이트는 2016년 7월 출시된 버전을 의미하며, 2017년 8월 현재 정식 출시된 최신 버전의 Windows 10은 크리에이터스 업데이트(Creators Update)다. 더불어 2017년 가을, Windows 10 가을 업데이트(Fall Update) 출시를 앞두고 있다. 현재 사용하는 버전의 확인은 Windows 정보 창에서 볼 수 있는 버전 번호를 보면 알 수 있다(1주년 업데이트 1607, 크리에이터스 업데이트 1703). – 옮긴이

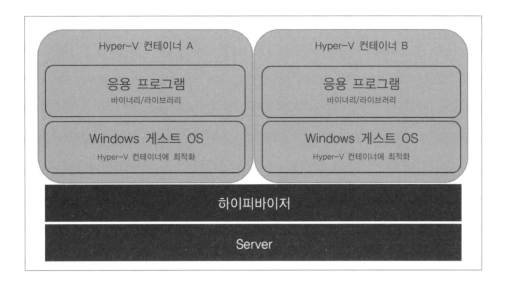

다른 컨테이너 유형이 있는 이유

다음은 다른 Hyper-V 컨테이너에 유형을 살펴본다.

- Windows Server 컨테이너는 공유된 커널 위에서 격리된 컨테이너를 실행한다. 단일 테넌트 환경이나 사설 클라우드는 신뢰된 환경에서 컨테이너를 구동하므로, 문제가 되지 않는다. 그러나 Windows 컨테이너는 멀티테넌트 환경에 적합하지 않다. 사용량이 많은 특정 고객이나 다른 컨테이너를 고의적으로 공격하는 형태의 보안 및 성능과 관련 문제가 있을 수 있다.

- Windows 컨테이너는 호스트 OS를 공유하므로 호스트 OS에 대한 패치는 호스트 OS에서 실행되는 응용 프로그램의 일반적인 동작을 방해할 수 있다.

이런 상황에서 Hyper-V 컨테이너는 적절할 수 있다. Windows OS는 커널 모드와 사용자 모드라는 2개의 레이어로 구성된다. Windows 컨테이너는 동일한 커널 모드를 공유하지만, 사용자 모드를 가상화해 개별 컨테이너당 하나씩 여러 개의 컨테이너 사용자 모드를 만든다. Hyper-V 컨테이너는 자체 커널 모드, 사용자 모드 및 컨테이너 사용자 모드를 실행한다. 이는 Hyper-V 컨테이너 간 격리 레이어를 제공한다. Hyper-V 컨테이너는 가상 컴퓨터와 비슷하지만 공유가 불가능한 커널만 가진 OS의 최소 버전을 실행한다. 다른 말로 이를 중첩된 가상화라고 부르며, Hyper-V 컨테이너는 실제 호스트나 가상 컴퓨터에서 실행되는 컨테이너 호스트를 기반으로 실행된다.

좋은 소식은 Windows Server 컨테이너와 Hyper-V 컨테이너가 상호 호환된다는 점이다. 실제로 어떠한 컨테이너 유형을 사용할지는 배포 시점에 결정된다. 응용 프로그램이 배포된 후 컨테이너 유형을 쉽게 바꿀 수 있다. Nano Server에 비해 Hyper-V 컨테이너는 부팅 및 처리 속도가 빠르다. Hyper-V 컨테이너는 동일한 Docker/ PowerShell 명령어에 컨테이너 유형을 결정하는 추가적인 플래그[Flag]만 붙여서 생성한다. Hyper-V 컨테이너는 Windows 10 Enterprise에서도 실행되는데, 이는 개발자들이 개인 컴퓨터에서 응용 프로그램을 개발하고, 테스트한 후 컨테이너 형태가 Windows 컨테이너나 Hyper-V 컨테이너 여부와 상관없이 운영 인스턴스로 넘겨줄 수 있다. 개발자들은 별도의 변경 없이 Windows Server OS에 직접 컨테이너를 전달할 수 있다. Hyper-V 컨테이너는 작은 OS를 구동하기 때문에 Windows Server 컨테이너보다는 느리다. Windows 컨테이너는 사설 클라우드나 단일 테넌트 인프라스트럭처 내의 일반적인 워크로드에 적합하다. Hyper-V 컨테이너는 높은 보안 수준의 워크로드에 좀 더 적합하다.

컨테이너 용어

Windows 컨테이너 용어는 Docker와 매우 비슷하다. 개발자와 운영 팀 사이의 원활한 의사소통을 위해 팀이 컨테이너에 대한 작업을 시작하기 전에 용어를 이해해야 한다. Windows 컨테이너는 다음과 같은 핵심 단어를 갖고 있다.

컨테이너 호스트

컨테이너 호스트는 Windows Server 2016(전체 설치/Server Core), Windows 10, 그리고 Nano Server와 같이 Windows 컨테이너가 지원되는 OS를 실행 중인 컴퓨터다.

Hyper-V 컨테이너 호스트는 컨테이너가 가상 컴퓨터 내에서 제공되기 때문에 중첩된 가상화가 필요하다.

컨테이너 OS 이미지

컨테이너 OS 이미지나 기본 이미지는 모든 컨테이너를 만드는 가장 첫 번째 레이어다. 해당 이미지는 Microsoft가 제공한다. 두개의 이미지 `windowsservercore`와 `nanoserver`가 현재 사용 가능하다

OS 이미지는 컨테이너에 대한 OS 라이브러리를 제공한다. 개발자는 기본 이미지를 다운로드해 Windows Server 컨테이너를 만들거나 응용 프로그램에서 필요한 레이어를 추가할 수 있다. OS 이미지는 Windows용 PowerShell 패키지 관리자인 OneGet을 통해 다운로드가 가능한 wim에 불과하다. OneGet은 Windows 10과 Windows Server 2016에 포함돼 있다. 기본 OS 이미지는 다소 크지만 Microsoft는 이를 한 번만 다운로드하고 저장해 인터넷 연결이 없는 경우 또는 기업의 네트워크 내에서 재사용할 수 있게 한다.

컨테이너 이미지

컨테이너 이미지는 기본 OS 이미지를 기반으로 사용자가 만든 이미지다. 컨테이너 이미지는 컨테이너 생성에 사용되는 읽기 전용 템플릿이다. 예를 들어 사용자가 Windows Server Core 이미지를 다운로드한 후 IIS와 응용 프로그램 구성 요소를 설치하고, 이미지를 만들 수 있다. 해당 이미지를 기반으로 생성되는 모든 이미지는 IIS와 응용 프로그램이 사전 설치돼 있다. 원격 리포지토리를 검색해 MySQL, Ngnix, 노드, 또는 Redis 등이 이미 설치된 사전 구성 이미지를 재사용할 수도 있고, 필요에 따라 만들 수도 있다. 변경을 한 후 다시 이미지로 변환할 수 있다.

컨테이너 레지스트리

컨테이너 레지스트리는 이미지용으로 미리 만들어진 리포지토리다. 또한 Windows Server 2016도 로컬 리포지토리로 사용할 수 있다. 사용자가 이미지를 검색할 때마다 우선 로컬 리포지토리부터 검색하고, 공개 리포지토리를 검색한다. 이미지는 공개 리포지토리(Docker Hub) 또는 비공개 리포지토리에도 저장할 수 있다. MySQL, ngnix 등과 같은 사전 구성 이미지를 이용하기 전에 기본 OS 이미지를 설치해야 한다. `docker search` 명령어를 이용해 리포지토리를 검색할 수 있다.

dockerfile

dockerfile은 새로운 컨테이너 이미지를 준비하기 위해 순서대로 실행해야 하는 명령어들을 가진 문서 파일이다. Docker 명령어는 3가지 유형으로 나눠진다. 기본 OS 이미지를 다운로드하는 명령어, 신규 이미지 생성, 마지막으로 신규 이미지를 이용해 새 컨테이너를 만들 때 실행돼야 하는 명령어가 3가지 유형에 해당된다. dockerfile은 이미지를 만들어주는 `docker build` 명령어의 입력으로 사용된다. dockerfile은 이미지를 생성하는 Docker 생성 단계에 입력 형태로 사용된다. 또한 사용자는 명령어 내에 PowerShell 스크립트를 사용하게 할 수도 있다.

컨테이너의 장점

컨테이너화에 대한 몇 가지 장점은 다음과 같다.

* **모놀리식 앱에서 마이크로서비스로**: 마이크로서비스는 하나의 모놀리식 응용 프로그램을 관리 가능한 형태의 작은 구성 요소로 나누는 설계 패턴이다. 이를 통해 각 모듈마다 집중된 개발 팀, 원활한 운영 및 빠른 확장이 가능해진다. 컨테이너는 마이크로서비스를 위한 최고의 배포 대상이다. 예를 들어 프론트 엔드Front-End 웹 앱과 이메일 송신 프로세스, 미리 보기 생성기 등의 기타 백그

라운드 서비스를 개별 컨테이너로 나눠 실행할 수 있다. 이는 개별적 업데이트, 부하 시 확장, 그리고 좀 더 나은 리소스 관리를 가능하게 한다.

- **코드로 설정**: 컨테이너는 명령어를 이용해 컨테이너 생성, 시작, 중지 및 설정을 가능하게 한다. 응용 프로그램 빌드 시스템의 일부로 코드를 연동하면 많은 자동화 옵션을 사용할 수 있다. 예를 들어 CI와 CD 파이프라인의 일부분으로 컨테이너를 자동 생성, 설정할 수 있는데, 이는 개발 팀이 좀 더 빠르게 변경 사항을 전달할 수 있게 해준다.

- **DevOps의 선호**: DevOps는 운영 팀과 개발 팀이 협력해 변경 사항에 대한 확인 및 운영체제로의 반영을 원활하게 할 수 있는 문화적 변화를 말한다. 단위 테스트, 보안 테스트, 연동 테스트 등과 같은 다양한 중간 단계를 실행할 경우 컨테이너는 필요한 개발/테스트 환경을 빠르게 프로비저닝해준다. 이들 중 상당수는 인프라 조달, 프로비저닝 및 환경 설정을 위해 사전 계획이 필요할 수 있다. 컨테이너는 기존 인프라스트럭처를 이용해 빠르게 패키징 및 배포를 할 수 있게 한다.

- **컨테이너 형태의 최신 앱 개발**: 많은 새로운 오픈소스 기술은 컨테이너나 마이크로서비스 사용을 염두에 두고 설계됐으므로, 이를 이용해 만들어진 응용 프로그램은 컨테이너를 기본적으로 인식한다. 예를 들어 ASP.NET Core가 기술적으로 Web Server와 런타임 엔진으로부터 분리돼 있으므로, ASP.NET Core/ASP.NET 5 응용 프로그램을 Linux/Windows에 배포할 수 있다. 런타임 엔진으로 .NET Core, Web Server로 Kestrel을 이용해 Linux에서 실행할 수 있다.

▌ Microsoft Azure 내 Windows Server 컨테이너

Microsoft Azure는 필요시 가상 컴퓨터를 프로비저닝하거나 사용량 기반의 과금 형태의 서비스를 제공하는 높은 수준의 공용 클라우드 플랫폼으로 순조롭게 성장하고 있다. 게다가 Microsoft Azure가 리소스 최적화와 마이크로서비스에 집중하면서 LXC와

Windows 컨테이너를 사용할 수 있는 여러 옵션을 제공한다.

컨테이너 기능을 포함한 Windows Server 2016 이미지는 Microsoft Azure에서 사용 가능하다. 개발자는 포털에 로그인해 수분 내에 Windows Server 2016 가상 컴퓨터를 생성하고 컨테이너를 실행할 수 있다. 이는 Docker 런타임 환경을 사전 설치 후 제공한다. 사용자는 포털에서 원격 데스크톱 클라이언트를 다운로드하고 Windows나 PowerShell 명령어를 통해 Docker 기본 명령어를 실행할 수 있다. Windows Server 컨테이너만 Microsoft Azure에서 제공하고 있으며, Hyper-V 컨테이너는 지원하지 않는다. 온-프레미스^{on-premise}에서 Hyper-V 컨테이너를 이용하려면 컨테이너 호스트가 필요하다.

ACS^{Azure Container Service}는 Swarm 또는 DC/OS와 같은 조정^{Orchestration} 서비스를 이용해 컨테이너의 클러스터를 만들고 관리할 수 있게 Microsoft가 제공하는 PaaS이다. ACS 는 좋아하는 오픈소스 도구나 API를 통해 관리 가능한 호스트형 클러스터 환경 형태로 이용할 수 있다. 예를 들어 포털에 로그인 후 에이전트^{Agent} 개수, 에이전트 가상 컴퓨터 크기, 마스터^{Master} 개수, 그리고 컨테이너 서비스용 DNS 접두사 같은 몇 가지 매개변수를 입력해 Docker Swarm을 만들 수 있다. 클러스터가 생성되면 경우에 따라 Docker CLI나 API 같은 도구들을 이용해 관리할 수 있다.

또한 Microsoft Azure는 컨테이너 기능을 포함한 Windows Server를 자동으로 프로비저닝하는 ARM^{Azure Resource Manager} 템플릿을 제공한다. ARM 템플릿은 수분 내 개발/테스트용 Docker Swarm을 배포하기 위해 이용할 수 있다. ARM(JSON) 템플릿은 지속적인 빌드와 배포 프로세스에 연동할 수 있는 훌륭한 도구다. 게다가 Microsoft Azure 는 다음 그림과 같이 MySQL, MongoDB, Redis 등을 사전 구성한 Docker 이미지를 제공한다.

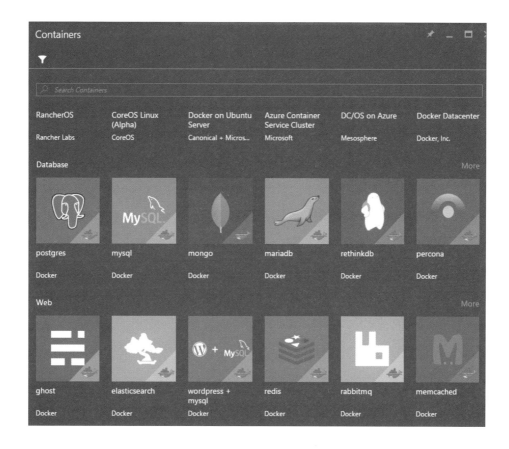

Microsoft Azure는 한 달간 무료로 사용할 수 있는 계정을 제공한다. 이는 30일간 24만원 상당을 제공하므로 Microsoft Azure를 살펴보기엔 충분하다.

▌ 컨테이너화와 서버 가상화의 비교

모놀리식 응용 프로그램을 실행시 발생하는 리소스 낭비, 리소스 조달 노력 및 높은 비용과 같은 일반적 문제를 컨테이너나 가상 컴퓨터를 통해 해결할 수 있다. 컨테이너와 가상 컴퓨터는 각각의 장단점을 서로 공유하고 있기 때문에 이에 대한 비교는 필수적이다. 몇 가지 비교 사항은 다음과 같다.

- **가상화 레이어**: 설계상 컨테이너는 가상화와 매우 다르다. 서버 가상화는 단일 하드웨어에서 동시에 여러 가상 컴퓨터를 사용하기 위해 하드웨어 수준에서 처리되는 반면, 컨테이너는 개별 컨테이너가 자체 OS를 실행하는 것처럼 단일 호스트 OS에서 구동된다. 이러한 구조는 단일 호스트에 여러 OS를 컨테이너에 배치할 수 없는 단점이 있다. 그러나 이는 가상 컴퓨터와 컨테이너 가상화를 결합한 하이브리드 컴퓨팅을 통해 쉽게 해결할 수 있다.

- **크기**: 가상 컴퓨터는 크기가 큰 반면, 컨테이너는 매우 작다. 가상 컴퓨터는 OS를 구성하는 커널, 시스템 라이브러리, 시스템 설정 파일 및 모든 디렉터리 구조, 모두를 갖고 있다. 컨테이너는 응용 프로그램용 파일만 갖고 있으므로 매우 작고 손쉽게 공유 가능하다. 또한 사용되고 있지 않는 프로세스와 백그라운드 프로세스를 구동하고 있는 가상 컴퓨터는 메모리를 소비하고 있기 때문에 호스트에서 구동 가능한 가상 컴퓨터의 개수는 제한된다. 컨테이너는 매우 작은 공간을 차지하고 매우 빠른 부팅 시간으로 인해 중지 및 다시 시작이 쉽다.

- **이동성**: 가상 컴퓨터의 큰 단점은 크기다. 예를 들어 코드를 작성하는 개발자는 프로덕션 환경에서 실행하는 것처럼 테스트를 할 수 없다. 그러나 컨테이너를 사용하면 컨테이너가 개발자 컴퓨터와 프로덕션 서버에서 똑같이 실행되므로 가능하다. 컨테이너는 매우 작기 때문에 공유 저장소에 업로드해서 쉽게 공유할 수 있다. Nano Server 또는 Server Core 형태의 크기가 작은 최신 OS를 이용해 일부 해결될 수 있으며, 이는 이후 장들에서 다룬다.

- **보안**: 가상 컴퓨터는 가장 하위 수준에서 격리되기 때문에 의심할 여지없이 유리하다. 컨테이너는 OS에 대한 공격에 좀 더 취약하다. OS에서 보안 문제가 발생하면 실행 중인 모든 컨테이너에도 문제가 발생한다. 앞서 살펴본 바와 같이 적절한 구성을 통해 컨테이너도 높은 보안을 구현할 수 있다. 공유 또는 멀티테넌트 환경에서 사용량이 많은 고객으로 인해 좀 더 많은 리소스를 요구하는 잠재적 공격을 하거나, 해당 호스트에서 실행 중인 다른 컨테이너에 영향을 끼칠 수 있다.

▌ 클러스터 관리

마이크로서비스 구조는 응용 프로그램을 패키징하고, 호스트/환경 간 전송에 빠르게 영향을 줬다. 그로 인해 컨테이너화를 추구하는 기업은 컨테이너 숫자가 증가하면서 문제에 봉착했다. 새롭게 만들어진 컨테이너는 기업 내 컨테이너의 그룹, 혹은 컨테이너 호스트의 클러스터 관리와 같은 새로운 관리 문제점을 유발했다. 컨테이너 클러스터는 노드들의 그룹이며, 개별 노드는 컨테이너를 내부적으로 실행하고 있는 컨테이너 호스트를 의미한다. 기업/팀은 컨테이너 호스트에 대한 관리가 쉬워야 하며, 컨테이너 호스트 간 통신 채널이 원활해야 한다.

클러스터 관리 도구는 단일 관리 콘솔에서 컨테이너와 컨테이너 호스트의 관리를 제공할 수 있게 해서 운영 팀이나 관리자를 도와준다. 이는 특정 호스트에서 다른 호스트로 컨테이너의 이동, 리소스 제어 관리(CPU, 메모리 및 네트워크 할당), 워크플로 실행, 예약된 작업(Job/Task, 이는 클러스터에서 실행돼야 하는 단계의 묶음), 모니터링, 신뢰성^{Reliability}, 확장성^{Scalability} 등을 제공한다. 이제 클러스터가 무엇인지 알았으므로, 오늘날 시장에서 사용하고 있는 다양한 기술과 주요 가치에 대해 살펴보자. 클러스터 관리는 이후 장들에서 좀 더 자세히 다룬다.

Docker Swarm

Swarm은 Docker에서 제공하는 기본 클러스터 관리 솔루션이다. Swarm은 단일 형태로 컨테이너 호스트 풀을 관리할 수 있다. Swarm은 Docker Swarm 이미지라는 이미지를 제공한다. Docker Swarm 이미지는 노드에 설치돼야 하며, 컨테이너 호스트는 Swarm에 연결하기 위해 TCP 포트와 TLS 인증서가 설정돼야 한다. Swarm은 컨테이너나 클러스터 서비스에 접근하기 위한 API 레이어를 제공하므로, 개발자는 자체 관리 인터페이스를 만들 수 있다. Swarm은 PnP^{Plug and Play} 구조를 따르므로, Swarm 내 다수의 구성 요소는 필요시 변경이 가능하다. Swarm이 제공하는 몇 가지 클러스터 관리 기능은 다음과 같다.

- 공용/사설 호스트나 IP 주소 목록을 이용해 이미지를 찾아주는 검색 서비스
- 단일 파일로 다수의 컨테이너 단일 파일을 이용해 여러 컨테이너의 배포를 조정할 수 있는 Docker Compose
- 등급/우선순위, 특정 노드 필터링을 통해 선택된 노드에 전략적으로 컨테이너를 배치하는 고급 스케줄링

Kubernetes

Kubernetes는 구글에서 제공하는 클러스터 관리자다. 구글은 컨테이너 클러스터의 컨셉을 소개한 첫 번째 회사다. Kubernetes는 클러스터 관리를 위한 훌륭한 기능을 다수 갖고 있다. 그중 몇 가지는 다음과 같다.

- **포드**^{Pod}: Kubernetes의 포드는 논리적으로 컨테이너를 그룹화하는 데 사용된다. 포드는 독립 단위로 관리되고, 스케줄링된다. 또한 포드는 데이터와 통신 채널을 공유할 수도 있다. 포드 내에서 하나의 컨테이너에 문제가 발생하면 전체 포드는 동작하지 않는다. 이는 컨테이너가 상호 의존적이거나, 밀접하게 연결돼 있는 경우에 해당된다.
- **복제 컨트롤러**: 복제 컨트롤러는 호스트 간 신뢰성을 보장한다. 예를 들어 백엔드 서비스로 3개의 포드를 항상 원하는 경우 복제 컨트롤러는 주기적으로 이들의 상태를 확인해 3개의 포드가 동작하고 있음을 보장한다. 특정 포드가 응답하지 않으면 복제 컨트롤러가 즉시 해당 포드에 대한 다른 인스턴스를 구동시켜 신뢰성 및 가용성을 보장한다.
- **레이블**: 레이블은 포드들의 집합 이름으로 사용된다. 따라서 팀은 이 집합 단위를 이용해 작업을 할 수 있다. 개발, 준비, 프로덕션, 또는 지역적 위치와 같은 형태로 환경에 대한 이름을 부여할 수 있다. 복제 컨트롤러는 레이블을 이용해 노드 간 포드들의 묶음을 마이그레이션하거나 포드들의 그룹을 만들 수 있다.

- **서비스 프록시**: 큰 컨테이너 클러스터 내에서 레이블이나 이름 쿼리를 이용해서 포드/컨테이너 호스트의 이름 풀이를 할 수 있는 메커니즘이 필요하다. 서비스 프록시는 레이블 기반 선택자^Selector를 이용해 포드의 단일 논리 묶음으로 요청이 가능하게 이름을 해석해준다. 나중에 사용자 지정 설정을 기반으로 포드에 대한 이름을 해석하는 사용자 지정 프록시도 볼 수 있다. 예를 들어 프리미엄 사용자는 빠른 응답 시간이 설정된 프론트엔드 포드의 묶음을 사용하게 하고, 일반 사용자는 다른 프론트엔드 포드의 묶음을 사용하게 하고 싶다면 이에 맞춰 환경을 설정할 수 있고, 스마트 도메인 기반 결정^Smart Domain Driven Decision에 기반을 두고 트래픽을 라우팅하게 설정할 수 있다.

DC/OS

DC/OS는 클러스터 관리를 위해 아파치 메소스^Apache Mesos를 사용하는 분산 커널 OS 기반이다. 아파치 메소스는 스케줄링과 내결함성을 위해 Docker와 같은 컨테이너 기술을 연동한 클러스터 관리자다. 아파치 메소스는 사실 하둡^Hadoop과 카산드라^Cassandra와 같은 빅데이터 환경에서 사용되는 일반적인 클러스터 관리 도구다. 또한 일부 배치 스케줄링, PaaS 플랫폼, 장시간 구동되는 응용 프로그램 및 대형 데이터 저장소 시스템에도 적합하다. 이는 클러스터 관리를 위한 웹 대시보드를 제공한다.

아파치 메소스의 복잡한 구조, 설정, 그리고 관리로 인해 직접 구축하기가 쉽지 않다. DC/OS는 이를 쉽게 만들 수 있으며, 상당히 간단하다. DC/OS는 메소스 기반으로 하며, 노트북 OS 내의 커널이 하는 작업들을 컴퓨터의 클러스터에서 할 수 있게 한다. 이는 스케줄링, DNS, 서비스 검색, 패키지 관리 및 CPU, RAM과 네트워크 리소스 전체에 대한 내결함성과 같은 서비스를 제공한다. DC/OS는 많은 개발자 커뮤니티와 뛰어난 진단 지원, GUI, CLI 및 API를 통한 관리 도구를 지원한다.

앞서 살펴본 ACS는 DC/OS의 레퍼런스 구현을 갖고 있다. 몇 번의 클릭만으로 Microsoft Azure는 클라우드 내에 DC/OS 클러스터의 생성을 쉽게 만들어주고, 응용 프로그램에 대한 배포도 가능하게 한다. 서비스의 동일한 형태가 Microsoft Azure Stack을 기반으로 사내 데이터센터나 사설 클라우드에서도 제공된다(Microsoft Azure Stack은 Microsoft의 하이브리드 클라우드 솔루션이다). 기민성과 확장성을 높이기 위해 Microsoft Azure에서 제공되는 다른 서비스들과 연동할 수 있는 추가적인 이점도 가질 수 있다.

여기서 살펴보지 않은 두 가지 다른 클러스터 관리자는 아마존 EC2 인스턴스 기반에서 공유 상태 스케줄링 서비스를 이용하는 아마존 EC2 컨테이너 서비스와 AWS에서 Kubernetes를 서비스 형태로 제공하는 CoreOS Tectonic이다.

▌ 도구 지원

Microsoft는 응용 프로그램 개발자와 IT 관리자용 Windows 컨테이너 도구들을 출시했다. 그중 몇 가지를 살펴보자.

Visual Studio Tools for Docker

Visual Studio Tools for Docker는 Visual Studio 2015/2017에서 ASP.NET Core 응용 프로그램을 컨테이너 형태로 Windows 컨테이너나 LXC 호스트에 배포할 수 있게 해준다. 기존 이미지를 Docker화된 이미지로 만들기 위한 컨텍스트 옵션이 제공된다. 이 도구들은 또한 컨테이너에서 코드를 디버그하기 위한 강력한 디버깅 기능을 제공한다. 그저 F5 키만 누르면 로컬 Docker 컨테이너를 이용해 응용 프로그램을 실행, 디버깅할 수 있으며, 그 후 클릭 한 번만으로 컨테이너를 프로덕션 Windows Server에 배포할 수 있다.

Visual Studio Code

Visual Studio Code는 Microsoft에서 제공하는 무료 소스코드 편집기다. Visual Studio Code는 또한 Linux와 OS X과 같은 비Windows 운영체제에서도 실행된다. 디버깅, GIT, 인텔리센스^{IntelliSense} 및 코드 리팩터링에 대해서도 지원한다. Docker Toolbox 확장은 Visual Studio Code에서도 사용 가능하다. 자동 코드 완성은 Docker와 Docker Compose 파일의 작성을 쉽게 해준다.

Visual Studio Online

응용 프로그램 배포뿐만 아니라 Microsoft는 클라우드 저장소인 Visual Studio Online^{VSO}, 또는 Visual Studio Team Service^{VSTS}를 이용해 자동화 기능도 제공한다. VSO는 컨테이너 호스트나 클러스터로의 자동화, 빌드 및 배포에 관련된 다양한 기능을 제공한다. VSO는 사전 정의된 빌드 단계를 이용해 빌드 시 Docker 이미지로 응용 프로그램을 변환할 수 있다. 또한 한 번의 클릭만으로 배포가 가능한 ARM 템플릿과 빌드의 일부분으로 VSTS에서 기존 이미지에 접근할 수 있는 비공개 Docker 리포지토리용 서비스 엔드포인트를 제공한다.

Docker for Windows

Docker for Windows를 이용해 개발자 시스템 내의 Docker 환경을 시뮬레이션할 수 있다. Docker for Windows는 Windows의 Hyper-V 기능을 이용해 Docker for Windows 엔진과 Docker Daemon용 Linux 커널의 일부 기능을 제공한다. Docker for Windows가 Hyper-V를 컨테이너 기능으로 사용하기 때문에 64비트 Windows 10 Professional/ Enterprise/Education 에디션(1주년 업데이트 이상)에서만 동작한다. 또 다른 호스트 기반 가상화 소프트웨어는 Docker for Windows와 함께 실행될 수 없다. Docker for Windows는 컨테이너 실행, 사용자 정의 이미지 생성, 컨테이너와 드라이브 공유, 네트워크 설정, 성능 및 부하 테스트를 위해 특정 CPU 및 메모리를 컨테이너에 할당할 수 있다.

Docker Toolbox for Windows

컴퓨터가 Docker for Windows에 맞지 않는 경우 Docker Toolbox for Windows를 사용하면 된다. Docker for Windows와 달리 Docker Toolbox는 직접 실행되지 않고, Docker Machine이라는 별도의 Linux VM에서 실행된다. Docker Toolbox for Windows는 64비트 Windows 7, 8, 8.1에서만 실행된다. Docker 머신은 Docker 호스트로 실행되기 위해 특별히 구성됐다. 설치가 완료되면 Windows에서 Docker 클라이언트, 명령어, 또는 PowerShell을 통해 호스트에 접근할 수 있다. Docker Toolbox for Windows는 Docker 컨테이너와 이미지를 실행하고 관리하기 위한 다양한 옵션, Docker Compose, 그리고 Windows와 Mac에서 Docker를 GUI 기반으로 실행하는 Kitematic을 갖고 있다. Docker Toolbox for Windows도 가상화를 활성화해야 한다. Windows용 에뮬레이터인 Boot2Docker는 현재 사용되지 않는다.

▌ 컨테이너 형태를 이용하는 기타 제품

Docker, Linux와 Microsoft만 더 이상 레이스에 참여하는 것은 아니다. 컨테이너화의 장점을 확인한 기업이 늘어나고 있기 때문에 그들의 신규 제품과 서비스를 컨테이너에 접목시키고 있다. 그중 일부를 다음 절에서 살펴보자.

Turbo

Windows 컨테이너를 적용하기 위해 수정된 커널이 필요하다고 살펴봤지만, Turbo는 컨테이너라고 부르는 가볍고 격리된 가상 환경으로 응용 프로그램과 관련된 종속 사항들을 패키징할 수 있게 한다. Turbo가 설치된 모든 Windows 컴퓨터에서 컨테이너를 실행할 수 있다. 이는 Windows에 적용을 매우 쉽게 해준다.

Turbo는 Spoon VM 위에서 만들어졌다. Spoon은 파일 시스템, 레지스트리, 프로세스, 네트워크 및 스레딩^{Threading}과 같은 Windows 핵심 OS 기능에 대해 네임스페이스 격리를 가볍게 제공할 수 있는 응용 프로그램 가상화 엔진이다. 해당 컨테이너는 별도의 클라이언트를 필요로 하지 않아 쉽게 다른 곳으로 이동시킬 수 있다. Turbo는 단순한 데스크톱 응용 프로그램에서 Microsoft SQL Server와 같은 복잡한 서버 개체까지 컨테이너로 만들 수 있다. Turbo VM은 매우 가벼우며, 스트리밍 기능도 갖추고 있다. 팀은 Turbo Hub라고 부르는 공유 리포지토리를 통해 Spoon VM을 공유할 수 있다.

Rocket

Docker는 더 이상 Linux에서만 사용 가능한 컨테이너가 아니다. CoreOS는 Rocket이라는 새로운 컨테이너 기술을 개발했다. 이는 구조에서 Docker와 다르다. Rocket은 데몬 프로세스를 갖고 있지 않다. Rocket 컨테이너(앱 컨테이너^{App Container}라고 부름)는 호스트 프로세스에 자식 프로세스를 만들어 구동에 이용한다. 구동되는 컨테이너들은 고유한 ID를 갖고 있다. Docker 이미지 또한 앱 컨테이너 이미지(Rocket 이미지에서 사용되는 이름)로 변환할 수 있다. Rocket은 앱 컨테이너 런타임^{App Container Runtime}이라는 컨테이너 런타임 위에서 동작한다.

▮ 요약

1장에서는 다음과 같은 내용을 살펴봤다.

- 가상 컴퓨터는 개별 OS 간 격리된 환경을 생성해준다. 특정 가상 컴퓨터 내의 응용 프로그램이나 서비스는 다른 가상 컴퓨터와 격리된 형태로 구동된다.

- 하이퍼바이저는 분리된 가상 컴퓨터에서 Linux와 Windows를 동시에 실행할 수 있다.
- 가상 컴퓨터는 큰 크기와 추가적인 조정 작업으로 인해 이동성 및 패키징에 적합하지 않다.
- 컨테이너화는 컴퓨터 내에서 격리된 프로세스 형태로 소프트웨어를 실행하게 해준다. 컨테이너는 컴퓨터당 응용 프로그램의 밀집도를 높여주며, 응용 프로그램 패키징과 전달 기능을 제공한다.
- Windows Server 2016은 파일 시스템, 네임스페이스 및 레지스트리 같은 커널 기능을 이용해 컨테이너화를 지원한다.
- Windows Server 2016은 Windows Server 컨테이너, Hyper-V 컨테이너 형태의 2가지 컨테이너를 제공한다. Windows Server 컨테이너는 OS 커널을 공유하는 반면 Hyper-V 컨테이너는 자체 OS를 구동한다.
- Nano Server는 Windows Server의 리팩터링 버전이다. 기존과 비교해 93% 정도 작고 원격으로만 관리해야 한다. 이는 마이크로서비스에 적합하다.
- Microsoft Azure는 DC/OS와 Swarm 같은 클러스터 관리 솔루션을 지원한다.

02

첫 번째 컨테이너 배포

컨테이너화^{Containerization}는 소프트웨어를 레이어^{Layer}로 만들고, 컨테이너 형태로 분산 개발, 패키징, 게시하는 데 도움이 된다. 개발자와 IT 관리자는 기본 OS 이미지를 선택하고 요구 사항에 따라 사용자 지정 레이어를 만든 후 공개 또는 비공개 리포지토리^{Repository}를 사용해 배포만 하면 된다.[1]

Microsoft와 Docker는 컨테이너를 빠르게 구축하고 배포하는 데 도움이 되는 훌륭한 도구들을 함께 제공한다. 이를 통해 개발/테스트 환경을 매우 쉽게 만들 수 있다. Microsoft Windows Server 또는 Windows 10 데스크톱 운영체제는 Windows Server

---

1. Docker에서는 이미지를 저장하는 스토리지의 역할을 리포지토리라고 부른다. 이해를 돕기 위해 스토리지 나 저장소라는 단어를 사용하면 좋으나, Docker 자체에서 사용하는 단어이기에 리포지토리라는 단어로 음차 표기했다. - 옮긴이

컨테이너나 Hyper-V 컨테이너를 실행하기 위한 환경을 제공한다. 이미지용 공개 리포지토리인 Docker Hub는 커뮤니티와 Docker 전문가가 만든 대규모의 사용자 지정 이미지 카탈로그의 역할을 한다. Docker Hub의 이미지는 누구나 자유롭게 다운로드하고, 사용자 지정 및 배포할 수 있다.

2장에서는 컨테이너 개발 환경을 만들고 구성하는 방법을 살펴본다. Docker Hub의 이미지를 사용해 컨테이너를 만드는 방법을 배우고, Windows 기본 OS 이미지를 사용해 이미지를 처음부터 새로 만드는 방법을 살펴본다. Docker 및 PowerShell 명령어를 모두 사용해 첫 번째 이미지와 컨테이너를 만들 것이다.

2장에서 다루는 내용은 다음과 같다.

- Windows Server 컨테이너 환경 준비
- Docker Hub에서 이미지 가져오기
- 기본 OS 이미지 설치
- Docker 클라이언트를 사용해 사용자 지정 이미지 생성
- 첫 번째 컨테이너 생성
- Dockerfile 작성
- Docker 서비스 관리

▌ 개발 환경 준비

Windows 컨테이너를 만들려면 Windows Server 2016이나 Windows 10 Enterprise/Professional 에디션(1주년 업데이트 이상)이 필요하다.

선택한 환경에 관계없이 2장에서 설명하는 컨테이너/이미지 생성 및 패키징용 PowerShell/Docker 명령어는 동일하다. 이미 환경을 구성한 경우에는 'Windows Server 컨테이너 개발' 절로 바로 건너뛰어도 된다. Windows Server 컨테이너 개발

환경을 설정하기 위해 사용할 수 있는 옵션은 다음과 같다.

- **Windows 10**: Windows 10 Enterprise/Professional 에디션(1주년 업데이트 이상)을 사용하면 컨테이너 역할을 활성화해 Hyper-V 컨테이너를 만들 수 있다. Docker나 PowerShell을 사용해 컨테이너를 관리할 수 있다. 다음 절에서 Windows 10 환경 구성을 살펴본다.

 Windows 10은 nanoserver 기본 OS 이미지를 사용해 만든 Hyper-V 컨테이너만 지원한다. Windows Server 컨테이너는 지원하지 않는다.

- **Windows Server 2016**: Windows Server 2016의 컨테이너 작업을 위해서는 두 가지 옵션이 있다.
  - https://www.microsoft.com/ko-kr/evalcenter/evaluate-windows-server-2016/에서 Windows Server 2016 ISO를 다운로드할 수 있다. Hyper-V 또는 VirtualBox에서 실행되는 가상 컴퓨터에 설치한다. Windows Server 2016을 실행하려면 호스트 컴퓨터에 Hyper-V 가상화 역할이 활성화돼 있어야 한다. 또한 컨테이너가 인터넷에 접근하려면 호스트와 Hyper-V 가상 컴퓨터 간에 네트워크를 공유할 수 있어야 한다.
  - Microsoft Azure는 컨테이너가 미리 구성된 Windows Server 2016 인스턴스를 제공한다. 이것이 가장 쉬운 방법이다.

2장에서는 Windows Server 컨테이너를 만들고 관리하기 위해 Microsoft Azure에 있는 Windows Server 2016 Datacenter – with Containers를 사용할 것이다.

Windows 10에서의 컨테이너

다음은 컨테이너 개발을 살펴보기 위해 개발/테스트 환경을 Windows 10의 Hyper-V 컨테이너에 구성할 것이다. 그 전에 Windows 10 Enterprise/Professional 에디션의 1주년 업데이트 버전을 사용하고 있는지 확인해야 한다. Windows 10에서 Windows 에디션을 확인하려면 시작 버튼에서 마우스 오른쪽 버튼을 클릭하고 **시스템**을 선택한다. Windows 에디션 항목을 확인한다. Windows 10 Enterprise/Professional은 https://support.microsoft.com/ko-kr/help/4018124/windows-10-update-history 에서 1주년 업데이트 버전 이상을 다운로드하고 설치할 수 있다.

Windows 10을 사용하지 않고자 한다면 다음 절에서 살펴보는 Microsoft Azure 및 온-프레미스 Windows Server 2016 컨테이너 구성 작업을 진행한다. Windows 10에서 Hyper-V 컨테이너를 구성하려면 다음 순서를 진행한다.[2]

1. Windows 10 1주년 업데이트에서 Docker를 사용하려면 KB3194496 업데이트가 설치돼 있어야 한다. 해당 업데이트는 Windows 10 1주년 업데이트에 대한 모든 업데이트를 완료했다면 설치된 것으로 봐도 무방하다.

2. 웹 브라우저로 https://docs.docker.com/docker-for-windows/install/을 찾아간다.

3. 해당 웹 페이지에는 여러 버전의 Docker for Windows 설치 패키지가 제공되는데, 가장 안정적인 버전을 Stable Channel이라고 부른다. 해당 항목 내의 Get Docker for Windows(Stable)을 클릭해 설치 패키지를 다운로드하고 설치한다.

---

2. 저자가 집필할 시점에는 Windows 10용 Docker를 위해 Windows 10 구성과 별도의 Docker 모듈의 다운로드 및 설치가 필요했지만, 2017년 8월 현재에는 Docker for Windows 설치 패키지가 출시돼 이를 설치만 하면 손쉽게 끝난다. - 옮긴이

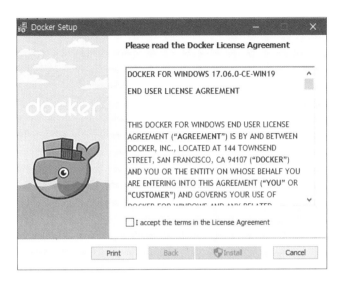

4. Windows for Docker의 설치가 완료되면 화면 오른쪽 하단 트레이에 Docker 아이콘이 보일 것이다.[3]

---

3. 오른쪽 하단 시계 옆 부분을 트레이(Tray)라고 부른다. 해당 아이콘에서 마우스 오른쪽 버튼을 클릭하고 Switch to Windows containers를 선택해 기본적으로 Linux용으로 구동되는 Docker를 Windows용으로 변경한다. - 옮긴이

5. PowerShell을 사용해 컨테이너를 관리하고 실행할 수 있지만, Docker 명령어는 컨테이너 관리 옵션을 다양하게 제공한다. Windows 컨테이너 개발을 위한 Microsoft PowerShell의 지원은 아직 개발 진행 중이므로, 시나리오에 따라 PowerShell과 Docker를 혼합해 사용할 것이다.

6. Windows Server 컨테이너를 개발하려면 windowsservercore나 nanoserver와 같은 Windows 기본 OS 이미지가 필요하다. Windows 10은 Nano Server만 지원하므로 다음 명령어를 실행해 nanoserver 기본 OS 이미지(Nano Server 이미지를 사용한 개발을 살펴보는 별도의 장이 있음)를 다운로드한다. 다음 명령어는 컴퓨터의 네트워크 대역폭에 따라 다소 시간이 걸릴 수 있다. 명령 프롬프트Command Prompt에서 다음 명령어를 실행해 Nano Server 기본 OS 이미지를 다운로드하고 설치한다.

```
docker pull microsoft/nanoserver
```

 Windows 10은 Nano Server 이미지만 실행할 수 있다. windowsservercore 이미지가 성공적으로 다운로드되더라도 이 이미지를 사용해 컨테이너를 실행하는 것은 운영체제와 호환되지 않아 실패한다.

7. 다음 명령어를 실행해 이미지를 성공적으로 다운로드했는지 확인한다.

```
docker images
```

위의 명령어의 결과는 다음 화면과 같다.

```
PS C:\WINDOWS\system32> docker images
REPOSITORY            TAG          IMAGE ID          CREATED        SIZE
microsoft/nanoserver  latest       3a703c6e97a2      3 months ago   970 MB
```

이제 Windows 10에서 컨테이너 개발을 시작할 준비가 됐다. 'Windows Server 컨테이너 개발' 절로 건너뛰어 Windows 컨테이너를 만들 수 있다.

온-프레미스 환경에서의 Windows Server 컨테이너

이 절에서는 Hyper-V나 VirtualBox 같은 가상화 소프트웨어에서 구동되는 가상 컴퓨터에 Windows Server 2016을 다운로드하고 설치하는 방법을 설명한다. Windows Server 2016에는 Windows Server 2016 Core 및 Windows Server 2016 전체 설치의 두 가지 설치 옵션이 있다(아래의 그림은 평가판의 설치 화면이다).

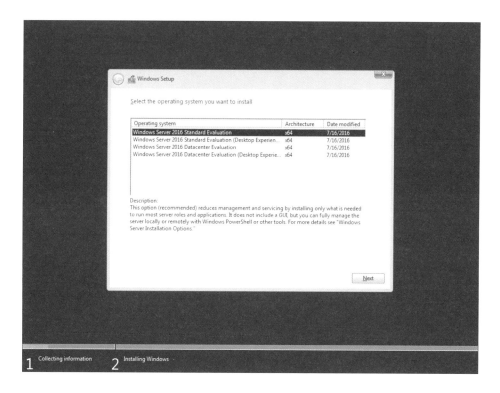

Windows Server 2016 Core는 최소한의 서버 기능과 최소 크기의 GUI가 없는 Windows 버전이며, 정식 버전은 일반적으로 알고 있는 서버 운영체제와 같이 모든

기능이 설치돼 있다. 어떠한 설치 옵션을 선택하더라도 Windows Server 컨테이너를 설치하고 실행할 수 있다. Server Core를 설치한 후에는 전체 설치 버전으로 변경할 수 없으므로 설치할 때 올바른 옵션을 선택한다.

Windows Server 평가판의 ISO는 다음 주소에서 다운로드할 수 있다.[4]

https://www.microsoft.com/ko-kr/evalcenter/evaluate-windows-server-2016/

VirtualBox 또는 Hyper-V 같은 가상화 소프트웨어를 설치하고 가상 컴퓨터를 하나 만든다. 그 후 해당 가상 컴퓨터에서 다운로드한 ISO 파일을 이용해서 설치를 시작하면 **전체 설치**(Desktop Experience가 포함)를 선택하거나, **커맨드라인 인터페이스**[Command Line Interface]를 사용하는 Server Core를 선택할 수 있는 화면이 나타난다. 설치가 완료되면 PowerShell을 통해 Docker를 구성할 수 있다.

1. 관리자 권한으로 Windows PowerShell을 실행한다.
2. 다음 명령어를 순서대로 입력한다.

```
Install-Module -Name DockerMsftProvider -Repository PSGallery -Force
Install-Package -Name docker -ProviderName DockerMsftProvider
Restart-Computer -Force
```

3. Hyper-V 컨테이너도 사용하려면 다음 명령어를 실행해 Hyper-V를 가상 컴 퓨터 내에 설치한다.[5]

---

4. 2017년 8월 현재, Windows Server 2016 평가판은 한글 버전을 제공하지 않고 있다. – 옮긴이
5. Hyper-V 역할을 가상 컴퓨터에서 사용하려면 중첩된 가상화를 지원해야 한다. Windows Server 2016의 Hyper-V는 기본적으로 중첩된 가상화를 제공하고 있다. 이를 사용하려면 호스트 컴퓨터에서 다음 명령어 를 입력해야 한다.

   Set-VMProcessor -VMName "<가상 컴퓨터 이름>" -ExposeVirtualizationExtensions $true

```
Install-WindowsFeature Hyper-V
```

2장의 나머지 부분에서는 Microsoft Azure 내에 미리 구성된 이미지를 사용할 것이다.

Microsoft Azure에서의 Windows Server 컨테이너

이제는 Microsoft Azure 내에 컨테이너 기능이 미리 설치돼 있는 이미지를 사용하려고 한다.

또한 Microsoft Azure에서 일반 Windows Server 2016을 이용해 Windows 기능 추가/제거를 통해 Windows 컨테이너 역할 및 Docker Engine을 설치하거나, '온-프레미스 환경에서의 Windows Server 컨테이너' 절에 언급된 순서를 이용할 수 있다.

2장에서는 Microsoft Azure에서 Windows Server 2016 가상 컴퓨터를 생성할 것이다. Microsoft Azure 내의 이미지 이름은 Windows Server 2016 Datacenter - with Containers다. Microsoft Azure에서는 Azure 내에서 Hyper-V 컨테이너를 지원하지 않는다.[6] 그러나 온-프레미스 Windows Server 2016이나 Windows 10을 사용할 경우 Hyper-V 컨테이너 유형을 구성할 수 있다.

> Microsoft Azure에서 가상머신를 생성하려면 Azure 계정이 필요하다. Microsoft 는 Azure를 처음 이용하는 사용자에게 30일 동안 24만 원의 한도만큼 살펴볼 수 있는 무료 계정을 제공한다. 무료 계정 생성에 대한 자세한 내용은 https://azure. microsoft.com/ko-kr/free/에서 확인할 수 있다.

---

6. 2017년 8월 현재, 일부 Microsoft Azure 가상 컴퓨터 인스턴스(Dv3, Ev3)는 Hyper-V 컨테이너를 제공한다. – 옮긴이

Windows Server 2016의 컨테이너 옵션

Windows Server 2016은 Windows Server 컨테이너와 Hyper-V 컨테이너라는 두 가지 유형의 모든 컨테이너를 지원한다. 이 컨테이너 유형 중 하나를 Windows Server 2016에서 실행할 수 있다. 그러나 Hyper-V 컨테이너를 실행하려면 중첩된 가상화 기능을 지원하는 컨테이너 호스트가 필요하다. Windows Server 컨테이너의 경우 중첩된 가상화 기능이 필수가 아니다.

Microsoft Azure에서 Windows Server 2016 가상 컴퓨터 생성

Microsoft Azure 가상 컴퓨터는 포털(https://portal.azure.com), PowerShell 또는 Azure CLI와 같은 다양한 옵션을 사용해 만들 수 있다. 이 절에서는 Azure VM을 만들기 위해 Azure 포털을 사용한다.

새롭게 Windows Server 2016 컨테이너 가상 컴퓨터를 만들려면 다음과 같은 순서를 진행한다.

1. Microsoft Azure 포털(https://portal.azure.com)에 로그인한다.
2. +새로 만들기를 클릭하고 계산을 선택한다.
3. See All을 클릭해 가상 컴퓨터 목록을 가져온다.
4. 검색 항목에 Windows Server 2016을 입력한다.
5. 다음 그림과 같이 여러 유형의 Windows Server 2016을 찾을 수 있다.

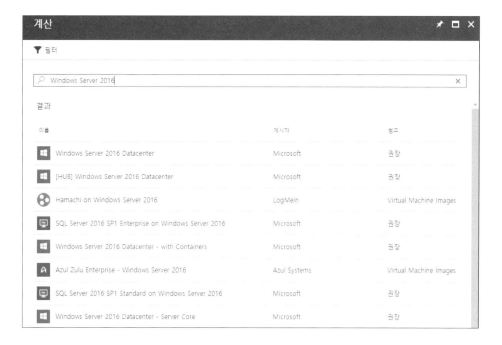

6. Windows Server 2016 Datacenter – with Containers를 클릭하고, 새 블레이드에서 만들기를 클릭한다.

7. 배포 모델로 Resource Manager를 선택한다.

8. 다음과 같이 매개변수를 채운다.

9. 기본 설정:

- 이름: 가상 컴퓨터 이름 또는 호스트 이름

- VM 디스크 유형: SSD

- 사용자 이름: 시스템의 관리자 계정이다. 이 이름은 원격 데스크톱을
  사용해 가상 컴퓨터에 원격으로 연결할 때 사용된다.

- 암호: 관리자 계정 암호

- 암호 확인: 관리자 계정 암호를 다시 한 번 입력한다.

- 구독: 가상 컴퓨터 생성에 사용할 구독을 선택한다.

- 리소스 그룹: 리소스 그룹은 단일 프로젝트의 리소스를 논리적으로 그
  룹화하기 위한 그룹 이름이다. 기존 리소스 그룹을 사용하거나 새 리소
  스 그룹을 생성할 수 있다.

- 위치: 데이터센터의 지리적 위치다. 가장 가까운 지역을 선택한다.

10. 확인을 클릭한다.

11. 크기를 선택하고 DS3_V2를 클릭한다. 이 예제에서는 4개의 Core와 14GB의 메모리로 구성된 DS3_V2 표준을 사용할 것이다.

12. DS3_V2 표준을 선택하고 선택을 클릭한다.

13. 설정을 클릭한다. 설정에는 대부분의 매개변수가 기본 값으로 미리 채워져 있을 것이다. 추가적으로 변경하고자 하는 것이 없다면 기본 값을 그대로 두고 확인을 클릭한다.

14. 요약 탭에서 구성한 사항을 간단히 확인하고, 약관 탭을 체크한 후 **구매**를 클릭한다.

Microsoft Azure 내의 가상 컴퓨터 생성이 시작된다. 진행 상황은 다음 그림과 같이 대시보드 화면에 추가된 새 타일에 표시된다.

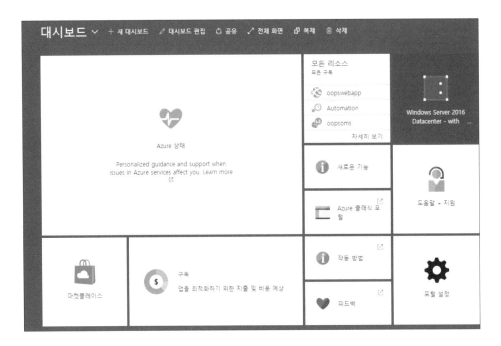

Microsoft Azure에서 가상 컴퓨터를 만들고 구성을 확장하는 데 몇 분 이상이 걸릴 수 있다. 방금 만들어진 대시보드 타일을 통해 상태를 확인할 수 있다.

기본 OS 이미지 설치와 확인

이번 순서는 Microsoft Azure 가상 컴퓨터에 연결해 가상 컴퓨터가 Windows Server 컨테이너 개발을 위한 준비가 됐는지 살펴본다.

1. 가상 컴퓨터의 생성이 완료되고 실행되면 타일 내의 가상 컴퓨터 상태가 실행 중으로 표시된다.

원격 데스크톱과 원격 PowerShell 중 하나를 사용해서 가상 컴퓨터에 연결할 수 있다. 이 예제에서는 원격 데스크톱을 이용해서 가상 컴퓨터에 연결한다.

2. 타일을 선택하고 **연결** 아이콘을 클릭한다. 다음 그림과 같이 로컬 컴퓨터에 원격 데스크톱 클라이언트를 바로 실행하거나 저장할 수 있다.

> ℹ️ Internet Explorer 또는 Edge 이외의 브라우저를 사용하는 경우 해당 다운로드 폴더에서 .rdp 파일을 확인한다.

3. 별도의 폴더에 저장했을 경우 해당 폴더 내의 .rdp 파일을 실행한다. 이후 **연결**을 클릭해 가상 컴퓨터에 연결한다.

4. 가상 컴퓨터를 만들었을 때 사용한 계정과 암호를 입력해 가상 컴퓨터에 로그인한다.

5. 보안 인증서 경고를 무시하고 예를 클릭한다.

6. 다음 명령어를 실행해 컨테이너 기능이 설치됐는지 확인한다.

```
Get-WindowsFeature -Name Containers
```

다음 그림과 같이 컨테이너의 Install State 항목에 Installed가 표시돼야 한다.

7. PowerShell에서 다음 명령어를 실행해 Docker 클라이언트와 엔진의 설치 및 버전을 확인한다.[7]

```
docker version
```

위의 명령어의 결과는 다음 그림과 유사하다.

---

7. Docker 역시 매우 빠르게 신기술이 추가되거나 버전이 올라가고 있는 기술이다. 이에 2017년 8월 현재의 버전보다 높을 수 있음에 유의하자. - 옮긴이

docker info는 다음 그림과 같이 실행 중인 이미지의 개수, 일시 중지 또는 정지된 이미지 개수, 저장된 이미지 수와 같은 Docker Daemon의 현재 상태를 제공한다.

```
PS C:\Windows\system32> docker info
Containers: 0
 Running: 0
 Paused: 0
 Stopped: 0
Images: 1
Server Version: 17.06.0-dev
Storage Driver: windowsfilter
 Windows:
Logging Driver: json-file
Plugins:
 Volume: local
 Network: ics l2bridge l2tunnel nat null overlay transparent
 Log: awslogs etwlogs fluentd json-file logentries splunk syslog
Swarm: inactive
Default Isolation: hyperv
Kernel Version: 10.0 15063 (15063.0.amd64fre.rs2_release.170317-1834)
Operating System: Windows 10 Enterprise
OSType: windows
Architecture: x86_64
CPUs: 1
Total Memory: 3.999GiB
Name: DESKTOP-G36499R
ID: U430:LN7X:CRFW:3WGA:N62U:FVYI:BQJQ:X4JG:AMXA:V77Y:3UMH:VGXW
Docker Root Dir: C:\ProgramData\docker
Debug Mode (client): false
Debug Mode (server): false
Registry: https://index.docker.io/v1/
Experimental: false
Insecure Registries:
 127.0.0.0/8
Live Restore Enabled: false
```

▌ Windows Server 컨테이너 개발

Windows Server 컨테이너를 실행할 수 있는 환경을 가진 경우 여기에서부터 시작해 기존 이미지에서 컨테이너를 작성하거나 새 이미지를 작성하는 방법을 살펴볼 수 있다.

Docker Hub에서 이미지 가져오기

이 절에서는 기존 Docker 이미지를 사용해 새 컨테이너를 만든다. Docker Hub는 Docker 이미지를 저장하기 위한 공개 리포지토리다. Docker 이미지는 Linux 또는 Windows Server 2016 windowsservercore OS 기반하에 구성될 수 있다. 두 OS 커널은 완전히 다르므로 Linux로 구성된 컨테이너는 Windows에 설치할 수 없으며, 그 반대의 경우도 마찬가지다. 이 시점에서는 기본 OS가 Linux와 Windows 중 무엇으로 구성돼 있는지 이름을 통해 구분할 수 없다.

Windows에서 Linux 이미지를 설치하거나 가져오려고 하면 다음과 같은 오류가 발생한다.

```
C:\Users\SJBAEK>docker pull microsoft/aspnet
Using default tag: latest
latest: Pulling from microsoft/aspnet
3889bb8d808b: Pulling fs layer
e29afd68a947: Downloading
36f010181129: Downloading [>                                              ]  2.123MB/388.4MB
94c1c860b007: Waiting
d8096eabbf13: Waiting
67025ded22a8: Waiting
dbe75d79f130: Waiting
84d3d4630614: Waiting
image operating system "windows" cannot be used on this platform
```

Microsoft는 Linux와 windowsservercore 기반 형태의 microsoft/로 이름이 시작되는 몇 개의 Docker 이미지를 게시해 놓았다. 다음 순서는 microsoft/iis라는 windowsservercore 기반 이미지를 찾아보고, 이를 이용해 새 컨테이너를 만드는 것이다.[8]

1. 다음 명령어를 실행해 microsoft로 시작하는 이미지를 검색한다.

```
docker search microsoft
```

다음 그림과 같이 microsoft라는 단어가 포함된 컨테이너를 모두 보여준다.

---

8. 여러 항목에서 windowsservercore, nanoserver의 형태로 표시된 구문을 볼 수 있다. 이는 Windows Server 2016의 설치 옵션인 Server Core, Nano Server를 의미하는 것이 아니라 Docker에서 사용하는 이미지의 고유한 이름을 의미함에 유의하자. - 옮긴이

```
PS C:\Users\wscadmin> docker search microsoft
NAME                                    DESCRIPTION                                     STARS   OFFICIAL   AUTOMATED
microsoft/aspnet                        ASP.NET is an open source server-side Web ...   626                [OK]
microsoft/dotnet                        Official images for .NET Core for Linux an...   592                [OK]
microsoft/mssql-server-linux            Official images for Microsoft SQL Server o...   341
mono                                    Mono is an open source implementation of M...   235     [OK]
microsoft/windowsservercore             Windows Server 2016 Server Core base OS im...   204
microsoft/nanoserver                    Windows Server 2016 Nano Server base OS im...   197
microsoft/aspnetcore                    Official images for running compiled ASP.N...   193                [OK]
microsoft/iis                           Internet Information Services (IIS) instal...   149
microsoft/mssql-server-windows-express  Official Microsoft SQL Server Express Edit...    96
microsoft/azure-cli                     Docker image for Microsoft Azure Command L...    92                [OK]
microsoft/mssql-server-windows          Official images for Microsoft SQL Server f...    76
microsoft/aspnetcore-build              Official images for building ASP.NET Core ...    68                [OK]
microsoft/dotnet-framework              The official Docker images for .NET Framew...    63
microsoft/mssql-server-windows-developer Official Microsoft SQL Server Developer Ed...   43
microsoft/powershell                    Official PowerShell Core releases from htt...    42                [OK]
microsoft/vsts-agent                    Official images for the Visual Studio Team...    31
microsoft/oms                           Monitor your containers using the Operatio...    27                [OK]
microsoft/dotnet-samples                .NET Core Docker Samples                         22                [OK]
microsoft/cntk                          CNTK images from github.com/Microsoft/CNTK...    15                [OK]
microsoft/applicationinsights           Application Insights for Docker helps you ...     8                [OK]
microsoft/sample-nginx                  Nginx installed in Windows Server Core and...     8
microsoft/dotnet-buildtools-prereqs     Images for building the various components...     5
microsoft/dotnet-nightly                Preview bits of the .NET Core CLI                 5                [OK]
microsoft/draft                         A tool for developers to create cloud-nati...     2
microsoft/aspnetcore-build-nightly      Images to build preview versions of ASP.NE...     2                [OK]
PS C:\Users\wscadmin> _
```

2. 이제 microsoft/iis 이미지를 가져오자. 이는 기본 OS 이미지로 windows-servercore라는 Windows Server 2016 Server Core를 이용하며, 여기에 IIS Web Server를 설치한 형태다. 다음 명령어를 실행해 이미지를 컨테이너 호스트로 가져오자.

```
docker pull microsoft/iis
```

docker pull 명령어는 원격 리포지토리에서 이미지를 다운로드하는 데 사용된다. 기본적으로 Docker는 Docker Hub에서 이미지를 검색한다. 다운로드가 완료되면 Docker는 이미지의 로컬 캐시를 관리한다.

```
PS C:\Users\wscadmin> docker pull microsoft/iis
Using default tag: latest
latest: Pulling from microsoft/iis
3889bb8d808b: Already exists
e29afd68a947: Already exists
4c670d580638: Pull complete
d9f92ede2908: Pull complete
ad1e133a7ea1: Pull complete
e0a8179d5f31: Pull complete
Digest: sha256:87a2af3e29845ada74286a30e0002d17f75b57675056385de404f9c3784a9d3e
Status: Downloaded newer image for microsoft/iis:latest
PS C:\Users\wscadmin> _
```

3. docker images를 입력하면 로컬에 저장된 이미지를 살펴볼 수 있다. 다음 그림과 같이 다른 기본 OS 이미지와 microsoft/iis 이미지가 표시돼야 한다.

```
PS C:\Users\wscadmin> docker images
REPOSITORY                  TAG       IMAGE ID        CREATED        SIZE
microsoft/aspnet            latest    d4760b0e68eb    13 days ago    11.6 GB
microsoft/iis               latest    52a0c31aaa72    13 days ago    10.5 GB
microsoft/windowsservercore latest    015cd665fbdd    5 weeks ago    10.2 GB
microsoft/nanoserver        latest    4a8212a9c691    5 weeks ago    1.04 GB
PS C:\Users\wscadmin> _
```

4. 이제 저장된 로컬 이미지를 이용해 새 컨테이너를 만든다. 다음 명령어를 실행해 microsoft/iis를 통해 새 컨테이너를 생성한다.

```
docker run -t -d -p 80:80 microsoft/iis cmd
```

docker run은 로컬에서 사용할 수 있는 이미지를 기반으로 새 컨테이너를 만드는 데 사용할 수 있는 명령어다. Docker는 이미지가 로컬 저장소에 없으면 공개 리포지토리에서 다운로드하려고 시도한다. docker 명령어의 매개변수는 다음과 같다.

○ -t: 이 옵션은 Docker가 해당 컨테이너에 Pseudo 터미널을 사용 가능하게 한다.

○ -d: 이 옵션을 사용하면 Docker가 Detached 모드에서 컨테이너를 실행하게 한다. 기본적으로 분리^{Detached} 모드로 구동된 Docker 컨테이너는 컨테이너 생성 시 사용된 부모 프로세스가 종료되면 가능한 한 빠르게 함께 종료된다.

○ -p: 이 옵션은 컨테이너 호스트와 신규 컨테이너 사이의 포트 매핑을 구성하는 데 사용된다.

5. 이제 컨테이너 호스트의 80번 포트에 접근하면 다음 그림과 같이 IIS의 기본 홈페이지를 볼 수 있다.

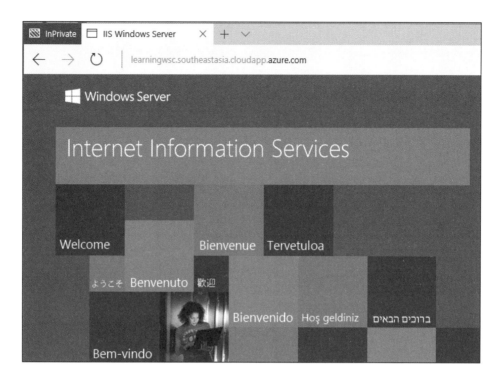

6. 다음 명령어를 사용해서 실행 중인 컨테이너를 확인할 수 있다.

```
docker ps -a
```

다음 그림은 실행 중인 컨테이너 목록을 보여준다.

이제 새 컨테이너 생성을 완료했다. 새 컨테이너는 80번 포트('PORTS' 절 참고)에서 실행되며, 위의 그림과 같이 Docker Engine에서 부여한 upbeat_lamarr 같은 임의의 이름을 갖는다. 또한 Docker는 모든 컨테이너에 대해 f5c2449ba87f와 같은 고유한 ID를 임의 할당한다. ID와 이름을 이용해서 실행 중인 컨테이너에 추가 작업을 진행할 수 있다. 컨테이너 관리에 대한 자세한 내용은 3장에서 다룬다.

Windows 컨테이너 이미지 준비

컨테이너 이미지는 주로 PowerShell 명령어나 Docker CLI 명령어 중 하나의 방법으로 개발한다. 모든 Windows Server나 Hyper-V 컨테이너는 기본 OS 이미지를 기반으로 만들어야 한다. Windows Server 2016에는 `windowsservercore`와 `nanoserver`라는 두 가지 기본 OS 이미지가 제공된다. Microsoft Azure에서 만든 Windows Server에는 기본적으로 `windowsservercore`가 설치돼 있다. 다음 명령어를 실행해 `nanoserver` 이미지를 설치할 수 있다.

```
docker pull microsoft/nanoserver
```

이 절에서는 Docker 명령어를 이용해서 기본 인덱스 페이지를 제공하는 IIS Web Server 용 Windows 컨테이너 이미지를 생성할 것이다. 우선 컨테이너 호스트에 설치된 기본 OS 이미지를 확인한다.

```
docker images
```

이 명령어를 실행하면 다음과 같은 결과가 나타난다.

```
PS C:\Users\wscadmin> docker images
REPOSITORY                    TAG        IMAGE ID        CREATED        SIZE
microsoft/aspnet              latest     d4760b0e68eb    13 days ago    11.6 GB
microsoft/iis                 latest     52a0c31aaa72    13 days ago    10.5 GB
microsoft/nanoserver          latest     9473d5d31d36    13 days ago    1.05 GB
microsoft/windowsservercore   latest     015cd665fbdd    5 weeks ago    10.2 GB
microsoft/nanoserver          <none>     4a8212a9c691    5 weeks ago    1.04 GB
PS C:\Users\wscadmin>
```

`windowsservercore`는 Windows 컨테이너 환경에서 사용되는 기본 OS 이미지며, 컨테이너의 가장 하단 레이어를 형성한다. 그림에서 살펴볼 수 있듯이 이미지 크기는 여전히 10.2GB로 크다. 이미지의 크기가 우려된다면 `nanoserver`라는 특별한 유형의

서버 이미지를 사용하면 된다. 지금은 windowsservercore만 이용할 것이다.

컨테이너 호스트에 이미지가 없다면 다음 명령어를 실행해 Docker Hub에서 이미지를 가져올 수 있다.

```
docker pull microsoft/windowsservercore
```

 리포지토리를 검색하고자 할 경우 docker search 명령어를 이용하면 사용 가능한 모든 컨테이너 이미지 목록을 볼 수 있다.

다음 명령어를 사용해 호스트에서 실행, 종료 또는 일시 중지된 컨테이너를 나열할 수 있다.

```
docker ps
```

이 명령어를 입력하면 다음과 같은 결과가 출력된다.

살펴본 바와 같이 docker ps를 실행하면 컨테이너와 해당 이미지 이름, 상태 등이 나열된다. 다음은 Windows Server 이미지를 만드는 데 사용할 수 있는 두 가지 방법을 살펴본다.

- 컨테이너는 계층화 시스템이기 때문에 기본 OS 이미지를 사용해 새 컨테이너를 만들 수 있다. 그 후 PowerShell이나 Windows 명령어를 사용해서 필요에 따라 사용자 지정 컨테이너를 시작하고, 완료됐을 경우 이미지로 변환할 수 있다. 간단하게 보이지만 컨테이너를 개발할 때 이 방법을 자주 사용하지 않

는다. 이미지 생성 전에 실행한 순서들을 별도로 갖고 있지 않으므로 이 방법은 에러를 많이 유발한다. 이에 프로덕션 시나리오에서는 권장하지 않는다.

- 두 번째로 가장 선호되는 방법은 dockerfile이라는 특수 유형의 파일로 이미지 제작 방법론을 작성하는 것이다. dockerfile은 Docker 문법을 따르는 명령어의 묶음이며, 이미지 준비 단계에서 Docker Engine을 통해 컴파일된다. 구성을 코드로 문서화할 수 있으므로, CI^Continuous Integration 또는 배포 방법론에 연계가 용이하다.

■ Docker에서 웹 응용 프로그램 실행

이제 dockerfile을 사용해 첫 번째 이미지를 만들어보자.

1. 이미지 아티팩트를 저장하기 위해 Windows Server 컨테이너 호스트의 C:\ 밑에 learningwsc-chapter2 폴더를 만든다.
2. 첫 번째 이미지의 아티팩트를 저장할 hellodocker 폴더를 learning-chapter2 아래에 만든다.
3. 메모장과 같은 텍스트 편집기를 열고 다음 내용을 파일에 복사한다.

```
FROM microsoft/windowsservercore
MAINTAINER srikanth@live.com
LABEL Description="IIS" Vendor=Microsoft" Version="10"
RUN powershell -Command Add-WindowsFeature Web-Server
COPY index.htm /inetpub/wwwroot/
EXPOSE 80
CMD ["ping localhost -t"]
```

4. 이 파일을 C:\learningwsc-chapter2\hellodocker 폴더에 dockerfile이라는 이름으로 저장한다.

5. 파일의 확장자가 없이 저장됐는지 확인한다.

 Windows에서 확장명을 사용하지 않고 파일을 저장하려면 파일 이름을 " "으로 묶는다. 이 예에서는 파일 이름에 "dockerfile"이라고 입력해야 한다.

6. 메모장을 다시 열고 다음 내용을 입력한다.

```
<h1> Hello from Docker !! </h1>
```

7. C:\learningwsc-chapter2\hellodocker에 index.htm이라는 이름으로 파일을 저장한다. 이 파일은 간단한 HTML 응용 프로그램으로 동작한다.

 이 책은 Windows Server 컨테이너에 대한 작업을 주로 살펴보기 때문에 컨테이너로 패키징할 때 사용할 샘플 응용 프로그램은 가능한 한 간단하게 만들 것이다. 그러나 복잡한 응용 프로그램에 대해서도 동일한 방법론을 적용할 수 있다. 패키징 프로세스는 응용 프로그램 개발과 완전히 분리된다.

8. 이제 첫 번째 Docker 이미지를 생성하기 위한 모든 아티팩트가 준비됐다. 키보드의 Windows 키를 누르고 PowerShell을 입력한다.

9. Windows PowerShell을 마우스 오른쪽 버튼으로 클릭하고, 관리자 권한으로 실행을 클릭한다.

10. C:\learningwscchapter2\hellodocker에 아티팩트가 있는 폴더로 이동한다.

```
Cd\
Cd learningwsc-chapter2\hellodocker
```

11. 다음 명령어를 실행해서 첫 번째 Docker 이미지를 만든다.

```
docker build -t hellodocker .
```

 예제 코드 다운로드

이 책의 '들어가며'에 코드를 통째로 다운로드하는 자세한 단계가 있다. 책의 예제
코드는 깃허브 https://github.com/PacktPublishing/Learning-Windows-Server-
Containers에서 제공된다. 또한 https://github.com/PacktPublishing에서 다양한
유형의 책과 비디오에서 사용하는 코드들도 제공하고 있다. 이를 한번 살펴보라.

12. 결과는 다음과 같아야 한다.

```
PS C:\learningwsc-chapter2\hellodocker> docker build -t hellodocker .
Sending build context to Docker daemon 3.072 kB
Step 1/7 : FROM microsoft/windowsservercore
 ---> 2c42a1b4dea8
Step 2/7 : MAINTAINER oopslync@outlook.com
 ---> Running in 495f362f2f13
 ---> bf7422d505b0
Removing intermediate container 495f362f2f13
Step 3/7 : LABEL Description □IIS□ Vendor Microsoft□ Version □10?
 ---> Running in 93757a0d7dda
 ---> 0dae67671079
Removing intermediate container 93757a0d7dda
Step 4/7 : RUN powershell -Command Add-WindowsFeature Web-Server
 ---> Running in 0d478076c283

Success Restart Needed Exit Code    Feature Result
------- -------------- ---------    --------------
True    No             Success      {Common HTTP Features, Default Documen...


 ---> d38dc671a6ba
Removing intermediate container 0d478076c283
Step 5/7 : COPY index.htm /inetpub/wwwroot/
 ---> 86468e1987d1
Removing intermediate container a14b15bad5de
Step 6/7 : EXPOSE 80
 ---> Running in 763e7763bd20
 ---> 7c149fb54274
Removing intermediate container 763e7763bd20
Step 7/7 : CMD [ □ping localhost -t□ ]
 ---> Running in 7da125773851
 ---> 902f05f1cd83
Removing intermediate container 7da125773851
Successfully built 902f05f1cd83
PS C:\learningwsc-chapter2\hellodocker> _
```

13. 앞 그림처럼 로그는 Successfully built [Docker 이미지 ID]로 끝나야 한다.
    해당 이미지 ID는 Docker Engine이 이미지에 부여한 고유 ID다.

14. 이제 Docker 이미지 목록에서 hellodocker 이미지를 확인할 수 있다.

```
PS C:\learningwsc-chapter2\hellodocker> docker images
REPOSITORY                        TAG              IMAGE ID       CREATED         SIZE
hellodocker                       latest           0ca9ca35e8d8   3 minutes ago   7.906 GB
microsoft/iis                     latest           accd044753c1   6 weeks ago     7.907 GB
microsoft/windowsservercore       10.0.14300.1030  02cb7f65d61b   3 months ago    7.764 GB
microsoft/windowsservercore       latest           02cb7f65d61b   3 months ago    7.764 GB
```

컨테이너 생성

컨테이너를 만들려면 다음 순서를 진행한다.

1. 앞서 사용한 동일한 PowerShell 창에서 다음 명령어를 실행해 방금 생성한 hellodocker 이미지를 기반으로 Docker 컨테이너를 만든다.

```
docker run --rm -it -p 80:80 hellodocker cmd
```

이 명령어는 컨테이너를 만들고 연결해줄 것이다. 다음 그림과 같이 새 컨테이너가 성공적으로 만들어지면 새로운 명령 프롬프트 창이 열릴 것이다.

```
Microsoft Windows [Version 10.0.14300]
(c) 2016 Microsoft Corporation. All rights reserved.

C:\>_
```

2. 컨테이너 호스트의 80번 포트에 접속해서 컨테이너가 성공적으로 만들어졌는지 확인한다. 앞서 만든 기본 페이지가 나타나야 한다.

Hello from Docker !!

가상 컴퓨터의 80번 포트에 접속하려면 Microsoft Azure 포털을 통해 가상 컴퓨터의 엔드포인트^{Endpoint}을 만들어야 한다. 또한 80번 포트가 호스트의 방화벽 설정에서 차단되고 있는 것이 아닌지 확인해야 한다.

새 포털을 사용해 가상 컴퓨터에 엔드포인트를 추가하는 좀 더 자세한 작업은 다음과 같다.

가상 컴퓨터를 선택하고 리소스 그룹 ❯ 네트워크 보안 그룹 ❯ 인바운드 보안 규칙을 찾아간 다음 + 추가를 클릭한다. 이름, 우선순위, 원본 IP, 포트 범위, 프로토콜, 대상 IP 등의 모든 항목과 작업을 허용으로 설정하고 확인을 클릭한다. 가상 컴퓨터 설정이 업데이트될 때까지 기다린다.

3. 관리자 권한으로 새 PowerShell 명령 창을 열고 다음 명령어를 사용해 현재 실행 중인 컨테이너를 확인할 수도 있다.

```
docker ps -a
```

이 명령어를 실행하면 다음과 같은 결과가 나타난다.

```
PS C:\learningwsc-chapter2\hellodocker> docker ps -a
CONTAINER ID       IMAGE          COMMAND         CREATED          STATUS           PORTS
MES
ad12ba597ae5       hellodocker    "cmd"           55 seconds ago   Up 46 seconds    80/tcp, 0.0.0.
```

dockerfile 분석

이제 앞서 진행한 사항들을 살펴보자. 이미지 준비를 위해 Docker Engine용 명령어들이 포함된 dockerfile을 작성했다. 이미지가 준비되면 컨테이너를 만들고, 이를 특정 포트를 통해 제공할 수 있었다. 살펴본 것과 같이 dockerfile은 마법과 같다. dockerfile을 한 줄씩 이해해보자. 실행되는 각 Docker 행은 중간 컨테이너(또는 계층)를 만들고, 성공하면 커밋한다. 실패할 경우 이미지를 만들지 않는다.

FROM

이 명령어는 기본 OS 이미지를 선택하는 데 사용된다. 예를 들어 FROM windows-servercore는 기본 OS 이미지를 windowsservercore로 시작한다. windowsservercore (Hyper-V 컨테이너인 경우 nanoserver) 또는 Linux 이미지(Linux가 컨테이너 호스트인 경우)와 같은 기본 이미지를 사용할 수 있다. 방금 만든 이미지를 다른 이미지 생성을 위한 기본 이미지로 사용할 수도 있다. 살펴본 바와 같이 계층화 구조 형태로 이미지를 생성하고, 필요시 사용자 지정 이미지로 만들 수 있다. 이는 확장 가능한 형태로 응용 프로그램을 만들 수 있게 함으로써 사용자 지정 응용 프로그램을 다른 사람들이 사용하거나 확장할 수 있는 형태로 손쉽게 배포할 수 있게 한다.

MAINTAINER

MAINTAINER를 사용하면 이미지 작성자를 입력할 수 있다. Docker Hub나 개인 리포지토리와 같은 공개 리포지토리로 이미지를 전송[Push]할 때 이 정보는 메타데이터로 활용된다.

LABEL

LABEL은 키-값 형태로 이미지에 응용 프로그램 특정 메타데이터를 추가하는 데 사용할 수 있다. 각 레이블은 만들고 있는 이미지에 더 많은 컨텍스트를 추가할 수 있는 키-값 형태에 불과하다. 개별 키-값 형태는 공백이나 백슬래시(\)를 통해 구분된다(공백 선호).

 백슬래시(\)로 메타데이터를 분리하면 각 키-값마다 하나의 중간 컨테이너가 만들어진다. 일반적으로 많은 중간 컨테이너들은 컨테이너 성능을 저하시키므로 백슬래시를 사용하지 않는 것이 좋다.

RUN

RUN은 새 레이어에서 명령어를 실행하고, 성공하면 커밋한다. 결과적으로 생성된 이미지는 다음 명령어에서 추가 레이어를 만드는 데 사용된다. **RUN** 명령어에서 **Add-WindowsFeature**를 사용해서 **windowsservercore** 기본 OS 이미지에 IIS를 설치했다. dockerfile 내에 있는 여러 개의 **RUN** 명령을 사용할 수 있다. 예를 들어 **RUN powershell Add-WindowsFeature Web-Server**는 Docker에서 Windows 플랫폼의 기본 Web Server 구성 요소인 IIS를 설치하기 위한 Windows PowerShell 명령어를 실행하게 한다.

```
Add-WindowsFeature Web-Server
```

COPY

COPY 명령어는 소스의 파일/폴더들을 중간 이미지나 계층의 특정 대상 위치로 복사하고, 복사가 성공하면 커밋한다. 따라서 커밋된 이미지는 새 컨테이너가 생성될 때마다 대상 경로 아래에 해당 파일을 갖게 될 것이다. dockerfile에는 **COPY** 명령어가 여러 개 있을 수 있다. 소스가 빌드 컨텍스트(현재 폴더 또는 루트) 내에 있어야 한다. 우리는 원격에 위치한 파일을 가리킬 수 없다. 다음 예에서 Docker는 index.htm 파일을 빌드 컨텍스트에서 컨테이너 내의 /inetpub/wwwroot 위치로 복사한다.

```
COPY index.htm /inetpub/wwwroot/
```

EXPOSE

EXPOSE 명령어는 컨테이너의 포트를 열어준다. 이는 컨테이너가 동작하는 동안 특정 포트에 수신 대기하게 Docker를 설정한다. 컨테이너 생성 시 사용했던 **-p 80:80** 옵션은 컨테이너 호스트의 80번 포트를 실행 중인 컨테이너의 80번 포트와 매핑해 80번 포트로 접속하는 모든 트래픽을 컨테이너의 포트로 전달할 수 있게 한다. 이를 포트 전달Port Forwarding이라고 한다. 컨테이너 호스트의 포트가 컨테이너의 포트와 같을 필요는 없다. 예를 들어 -p 5000:80 형태로도 가능하다. 이 경우 컨테이너 호스트의 5000번 포트에 접속해 컨테이너에 도달하게 한다. 예를 들어 다음 명령어는 Docker가 컨테이너의 80번 포트를 열게 한다.

```
EXPOSE 80
```

CMD

CMD는 Docker Engine이 컨테이너에서 명령어를 실행하게 한다. dockerfile에는 단 하나의 CMD만 있을 수 있으며, 컨테이너 생성 시 재정의Override할 수 있다. dockerfile에 여러 CMD 명령어가 있는 경우 마지막 항목만 처리된다. 예를 들어 다음 명령어는 컨테이너가 성공적으로 생성되면 localhost를 핑ping한다.

```
CMD ["ping localhost -t"]
```

Docker 서비스 시작과 중지

Windows에서 Docker 서비스는 다음 명령어를 사용해 시작할 수 있다.

```
Start-Service docker
```

Docker 서비스는 다음 명령어를 사용해 중지할 수 있다.

```
Stop-Service docker
```

▌ 요약

2장에서는 Windows 10이나 Windows Server 2016에서 Windows Server 컨테이너 및 Hyper-V 환경을 만들고 구성하는 방법을 살펴봤다. Windows 10 Enterprise/Professional 에디션(1주년 업데이트 이상)에서만 Hyper-V 컨테이너를 사용할 수 있다.

Windows Server 2016 ISO는 다운로드 가능하고, Windows Server 컨테이너를 구동하기 위해 VirtualBox나 Hyper-V 관리자를 통해 가상 컴퓨터로 구성할 수 있다. Microsoft Azure 내에서 준비된 템플릿을 사용할 수도 있다.

Windows Server 2016에는 Server Core 또는 전체 설치 버전 형태의 두 가지 설치 옵션이 있다. 두 가지 버전 모두 Windows 및 Hyper-V 컨테이너를 지원한다. Hyper-V 컨테이너를 사용하려면 호스트 내의 운영체제가 중첩된 가상화를 지원해야 한다.

모든 Windows Server 컨테이너는 `windowsservercore`라는 기본 OS 이미지를 사용한다. Hyper-V 컨테이너는 기본 OS 이미지의 축소 버전인 `nanoserver`를 사용한다.

PowerShell 또는 Docker 명령어는 Docker Hub에서 이미지를 검색 및 다운로드하거나 이미지나 컨테이너를 만들고, 관리하는 데 사용될 수 있다. Docker Hub에서 사용 가능한 기존 이미지를 기반으로 PowerShell이나 Docker 명령어를 사용해 컨테이너를 배포할 수 있다. Docker 명령어를 이용해 사용자 지정 이미지를 만들고 네트워킹을 구성할 수 있다.

컨테이너 이미지 구성은 dockerfile이라는 단일 파일에서 작성할 수 있다. Docker 파일은 Docker Engine이 컴파일하고 Docker 이미지를 만들 수 있는 Docker 문법과 명령어를 따른다.

03

컨테이너 이미지 작업

Windows 컨테이너는 Docker 및 PowerShell 명령어를 사용해 관리할 수 있다. Docker는 이미지와 컨테이너의 생성, 업데이트, 게시 및 삭제 같은 가장 일반적인 작업을 자동화하기 위한 많은 명령어와 옵션들을 제공한다. 현재 Windows Server 컨테이너 작업을 위한 PowerShell 명령어는 아직 개발 중이므로, 3장에서는 Docker 명령어만 살펴본다. 언어 선택, 다시 말해 Docker나 PowerShell 명령어의 선택과 상관없이 로컬이나 원격 Docker Daemon과의 통신은 Docker Remote API라고 부르는 일반적인 REST 기반 API를 사용해 이뤄진다. 이는 선호하는 언어를 선택해 Docker API와 통신할 수 있음을 의미한다.

3장에서는 Windows Server 컨테이너와 이미지를 생성하는 Docker의 가장 일반적인 명령어나 속성과 관련된 예제를 제공한다. 또한 Docker Hub에 계정을 만들고 게시할 이미지를 준비한다.

3장에서 다루는 내용은 다음과 같다.

- 이미지 목록
- 이미지 검색
- docker pull
- docker run
- docker build
- Docker 태그
- docker commit
- docker exec
- docker push
- 컨테이너 또는 이미지 정리

▌ 이미지 목록

다음 명령어는 상태와 무관하게 Docker 컨테이너의 전체 목록을 살펴볼 경우 사용한다. 실행 중인 컨테이너만 보려면 -a(모두 표시) 옵션을 생략해야 한다.

```
docker ps -a
```

-f 옵션 또는 --filter 플래그를 이 명령어에 적용할 수 있다. -f 또는 --filter를 docker ps [옵션]과 함께 사용하면 컨테이너 목록이 함께 제공된 조건에 따라 필터링된다. 예를 들어 다음 명령어는 이름이 일치하는 컨테이너의 세부 정보를 표시한다.

```
docker ps --filter name=nostalgic_norman.
```

필터 옵션에 대한 몇 가지 유효한 플래그는 exited = 0, status = paused 및 ancestor = windowsservercore다. 다음 옵션들은 이미지 목록을 확인할 때 사용 가능하다.

- -n: 모든 상태의 컨테이너 개수를 표시한다.
- -l: 최근에 생성된 컨테이너를 표시한다.
- -s: 총 파일 크기를 표시한다.

사용 방법은 앞서 살펴본 필터 플래그와 비슷하다.

▌ 이미지 검색

사용자가 Windows Server 컨테이너를 새롭게 만들 경우 처음부터 시작할 필요는 없다. 이미 만들어진 이미지가 많기 때문에 이를 하나 선택해서 시작 지점으로 사용할 수 있다. 그러나 어떤 이미지가 사용 가능한지, 어떻게 알 수 있을까? 이 경우 docker search 명령어가 정말 도움이 된다. docker search 명령어를 사용하면 Docker 공개 리포지토리에서 이미지를 검색할 수 있다. 평가 등급(별표로 표시됨)을 이용하면 많이 사용하는 이미지를 쉽게 찾을 수 있으며, 높은 품질과 신뢰성을 나타나는 공식 플래그를 이용해 이미지를 필터링할 수 있다. docker search는 원격 리포지토리에서 이미지를 검색하는 데 사용된다. docker search는 Docker 이미지 이름을 최소 하나의 매개변수 형태로 사용한다.

---

docker search [검색 조건]

다음 그림은 docker search의 결과를 보여준다.

```
PS C:\Users\wscadmin> docker search microsoft
NAME                                        DESCRIPTION                                      STARS    OFFICIAL    AUTOMATED
microsoft/aspnet                            ASP.NET is an open source server-side Web ...    626                  [OK]
microsoft/dotnet                            Official images for .NET Core for Linux an...    592                  [OK]
microsoft/mssql-server-linux                Official images for Microsoft SQL Server o...    341
mono                                        Mono is an open source implementation of M...    235      [OK]
microsoft/windowsservercore                 Windows Server 2016 Server Core base OS im...    204
microsoft/nanoserver                        Windows Server 2016 Nano Server base OS im...    197
microsoft/aspnetcore                        Official images for running compiled ASP.N...    193                  [OK]
microsoft/iis                               Internet Information Services (IIS) instal...    149                  [OK]
microsoft/mssql-server-windows-express      Official Microsoft SQL Server Express Edit...    96
microsoft/azure-cli                         Docker image for Microsoft Azure Command L...    92                   [OK]
microsoft/mssql-server-windows              Official images for Microsoft SQL Server f...    76                   [OK]
microsoft/aspnetcore-build                  Official images for building ASP.NET Core ...    68                   [OK]
microsoft/dotnet-framework                  The official Docker images for .NET Framew...    63
microsoft/mssql-server-windows-developer    Official Microsoft SQL Server Developer Ed...    43
microsoft/powershell                        Official PowerShell Core releases from htt...    42                   [OK]
microsoft/vsts-agent                        Official images for the Visual Studio Team...    31
microsoft/oms                               Monitor your containers using the Operatio...    27                   [OK]
microsoft/dotnet-samples                    .NET Core Docker Samples                         22                   [OK]
microsoft/cntk                              CNTK images from github.com/Microsoft/CNTK...    15                   [OK]
microsoft/applicationinsights               Application Insights for Docker helps you ...    8                    [OK]
microsoft/sample-nginx                      Nginx installed in Windows Server Core and...    8
microsoft/dotnet-buildtools-prereqs         Images for building the various components...    5
microsoft/dotnet-nightly                    Preview bits of the .NET Core CLI                5                    [OK]
microsoft/draft                             A tool for developers to create cloud-nati...    2
microsoft/aspnetcore-build-nightly          Images to build preview versions of ASP.NE...    2                    [OK]
PS C:\Users\wscadmin> _
```

기본적으로 목록은 값들이 화면에 모두 표시되지 아니하고 일부 생략된 형태로 상위 25개의 이미지를 보여준다. docker search는 검색 기준 및 결과 값에 대한 추가적인 플래그나 옵션도 제공한다. 예를 들어 docker search --no-trunc는 결과 값의 항목들을 일부 자르지 않은 형태로 목록을 보여준다. 다음은 Microsoft SQL Server가 사전 설치돼 있는 컨테이너를 검색해 결과 값들을 일부 자르지 않고 보여주는 docker search 명령어다.[1]

```
docker search --no-trunc microsoft/mssql-server-2014-express-windows
```

다음 그림과 같이 명령어는 일부 결과를 생략하지 않고, 전체 이미지 목록 값을 보여 준다.

```
PS C:\Users\wscadmin> docker search --no-trunc microsoft/mssql-server-2014-express-windows
NAME                                       DESCRIPTION                                                                       STARS
MATED
microsoft/mssql-server-2014-express-windows   Microsoft SQL Server 2014 Express installed in Windows Server Core based containers.   29
```

limit 플래그는 검색 결과를 특정 개수로 제한한다. 예를 들어 다음 명령어는 검색 기준과 일치하는 Docker 이미지를 3개만 반환한다.

---

1. docker 명령어들은 화면 크기에 모든 정보를 표시하기 위해 ...과 같은 형태로 결과 값의 일부를 생략한다. 앞 그림의 DESCRIPTION은 각 설명의 마지막 부분에 ...이 존재한다. 이를 모두 살펴보기 위해 --no-trunc 플래그를 사용해야 한다. – 옮긴이

```
docker search microsoft --limit=3
```

limit의 기본 값은 25다. 이 값은 1부터 100 사이여야 한다.

```
PS C:\Users\wscadmin> docker search microsoft --limit=3
NAME                  DESCRIPTION                              STARS    OFFICIAL    AUTOMATED
microsoft/aspnet      ASP.NET is an open source server-side Web ...  476              [OK]
microsoft/dotnet      Official images for working with .NET Core...  259              [OK]
microsoft/azure-cli   Docker image for Microsoft Azure Command L...  62               [OK]
```

docker search는 --filter라는 필터링 플래그를 제공한다. 필터링 플래그는 키와 변수 묶음을 필터링 값으로 허용한다. 필터링 값은 평가 등급, 공식 리포지토리 플래그 또는 자동화 플래그 형태의 세 가지 이미지 속성으로만 제한된다. 각 Docker 이미지에는 이미지의 인기도를 나타내는 평가 등급이 있다. docker search를 사용할 때 filter 플래그를 이용해 인기 있는 이미지만 검색하게 필터링할 수 있다.

예는 다음과 같다.

```
docker search --filter stars=100 microsoft
```

이 명령어는 microsoft라는 단어가 포함된 이미지면서도 평가 등급이 100개가 넘는 이미지를 모두 보여준다. 다음 그림에서 살펴볼 수 있는 것처럼 여러 플래그를 혼용해 microsoft라는 이름이 있으며 공식이면서도 평가 등급이 최소한 별 5개인 이미지를 검색할 수 있다.

```
PS C:\Users\wscadmin> docker search --filter stars=5 --filter is-official=true --no-trunc microsoft
NAME    DESCRIPTION                                                           STARS    OFFICIAL    AUTOMATED
mono    Mono is an open source implementation of Microsoft's .NET Framework   235      [OK]
```

 공식 리포지토리란?
Docker 공식 리포지토리는 최고 품질을 가질 것으로 예상되는 선별된 리포지토리다.
공식 리포지토리는 기본 OS 이미지 공급자로도 믿을 수 있다.

다음 그림과 같이 Docker Hub(https://hub.docker.com/explore/)에 로그인하고 검색 상자를 이용해 이미지를 검색할 수도 있다.

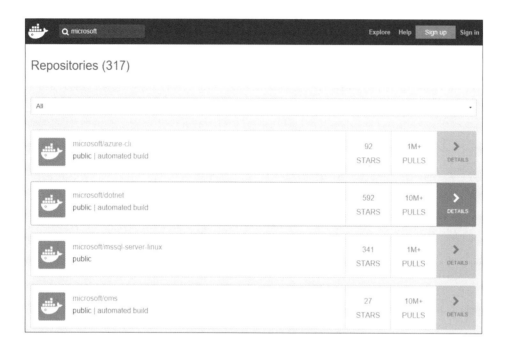

DETAILS 버튼을 클릭하면 이미지 사용 방법, 예제 dockerfile, 태그, 버전 정보 및 빌드 세부 정보를 살펴볼 수 있다. 사용자는 Docker Hub에 로그인해 Docker Hub 내의 이미지를 검색할 수 있다.

▌ docker pull

사용하고자 하는 이미지를 찾은 후 docker pull 명령어를 통해 이미지를 로컬로 다운 로드할 수 있다.

```
PS C:\Windows\system32> docker pull microsoft/iis
Using default tag: latest
latest: Pulling from microsoft/iis

1239394e5a8a: Already exists
847199668046: Pull complete
4b1361d2706f: Extracting [=>                                    ] 1.081 MB/35.33 MB
```

기본적으로 최신 태그나 버전을 Docker Hub에서 가져온다.

 TIP 이미지 태그와 버전에 대해서는 다음 절에서 좀 더 자세히 살펴본다.

Docker 이미지는 여러 레이어로 구성된다. 각 레이어는 고유한 식별자로 표시돼 있다. 사용자가 **docker pull**을 입력하면 Docker Daemon은 레이어를 병렬로 다운로드해 로컬 컴퓨터에 압축을 풀어놓는다. Docker는 로컬 컴퓨터에 존재하지 않는 레이어만 풀^{Pull}해 올만큼 똑똑하다.[2]

예를 들어 앞의 명령인 **docker pull microsoft/iis**에서 **microsoft/iis**는 windows-servercore를 기본 OS로 사용하면서 만든 이미지이기 때문에 Docker Daemon이 모든 레이어를 컨테이너 호스트로 풀^{Pull}할 경우 windowsservercore 기본 OS 이미지는 다운로드하지 않는다.[3]

이는 Docker Daemon이 컨테이너 호스트에 이미 존재하는 레이어나 기본 OS 이미지를 식별해 낼 수 있기 때문이다. 각 Docker 레이어에는 고유한 ID가 표시돼 있다. 다음 그림과 같이 **windowsservercore**는 UUID **1239394e5a8a**로 표시돼 있으며, 이미 존재한다고 처리된다.

---

2. docker pull이라는 명령어는 별도의 번역이 필요하지 않으므로 큰 혼란이 없지만, 이미지를 Pull한다는 의미는 가져온다는 형태로 번역했을 때 import와 같은 다른 단어들과 혼란을 줄 수 있다. 이에 이 책에서 풀(Pull)해온다고 번역돼 있는 문장이나 단어들은 Docker 이미지를 리포지토리에서 가져 오는 것을 의미한다. 또한 차후 docker push라는 명령어도 살펴볼 예정인데, 이 역시 export와 같은 다른 단어들과 혼란을 줄 수 있어 푸시(Push)라고 그대로 음차할 예정이다. - 옮긴이

3. windowsservercore 기본 OS 이미지가 없는 경우에는 다운로드를 진행한다. - 옮긴이

이미지가 성공적으로 다운로드되면 Docker Daemon이 컨테이너 생성 시 사용할 수 있는 SHA256 다이제스트를 화면에 보여준다.

```
PS C:\Windows\system32> docker pull microsoft/iis
Using default tag: latest
latest: Pulling from microsoft/iis

1239394e5a8a: Already exists
847199668046: Pull complete
4b1361d2706f: Pull complete
Digest: sha256:1d64cc22fbc56abc96e4b7df1b51e6f91b0da1941aa155f545f14dd76ac522fc
Status: Downloaded newer image for microsoft/iis:latest
```

Docker 태그 기능을 사용해 동일한 Docker 이미지에 태그를 붙이거나 버전을 다르게 지정할 수 있다. 같은 이미지의 서로 다른 버전이 다운로드될 경우 Docker는 공통 레이어를 한 번만 저장하므로 디스크 공간을 절약할 수 있다. 다음 명령어와 같이 특정 이미지의 모든 태그를 풀하거나, 태그를 지정하거나 SHA256 다이제스트를 실행해 특정 버전만 풀할 수도 있다.

```
PS C:\Windows\system32> docker pull --all-tags microsoft/iis
latest: Pulling from microsoft/iis

Digest: sha256:1d64cc22fbc56abc96e4b7df1b51e6f91b0da1941aa155f545f14dd76ac522fc
windowsservercore-10.0.14300.1030: Pulling from microsoft/iis

Digest: sha256:1d64cc22fbc56abc96e4b7df1b51e6f91b0da1941aa155f545f14dd76ac522fc
Status: Downloaded newer image for microsoft/iis
```

이미지가 다운로드되면 다음 그림과 같이 docker images 명령어를 사용해 이미지 목록을 살펴볼 수 있다. 두 가지 버전의 microsoft/iis가 보이지만, 다른 태그를 갖고 있다.

```
PS C:\Windows\system32> docker images
REPOSITORY                     TAG                                 IMAGE ID        CREATED         SIZE
microsoft/iis                  latest                              accd044753c1    5 weeks ago     7.907 GB
microsoft/iis                  windowsservercore-10.0.14300.1030   accd044753c1    5 weeks ago     7.907 GB
microsoft/windowsservercore    10.0.14300.1030                     02cb7f65d61b    12 weeks ago    7.764 GB
microsoft/windowsservercore    latest                              02cb7f65d61b    12 weeks ago    7.764 GB
windowsservercore              10.0.14300.1000                     2b824ea36a88    4 months ago    9.354 GB
```

데몬이 Docker Hub에서 이미지를 풀하는 경우 Ctrl + C 옵션을 통해 이를 중단시킬 수도 있다.

▌docker run

docker run은 로컬이나 원격 리포지토리에서 이미지의 인스턴스를 만들 경우 사용할 수 있다. Docker Daemon은 자체 파일 시스템, 네트워킹, 그리고 자체적으로 격리된 프로세스를 가진 새 컨테이너를 시작시킨다. Docker 이미지가 레이어로 구성되기 때문에 Docker를 실행하면 이미지 위에 새롭게 쓰기 가능한 레이어가 만들어진다. 이를 통해 사용자는 컨테이너를 사용자 지정하고, 신규 Docker 이미지를 생성하게 커밋할 수 있다.

 Docker Daemon은 호스트에서 이미지를 찾을 수 없을 경우 컨테이너를 만들기 전에 원격 리포지토리에서 이미지를 풀(Pull)하려고 한다.

docker run 문법은 다음과 같다.

```
docker run [옵션] IMAGE [명령어] [인수...]
```

docker run 명령어는 컨테이너 생성 시 최소 이미지 이름만은 입력해야 한다. run에는 가장 많은 수의 커맨드라인 옵션이 있으며, 그중 일부는 다음 절에서 살펴본다.

분리 모드와 포그라운드 모드 비교

컨테이너를 시작할 때 분리Detached 모드 또는 포그라운드Foreground 모드로 컨테이너를 실행할지 결정해야 한다. 기본 옵션인 분리 모드는 컨테이너가 종료될 경우 컨테이너 실행을 위해 사용한 루트 프로세스도 함께 종료된다. 예를 들어 다음 명령어를 사용해 분리 모드로 컨테이너를 실행할 수 있다.

```
docker run -d microsoft/iis powershell
```

포그라운드 모드는 -d 옵션을 지정하지 않고 -it 옵션을 사용한다. 이 경우 Docker Daemon이 컨테이너를 실행하고, 컨테이너의 표준 입출력 및 오류 메시지 스트림을 할 수 있게 콘솔에 연결해준다.

예를 들면 다음과 같다.

```
docker run -it microsoft/iis powershell
```

이 명령어의 매개변수는 다음과 같다.

- -i는 대화식 모드를 지정하는 데 사용한다.
- -t는 TTY를 연결하는 데 사용한다.
- -a는 표준 입출력이나 오류 메시지 스트림 같은 특정 스트림을 하기 위해서 실행 중인 컨테이너에 연결이 필요할 때 사용한다.

다음 명령어를 실행하면 Docker Daemon은 대화형 콘솔에 에러만 보여준다.

```
docker run -a stderr -it microsoft/iis powershell
```

컨테이너 이름

기본적으로 Docker Daemon은 별도로 이름을 지정하지 않은 경우 임의의 이름을 컨테이너에 할당한다. 사용자는 쉽게 식별할 수 있게 --name 플래그를 사용해 컨테이너의 이름을 지정할 수 있다. 이름은 실행 중인 컨테이너와 상호작용하기 위한 식별자 중 하나로 사용될 수 있다. 컨테이너와 상호작용하는 다른 옵션은 UUID(long과 short)와 SHA256 다이제스트 값이 있다. 다음 명령어를 실행해 사용자가 정의한 이름이 있는 컨테이너를 만든다.

```
docker run --name mycustomwebserver microsoft/iis
```

격리 기술

Docker Daemon에는 --isolation이라는 매우 중요한 플래그가 있으며, Windows 환경에서만 사용된다. 이 플래그는 컨테이너 생성 시 사용되는 격리 항목을 지정하는 데 이용된다. 예를 들어 Hyper-V 컨테이너를 만들 경우 격리^{isolation} 값으로 hyperv를 사용해야만 한다.

```
docker run -d --isolation hyperv microsoft/nanoserver powershell
```

isolation 플래그에 사용 가능한 다른 값으로 default와 process가 있다. Linux는 한 가지의 격리 형태만 갖고 있으므로 Linux 환경에서 실행되는 컨테이너를 의미하는 값이다. process 옵션은 공유된 커널 네임스페이스^{Shared-Kernel Namespace} 격리 형태로 Windows Server 컨테이너를 생성할 때 Windows 환경의 기본 값이다.[4]

 Hyper-V 컨테이너를 실행하려면 컨테이너 호스트에서 중첩된 가상화(온-프레미스 전용, Microsoft Azure는 특정 크기의 가상 컴퓨터만 지원)를 지원해야 하며, Hyper-V 기능을 사용하게 설정해야 한다. Hyper-V 기능은 Windows Server 2016의 경우 서버 관리자 ≫ 역할 및 기능 추가 마법사, Hyper-V 역할을 선택해 설치할 수 있다. Windows 10의 경우 제어판 ≫ Windows 기능 켜기/끄기를 이용해 Hyper-V를 활성화할 수 있다.

---

4. isolation 플래그에서 사용 가능한 여러 종류의 값 때문에 혼돈이 올 수 있다. Windows 운영체제에서 사용 가능한 값은 hyperv와 process다. 별도로 isolation 플래그를 명시하지 않으면 process로 컨테이너가 생성된다. 이를 우리는 현재 Windows Server 컨테이너라고 부르고 있다. default는 Linux 운영체제에서 컨테이너를 만들 때 사용하는 격리 기술을 의미하고 있으므로, Windows 환경에서 해당 isolation 플래그를 지정하면 에러가 발생한다. 참고로 Windows Server 2016이 아닌 Windows 10의 경우에는 isolation 플래그 값으로 hyperv만 지원한다. 다시 말해 isolation 플래그를 process 값으로 사용할 수 없다는 것이다. — 옮긴이

dockerfile 이미지의 기본 값 재정의

2장에서 Docker Daemon에 명령어를 순차적으로 전달해 Docker 이미지를 만드는 dockerfile을 사용해봤다. docker run 명령어는 dockerfile 개발자가 정의한 일부 docker 명령어(FROM, MAINTAINER, RUN, Add)를 제외하고 이를 재정의할 수 있게 한다. docker run 명령어를 통해 재정의할 수 있는 명령어와 옵션은 CMD, EXPOSE, ENV(환경 변수), HEALTHCHECK, TMPFS, VOLUME, USER, WORKDIR이다.

예를 들어 -p 옵션을 사용해 컨테이너의 포트, 또는 특정 포트 범위를 컨테이너 호스트의 다른 포트나 특정 포트 범위에 매핑할 수 있다. 이미지 개발자는 EXPOSE 명령어를 사용해 dockerfile 내의 컨테이너가 사용하는 일부 포트들을 열었을 것이다. dockerfile 내의 EXPOSE 명령어가 사용하는 포트 목록에 추가하기 위해 --expose 플래그를 사용할 수도 있다.

```
docker run -p 80:80 microsoft/iis
```

dockerfile 내의 CMD 명령어는 컨테이너에서 기본적으로 사용된다. 기본 값은 CMD [cmd 또는 "ping localhost -t"]나 ENTRYPOINT에 대한 인수의 세트와 같은 매개변수로 실행 가능하다. 다음 명령어는 컨테이너가 성공적으로 시작되면 dockerfile 내의 CMD 명령어를 재정의해 PowerShell을 열고 컨테이너에서 날짜를 출력하게 한다.

```
docker run microsoft/windowsservercore powershell Get-Date
```

▌ docker build

Docker 이미지는 두 가지 방법으로 만들 수 있다. 첫 번째 방법은 dockerfile을 작성해 이미지를 만드는 것이며, 다른 방법은 docker build 명령어를 사용해 이미지를 생성하는 것이다. 다음 절에서 다룰 두 번째 방법은 windowsservercore와 같은 기본 OS 이미지를 이용해 컨테이너를 만들고, PowerShell이나 Windows 명령 프롬프트 같은 커맨드라인을 이용해 컨테이너에 접속할 것이다. 그리고 PowerShell이나 여타 도구(Windows Server Core는 UI를 갖고 있지 않으므로 스크립트를 통해서만 가능)와 같은 자동화 스크립트를 이용해 컨테이너를 사용자 지정한 후 docker commit 명령어를 이용해 이를 이미지로 변환할 것이다. 이 절에서는 docker build 명령어를 사용해 어떻게 이미지를 만드는지 살펴보자.

docker build는 dockerfile을 사용해 이미지를 만들 경우 사용된다. 이미지를 만들기 위한 두 가지 주요 요소는 dockerfile과 빌드 컨텍스트다. 빌드 컨텍스트는 폴더며, 해당 콘텐츠는 경로나 URL 옵션 내에 지정된다. URL은 GitHub 같은 원격 저장소일 수도 있다.

빌드 컨텍스트

예를 들어 다음 그림과 같은 형태로 dockerfile과 다른 파일들이 있을 경우 컨텍스트로 .을 사용할 수 있다. 이 경우 점(.)은 현재 폴더를 의미한다. 또는 로컬이나 원격 폴더 경로를 가리킬 수도 있다.

```
PS C:\learningwsc\Chapter3\hellodocker> dir


    Directory: C:\learningwsc\Chapter3\hellodocker


Mode                LastWriteTime         Length Name
-a----        4/10/2017     7:16 PM            267 Dockerfile
-a----        4/10/2017     7:16 PM         126289 image.jpg
-a----        4/10/2017     7:16 PM            167 index.htm
-a----        4/10/2017     7:16 PM             37 README.md
```

Docker 이미지 빌드

Docker 이미지 이름은 슬래시(/)로 구분되며, 소문자, 숫자 및 구분 기호만 포함한다. 구분 기호는 마침표, 하나 이상의 밑줄(_) 또는 하나 이상의 대시(-)로 정의된다.

```
PS C:\learningwsc\chapter3\hellodocker> docker build -t mycustomwebserver .
Sending build context to Docker daemon 186.4 kB
Step 1 : FROM microsoft/windowsservercore
 ---> 02cb7f65d61b
Step 2 : MAINTAINER srikanth@live.com
 ---> Using cache
 ---> 2665d75ad7aa
Step 3 : LABEL Description IIS Vendor Microsoft Version 10?
 ---> Using cache
 ---> da8c9fa8e227
Step 4 : RUN powershell -Command Add-WindowsFeature Web-Server
 ---> Running in 01886de498e8

Success Restart Needed Exit Code      Feature Result
------- -------------- ---------      --------------
True    No             Success        {Common HTTP Features, Default Documen...


 ---> bd4f26842c50
Removing intermediate container 01886de498e8
Step 5 : COPY index.htm /inetpub/wwwroot/
 ---> 72d7e7b185cb
Removing intermediate container a4a1332824f2
Step 6 : EXPOSE 80
 ---> Running in df88dfedfc12
 ---> f9aeea6abf3f
Removing intermediate container df88dfedfc12
Step 7 : CMD [ ping localhost -t ]
 ---> Running in da10a8729a28
 ---> e6ab161f613e
Removing intermediate container da10a8729a28
Successfully built e6ab161f613e
```

TIP 권장하는 이미지 이름 형식은 [username]/[imagename]:[tag]다. 이렇게 하면 Docker 공개 리포지토리로 푸시(Push)가 용이하고, 태그 정보를 사용해 쉽게 식별할 수 있다.

Docker는 증분 형태로 이미지를 만든다. 명령어마다 Docker Daemon은 이미지 내에 쓰기 가능한 레이어로 중간 컨테이너를 만들고, 명령어에 따라 변경을 가한다. 그리고 업데이트된 이미지를 생성하기 위해서 이를 커밋했을 때 중간 컨테이너를 삭제한다. 이는 마지막 단계까지 매 단계에서 반복된다. 모든 단계에서 업데이트된 이미지가 업데이트를 생성하는 데 사용된다.

-f 옵션이나 --file 플래그를 사용해 다른 위치에 있는 dockerfile을 가리킬 수도 있다. 이는 dockerfile.debug 및 Dockerfile.release와 같이 응용 프로그램의 릴리스 버전에 따라 다른 dockerfile를 사용하고자 할 때 유용할 수 있다.

빌드 컨텍스트는 Docker Daemon이 로컬이나 원격에서 구동하는지 여부와 상관없이 Docker Daemon으로 전송된다. dockerfile은 ADD, COPY, 또는 RUN과 같은 명령에서 빌드 컨텍스트 내의 모든 파일을 참조할 수 있다. 또한 GitHub 같은 원격 빌드 컨텍스트를 사용해 이미지를 만들 수도 있다. 이는 CI[Continuous Integration] 및 CD[Continuous Delivery] 형태의 자동화에서도 사용 가능하다.[5]

예를 들어 기능을 개발 중인 개발 팀은 개발된 코드를 GitHub나 다른 저장소에 정기적으로 푸시[Push]하거나, 체크인 선언 및 테스트를 성공적으로 진행할 수 있다. 개발된 코드를 컴파일할 때 CI 프로세스를 시작해서 빌드 컨텍스트로 GitHub 저장소를 사용해 Docker 이미지를 만들고, 이를 Docker Hub로 게시할 수 있다. 특정 분기[Branch]를 대상으로 하는 이미지를 만들 경우 GitHub의 분기 기능을 사용할 수도 있다. 생성된 이미지를 이전 단계에서 테스트 또는 준비 환경으로 자동 배포하는 CD 프로세스에 연동해 확장할 수도 있다. 컨테이너는 작고 가벼운 프로세스이므로, 개발에서 테스트까지의 전체 단계는 기존 프로세스보다 매우 줄어들 것이다. Docker 이미지를 이용해 빌드 및 프로덕션 환경으로의 배포 자동화에 대해서는 9장에서 좀 더 자세히 살펴본다.

dockerignore

이미지를 작성할 경우 Docker는 빌드 컨텍스트로 폴더 내의 모든 콘텐츠를 사용한다. Docker Daemon이 특정 파일을 무시하게 하려면 dockerignore 파일 옵션을 사용한다. Docker Daemon은 .dockerignore라는 이름을 가진 파일을 이용해 빌드 컨텍스트 내의 특별한 유형의 파일을 인식하게 된다. 해당 파일들을 Docker Daemon이 빌드

---

5. CI와 CD에 대한 내용은 9장에서 살펴본다. - 옮긴이

컨텍스트에서 무시하게 된다. 다음과 같은 정규 표현식을 사용해 여러 파일이나 디렉터리를 빌드 컨텍스트에서 제외할 수도 있다.

*.(확장)	모든 패턴이 일치할 경우에 대해 *를 사용할 수 있다. 예를 들어 다음과 같다. • *.md 확장명이 .md인 모든 파일을 무시한다. • *READ*.md 파일 이름에 READ가 있고, 확장자가 .md인 모든 파일을 무시한다. • */READ.md는 하위 디렉터리의 READ.md 파일을 무시한다. • */*/READ.md는 두 레벨의 하위 디렉터리에 있는 READ.md 파일을 무시한다.
!	무시 목록에서 제외할 경우에 대해 !를 사용할 수 있다. 앞서 살펴본 *를 같이 사용할 수 있다. • 예를 들어 !README.*는 확장자는 무관하게 README로 시작하는 파일은 제외한다.
?	하나의 문자를 일치할 경우에 대해 ?를 사용할 수 있다. 예를 들어 !web.release.v?.config는 web.release.v1.config와 같은 이름의 파일을 제외시킨다.
#	.dockerignore 파일 내의 주석을 포함하는 데 #를 사용할 수 있다. 예를 들어 #을 사용하는 행은 무시된다.

▌ docker tag

태그는 개발자가 이미지의 버전을 관리할 수 있게 한다. 이미지는 여러 개의 태그를 가질 수 있다. 이미지를 사용하는 개발자나 운영자는 태그 이름을 이용해 특정 버전을 다운로드하거나, 풀[Pull]할 수 있다. 태그 이름은 숫자, 소문자 또는 대문자, 밑줄, 마침표 및 대시로 구성될 수 있다. 다음 명령어는 learningwsc/mycustomwebserver의 이미지 이름과 v1.0의 태그 이름을 가진 신규 이미지를 생성한다. 이미지 이름에서 learningwsc는 Docker Hub 사용자 이름이며, mycustomwebserver는 이미지의 실제 이름이다.

```
docker build -t learningwsc/mycustomwebserver:v1.0 .
```

Docker Daemon은 동일 이미지에 대한 다수의 태그를 이용해 작업할 때 레이어가 중복 다운로드되지 않게 한다. 사용자가 태그가 있는 이미지를 다운로드할 경우 docker는 호스트 컴퓨터의 기존 레이어를 확인하고 이미지의 다른 부분이나 가장 최신 레이어만 다운로드한다. 이는 소프트웨어의 크기를 매우 작게 하고, 휴대하기 용이하게 만들어준다.

태그를 지정하지 않으면 latest가 기본 태그로 사용된다. Docker Hub로 이미지를 푸시^{Push}하기 전에 Docker Hub 웹 포털에서도 이미지의 태그 정보가 사용 가능하다.

> 태그가 최신 빌드임을 의미하지 않는다. 간단히 말해 latest는 태그/버전을 지정하지 않고, 푸시(Push)한 마지막 빌드/태그를 의미한다.
>
> 이미지에 태그를 지정하는 것을 항상 권장한다.

▌docker commit

앞의 절들에서 살펴본 것처럼 일반적으로 이미지를 만드는 두 가지 방법이 있다. dockerfile과 docker build를 함께 사용해 완벽하게 스크립트화된 접근 방식으로 이미지를 만들었지만, docker commit 명령어는 기존 컨테이너를 이미지로 변환해준다. 또한 커맨드라인 인수를 통해 기존 컨테이너의 dockerfile을 업데이트하는 방법도 있다.

예를 들어 다음 명령어들은 새로운 컨테이너를 생성하고, 이를 배포 가능한 이미지로 변환한다. 이번 예제는 컨테이너 내에 Redis를 설치한 후 4장에서 다시 사용할 수 있게 이미지로 변환할 것이다.

1. 다음 명령어를 사용해 컨테이너를 생성한다. 이는 Windows Server Core의

인스턴스를 생성하고, PowerShell에서 대화형 셸(-it 옵션을 사용했으므로)을 열어준다(PowerShell 대신 명령 프롬프트를 사용할 수도 있다).

```
docker run -it microsoft/windowsservercore powershell
```

2. 이제 컨테이너를 사용자 지정할 수 있다. 다음 명령어를 사용해 Redis for Windows를 C 드라이브에 다운로드한다.

```
Invoke-WebRequest -Method Get -Uri
https://github.com/MSOpenTech/redis/releases/download/
win-2.8.2400/Redis-x64-2.8.2400.zip -OutFile c:\redis.zip
```

Redis는 데이터베이스, 캐시 및 메시지 브로커로 사용할 수 있는 오픈소스 기반의 인메모리 데이터 구조다. Redis가 다른 캐시 공급자와 구별되는 이점은 해시, 목록, 집합 및 정렬된 집합 같은 데이터 구조를 지원한다는 것이다. 또한 기본 복제 제공, 서버에 작업을 할 수 있는 커맨드라인 클라이언트, 트랜잭션 지원 등을 갖고 있다. 자세한 내용은 http://redis.io/documentation을 살펴본다.

3. 컨테이너에서 다음 명령어를 실행해 패키지의 압축을 해제한다.

```
Expand-Archive -Path c:\redis.zip -DestinationPath c:\redis
```

4. Redis Server를 시작하기 위해 컨테이너에서 다음 명령어를 실행한다. Redis Server가 6379번 포트에서 시작되며 연결을 대기한다. 키보드의 Ctrl + C 옵션을 사용해 서버를 종료시킬 수 있다.

```
cd redis
.\redis-server.exe
```

이 명령어는 다음과 같은 결과를 보여준다.

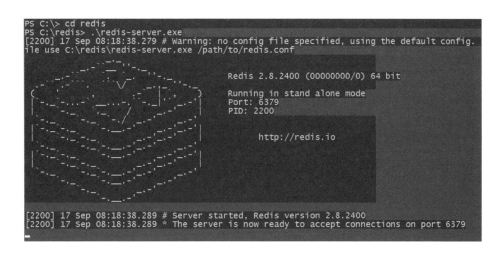

Redis Server를 준비했고, Redis 서비스를 제공하고 있다. 다음 명령어를 실행하기 전에 컨테이너를 중지해야 한다. Docker는 실행 중인 컨테이너를 사용해 이미지를 만들 수 없다. Ctrl + C를 눌러 Redis Server를 종료하고 명령 셸로 돌아간다.

5. 다음 명령어를 실행해 컨테이너에서 빠져나온다. 이는 컨테이너와의 대화형 세션을 닫고, 다시 컨테이너 호스트로 컨텍스트를 설정한다.

```
exit
```

6. 다음 명령어를 실행해 컨테이너가 중지됐는지 확인하자. 이는 실행 중인 컨테이너 목록을 보여준다. 방금 생성한 컨테이너가 목록에 나타나서는 안 된다.

```
docker ps
```

7. 다음 명령어를 실행해 컨테이너의 중지 여부를 확인할 수도 있다. 이 명령어

는 상태에 관계없이 모든 컨테이너를 보여준다.

```
docker ps -a
```

이 명령은 다음과 같은 결과를 보여준다.

```
PS C:\windows\system32> docker ps -a
CONTAINER ID        IMAGE                    COMMAND         CREATED            STATUS
RTS                 NAMES
7542f093e262        microsoft/windowsservercore    "powershell"    About an hour ago   Exited (0) 47 minutes ago
                    furious_kalam
```

이 그림과 같이 컨테이너의 상태(STATUS)는 Exited다.

8. docker commit 명령어는 컨테이너의 이름이나 ID를 사용해서 참조된 기존 컨테이너를 이용해 이미지를 생성한다. 컨테이너 ID는 앞선 명령어에서 얻을 수 있다. 다음 예제 내에서는 furious_kalam과 같은 형태로 컨테이너 이름을 사용할 수도 있다.

```
docker commit [컨테이너 ID] [이미지 이름]
```

예를 들면 다음과 같다.

```
docker commit 7542f093e262 vishwanathsrikanth/mycacheserver
```

다음 그림과 같이 SHA256 다이제스트가 출력되며, 이는 이미지에 대한 ID로 사용될 수 있다.

```
PS C:\windows\system32> docker commit 7542f093e262 vishwanathsrikanth/mycacheserver
sha256:d99ba180e875ff96fe0d95e1a101643238c34afabcac82a95392cbce6aa70971
PS C:\windows\system32>
```

TIP

형식 내의 이미지 이름을 [username]/[imagename] 형태로 사용한 이유가 있다. 이는 게시를 용이하게 해준다. vishwanathsrikanth는 Docker Hub 식별자나 계정의 이름이다.

9. 방금 만든 Docker 이미지가 Docker 호스트 내의 이미지 목록으로 나타난다.

```
PS C:\Windows\system32> docker images
REPOSITORY                          TAG              IMAGE ID       CREATED         SIZE
vishwanathsrikanth/mycacheserver    latest           d99ba180e875   2 minutes ago   8.082 GB
microsoft/windowsservercore         10.0.14300.1030  02cb7f65d61b   3 months ago    7.764 GB
microsoft/windowsservercore         latest           02cb7f65d61b   3 months ago    7.764 GB
```

그러나 여전히 해결해야 할 문제가 있다. 사용자 지정 이미지를 사용해 컨테이너를 만들 경우 컨테이너의 작업 디렉터리와 ENTRYPOINT 인수를 설정하지 않았으므로, Redis Server가 시작되지 않을 것이다. docker commit은 기존 컨테이너에서 이미지를 생성할 경우 dockerfile 명령어를 업데이트하거나 추가할 수 있는 옵션을 제공한다. 다음은 편집하거나 추가할 수 있는 명령어들이다.

CMD, ENTRYPOINT, ENV, EXPOSE, LABEL, ONBUILD, USER, VOLUME, WORKDIR

컨테이너에 다음 명령어를 사용하면 작업 디렉터리, ENTRYPOINT 및 포트 구성이 설정된다.

```
docker commit --change='WORKDIR /redis' --change='CMD
powershell .\redis-server.exe' -c "EXPOSE 6379" 7542f093e262
vishwanathsrikanth/mycacheserver:v1
```

이제 다음 명령어를 사용해 컨테이너를 실행하면 Redis Server가 바로 시작된다.

```
docker run -it vishwanathsrikanth/mycacheserver:v1
```

이 명령은 다음과 같은 결과를 보여준다.

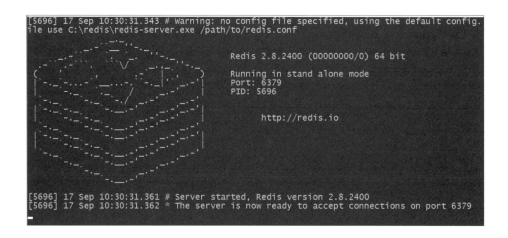

```
[5696] 17 Sep 10:30:31.343 # Warning: no config file specified, using the default config.
ile use C:\redis\redis-server.exe /path/to/redis.conf

                                    Redis 2.8.2400 (00000000/0) 64 bit

                                    Running in stand alone mode
                                    Port: 6379
                                    PID: 5696

                                    http://redis.io

[5696] 17 Sep 10:30:31.361 # Server started, Redis version 2.8.2400
[5696] 17 Sep 10:30:31.362 * The server is now ready to accept connections on port 6379
```

docker commit은 dockerfile을 사용하지 않고 기존 이미지의 새 버전을 만들 때 매우 유용하다. 다음의 일부 절에서 실행 중인 컨테이너에 기능을 추가하는 일부 옵션을 살펴본다.

▌ docker exec

때때로 분리^{Detached} 모드(백그라운드에서)로 실행 중인 컨테이너에서 명령어를 실행해야 할 경우가 있다. docker exec 명령어는 동작 중인 컨테이너 내의 명령어를 실행할 수 있는 방법을 제공한다. 분리 모드에서 동작하는 경우 -d 옵션을 사용하고, 대화형 ^{Interactive} 모드에서 동작하는 경우 -it 옵션을 사용한다. docker exec를 실행하기 전에 Docker 컨테이너와 컨테이너의 기본 프로세스가 실행 중인지 확인하자. 실행 중인 컨테이너에 대해 명령어를 실행하려면 컨테이너 ID나 이름이 필요하다.

다음 명령어를 실행해 분리 모드로 Redis Server 컨테이너의 인스턴스를 생성한다.

```
docker run -d vishwanathsrikanth/mycacheserver:v1
```

다음 명령어를 실행해 실행 중인 컨테이너를 볼 수 있다.

```
docker ps
```

이 명령어는 다음과 같은 결과를 보여준다.

```
PS C:\Windows\system32> docker ps
CONTAINER ID      IMAGE                                      COMMAND                  CREATED          STATUS
     PORTS             NAMES
5e24c14a2cc6      vishwanathsrikanth/mycacheserver:v1        "cmd /S /C 'powershell"  3 minutes ago    Up 3 minutes
     6379/tcp          naughty_yonath
```

다음 명령어는 실행 중인 컨테이너와 대화형 PowerShell 세션을 열어준다.

```
docker exec -it 5e24c14a2cc6 powershell
```

해당 컨테이너에서 동작하는 Redis Server가 존재하므로 앞서 C:\Redis에 다운로드한
Redis 커맨드라인 클라이언트를 이용해 Redis Server에 접속할 수 있다. 다음 그림과
같이 로컬에서 실행 중인 Redis Server에 접속해 기본 데이터베이스를 선택할 수 있고,
캐시 쌍 추가와 같은 일부 Redis 관련 구성을 해볼 수 있다.

```
PS C:\redis> .\redis-cli.exe
127.0.0.1:6379> connect localhost 6379
localhost:6379> select 0
OK
localhost:6379> set welcomemessage 'hello windows'
OK
localhost:6379> get welcomemessage
"hello windows"
localhost:6379> _
```

셸을 종료한다.

▌ docker push

응용 프로그램이나 서비스는 컨테이너로 패키징될 수 있으며, Docker가 제공하는 게

시 옵션을 사용해 팀 간에 손쉽게 공유할 수 있다. Docker Hub는 기본 OS와는 무관하게 모든 이미지를 저장하는 공개 리포지토리다. Docker Hub는 Linux와 Windows로 모두 구성된 컨테이너를 보유하고 있다. Microsoft는 Windows Server 이미지에 대한 공식 리포지토리(https://hub.docker.com/r/microsoft/aspnet/)를 갖고 있다. Docker는 Docker Hub와 같은 공개 리포지토리, Docker Hub에서 제공하는 비공개 리포지토리(Docker는 하나의 비공개 리포지토리를 무료로 제공한다)나 사용자가 직접 구성한 Docker 리포지토리에 이미지를 푸시Push할 수 있는 명령어를 제공한다. 다음 절에서 공개 리포지토리인 Docker Hub에 이미지를 어떻게 푸시하거나 게시하는지 살펴본다. 이미지를 게시하기 전에 신규 사용자는 Docker Hub에서 계정을 등록해야 한다. 새 계정은 https://hub.docker.com/register/에서 등록할 수 있다. 등록 페이지에서 계정의 고유한 ID인 Docker ID, 사용자 이메일, 그리고 암호를 입력해야 한다.

Sign Up을 클릭하면 활성화와 관련된 메일이 등록된 이메일 주소로 전송된다. 이메일 내의 링크를 클릭하면 로그인 페이지로 리디렉션된다. 계정 등록 시 선택한 Docker ID와 암호를 입력하고, Login을 클릭한다. 성공적으로 로그인하면 다음 그림과 같이 홈페이지로 리디렉션된다.

다음 명령어를 실행해 새로운 Windows 컨테이너 이미지를 생성한다. 다른 이미지를 사용할 수도 있지만, 이미지 이름이 다음과 같이 dockerid/이미지 이름 형태인지 확인한다.

```
docker commit --change='WORKDIR /redis' --change='CMD
powershell .\redis-server.exe' -c "EXPOSE 6379" 5e24c14a2cc6
learningwsc/mycacheserver:latest
```

현재 learningwsc/mycacheserver:latest라는 이름을 가진 이미지를 만들어 Redis Cache 컨테이너를 실행하고 있다. learningwsc는 필자의 Docker ID이며, mycacheserver는 필자의 새로운 리포지토리 이름이다. 마지막 latest라는 구문은 이미지가 최신이라는 태그다.[6]

 Docker는 latest를 기본 태그로 간주한다. 입력할 필요가 없지만, 사용법을 보여주기 위해 입력해봤다.

이제 이미지를 Docker Hub로 푸시하려면 컨테이너 호스트에 로그인해야 한다. 다음의 명령어를 Docker ID로 사용하는 사용자 이름과 암호와 함께 입력한다.

```
docker login --username learningwsc --password ********
```

---

6. 앞선 'docker commit' 절에서 Redis Cache 컨테이너를 생성했었다. - 옮긴이

다음 그림과 같이 Docker Daemon은 Login Succeeded라는 메시지로 응답한다.

다음 명령어를 실행해 방금 만든 이미지를 Docker Hub에 푸시한다. Docker는 이미지 이름의 첫 번째 부분을 Docker ID(이 경우에는 learningwsc)로, 이미지의 두 번째 부분을 리포지토리 이름(이 경우에는 mycacheserver)으로 식별하고, 이미지를 docker.io/learningwsc/mycacheserver에 푸시한다. 이러한 구조는 이미지를 생성할 때 다음과 같은 명명 규칙을 따라야 하는 이유다.

```
docker push learningwsc/mycacheserver
```

다음 그림에서 볼 수 있듯이 Docker Daemon은 응용 프로그램 레이어만 리포지토리에 푸시하지만, 기본 OS 이미지는 푸시를 하지 않으므로 이미지 크기가 매우 작다. Docker Daemon은 성공적으로 푸시가 끝나면 **SHA256** 다이제스트와 이미지 크기를 화면에 보여준다.

다음과 같이 Docker Hub에서 이미지를 확인할 수 있어야 한다.

이미지 이름이나 Detail을 클릭하면 Short Description, Full Description 등과 같은 메타데이터를 추가할 수 있거나 Docker CLI를 통해 이미지를 풀하는 예제 명령어 등을 제공하는 이미지의 홈페이지로 이동한다.

메타데이터 이외에도 가장 중요한 Tags와 Webhooks 항목을 찾을 수 있다. 태그 항목에는 이미지의 다른 버전들을 보여준다. 예를 들어 최신 이미지를 이용해 신규 컨테이너를 만들고 몇 가지 업데이트를 진행한 후 다른 태그를 이용해 커밋할 수 있다. 동일 리포지토리로 푸시하기 위해 다음과 같이 docker push 명령어를 사용한다.

```
docker run -it learningwsc/mycacheserver powershell
# 컨테이너에 대한 일부 업데이트...
docker commit e06a3982befa learningwsc/mycacheserver:v1
docker push learningwsc/mycacheserver:v1
```

다음 그림은 동일한 이미지의 여러 태그나 버전을 보여준다. 사용자는 여기에서 사용 가능한 버전이나 태그를 기반으로 이미지를 풀하기 위해 선택할 수 있다.

PUBLIC REPOSITORY

learningwsc/mycacheserver ☆

Tag Name	Compressed Size	Last Updated
v1	4 GB	6 minutes ago
latest	4 GB	27 minutes ago

Docker Hub에 다른 태그를 사용해서 동일한 이미지를 업로드할 때 Docker Daemon
은 다음 그림과 같이 전체 이미지가 아닌 차등 레이어만 리포지토리로 푸시한다.

```
PS C:\Windows\system32> docker push learningwsc/mycacheserver:v1
The push refers to a repository [docker.io/learningwsc/mycacheserver]
70fe36528891: Pushed
e68f5f82afbe: Layer already exists
48136bbcc0cf: Layer already exists
72f30322e86c: Skipped foreign layer
v1: digest: sha256:a54cf5baa9db9768b1b394a16c8acce1b911fbf2523f597773653165f9a450fc size: 1308
```

Webhooks는 또한 CI 및 CD 시나리오를 작업할 때 유용하다. Webhooks는 신규 이
미지가 리포지토리로 푸시될 때마다 호출되는 HTTP 엔드포인트를 설정할 수 있게
한다.

▍컨테이너 또는 이미지 정리

사용되지 않는 컨테이너나 이미지가 공간을 차지하는 경우 호스트에서 이미지나 컨테
이너를 정리해 공간을 확보하거나, 새 디스크 공간을 설치해 사용해야 한다. Docker
는 다음과 같은 정리 옵션을 제공한다.

- docker stop: docker stop을 사용해 실행 중인 컨테이너를 중지할 수 있다.
  컨테이너는 중지된 상태가 아니면 삭제할 수 없다. -f 옵션이나 --force 플래
  그를 사용해 강제로 컨테이너를 중지할 수 있다.

```
docker stop [컨테이너 ID/이름] -f
docker stop $(docker ps -a -q) # 모든 컨테이너를 중지한다.
```

- docker rm: docker rm을 사용해 중지된 컨테이너를 삭제할 수 있다. docker rm은 다음과 같이 목록을 보여주는 명령어와 함께 실행할 수 있다.

```
docker rm [컨테이너 ID/이름] --force    # ID나 이름을 이용해 컨테이너를 삭제
docker rm $(docker ps -a -q)            # 중지된 모든 컨테이너를 삭제한다.
```

- docker rmi: docker rmi는 이미지 ID, 이름, 태그 또는 다이제스트 값을 사용해 컨테이너 호스트에서 이미지를 삭제하는 데 사용할 수 있다. 이미지가 여러 개의 태그를 가진 경우 호스트에서 이미지를 삭제하기 전에 이미지의 모든 태그를 제거해야 한다. -f 옵션이나 --force 플래그를 사용해 태그가 있는 이미지를 강제로 삭제할 수 있다.[7]

```
docker rmi [이미지 ID/이름] --force # 해당 이미지를 제거한다.
docker rmi $(docker images -a -q) # 컨테이너 호스트에서 모든 이미지를 제거한다.
```

▎ 요약

3장에서는 다음과 같은 내용을 살펴봤다

- 3장에서는 Windows Server 컨테이너를 생성할 경우 개발자가 사용할 수 있는 다양한 명령어와 옵션을 살펴봤다.

---

7. 앞선 예제들 중 목록을 보여주는 명령어와 함께 사용된 명령어, 예를 들어 docker rmi $(docker images -a -q)의 경우 PowerShell에서만 실행되며, 명령 프롬프트에서 실행 시 에러가 발생한다. PowerShell에서 $(명령어)의 의미는 결과를 변수로 처리함을 의미한다. - 옮긴이

- Docker와 PowerShell 명령어는 Docker Remote API라고 부르는 일반 API와 교신한다.

- Docker Hub는 Windows Server 이미지와 Linux 기반 이미지를 저장하기 위한 공개 리포지토리다. Docker Hub는 하나의 비공개 리포지토리만 무료로 제공한다. 더 나은 보안을 위해 사용자는 자신의 개인 리포지토리를 구동할 수도 있다.

- 사용자는 기본 이미지로 Docker Hub 내의 `microsoft/windowsservercore`, `microsoft/redis`, `microsoft/iis` 등과 같은 기존 이미지를 활용해 Windows Server 컨테이너 개발을 시작할 수 있다.

- Docker 이미지는 레이어로 구성돼 있다. 각 레이어는 고유한 ID를 가진다.

- `docker pull`은 Docker Hub나 원격 리포지토리에서 Docker 호스트로 이미지를 다운로드하는 데 사용할 수 있다. Docker Daemon은 이미 호스트에 있는 레이어는 다운로드하지 않는다.

- dockerfile과 `docker build`를 사용해 새로운 Windows Server 이미지를 만들 수 있다. `docker build`는 파일이나 디렉터리에 대한 참조인 빌드 컨텍스트를 사용해 이미지를 만들고, dockerfile 내의 명령을 하나씩 실행한다.

- Windows Server 이미지는 태그를 사용해 버전을 지정할 수 있다. 다른 태그를 사용해 동일한 리포지토리에 이미지를 게시할 수 있다.

- `docker commit`은 기존 컨테이너를 사용해 이미지를 생성하는 데 사용할 수 있다. `commit` 명령어는 dockerfile에 명령어를 업데이트하거나 추가하는 경우에도 사용된다.

- `docker push` 명령어는 이미지를 Docker Hub나 다른 원격 리포지토리에 게시하는 데 사용할 수 있다. 사용자는 이미지를 게시하기 전에 Docker Hub에 계정을 만들어야 한다.

- Docker는 컨테이너와 이미지를 삭제하는 명령어 `rm`과 `rmi`를 제공한다. 사용자는 컨테이너를 삭제하기 전에 `docker stop` 명령을 사용해 컨테이너를 중지해야 한다.

04

컨테이너 응용 프로그램 개발

컨테이너의 주요 이점 중 하나는 응용 프로그램 개발 프로세스와 본질적으로 분리된 다는 점이다. 컨테이너는 호스팅 환경이다. 이는 운영 팀이 응용 프로그램을 컨테이너 나 컨테이너의 팜으로 배포할 수 있게 호스트에 대한 작업을 했을 경우 동시에 응용 프로그램 개발도 자연스럽게 실행할 수 있음을 의미한다. 응용 프로그램 개발이 원활 하게 진행될 수 있으며, 운영 팀이 컨테이너를 컨테이너 또는 컨테이너 팜으로 배포하 기 위해 호스트를 구성할 때 병렬로 작업할 수 있다. 4장에서는 기존 ASP.NET Core 및 ASP.NET 4.5용 웹사이트를 Windows Server 컨테이너 호환 응용 프로그램으로 변환하는 방법을 살펴본다. ASP.NET Core는 ASP.NET 웹 응용 프로그램 개발 플랫폼 의 차기 버전으로, 처음부터 새롭게 만들어졌다는 이유로 Core라는 이름이 붙었다. ASP.NET Core는 기본적으로 확장 가능한 응용 프로그램 개발 플랫폼이다. Visual

Studio와 ASP.NET Core 웹 응용 프로그램 템플릿에서 제공되는 확장 가능한 엔드포인트를 사용할 것이다. 해당 템플릿을 이용해 Windows Server 컨테이너 형태의 빌드, 실행, 정리 및 게시 단계를 자동화할 수 있다.

4장에서는 다루는 내용은 다음과 같다.

- ASP.NET Core의 기본 아키텍처 이해
- ASP.NET Core 호스팅 옵션
- 뮤직 스토어 응용 프로그램 소개
- 뮤직 스토어 응용 프로그램에 Windows Server 컨테이너 기능 추가
- Windows 컨테이너에서 실행 중인 Kestrel Server에 뮤직 스토어 호스팅
- Windows 컨테이너에서 실행 중인 IIS에서 ASP.NET 4.5 응용 프로그램 호스팅
- 컨테이너 네트워킹 작업
- Windows Server 컨테이너 네트워크 문제 해결

▌개발 환경 설정

일반적으로 개발자는 Windows 7, Windows 8.1 또는 Windows 10과 같은 기존 데스크톱 운영체제에서 작업을 한다. 이러한 운영체제는 ASP.NET Core 웹 응용 프로그램이나 서비스를 개발할 경우에는 적합하지만, 현재 Windows Server 컨테이너를 개발하거나 디버깅하는 기능은 지원되지 않는다. 이는 1주년 업데이트가 설치된 Windows 10에서만 nanoserver를 기본 OS 이미지로 사용하는 Hyper-V 컨테이너를 실행할 수 있기 때문이다. 4장에서는 ASP.NET Core 응용 프로그램 개발을 위한 Windows Server 2016의 개발 환경을 구성한다.

ASP.NET Core 응용 프로그램을 개발하려면 다음과 같은 도구들이 필요하다.

- **Visual Studio 2015 Community 또는 Enterprise**: Visual Studio 2015 Community

는 최신 웹 및 모바일 응용 프로그램이나 서비스를 개발할 수 있는 모든 기능을 갖춘 무료 IDE다. Visual Studio 2015 Community는 https://imagine. microsoft.com/ko-kr/Catalog/Product/101(2015), https://www.visualstudio. com/vs/community/(2017)에서 다운로드할 수 있다.

- **.NET Core 도구**: 이 확장은 .NET Core 및 ASP.NET Core 응용 프로그램을 사용하기 위해 필요한 런타임, SDK 및 프로젝트 템플릿을 제공한다. 최신 설치 파일은 https://www.microsoft.com/net/download/core에서 다운로드할 수 있다.

> ASP.NET Core 및 Windows Server 컨테이너 개발을 위해 Visual Studio Code와 C# 확장을 함께 사용할 수도 있다. Visual Studio Code는 인텔리센스(IntelliSense)와 같은 전통적인 Visual Studio IDE 기능, 디버깅 및 GIT, VSO 등과 같은 소스코드 저장소와의 통합 기능을 갖춘 오픈소스 크로스플랫폼 IDE다. Visual Studio Code는 Windows, Linux(데비안, 우분투, 레드햇, 페도라 및 CentOS) 및 Mac에서 실행된다. 또한 루비, 자바, PHP, 파이썬 등과 같은 다양한 프로그래밍 언어를 지원한다. Visual Studio Code는 dockerfile 문법과 이에 대한 인텔리센스도 지원한다.

앞선 도구의 지원과는 별개로 Windows PowerShell과 Docker도 필요하다. Windows PowerShell은 Windows Server 2016에서 기본적으로 제공된다. Microsoft Azure에서 Windows Server 2016을 사용할 경우 Docker는 기본적으로 제공된다. Microsoft Azure나 온-프레미스 Windows Server 2016을 구성하려면 2장을 참고한다.

> Microsoft Azure에서 Windows Server 2016 이미지를 만든 후 Edge 브라우저를 실행하면 기본 제공 관리자 계정을 사용해 Microsoft Edge를 열 수 없다는 오류가 발생할 수 있다. 다른 계정으로 로그인하고 다시 시도하면 된다.

이것은 단지 보안 강화 사항일 뿐이며, 다음과 같은 과정을 따라 진행하고 컴퓨터를 다시 시작해 이 설정을 무시한다.

1. 작업 표시줄에서 검색 옵션을 사용해 secpol.msc를 입력한 다음 Enter 키를 누른다.

2. 로컬 정책 > 보안 옵션을 찾아간다.

3. 기본 제공 Administrator 계정에 대한 사용자 계정 컨트롤: 기본 제공 관리자 계정에 대한 관리자 승인 모드를 더블 클릭한다.

4. 정책을 사용으로 설정하고 적용을 클릭한다.

5. 시스템을 다시 시작한다.

6. 서버 관리자에서 고급 보안 설정을 사용하지 않게 설정하고, Internet Explorer 를 사용할 수도 있다.

도구가 올바르게 설치되고 구성됐는지 확인하려면 Visual Studio 2015 Community를 관리자 권한으로 열고, 파일 > 새로 만들기 > 프로젝트로 찾아간다. 이 경우 .NET Core 템플릿을 볼 수 있어야 한다.

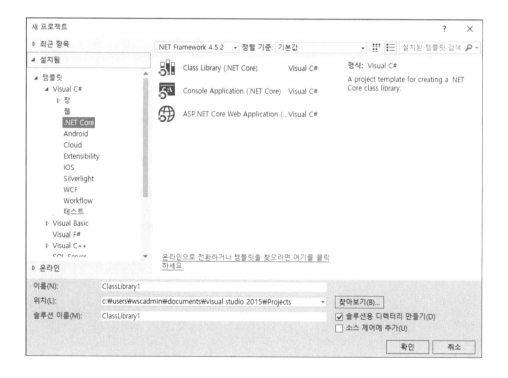

▌ .NET Core와 ASP.NET Core 이해

.NET Core는 Microsoft에서 제공하는 .NET의 최신 버전이며, .NET 파운데이션.NET Foundation의 일부분이다. Microsoft는 .NET Core를 매우 유연하게 만들었기 때문에 런타임Runtime은 응용 프로그램과 함께 패키징할 수 있고, 동일한 컴퓨터에서 여러 버전의 런타임을 동시에 실행할 수 있다. Microsoft는 또한 Microsoft와 GitHub 커뮤니티 모두에서 지원할 수 있는 MIT와 아파치Apache 2 라이선스를 사용하는 .NET Core 오픈소스를 만들었다. .NET Core의 소스코드는 https://github.com/dotnet/core에서 제공된다.

.NET Core는 Windows OS 라이브러리에 대한 종속성을 제거하기 위해 개발됐다. 이는 이전 버전과의 호환성 및 Windows, Mac, Linux를 지원하는 크로스플랫폼Cross-Platform을 지원한다. 모든 장치와 클라우드에서도 사용할 수 있고, 다음 절에서 살펴볼 뛰어난 도구도 지원한다. 대부분의 작업은 **dotnet**이라는 명령어를 사용해 수행할 수 있다.

ASP.NET Core 아키텍처

ASP.NET 5는 ASP.NET Core로 이름이 바뀐 웹 응용 프로그램 플랫폼 ASP.NET의 최신 버전이다. ASP.NET Core는 최신 웹 응용 프로그램이나 클라우드 및 온-프레미스를 지원하는 RESTful 웹 서비스를 빌드하는 데 사용할 수 있는 ASP.NET의 크로스플랫폼 버전이다. ASP.NET Core는 Windows, Linux 및 Mac에서 실행된다. 기본적으로 .NET Core를 대상으로 하고 있지만, 이전 버전의 .NET Framework를 사용할 수도 있다.

ASP.NET Core는 몇 가지 아키텍처 변경을 거쳤다. 더 이상 **System.Web**과 같은 핵심 OS 라이브러리에 의존하지 않는다. 이제는 더 유연하고 작은 모듈화 방식이다. 이전보다 작은 노출 영역Surface Area[1]을 갖고 있기 때문에 마이크로서비스를 빌드하기에 적

---

1. 노출 영역(Surface Area)은 구동 시 기본적으로 열려 있는 서비스 포트나 기본적으로 실행되는 프로세스들을 의미한다. - 옮긴이

합하다. 더 작은 응용 프로그램 노출 영역의 이점은 다음 그림과 같이 보안 강화, 감소된 서비스, 성능 향상 및 비용 절감 등이 있다.

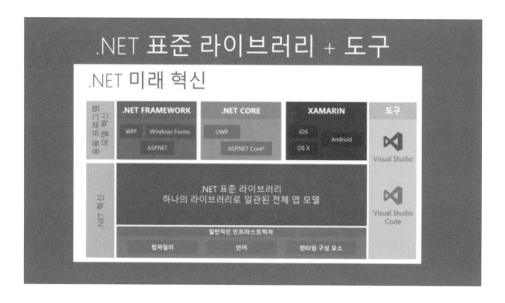

ASP.NET 응용 프로그램 호스팅

ASP.NET Core 응용 프로그램은 분명히 실행할 호스트가 있어야 하지만, ASP.NET Core는 호스팅 플랫폼과 완전히 분리돼 있다는 이점이 있다. 또한 ASP.NET Core에는 4.5 및 이전 버전과 다른 다양한 호스팅 옵션이 있다. ASP.NET은 IIS, IIS Express에서 호스팅을 지원하면서도 Kestrel, WebListener 및 NGINX 같은 HTTP 서버를 사용해 직접 호스팅할 수도 있다.

IIS는 기능이 가장 많은 Web Server 중 하나며, 관리 기능과 다른 플러그 가능한 IIS 모듈로 인해 프로덕션 시나리오에서 선호되는 경우가 많다. 기술적으로 ASP.NET Core의 경우 IIS는 역방향 프록시^{Reverse Proxy}로만 작동하며, 요청을 수신하는 실제 프로세스는 Kestrel이다. Kestrel은 다중 플랫폼용 비동기 라이브러리인 libuv를 기반으로 하는 크로스플랫폼 Web Server다. Kestrel은 IIS나 NGINX 같은 프록시 뒤에서 실행되게 설계됐으므로 프로덕션 환경에서 ASP.NET Core나 다른 응용 프로그램을 직접 호스팅하는 데 사용하면 안 된다. Windows Server Core를 비롯한 Windows 기반 플랫폼에서 ASP.NET Core 모듈은 처리를 위해 Kestrel에 요청을 전달하는 형태로 IIS를 지원한다.

ASP.NET Core는 또한 크로스플랫폼이며, Linux 및 Mac에서도 실행된다. 응용 프로그램을 호스팅하기 위해 Linux를 사용하는 경우 NGINX를 역방향 프록시 형태로 사용할 수 있다. NGINX는 무료 오픈소스 형태의 고성능 HTTP 서버 및 역방향 프록시며, IMAP/POP3 프록시 서버이기도 하다.

Windows Server 컨테이너는 다양한 방법으로 ASP.NET Core를 호스팅할 수 있다. Kestrel Server만 사용해 응용 프로그램을 실행하거나 Kestrel Server의 역방향 프록시 역할을 하는 IIS와 IIS용 ASP.NET Core 모듈을 설치할 수 있다. IIS 대신 NGINX를 사용할 수도 있다. NGINX는 동일한 응용 프로그램을 실행하는 여러 컨테이너 간의 부하를 분산하게 구성할 수 있는 부하 분산 장치로도 작동한다.

▌ ASP.NET Core 응용 프로그램 개발

4장의 나머지 부분에서는 ASP.NET Core 응용 프로그램을 Windows Server 컨테이너로 배포하는 방법을 살펴본다. 4장에서 사용할 예제 응용 프로그램을 뮤직 스토어라고 부른다. Visual Studio에서 빌드, 게시 및 연동을 위한 PowerShell 스크립트를 적용해 ASP.NET Core 응용 프로그램을 Docker 이미지로 어떻게 변환하는지를 살펴본다. 이를 통해 응용 프로그램 개발과 테스트 작업이 원활해질 수 있다. 이 예제에서는 Kestrel Server를 사용해 컨테이너 내의 응용 프로그램을 제공한다. 5장에서는 VSTS^{Visual Studio Team Services} 시스템과 같은 코드 저장소와 연동하는 방법을 살펴본다. VSTS에는 CI^{Continuous Integration} 및 배포와 같은 뛰어난 자동화 기능이 포함돼 있다. VSTS는 개발자 팀이 중앙 코드 저장소를 수정할 경우 이미지를 Docker Hub 및 개발자, 테스트 또는 **사용자 승인 테스트**^{UAT, User Acceptance Testing} 환경에 자동으로 게시해준다.

뮤직 스토어 응용 프로그램

4장에서는 뮤직 스토어라는 ASP.NET Core 예제 응용 프로그램을 사용해 빌드할 것이다. 뮤직 스토어는 음악 앨범을 구입할 때 사용할 수 있는 웹사이트며, 사용자는 앨범을 정렬하거나 필터링하고, 쇼핑 카트에 추가하고, 완료 시 체크아웃할 수 있다. Windows Server 컨테이너는 응용 프로그램 호스팅 플랫폼이므로 Windows Server 컨테이너(또는 이후 장들의 Hyper-V 컨테이너)에서 구동되게 응용 프로그램을 변환하는 데 초점을 맞춘다. 응용 프로그램 기능과 관계없이 Windows Server 컨테이너로 배포할 ASP.NET Core 템플릿에 대해 다음 순서를 복제할 수 있다. 다음 그림은 뮤직 스토어 홈페이지를 보여준다.

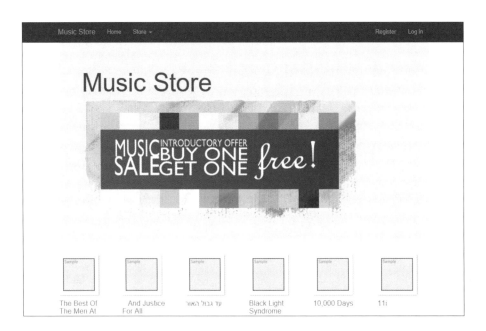

Windows Server 컨테이너로 ASP.NET Core 응용 프로그램 배포

다음과 같은 과정을 따라 Windows Server 컨테이너로 배포할 수 있게 뮤직 스토어 응용 프로그램에 Docker/Windows Server 컨테이너 기능을 추가하는 방법을 살펴본다. PowerShell 스크립트와 dockerfile을 사용해 이미지 및 컨테이너를 만들고, Docker Hub에 게시하기 위해 ASP.NET Core 확장 기능을 사용할 것이다.

1. 바탕 화면에서 원격 데스크톱 클라이언트(mstsc.exe)를 사용해 이전 장들에서 만든 Microsoft Azure 내의 Windows Server 2016 가상 컴퓨터로 로그인하거나 앞에서 살펴본 사항에 따라 새롭게 생성한다. GitHub(https://github.com/vishwanathsrikanth/learningwsc)에서 뮤직 스토어 Visual Studio 솔루션을 다운로드한다.

2. GitHub에서 Clone이나 Download를 클릭한 다음 Download Zip을 클릭해 learningwsc-master.zip이라는 이름으로 다운로드한다.

3. 다운로드 한 ZIP 파일을 C:\에 압축 해제한다.

4. C:\learningwscmaster\chapter4\begin\aspnetcore에서 C:\samples\aspnetcore로 복사한다.

5. Visual Studio 2015 Community 또는 Enterprise 에디션을 관리자 권한으로 실행한다. 'Windows Server 2016의 개발 환경 설정' 절의 내용에 따라 개발 환경이 설정됐는지 확인한다.

6. Visual Studio에서 파일 ▶ 열기 ▶ 프로젝트/솔루션... 순으로 클릭한다.

7. C:\samples\aspnetcore로 가서 MusicStore.sln을 선택한 후 확인을 클릭해 솔루션을 불러온다.

 보안 경고가 나타나더라도 무시하고, 확인을 누른다.

8. 솔루션을 열면 Visual Studio는 package.config에 구성된 패키지 복원을 시작한다. 패키지 복원이 완료될 때까지 기다린다.

9. 패키지 복원이 완료되면 Ctrl + Shift + B나 빌드를 클릭하고, 솔루션 빌드를 클릭해 솔루션을 빌드한다.

10. 빌드가 성공적인지 확인한다.

11. Ctrl + F5를 눌러 응용 프로그램을 테스트할 수 있다. 다음 그림과 같이 임의의 포트에서 홈페이지가 실행되고 있어야 한다.

Docker화된 응용 프로그램

이제 몇 개의 파일을 추가하고 ASP.NET Core 빌드 및 게시 순서를 수정해서 응용 프로그램을 컨테이너화 해보자.

1. 첫 순서로 MusicStore 웹 프로젝트를 마우스 오른쪽 버튼으로 클릭하고 추가 ▶ 새 폴더를 클릭한다. 이름을 Docker로 지정하자. 이 폴더는 응용 프로그램

을 Windows Server 컨테이너로 변환하는 데 필요한 지원을 제공하는 모든 아티팩트를 보유한다.

2. 이제 dockerfile이라는 새 파일을 프로젝트에 추가한다. 방금 만든 Docker 폴더를 마우스 오른쪽 버튼으로 클릭하고 **추가 ▶ 새 항목....**을 선택한다.

 dockerfile은 Docker Daemon만 이해할 수 있는 확장자가 없는 특별한 유형의 파일이다. Docker Daemon은 이미지를 만드는 동안이 해당 파일을 찾아 명령어를 찾는다.

3. 다음 그림과 같이 파일 형식을 선택하고 파일 이름을 dockerfile로 입력한다.

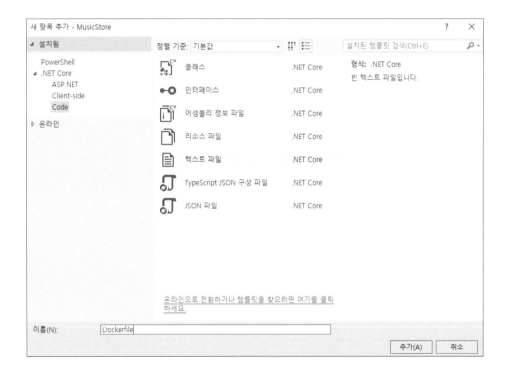

4. 파일이 솔루션에 추가되면 파일을 선택한 후 이름 바꾸기 옵션을 선택해 파일에서 확장자를 제거한다. 확장자가 없는 dockerfile이 다음 그림과 같이 보인다.

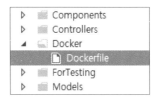

5. dockerfile에 다음 코드를 입력한다.

```
from microsoft/windowsservercore:latest
COPY ./Docker /Windows/Temp/Setups
RUN powershell -executionpolicy unrestricted C:\Windows\Temp\Setups\
Install-DotNetCore.ps1
WORKDIR /app
ENV ASPNETCORE_URLS http://*:80
EXPOSE 80
COPY ./publishoutput C:/app
```

dockerfile에서 개별 순서의 의미는 다음과 같으며, 위에서 아래로 순차 실행된다.

1) 컨테이너의 기본 OS 이미지를 설정한다. 이 예제에서는 최신 Windows Server Core를 사용한다.

2) Visual Studio 솔루션의 Docker 폴더에 있는 설치 파일을 Windows Server 컨테이너에 복사한다.

3) .NET Core CLI를 설치하고 **PATH** 변수를 구성하는 사용자 지정 PowerShell 스크립트를 실행한다.

4) C:\app을 작업 디렉터리로 설정한다.

5) Windows Server 컨테이너의 환경 변수를 설정한다.

6) 컨테이너에서 80번 포트를 노출시킨다.

7) ASP.NET Core 게시 경로 내의 파일들을 Windows Server 컨테이너의 C:\app에 복사한다.

6. 압축을 푼 경로인 C:\learningwscmaster\chapter4\resources에서 Install-DotNetCore.ps1을 방금 Visual Studio에서 만든 Docker 폴더로 복사한다. Visual Studio는 파일을 솔루션에 자동으로 추가한다.

 Docker 빌드 순서의 일부로 Install-DotNetCore.ps1이 Docker 컨테이너에 복사되고 컨테이너 내에서 호출된다. PowerShell 스크립트는 .NET Core 런타임, CLI 및 SDK를 새 컨테이너에 설치하는 작업을 처리한다.

7. 다음은 ASP.NET Core 코드를 Windows 컨테이너 빌드 프로세스에 연결시키는 DockerTask.ps1 스크립트 파일을 작성하는 것이다. Docker 폴더를 마우스 오른쪽 버튼으로 클릭하고 **추가 ▶ 새 항목....**을 클릭한다.

8. DockerTask.ps1로 파일의 이름을 지정하고 **추가**를 클릭한다.

9. DockerTask.ps1의 가장 상단에 다음 코드를 추가한다. 다음의 PowerShell 매개변수는 Visual Studio에서 **빌드, 정리** 및 **실행**(F5) 작업에 사용되는 일반 스크립트의 스위치 역할을 한다. 이미지 빌드 프로세스에 사용되는 기본 값을 가진 매개변수는 거의 없다.

```
param
(
# 이 스위치는 Windows 컨테이너 이미지를 만든다.
[switch]$Build,
# 이 스위치는 빌드 옵션 'MusicStore'를 사용한 Windows 컨테이너 이미지를 사용해
생성된 모든 컨테이너를 제거한다.
[switch]$Clean,
#이 스위치는 컨테이너를 만든다.
[switch]$Run,
#이 스위치는 Docker Hub에 이미지를 푸시(Push)한다.
[switch]$Publish,
[ValidateNotNullOrEmpty()]
```

```
#ProjectName은 이미지 이름을 만드는 데 사용된다.
[string]$ProjectName = "musicstore",
#컨테이너 포트에 매핑해야 하는 호스트 포트
[ValidateNotNullOrEmpty()]
[String]$HostPort = 80,
#호스트 포트에 매핑되는 컨테이너 포트
[ValidateNotNullOrEmpty()]
[String]$ContainerPort = 80,
[ValidateNotNullOrEmpty()]
#프로젝트 구성 릴리스/디버그
[String]$Configuration = "Debug" ,
[ValidateNotNullOrEmpty()]
#MusicStore 이미지 버전
[String]$Version = "1.0.0" ,
[ValidateNotNullOrEmpty()]
#Docker Hub 사용자 이름
[String]$Username= "learningwsc",
[ValidateNotNullOrEmpty()]
#Docker Hub 암호
[String]$Password = "************"
)
```

10. DockerTask.ps1에 다음 줄을 추가해 오류가 발생할 경우 스크립트 실행을
    중지한다.

```
$ErrorActionPreference = "Stop"
```

11. DockerTask.ps1에 다음 함수를 추가한다. 다음 PowerShell 함수는 ASP.NET
    Core 응용 프로그램을 게시하고, 게시된 파일과 HTML, JS 및 CSS 파일과 같은
    다른 리소스를 사용해 Windows Server 컨테이너 이미지를 만든다. 중간 컨테
    이너는 캐시되고 재사용이 가능하므로 반복되는 빌드는 캐시된 컨테이너를
    사용한다. 이는 몇 가지 Docker 명령어에만 해당된다. 예를 들어 Docker

COPY 명령은 절대로 캐시되지 않는다.

```
function Build( ){
    #뮤직 스토어를 폴더에 게시
    dotnet.exe publish --framework netcoreapp1.0
    --configuration $Configuration -output
    /samples/aspnetcore/musicstore/publishoutput
    --no-build
    #Docker 이미지 만들기
    docker build -t $ImageName&grave;:$Version
    -f ./Docker/Dockerfile .
}
```

12. 다음 PowerShell 함수를 DockerTask.ps1에 추가한다. 이 도우미 함수[Helper Function]는 Visual Studio에서 Ctrl + F5를 눌렀을 때 새 컨테이너를 만든다. 또한 80번 포트에서 실행 중인 컨테이너가 있는지 확인한다(응용 프로그램을 호스트하기 위해 80번 포트를 사용하지만, 호스트의 방화벽에 의해 차단되지 않은 다른 포트를 사용할 수도 있다). 이미 80번 포트를 사용하는 컨테이너가 있는 경우 호스트의 해당 포트를 여러 컨테이너에서 공유할 수 없기 때문에 컨테이너를 중지해야 한다.

이 도우미 함수에서 스크립트 실행의 일부로 전달된 $Version 변수를 사용해 이미지에 태그를 지정한다. 위의 예에서 기본 값은 **1.0.0**이다.

```
function Run( )
{
#포트 80을 통해 실행 중인 컨테이너 가져오기
$conflictingContainerIds = $(docker ps -a |
    select-string -pattern ":$HostPort|" | foreach
    { Write-Output $_.Line.split( )[0] })

    #80번 포트에서 실행 중인 컨테이너 중지
```

```
    if ($conflictingContainerIds) {
        $conflictingContainerIds = $conflictingContainerIds
        -Join ' '
        Write-Host "Stopping conflicting Containers using
        port $HostPort"
        docker stop $conflictingContainerIds
    }

    #뮤직 스토어 컨테이너 만들기
    docker run -p $HostPort&grave;:$ContainerPort
    $ImageName&grave;
    :$Version dotnet musicstore.dll
}
```

13. Docker는 빌드 시 이름이 같은 이미지를 찾으면 적절하게 이미지를 업데이트
    하지만, 이미지를 정리하는 것은 항상 좋은 습관이다. 모든 빌드 작업에서 새
    이미지를 만들기 전에 기존 이미지를 모두 정리하려면 다음과 같은 도우미
    함수를 사용할 수 있다. 이 함수에서는 PowerShell 정규 표현식 기능을 사용
    해서 모든 이미지를 식별하고 제거한다. 이렇게 하면 모든 버전의 이미지를
    제거하는 데 도움이 된다. 다음 함수를 DockerTask.ps1에 복사한다.

```
function Clean(){
#이미지 이름에 대한 정규식
$ImageNameRegEx = "\b$ImageName\b"
    #ImageNameRegEx와 일치하는 이름을 가진 모든 이미지를 제거. 예 : musicstore
    docker images | select-string -pattern $ImageNameRegEx |
    foreach {
        $imageName = $_.Line.split(" ",
        [System.StringSplitOptions]::RemoveEmptyEntries)[0];
        $tag = $_.Line.split(" ",
        [System.StringSplitOptions]::RemoveEmptyEntries)[1];
        Write-Host "Removing image ${imageName}:$tag";
```

```
        docker rmi ${imageName}:$tag --force
    }
}
```

14. Docker Hub에 게시하고자 하는 응용 프로그램을 개발하고 테스트하면 끝난
    다. 다음 도우미 함수는 Docker Hub에 로그인하는 데 도움이 되며, 인수로
    전달한 $version 변수를 사용해 이미지를 게시한다. 다음 도우미 함수를
    DockerTask.ps1에 복사한다.

```
function Publish()
{
    #Docker Hub에 로그인
    docker login --username $username --password $password
    #Docker Hub에 이미지 푸시(Push)
    docker push ImageName&grave;:$Version
}
```

15. Windows 컨테이너에서 dotnet CLI 및 Docker 명령어를 사용하려면 몇 가지
    환경 변수를 설정해야 한다. 다음 스크립트는 컨테이너 내부의 **PATH** 변수에서
    필요한 환경 변수를 설정한다. 도우미 함수 아래에 다음 스크립트를 추가한다.

```
$env:Path = ".\node_modules.\bin;%PATH%;C:\Program Files\dotnet;"
```

16. 다음 스크립트는 이미지 이름을 dockerid/imagename 형식으로 초기화한다.
    Docker Hub로 이미지를 게시하는 동안에 이 형식이 필요하다. DockerTask.
    ps1 파일에 다음 스크립트를 추가한다.

```
$ImageName = "learningwsc/${ProjectName}".ToLowerInvariant()
```

17. 마지막으로 전달된 플래그에 따라 도우미 함수를 호출하는 다음 스크립트를 추가한다.

```
if($Build) {
    Build
}
if($Run){
    Run
}
if($Clean){
    Clean
}
if($Publish){
    Publish
}
```

점 연결

지금까지 dockerfile, DockerTask.ps1 및 Install-DotNetCore.ps1이라는 세 개의 개별 파일을 만들었다. 다음 순서는 해당 파일을 Visual Studio 빌드 및 게시 프로세스와 연결한다.

1. 뮤직 스토어 프로젝트에서 project.json을 열고 스크립트 항목 아래에 다음 줄을 추가한다. 이 줄은 성공적으로 컴파일 후 빌드 플래그가 있는 DockerTask.ps1을 호출한다. Visual Studio 빌드 순서를 확장해서 프로젝트가 성공적으로 컴파일될 때마다 Windows Server Core 기본 OS 이미지를 사용해 Docker 이미지를 만든다.

```
"postcompile": [ "powershell ./Docker/DockerTask.ps1
-Build -ProjectName '%project:Name%' -Configuration
```

```
'%compile:Configuration%' -Version '1.0.0'" ]
```

 이는 매우 시간이 오래 걸리는 작업이다. Docker Daemon이 몇 개의 컨테이너만 캐시를 하더라도 솔루션을 빌드할 때마다 dockerfile에서 일부 순서를 실행해야 한다. 이것은 단지 구성일 뿐이므로 응용 프로그램이 개발되는 동안 제외했다가 이미지를 빌드할 준비가 되면 다시 연결할 수 있다.

2. project.json에서 다음 줄을 삭제한다. 이 예제에서는 기본 게시 순서를 사용하지 않는다.

```
"postpublish": [ "dotnet publish-iis --publish-folder
%publish:OutputPath% --framework %publish:
FullTargetFramework%" ]
```

3. 다음 순서는 Docker Daemon이 뮤직 스토어 이미지를 사용해서 컨테이너를 생성하게 Visual Studio 디버그를 구성하는 것이다. 디버그 및 실행을 구성하려면 다음과 같은 순서를 수행해야 한다.

1) 뮤직 스토어 프로젝트를 마우스 오른쪽 버튼으로 클릭하고 속성을 클릭한다.
2) 디버그 옵션을 클릭한다.
3) 새로 만들기를 클릭한다.
4) 프로필에 Docker를 이름으로 입력하고 확인을 클릭한다.
5) 시작 옵션이 실행 파일로 선택됐는지 확인한다.
6) 다음 코드와 같이 실행 항목 내에 PowerShell 명령어의 경로를 입력한다.

```
C:\Windows\System32\WindowsPowerShell\v1.0\powershell.exe
```

4. 다음 코드를 응용 프로그램 인수 항목에 입력한다.

```
-ExecutionPolicy Unrestricted ./Docker/DockerTask.ps1 -Run
```

인수는 응용 프로그램이 실행될 때마다 Run 플래그가 있는 DockerTask PowerShell 스크립트를 호출한다.

개발자 컴퓨터에서 테스트 및 실행

앞선 설정을 사용해 Windows Server 컨테이너로 빌드하고 실행하게 응용 프로그램을 구성했다. 다음 순서를 사용해 Visual Studio에서 응용 프로그램 테스트를 시작해보자.

1. **이미지 빌드**: Visual Studio에서 Ctrl + Shift + B를 누르거나 빌드 ❯ 솔루션 빌드를 클릭해 솔루션을 빌드한다. 빌드 결과 창에서 빌드 로그를 살펴보자. 정리 및 컴파일이 성공적으로 완료되면 빌드 후 이벤트가 시작돼 이미지를 빌드하기 시작한다.

```
Step 1 : FROM microsoft/windowsservercore:TP5
 ---> 02cb7f65d61b
Step 2 : COPY ./Docker /Windows/Temp/Setups
 ---> debb938e7e21
Removing intermediate container ebe51418a7f8
Step 3 : RUN powershell -executionpolicy unrestricted C:\Windows\Temp\Setups\Install-DotNetCore.ps1
 ---> Running in 2c4c427d6f64
dotnet-install: Downloading https://dotnetcli.azureedgc.nct/dotnet/Sdk/1.0.0-preview3-003786/dotnet-dev-win-x64.1.0.0-preview3-003786.zip
dotnet-install: Extracting zip from https://dotnetcli.azureedge.net/dotnet/Sdk/1.0.0-preview3-003786/dotnet-dev-win-x64.1.0.0-preview3-003786.zip
dotnet-install: Adding to current process PATH: "C:\Users\ContainerAdministrator\AppData\Local\Microsoft\dotnet\". Note: This change will not be vi
dotnet-install: Installation finished
 ---> 6c33b0fcf2e7
Removing intermediate container 2c4c427d6f64
Step 4 : WORKDIR /app
 ---> Running in bef37f5f5266
 ---> eaf528c5bea4
Removing intermediate container bef37f5f5266
Step 5 : ENV ASPNETCORE_URLS http://*:80
 ---> Running in 04401140c7e7
 ---> 61bc0fbd9963
Removing intermediate container 04401140c7e7
Step 6 : EXPOSE 80
 ---> Running in 5d8332233b37
 ---> 6eab0d9bb759
Removing intermediate container 5d8332233b37
Step 7 : COPY ./publishoutput C:/app
 ---> c54f3cea4fff
Removing intermediate container 6e04eae6dce8
Successfully built c54f3cea4fff
:\samples\aspnetcore\musicstore\Controllers\ManageController.cs(129,42): warning CS1998: This async method lacks 'await' operators and will run sync
Compilation succeeded.
    1 Warning(s)
    0 Error(s)
```

다음 그림과 같이 **docker images** 명령어를 실행해 뮤직 스토어 Docker 이미
지가 성공적으로 만들어졌는지 확인한다.

2. **컨테이너 생성**: 다음 그림과 같이 실행 옵션에서 Docker 프로필이 선택돼 있
   는지 확인한다.

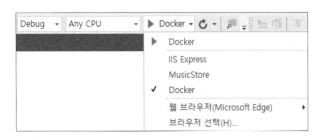

 컨테이너 호스트에서 80번 포트에 접근할 수 있는지 확인한다. 이 실습에서는 Microsoft Azure 내의 가상 컴퓨터를 사용하므로 가상 컴퓨터에 엔드포인트를 추가했다.

마지막으로 PowerShell 창이 열리고 응용 프로그램이 80번 포트에서 실행 중임을 나타내는 다음 로그가 보인다. 필자의 경우 wsc-dev.cloudapp.net의 80번 포트에 접근할 수 있어야 한다.

```
Administrator: C:\Windows\System32\WindowsPowerShell\v1.0\powershell.exe
Hosting environment: Production
Content root path: C:\app
Now listening on: http://*:80
Application started. Press Ctrl+C to shut down.
```

Windows Server 컨테이너에서 실행 중인 Kestrel을 이용해 뮤직 스토어를 성공적으로 제공했다. 뮤직 스토어 응용 프로그램에 영구적인 저장소나 데이터베이스 기능을 추가하지 않았다. Windows 컨테이너에서 SQL Server를 실행하는 방법은 5장에서 살펴본다.

3. **Docker Hub에 게시**: 이제 Docker 이미지를 테스트하고 확인했으므로, 이미지를 Docker Hub에 푸시할 준비가 됐다. 응용 프로그램 폴더의 루트에서 다음 명령어를 사용해 이미지를 Docker Hub 계정에 푸시한다. 다음 그림과 같이 이미지가 성공적으로 게시되면 Docker Hub에 로그인한 후 확인할 수 있다.

```
PS C:\samples\aspnetcore\musicstore> .\Docker\DockerTask.ps1 -Publish
Login Succeeded
The push refers to a repository [docker.io/learningwsc/musicstore]
f5da4334e939: Pushed
32bd2b5a4763: Pushed
43436561ec91: Pushed
8650a42f91e2: Pushed
ac80bc6eb0f5: Pushed
3f6e77b42e20: Pushed
72f30322e86c: Skipped foreign layer
1.0.0: digest: sha256:418a2a1000aae34ba04e2c224f932484a49c0633b841c97e018cb3966222b12b size: 1927
```

이 예제의 완성된 버전은 https://github.com/vishwanathsrikanth/learningwsc/tree/master/chapter4/completed/aspnetcore에서 다운로드할 수 있다.

Windows Server 컨테이너 내의 IIS를 이용해 ASP.NET Core 호스팅

전통적으로 웹 응용 프로그램은 항상 IIS와 같은 완전한 Web Server에서 제공된다. 자체 호스팅 및 Kestrel Web Server를 사용해 뮤직 스토어를 완성할 수 있지만, 프로덕션 환경에 이상적인 시나리오는 아니다. IIS는 PowerShell 지원, 웹 모듈 플러그인, 사용자 지정 처리기, 인증서 관리자 등과 같은 추가 기능이 제공되는 Web Server다. Windows Server Core는 GUI가 없는 운영체제이므로, 응용 프로그램 풀 생성, 접근 제한 적용, 응용 프로그램 풀이나 웹 응용 프로그램 모니터링 및 다시 시작 등과 같은 작업을 하기 위해 PowerShell이 필요하다.

IIS에서 ASP.NET Core 웹사이트를 호스팅하기 위해 다음과 같은 간단한 순서를 진행해야 한다.

1. IIS Web Server를 설치한다.

2. ASP.NET Core Web Server 호스팅을 설치한다.

3. IIS를 사용하게 ASP.NET Core를 구성한다.

4. 프로세스를 호출하기 위해서 IIS에 대해 .NET Core CLI 및 클래스 경로를 구성한다.

기술적으로 IIS는 응용 프로그램과 Kestrel Server 간 역방향 프록시 역할을 한다. IIS로 응용 프로그램에 대한 요청이 들어오면 IIS는 응용 프로그램을 호스팅하는 Kestrel 프로세스로 요청을 전달한다. 이는 web.config 내에 있는 ASP.NET Core 모듈이라고 부르는 새로운 모듈로 처리되므로, IIS에서 호스트될 경우 응용 프로그램의 루트 경로에 다음 사항에 따라 web.config를 항상 배치시켜야 한다.

```xml
<configuration>
  <system.webServer>
    <handlers>
      <add name="aspNetCore" path="*" verb="*"
      modules="AspNetCoreModule" resourceType="Unspecified" />
    </handlers>
    <aspNetCore processPath="dotnet" arguments=".\musicstore.dlls"
    stdoutLogEnabled="false" stdoutLogFile=".\logs\stdout"
    forwardWindowsAuthToken="false" />
  </system.webServer>
</configuration>
```

다음 dockerfile 내용은 Windows Server 컨테이너 내에서 실행되는 IIS를 이용해서 뮤직 스토어 응용 프로그램을 실행하게 한다. 이제 기존 뮤직 스토어 솔루션(Kestrel Server와 마찬가지로)에 연동해 Visual Studio에서 응용 프로그램을 정리, 빌드 및 실행을 한다.

```
FROM microsoft/windowsservercore:latest

COPY ./Docker/Setups /Windows/Temp/Setups

COPY ./publishoutput C:/inetpub/wwwroot

ENV ASPNETCORE_URLS http://*:80

EXPOSE 80s

RUN powershell -Command Add-WindowsFeature Web-Server

RUN powershell -executionpolicy unrestricted
C:\Windows\Temp\Setups\Install-DotNetCore.ps1

RUN powershell -Command C:\Windows\Temp\Setups\DotNetCore.1.0.0
-WindowsHosting.exe -quiet
RUN powershell -Command C:\Windows\Temp\Setups\vc_redist.x64.exe -quiet

RUN powershell -executionpolicy unrestricted
C:\Windows\Temp\Setups\Configure-IIS.ps1

WORKDIR /inetpub/wwwroot
```

▍Windows Server 컨테이너를 이용해 ASP.NET 4.5 응용 프로그램 개발

앞 절에서는 Kestrel를 이용해 Windows Server 컨테이너 이미지로 패키징, 배포된
ASP.NET Core 응용 프로그램을 실행하는 방법을 살펴봤다. 이 절에서는 기존 ASP.
NET 4.5 응용 프로그램을 Windows Server Core 내의 IIS에서 실행되는 Windows
Server 컨테이너 패키지로 변환한다.

1. Visual Studio 2015에서 기본 ASP.NET 4.5 MVC 응용 프로그램을 만들어보자. 파일 ≫ 새로 만들기 ≫ 프로젝트를 클릭하거나 Ctrl + Shift + N을 눌러 새 프로젝트를 만든다.

2. ASP.NET Web Application(.NET Framework) 템플릿을 선택한다. 맨 위에 있는 Framework 항목에서 .NET Framework 4.5.2가 선택됐는지 확인하고 확인을 클릭한다.

3. C:\samples\aspnet4.5 폴더를 프로젝트 아티팩트 저장 위치로 선택한다. WindowsContainerSample이라는 이름으로 프로젝트 이름을 지정한다.

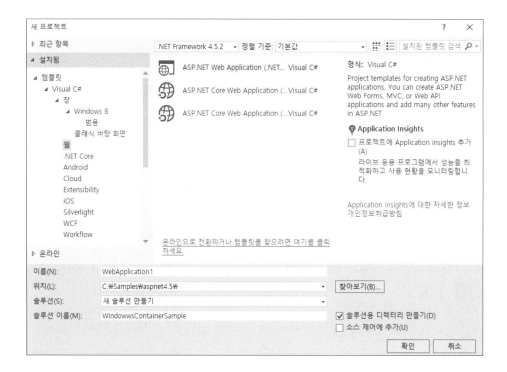

4. ASP.NET 4.5.2 템플릿에서 MVC 템플릿을 선택한다. 인증 변경을 클릭하고 인증 안 함을 선택한다. 인증 변경 창에서 확인을 클릭한 후 템플릿 선택 창에서 확인을 클릭한다.

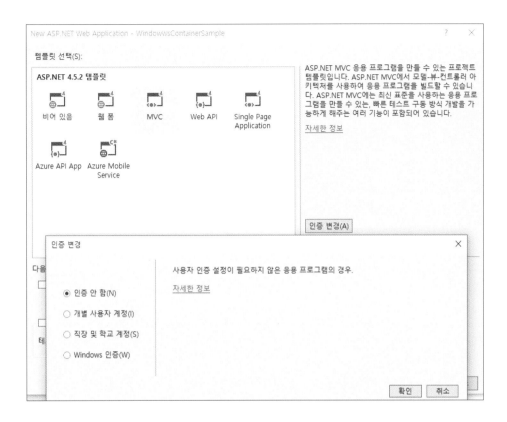

5. Ctrl + Shift + B를 눌러 응용 프로그램이 성공적으로 빌드되는지 확인한다.

6. Ctrl + F5를 눌러 응용 프로그램이 IIS Express에서 성공적으로 실행되는지 확인한다.

Docker화된 ASP.NET 4.5 웹 응용 프로그램

이제 Docker 기능을 응용 프로그램에 추가해 Windows Server 컨테이너에서 실행하자.

1. 먼저 파일 시스템에 응용 프로그램을 게시한다. 프로젝트를 마우스 오른쪽 버튼으로 클릭하고 게시를 클릭한다.

2. 사용자 지정 ▶ 프로필 필드의 이름을 publish-iis로 입력한 후 확인을 클릭한다.

3. 다음 그림과 같이 게시 방법을 파일 시스템 및 대상 위치로 선택한다. 게시된 파일들을 사용해 Windows 컨테이너 이미지를 빌드한다.

4. 다음 창에서는 구성에서 Release를 선택하고, 게시를 클릭한다. 성공적으로 게시됐는지 확인한다.

5. 프로젝트를 마우스 오른쪽 버튼으로 클릭하고 Docker라는 새 폴더를 추가한다.

6. Docker 폴더에 새 파일을 추가하고 dockerfile이라고 입력한다.

7. 다음 내용을 dockferfile에 입력한다. IIS에 ASP.NET 응용 프로그램을 배포할 것이기 때문에 IIS가 사전 설치된 `microsoft/iis:latest`를 기본 OS 이미지로 사용한다.

```
FROM microsoft/iis:latest
SHELL ["powershell"]
RUN Install-WindowsFeature NET-Framework-45-ASPNET
RUN Install-WindowsFeature Web-Asp-Net45
COPY ./publishoutput c:/inetpub/wwwroot
EXPOSE 80
CMD Write-Host IIS Started....; \
    While ($true) { Start-Sleep -Seconds 3600 }
```

8. Docker 폴더에 다른 새 파일을 추가하고 이름을 DockerTask.ps1로 지정한다. 응용 프로그램의 구조는 다음과 같아야 한다. 다음 내용을 DockerTask. ps1에 입력한다. 이 코드에는 Windows 컨테이너 이미지를 정리, 빌드 및 실행하기 위한 도우미 함수가 포함돼 있다.

```
param
(
#이 스위치는 Windows 컨테이너 이미지를 생성
[switch]$Build,
#이 스위치는 빌드 옵션을 사용해 만든 Windows 컨테이너 이미지를 사용할 경우 생성된 모든
컨테이너를 제거
'MusicStore' in this case.
[switch]$Clean,

#이 스위치는 컨테이너를 생성
[switch]$Run,

#이 스위치는 Docker Hub에 이미지를 게시
[switch]$Publish,

[ValidateNotNullOrEmpty()]
#ProjectName은 이미지 이름을 생성할 때 사용
[string]$ProjectName = "aspnet45_windowscontainer",

#컨테이너 포트에 매핑되는 호스트 포트
[ValidateNotNullOrEmpty()]
[String]$HostPort = 80,

#호스트 포트에 매핑되는 컨테이너 포트
[ValidateNotNullOrEmpty()]
[String]$ContainerPort = 80,
[ValidateNotNullOrEmpty()]

#뮤직 스토어 이미지 버전
[String]$Version = "1.0.0",
[ValidateNotNullOrEmpty()]
```

```
#Docker Hub 사용자 이름
[String]$Username= "learningwsc",

[ValidateNotNullOrEmpty( )]
#Docker Hub 암호
[String]$Password = "Password@123"
)

$ErrorActionPreference = "Stop"

function Build( ){
    #Docker 이미지 만들기
    docker build -t $ImageName&grave;:$Version -f
    ./Docker/Dockerfile .
}

function Run( )
{
    #80번 포트로 실행 중인 컨테이너 확인
    $conflictingContainerIds = $(docker ps -a |
    select-string -pattern ":$HostPort|" | foreach
    { Write-Output $_.Line.split( )[0] })

    #80번 포트를 통해 실행중인 컨테이너 중지
    if ($conflictingContainerIds) {
        $conflictingContainerIds = $conflictingContainerIds
        -Join ' '
        Write-Host "Stopping conflicting containers using
        port $HostPort" docker stop $conflictingContainerIds
    }

    #뮤직 스토어 컨테이너 생성
    docker run -p $HostPort&grave;:$ContainerPort
    $ImageName&grave;:$Version
}

function Clean( ){
```

```
#이미지 이름에 대한 정규 표현식
$ImageNameRegEx = "\b$ImageName\b"

#ImageNameRegEx와 일치하는 이름의 모든 이미지를 제거(예: musicstore)
docker images | select-string -pattern $ImageNameRegEx |
foreach {
    $imageName = $_.Line.split(" ",
    [System.StringSplitOptions]::RemoveEmptyEntries)[0];
    $tag = $_.Line.split(" ",
    [System.StringSplitOptions]::RemoveEmptyEntries)[1];
    Write-Host "Removing image ${imageName}:$tag";
    docker rmi ${imageName}:$tag --force
}
}

function Publish(){
    #Docker Hub에 로그인
    docker login --username $username --password $password
    #이미지를 Docker Hub에 푸시(Push).
    docker push $ImageName&grave;:$Version
}

$ImageName = "learningwsc/${ProjectName}".ToLowerInvariant()

if($Build) {
    Build
}
if($Run){
    Run
}
if($Clean){
    Clean
}
if($Publish){
    Publish
}
```

점 연결

이제 앞선 ASP.NET Core와 같이 ASP.NET 4.5 응용 프로그램의 정리, 빌드 및 실행 단계를 Visual Studio의 빌드 단계에 연결할 수 있다. 또는 다음 순서와 같이 PowerShell 에서 스크립트를 직접 호출할 수도 있다.

1. **이미지 빌드**: 응용 프로그램 루트에서 다음 명령어를 실행해 ASP.NET 4.5 응용 프로그램을 호스팅할 수 있는 Windows 컨테이너 이미지를 만든다.

```
.\Docker\DockerTask.ps1 -Build
```

결과는 다음 그림과 같다.

```
PS C:\samples\aspnet4.5\WindowsContainerSample\WindowsContainerSample> .\Docker\DockerTask.ps1 -Build
Sending build context to Docker daemon  16.7 MB
Step 1 : FROM microsoft/iis:TP5
TP5: Pulling from microsoft/iis

1239394e5a8a: Already exists
847199668046: Pull complete
4b1361d2706f: Pull complete
Digest: sha256:1d64cc22fbc56abc96e4b7df1b51e6f91b0da1941aa155f545f14dd76ac522fc
Status: Downloaded newer image for microsoft/iis:TP5
 ---> accd044753c1
Step 2 : SHELL powershell
 ---> Running in 17a50d506c76
 ---> d2a87685abcb
Removing intermediate container 17a50d506c76
Step 3 : RUN Install-WindowsFeature NET-Framework-45-ASPNET
 ---> Running in 9dfeb54c47cd

Success Restart Needed Exit Code     Feature Result
------- -------------- ---------     --------------
True    No             Success       {ASP.NET 4.6}


 ---> 33aa62f9d7bd
Removing intermediate container 9dfeb54c47cd
Step 4 : RUN Install-WindowsFeature Web-Asp-Net45
 ---> Running in 48db28a9153e

Success Restart Needed Exit Code     Feature Result
------- -------------- ---------     --------------
True    No             Success       {Application Development, ASP.NET 4.6,...


 ---> aa071c3a19fb
Removing intermediate container 48db28a9153e
Step 5 : COPY ./publishoutput c:/inetpub/wwwroot
 ---> f0b38ac030aa
Removing intermediate container 4b46a3026fdc
Step 6 : EXPOSE 80
 ---> Running in 3ace50f17e4e
 ---> 09a220c65187
```

docker images 명령어를 실행해 응용 프로그램 이미지가 만들어졌는지 확인
한다.

```
PS C:\samples\aspnet4.5\WindowsContainerSample\WindowsContainerSample> .\Docker\DockerTask.ps1 -Run
IIS Started....
PS C:\samples\aspnet4.5\WindowsContainerSample\WindowsContainerSample> docker
REPOSITORY                                TAG          IMAGE ID
learningwsc/aspnet45_windowscontainer     1.0.0        0cabe60c8257
learningwsc/musicstore                    1.0.0        c54f3cea4fff
microsoft/iis                             TP5          accd044753c1
microsoft/windowsservercore               TP5          02cb7f65d61b
```

2. **컨테이너 작성**: 응용 프로그램 루트에서 다음 명령어를 실행해 컨테이너를 생
성한다.

```
.\Docker\DockerTask.ps1 -Run
```

컴퓨터 호스트의 DNS를 사용해 응용 프로그램을 80번 포트로 살펴볼 수 있다

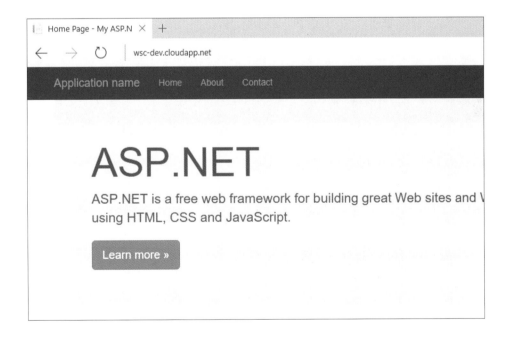

3. **Docker Hub에 게시**: 응용 프로그램이 성공적으로 실행됐으므로, 다음 명령어를 실행해 이미지를 Docker Hub에 게시해 배포할 수 있다.:

```
.\Docker\DockerTask.ps1 -Publish
```

다음 그림과 같이 Docker Hub에서 배포가 준비된 응용 프로그램(1.0.0 버전으로 태그)을 볼 수 있다.

4. **이미지 정리**: 마지막으로 컨테이너 호스트에서 기존 이미지를 모두 정리하려면 다음 그림과 같이 명령어를 실행한다.

결과는 다음 그림과 같다.

PUBLIC REPOSITORY

learningwsc/aspnet45_windowscontainer ☆

Last pushed: a few seconds ago

Repo Info	Tags	Collaborators	Webhooks	Settings

Tag Name	Compressed Size	Last Updated
1.0.0	4 GB	a few seconds ago

이 예제의 완성된 버전은 https://github.com/vishwanathsrikanth/learningwsc/tree/master/chapter4/completed/aspnet4.5/WindowsContainerSample에서 볼 수 있다.

▌ Windows Server 컨테이너 네트워킹

Windows Server 2016에서 컨테이너 및 Docker 기능을 설정하면 IP 접두사가 172.16.0.0/12 형태의 NAT라는 기본 네트워크가 만들어진다. 컨테이너 호스트에서 생성된 모든 컨테이너는 해당 가상 네트워크를 사용해 생성된다. 개별 컨테이너에는 인바운드 및 아웃바운드 트래픽이 전달되는 어댑터가 있고, 이는 가상 스위치에 연결된다. Docker Daemon을 제공하는 Windows Server 2016을 사용하면 호스트 포트를 사용하는 컨테이너가 없더라도 호스트와 포트를 이용해 신규 컨테이너를 만들지 못할 수도 있다. 다음과 같은 에러가 발생할 수 있다.

```
C:\Program Files\Docker\docker.exe: Error response
from daemon: failed to create endpoint
condescending_albattani on net
work nat: HNS failed with error : Failed to create endpoint.
```

이 경우 Docker의 컨테이너 네트워크를 다시 설정하는 다음과 같은 스크립트를 컨테이너 호스트에서 실행한다. 이후 장들에서 Windows 컨테이너 네트워킹에 대해 더 자세히 살펴본다.

```
Stop-Service docker
Get-ContainerNetwork | Remove-ContainerNetwork -Force
Get-NetNat | Remove-NetNat
Get-VMSwitch | Remove-VMSwitch
Start-Service docker
```

▌ 요약

4장에서는 살펴본 내용은 다음과 같다.

- ASP.NET Core는 유연하면서도 작다. 더불어 크로스플랫폼을 지원하는 ASP.NET 웹 응용 프로그램 플랫폼의 새 오픈소스 버전이다.

- ASP.NET Core는 IIS, Kestrel 또는 기타 HTTP 서버를 사용해 호스팅할 수 있다.

- Windows Server 컨테이너 개발 환경은 Windows Server 2016에서만 설정할 수 있다. Windows 10 같은 기존 데스크톱 OS는 Windows Server 컨테이너를 지원하지 않기 때문이다

- ASP.NET 4.5 응용 프로그램은 IIS를 사용해 Windows Server 컨테이너 내에서 구성 및 실행할 수 있다.

- 컨테이너 호스트의 포트는 다중 컨테이너 사이에 공유할 수 없다.

- Visual Studio의 ASP.NET Core 템플릿은 개발자들에게 확장 기능을 제공한다. 이를 통해 Docker/Windows 컨테이너 이미지를 정리, 빌드 및 실행할 수 있는 빌드 및 게시 옵션이 제공된다.

- 컨테이너 호스트에서 생성된 모든 컨테이너는 NAT라는 가상 네트워크를 사용해 생성되며, 각 컨테이너에는 인바운드와 아웃바운드 트래픽이 전달되게 가상 스위치에 연결된 어댑터가 있다

05

컨테이너 응용
프로그램 배포

5장에서는 컨테이너로 된 응용 프로그램을 Microsoft Azure와 온-프레미스에 원격으로 배포하는 방법을 알아본다. 5장에 작성한 스크립트는 6장에서 CI[Continuous Integration]/CD[Continuous Delivery]를 구성하는 데 사용할 것이다. Windows 기반 컨테이너 이미지는 Windows 컨테이너나 Hyper-V 컨테이너로 배포할 수 있는 추가 권한을 갖고 있으며, 이는 컨테이너를 생성하고 게시하는 것과는 무관하다. 이는 컨테이너를 배포할 때 격리[Isolation] 수준을 선택할 수 있는 큰 이점을 제공한다. 5장에서는 격리 수준의 차이(프로세스 vs. 사용자)에 따른 두 가지 유형의 컨테이너 배포인 Windows 컨테이너와 Hyper-V 컨테이너의 유형에 중점을 둔다. 4장과 마찬가지로 Microsoft Azure를 사용해 컨테이너를 배포할 때 필요한 리소스를 프로비저닝한다. 컨테이너 배포 외에도 원격으로 컨테이너 호스트를 관리하는 방법과 안전하게 연결하는 방법, 그리고

Microsoft Azure 리소스 생성을 자동화하는 방법을 살펴본다.

5장에서 다루는 내용은 다음과 같다.

- ARM 템플릿^{Azure Resource Manager Template}을 이용해 Microsoft Azure에 Windows Server 2016 가상 컴퓨터를 배포
- 원격 관리 설정
- Docker 호스트에 원격 연결 활성화
- 원격으로 뮤직 스토어 응용 프로그램 배포
- 부하 분산 장치 설정
- Hyper-V 컨테이너에 뮤직 스토어 배포
- 이름 없는 이미지 관리

ARM을 사용해 Microsoft Azure에 가상 컴퓨터 배포

응용 프로그램을 빠르게 배포하려면 배포 과정에 인프라 자동화가 포함돼야 한다. 인프라 자동화는 응용 프로그램을 배포하는 데 필요한 인프라를 만들고 구성할 수 있는 기능을 스크립트 방식으로 완벽하게 제공해야 한다. Microsoft Azure는 Windows나 비Windows 기반의 인프라를 만들고 구성할 수 있는 많은 옵션을 제공한다. ARM^{Azure Resource Manager}이 그중 하나다. ARM은 쉽게 편집할 수 있는 JSON 스키마를 이용해 인프라 구성을 스크립트화할 수 있다. ARM을 사용하면 가상 컴퓨터, 저장소, 네트워크 리소스와 고정/동적 IP 설정으로 구성된 하나의 집합으로 인프라를 만들 수 있다. ARM과 Azure 리소스 그룹을 사용하면 관리, 태그, 모니터링, 재구축 같은 작업을 언제든지 할 수 있다. Windows를 사용하지 않을 경우에도 ARM 기반 배포를 Azure CLI로 할 수 있다. Azure CLI는 크로스플랫폼 간 사용할 수 있는 커맨드라인 도구^{Command-Line Tool}이며, Mac이나 Windows 기반 운영체제에서 같은 명령어를 사용할 수 있게 한다.

ARM 템플릿을 사용해 생성된 리소스는 새로운 Azure 포털(https://protal.azure.com)에서만 볼 수 있다. 구 포털(https://manage.windowsazure.com)에서는 ARM 이 아니거나 클래식 리소스만 표시된다.

다음 절은 뮤직 스토어 응용 프로그램을 구축하기 위해 ARM과 PowerShell을 사용해 Azure 환경을 만드는 방법을 살펴본다.

1. 사용자 컴퓨터에서 Microsoft Azure에 로그인하고, ARM 템플릿을 사용해 배포 하려면 Azure PowerShell SDK가 필요하다. Microsoft Azure 다운로드 페이지 (https://azure.microsoft.com/en-in/downloads/)에 접속하고, Command-Lines tools ▶ PowerShell 항목에서 Windows Install을 클릭해 최신 Azure PowerShell SDK를 다운로드하고 설치한다.

2. 관리자 권한으로 실행된 Microsoft Azure PowerShell에서 다음 명령어를 실 행해 Azure PowerShell이 정상적으로 설치됐는지 확인한다.

```
Get-Module -ListAvailable
```

3. 다음 그림과 같이 AzureRM 모듈을 확인할 수 있다.

```
PS C:\Users\kimsejun> Get-Module -ListAvailable

    Directory: C:\Program Files (x86)\Microsoft SDKs\Azure\PowerShell\ResourceManager\AzureResourceManager

ModuleType Version    Name                                ExportedCommands
---------- -------    ----                                ----------------
Manifest   0.4.2      Azure.AnalysisServices              {Add-AzureAnalysisServicesAccount, Restart-AzureAn
Manifest   0.4.2      AzureRM.AnalysisServices            {Resume-AzureRmAnalysisServicesServer, Suspend-Azu
```

4. Azure 구독과 관련된 Microsoft 라이브^{Live} 계정이나 회사 계정을 사용해 Microsoft Azure에 로그인한다. 로그인하면 Azure PowerShell을 사용해 구독 에 관련된 모든 작업을 수행할 수 있다.

사용자 계정이 구독 관리자가 아닌 경우 구독에서 수행할 수 있는 작업이 제한될 수 있다. Microsoft Azure는 역할 기반 접근 제어(RBAC, Role-Based Access Control)를 하므로 사용자 계정이 리소스를 만들고 관리할 수 있는 권한이 있는지 확인해야 한다.

5. 관리자 권한으로 실행된 Azure PowerShell에서 다음을 수행한다. 로그인 브라우저 창이 열리면 Microsoft 계정으로 로그인한다. https://github.com/ vishwanathsrikanth/learningwsc/tree/master/chapter5/resources/template에 서 ARM 템플릿 예제와 PowerShell 스크립트를 다운로드할 수 있다. 저장소 전 체 내용을 복제하거나 다운로드하려면 https://github.com/vishwanathsrikanth/ learningwsc를 살펴보자.

6. 다운로드한 템플릿 폴더를 C:\learningwsc\chapter5\template 폴더에 복사 한다.[1]

7. Visual Studio Code와 같은 JSON 편집기를 사용해 템플릿을 열고 앞으로 살 펴볼 주요 구성 요소를 확인한다.

- template.json 파일에는 다음과 같은 요소가 있다.

   ○ **Parameters**: 이 영역에는 스크립트에 개별로 전달되는 매개변수 의 데이터 유형을 설명한다.

   ○ **Variables**: 이 영역에는 파생된 값이 있다.[2]

   ○ **Resources**: 이 영역에는 Microsoft Azure에서 생성될 여러 유형 의 리소스 구성이 있으며, 가상 컴퓨터 속성, 네트워크 설정, 엔드포 인트, 저장소 계정 등을 사용할 수 있다.

---

1. 5단계에서 전체 Source를 다운로드했을 때는 C:\learningwsc\chapter5\resources\template 경로를 사용한다. - 옮긴이
2. Parameters에서 입력 받은 값을 조합해 새로운 변수를 만들 수도 있다. - 옮긴이

○　Output: 스크립트가 성공적으로 실행된 후 출력되는 값을 설정한다.

- parameters.json 파일에는 template.json 파일의 parameters 항목에 정의된 모든 매개변수의 값이 들어 있다.

> Microsoft Azure의 일부 리소스들은 고유한 이름과 규칙이 필요하다. 규칙을 위반하거나 이미 사용된 이름일 경우 스크립트가 실패할 수 있다. 사용자는 포털에서 사용 가능 여부를 확인하거나, Test-* PowerShell 명령어를 사용해 사용 가능한 이름인지 여부를 확인할 수 있다. 좀 더 자세한 내용은 https://msdn.microsoft.com/en-us/library/dn757692.aspx를 살펴보자.

- 중요한 마지막 파일은 환경 배포를 위한 PowerShell 스크립트인 Deploy.ps1이다.

8. 이제 각 파일의 용도를 알았으므로, 다음 명령어를 실행해 Windows Server 2016 가상 컴퓨터 및 기타 관련 리소스들을 배포한다. 다음 명령어를 실행하기 전에 4단계에서 설명한 명령을 실행해 Microsoft Azure에 로그인했는지 확인한다.

1) PowerShell을 관리자 권한으로 실행한다.
2) C:\learningwsc\chapter5\template 경로로 이동한다.
3) 다음 명령어를 PowerShell 창에 입력한다.

```
.\deploy.ps1 -subscriptionId "<SubscriptionId>"
-resourceGroupName "wschost-staging-rg"
-resourceGroupLocation "southeastasia"
-deploymentName "wschoststaging"
-templateFilePath "C:\learningwsc\chapter5\
template\template.json"
-parametersFilePath "C:\learningwsc\chapter5\template\
parameters.json"
```

4) <SubscriptionId> 부분을 사용 중인 구독의 ID 값으로 변경한다.[3]

5) template.json에서 리소스 이름으로 사용될 parameters.json을 열어 storageAccountName과 diagnosticsStorageAccountName, diagnostics-StorageAccountId의 <StorageName> 값을 고유한 값으로 수정한다.

6) F5 또는 Enter를 누른다.

9. 출력 창을 확인하거나 포털에 로그인해 배포가 성공적으로 진행됐는지 확인한다. 포털에서 검색하려면 https://portal.azure.com에 로그인해 생성한 리소스 그룹의 배포 상태를 확인한다.

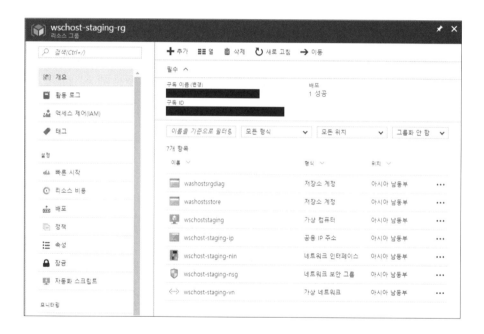

10. 배포가 정상적으로 완료됐는지 확인하기 위해 다음 리소스들을 확인한다.
  - Windows Server 2016 이미지로 배포된 가상 컴퓨터
  - 네트워크 인터페이스

---

3. 사용 중인 Microsoft Azure 구독의 ID는 Get-AzureSubScription을 입력하면 확인할 수 있다. - 옮긴이

- 네트워크 보안 그룹
- 공용 IP
- 가상 네트워크
- 두 개의 저장소 계정(하나는 진단용이고, 다른 하나는 디스크를 저장한다)

11. 가상 컴퓨터를 클릭하면 가상 컴퓨터의 세부 정보가 있는 새로운 블레이드가 열린다.

12. 다음 그림과 같이 공용 IP 주소를 확인한다. 이 값은 공용 IP 주소를 나타내며 고정적이지 않다. 가상 컴퓨터를 껐다 켤 때마다 새로운 IP가 할당된다. 이러한 동적 IP 주소를 사용할 수 있지만 DNS 이름을 할당하는 것이 더 좋은 방법이다. 값을 클릭해 DNS 이름을 설정한다.

13. 공용 IP 주소 블레이드가 열리면 구성을 클릭하고, 다음 그림과 같이 DNS 이름 레이블(옵션)을 입력한다.[4]

---

4. DNS 이름 또한 고유해야 하므로 사용 가능한 값을 확인, 입력한다. – 옮긴이

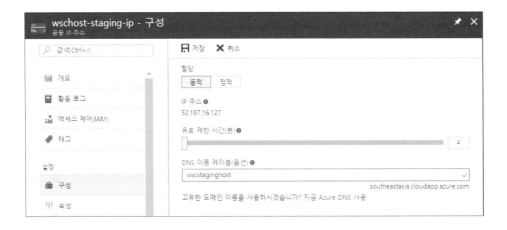

14. 저장을 클릭한다.

15. [선택 사항] 할당 영역에서 **정적** 버튼을 선택하면 정적 IP 주소를 할당할 수 있다(추가 비용 발생).[5]

16. 공용 IP 주소 블레이드를 닫는다.

17. 설정 영역 내의 네트워크 인터페이스를 클릭하고 첫 번째 행을 클릭한다. 네트워크 인터페이스 블레이드가 열리면 효과적인 보안 규칙 영역을 클릭해 다음 그림과 같이 규칙이 구성돼 있는지 확인한다. 이 규칙을 설정하면 공용 IP 주소나 DNS 이름을 통해 호스트 내부에서 실행되는 컨테이너와 Docker 호스트에 접근할 수 있다.

이름	우선 순위	소스	원본 포트	대상 주소	대상 포트	프로토콜	액세스
HTTP	100	0.0.0.0/0	0-65535	0.0.0.0/0	80-80	TCP	허용
Docker	101	0.0.0.0/0	0-65535	0.0.0.0/0	2375-2375	모두	허용
App	102	0.0.0.0/0	0-65535	0.0.0.0/0	5000-5000	모두	허용
App1	104	0.0.0.0/0	0-65535	0.0.0.0/0	5001-5001	모두	허용
App2	105	0.0.0.0/0	0-65535	0.0.0.0/0	5002-5002	모두	허용

---

5. 지역당 처음 5개의 정적 공용 IP 주소에 대해 무료다. 자세한 내용은 https://azure.microsoft.com/ko-kr/pricing/details/ip-addresses/을 참고하자. – 옮긴이

규칙과 구성을 정상적으로 했다면 ARM 템플릿을 사용해 뮤직 스토어 응용 프로그램을 구축하기 위한 Microsoft Azure 환경 설정이 끝난다.

▌원격 연결을 위한 가상 컴퓨터 구성

성공적인 제품 배포의 본질은 자동화에 있다. 얼마나 자동화를 할 수 있는지가 얼마나 빨리 배포할 수 있는지를 결정한다. 자동화의 일환으로 의존성 확인, 방화벽 또는 네트워크 포트 구성, 저장소 할당 등은 리소스 구성에 반드시 포함돼야 한다. 이러한 요소는 배포 시간을 단축하고, 엄격하게 테스트를 수행한 경우 문제없이 실행된다. 따라서 인프라 자동화는 제품 배포가 잘되기 위한 핵심 요소다. 앞 절에서 배포에 필요한 리소스를 자동으로 만드는 일부 자동화 처리를 했다. 이번 절에서는 가상 컴퓨터에 원격으로 접속하는 방법과 원격 PowerShell을 활성화하는 방법을 살펴본 후 원격 데스크톱 세션을 연결하지 않고 뮤직 스토어를 원격 Docker 호스트에 배포한다.

Microsoft Azure 내의 가상 컴퓨터에서 원격 PowerShell을 활성화하는 것은 여러 단계로 이뤄져 있다. 방화벽 설정을 수정하고, 연결 시 사용하는 클라이언트의 DNS 이름을 가진 자체 서명된^{Self-Signed} 인증서를 설치해야 한다. 사용자 정의 가상 컴퓨터 확장 프로세스를 통해 PowerShell 스크립트를 기존 가상 컴퓨터에 업로드하고, 가상 컴퓨터 내부에서 실행해 원격 PowerShell을 설정한다.

Microsoft Azure에는 클래식 가상 컴퓨터와 ARM 가상 컴퓨터가 있다. 클래식 가상 컴퓨터는 리소스 생성/업데이트용 ASM API를 사용하는 구 포탈/PowerShell을 통해 가상 컴퓨터를 생성하는 옛날 방식이다. ARM 형태로 배포된 가상 컴퓨터는 리소스 그룹 중심으로 돼 있어 배포된 각 리소스 간 밀접하게 연결돼 동작한다. 차이점에 대한 자세한 정보는 https://azure.microsoft.com/en-in/documentation/articles/resource-manager-deployment-model/을 살펴보자.

Azure PowerShell을 이용해 ARM 가상 컴퓨터에서 원격 PowerShell을 활성화하는 방법은 다음과 같다.

1. PowerShell ISE를 관리자 권한으로 실행한다.
2. C:\learningwsc\chapter5\template로 이동한다.
3. Login-AzureRmAccount를 실행해 앞 절에서 사용했던 구독에 로그인했는지 확인한다.
4. 다음에 설명된 세 개의 인수와 함께 Configure-RemotePS.ps1을 실행한다.
   - VMName: 앞서 만든 가상 컴퓨터의 이름이며, 가상 컴퓨터가 실행 상태인지 확인해야 한다.
   - ResourceGroupName: 가상 컴퓨터가 속해 있는 리소스 그룹의 이름이다.
   - StorageAccountName: 가상 컴퓨터 관련 파일이 저장돼 있는 저장소 계정 이름이다. 이 계정은 가상 컴퓨터에서 실행될 PowerShell 스크립트를 업로드하는 데 사용된다. 여기서 사용할 저장소 계정이 블록^{Block} Blob 저장을 할 수 있는 표준 계정인지 확인한다.[6]

실행할 예제를 살펴보자. 다음 명령어는 Azure 저장소 계정에 Script 폴더를 생성하고 매개변수를 전달한 후 같은 폴더 내에 존재하는 ConfigureWinRM_HTTPS.ps1 파일을 업로드한다.

```
.\Configure-RemotePS.ps1 -VMName "wschoststaging" -ResourceGroupName
"wschost-staging-rg" -StorageAccountName "<진단용 저장소이름>"
```

ConfigureWinRM_HTTPS는 DNS 이름에 클라이언트 컴퓨터의 호스트 이름과 함께 Azure PowerShell 명령어인 Set-AzureRmVMCustomScriptExtension을 이용해 대상

---

6. Microsoft Azure에 리소스를 배포할 때 parameters.json 파일에서 수정했던 diagnosticsStorage-AccountName 값을 입력해야 한다. – 옮긴이

컴퓨터에 설치된다. 게다가 이 스크립트는 가상 컴퓨터에서 PowerShell의 기본 원격 포트 5986번으로의 트래픽을 허용하게 한다. 실행이 끝나면 다음 메시지가 보인다.

```
Enter-PSSession -ComputerName <IP-주소> -Credential <관리자 계정> -UseSSL
-SessionOption (New-PsSessionOption -SkipCACheck -SkipCNCheck)
```

1. PowerShell ISE 편집기에서 파일 ❯ 새로 만들기를 클릭해 새로운 창을 열고 앞의 명령어를 실행한다.
2. <IP-주소>를 가상 컴퓨터의 공용 IP 주소로 수정한다.
3. F5를 누르거나 Run을 클릭한다.
4. 계정 정보를 묻는 창이 나타나면 가상 컴퓨터를 만들 때 입력한 가상 컴퓨터 의 관리자 계정과 암호를 입력하고 확인을 클릭한다(관리자 계정과 암호는 parameters.json 파일에서 확인할 수 있다).[7]

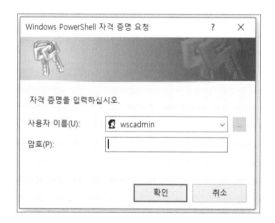

원격 데스크톱 세션을 연결하지 않고 원격 가상 컴퓨터에서 PowerShell 스크립트를 실행할 수 있게 됐다. 다음 그림과 같이 PowerShell 창에서 원격 컴퓨터(예. 104.43. 14.235)에 연결된다.

---

7. 기본 관리자 계정은 wscadmin이며, 암호는 Password@123이다. − 옮긴이

```
PS C:\WINDOWS\system32> Enter-PSSession -ComputerName 104.43.14.235 -Credential wscadmin -UseSSL -SessionOption (New-P
sSessionOption -SkipCACheck -SkipCNCheck)
[104.43.14.235]: PS C:\Users\wscadmin\Documents>
```

원격 연결을 위한 가상 컴퓨터 구성은 한 번만 작업하면 되며, 앞선 명령어를 사용해 언제든지 가상 컴퓨터에 연결할 수 있다.

 Microsoft Azure 내 가상 컴퓨터의 공용 IP 주소는 껐다 켤 때마다 바뀐다(고정 IP 주소 사용 시 바뀌지 않음). 따라서 Enter-PSSession을 사용해 연결을 할 때마다 IP 주소를 확인해야 한다.

▌ 원격 Docker 호스트 구성

4장에서는 원격 컴퓨터에 로그인하거나 로컬 호스트에서 실행 중인 Docker Daemon 을 이용해 Docker 명령어를 실행했다. 원격 클라이언트의 접속을 수신 대기하게 Docker Daemon을 설정할 수도 있다. 클라이언트는 Windows나 Linux를 사용하는 컴퓨터일 수 있다. Windows 환경에서 Docker Daemon 프로세스나 dockerd.exe라 는 런타임^{Runtime}은 기본적으로 C:\Program Files\docker\dockerd.exe에 설치된다. Docker Daemon은 보안 연결과 안전하지 않은 연결 두 가지 모두 TCP를 통해 수신 대기할 수 있다. Docker Daemon은 기본적으로 2375번 포트를 사용한다.

가상 컴퓨터에 연결된 원격 PowerShell 세션에서 다음 명령어를 실행하면 Docker Daemon이 2375번 포트를 수신 대기한다.

```
dockerd.exe -H 0.0.0.0:2375
```

docker.pid

docker.pid 파일은 Docker Daemon의 Windows 프로세스 ID를 저장하고 있다. Docker Daemon을 2375번 포트로 제공하려고 하면 다음 그림과 같은 오류가 표시될 수 있다.

```
[104.43.14.235]: PS C:\Users\wscadmin\Documents> dockerd.exe -H 0.0.0.0:2375
dockerd.exe : Error starting daemon: pid file found, ensure docker is not running or delete C:\ProgramData\docker.pid
    + CategoryInfo          : NotSpecified: (Error starting ...Data\docker.pid:String) [], RemoteException
    + FullyQualifiedErrorId : NativeCommandError
```

오류 메시지 내에 docker.pid가 이미 존재한다는 것은 호스트 컴퓨터에서 동작하는 dockerd.exe가 있음을 의미한다. Docker Daemon을 다른 포트에서 실행하려면 기존 프로세스를 종료하거나 docker.pid 파일을 삭제해야 한다. 다음 명령어는 docker.pid 파일을 기본 경로에서 삭제한다.

```
Remove-Item C:\ProgramData\docker.pid -Force
```

임의 포트에서 이미 실행 중인 dockerd 프로세스도 중지해야 한다. 다음 명령어를 사용해 프로세스를 찾아 강제로 중지한다.

```
Get-Process dockerd | Stop-Process -Force
```

이제 앞선 명령어를 실행해 Docker Daemon이 2375번 포트로 수신 대기하게 구성할 수 있다. 다음 그림은 dockerd가 2375번 포트로 실행 중이며, 원격 클라이언트에서 연결할 수 있게 수신 대기 중임을 보여준다. Windows 컴퓨터에서 프로세스를 중지하려면 Ctrl + C를 누른다.

dockerd 구성 옵션

dockerd 런타임은 사용자가 다른 방식으로 Docker를 제공하거나 런타임에 대해 좀 더 자세히 제어할 수 있는 구성 옵션들을 제공한다. 이 절에서는 dockerd 런타임의 몇 가지 옵션을 살펴본다. dockerd의 구성 옵션을 적용하려면 프로세스를 호출하는 명령어에 옵션을 추가해야 한다.

디버그

디버그[Debug] 모드를 사용하려면 dockerd 명령어에 -D 옵션을 사용해야 한다. 디버그 모드는 호스트의 자세한 정보가 기본 스트림[Stream](이 경우에는 콘솔)에 표시되며, 데몬이 실행되고 연결을 대기하는 동안 max-concurrent-downloads, max-concurrent-uploads, DefaultNetwork, DefaultDriver 등과 같은 데몬의 구성 값이 출력된다.

사용 방법: dockerd.exe -D

max-concurrent-downloads

Docker Daemon은 클라이언트와 서버의 역할을 모두 하는 단일 런타임이다. max-concurrentdownloads는 개별 풀[pull] 명령어에 대한 다운로드 수를 제한한다.

사용 방법: dockerd.exe -max-concurrent-downloads=3

max-concurrent-uploads

max-concurrent-downloads와 같이 max-concurrent-uploads는 푸시[push] 명령에 대한 동시 업로드 수를 제한한다. max-concurrent-downloads 또는 max-concurrent-uploads를 낮은 수로 구성하면 규모가 있는 팀에서는 병목 현상이 생길 수 있으므로 알맞게 설정해야 한다.

사용 방법: dockerd.exe -max-concurrent-uploads=5

호스트

-H 또는 -host 옵션은 데몬이 연결을 수신 대기할 설정을 구성할 때 사용된다. 이 옵션은 다음과 같이 Docker Daemon 호스트를 여러 포트에서 수신 대기하게 할 수 있다.

사용 방법: dockerd.exe -H 0.0.0.0:2375 -H 0.0.0.0:2376

보안

앞서 설명한 구성 옵션은 Docker Daemon이 안전하지 않은 연결로 서비스를 제공하므로, IP 및 계정 정보를 이용해 모든 클라이언트가 Docker 호스트에 연결할 수 있지만 프로덕션 환경에서는 권장되지 않는다. 권장하는 방법은 원격 Docker 호스트에 연결할 때 인증서 기반 인증을 이용해 보안 연결을 하는 것이다. Docker는 TLS를 이용해 보안 연결을 제공하는 다음 옵션들이 있다. TLS[Transport Layer Security]는 컨테이너 호스트로 안전한 원격 연결을 가능하게 한다. Docker는 tlsverify라는 중요한 플래그[Flag]를 제공한다. tlsverify가 true로 설정되면 Docker Daemon은 기본 경로에서 인증서를 검색한다. 인증서의 기본 위치는 tlscacert 플래그를 사용해 설정할 수 있다. 인증기관[CA]을 이용할 수 없는 경우 자체 서명된 인증서를 사용할 수도 있다. tlsverify 플래그를 지정하고 Docker의 tlscacert 플래그를 신뢰할 수 있는 CA 인증서(또는 테스트 환경을 위한 자체 서명된 인증서)로 지정해 TLS를 활성화할 수 있다.

tlsverify가 true로 설정된 경우 Docker Daemon은 같은 CA에서 서명한 인증서(또는 호스트 컴퓨터에 설치된 자체 서명된 같은 인증서)가 있는 컴퓨터만 연결을 허용한다. 원격 컨테이너 호스트에 연결하기 위해 클라이언트 컴퓨터에서 tlsverify를 true로 설정하면 클라이언트는 같은 CA에서 서명한 인증서가 있는 컨테이너 호스트에만 연결할 수 있다.

컨테이너 호스트 내에서 Docker가 데몬 모드로 시작되면 허가된 컴퓨터에서만 연결을 허용하며, 이 경우에 인증은 동일한 CA에서 서명한 인증서를 사용한다. 클라이언트 모드 내의 Docker 클라이언트는 같은 CA에서 발급한 인증서를 가진 컨테이너 호스트에만 연결할 수 있다.

 TLS를 사용해 Docker 호스트를 구성하는 것은 고급 주제이므로 프로덕션 환경에서 사용하기 전에 OpenSSL, X.509 및 TLS에 대한 전문 지식이 필요하다. Microsoft는 OpenSSL을 사용해 Windows의 Docker용 자체 서명된 키와 인증서를 만드는 스크립트를 제공한다. 해당 스크립트는 http://github.com/Microsoft/Virtualization-Documentation/blob/master/windows-server-container-tools/DockerTLS/readme.md에서 살펴보자.

▌ 컨테이너 원격 배포

앞 절에서는 원격 가상 컴퓨터에 연결하는 방법을 살펴보고, Docker가 원격 접속을 수신 대기할 수 있게 포트를 구성했다. 이 절에서는 뮤직 스토어 응용 프로그램을 원격으로 배포하고 Docker Hub에서 NGINX라는 소프트웨어 기반 부하 분산 장치 이미지를 다운로드해 부하 분산을 구성하는 방법에 대해 살펴본다.

진행하기 전에 Docker Hub에 게시된 musicstore Windows 컨테이너 이미지가 필요하다. 업데이트된 이미지의 소스코드는 chapter5/musicstore에서 사용할 수 있다. 이 예제에는 부하 분산 구성을 테스트하기 위해 사용되는 특별한 기능을 포함하고 있다. Visual Studio를 사용해 솔루션을 열고 빌드해 Docker Hub에 게시한다(빌드와 Docker Hub에 게시하는 방법은 4장을 참고한다).

다음은 원격 Docker 호스트에 뮤직 스토어 응용 프로그램을 배포하는 과정에 대해 살펴본다.

1. 다음 명령어를 실행해 원격 Docker 호스트에 새로운 원격 PowerShell 세션을 만든다. 암호를 입력하라는 메시지가 나타나면 호스트의 암호를 입력하고 OK 를 누른다.[8]

```
Enter-PSSession -ComputerName <가상 컴퓨터의 IP 주소> -Credential
wscadmin -UseSSL -SessionOption (New-PsSessionOption
-SkipCACheck -SkipCNCheck)
```

2. 일단 호스트에 연결되면 호스트 컴퓨터의 방화벽 포트를 열어야 한다. 그렇지 않으면 2375번 포트로 클라이언트 연결이 되지 않는다. 다음 명령어를 실행해 호스트에서 2375번 포트를 연다.

```
New-NetFirewallRule -Name "Docker" -DisplayName "Docker"
-Enabled True -Profile Any -Action Allow -Direction Inbound
-LocalPort 2375 -Protocol TCP
```

3. 호스트에서 원격 Docker 호스트를 디버그 모드로 실행하게 원격 PowerShell 을 통해 다음 명령어를 실행한다. 이 창은 닫지 않는다.[9]

---

8. -ComputerName 옵션의 IP는 현재 Microsoft Azure에 배포돼 있는 가상 컴퓨터의 IP를 입력한다. 자세한 내용은 원격 연결을 위한 가상 컴퓨터 구성 절을 참고하자. – 옮긴이
9. 이 창을 닫으면 Docker 호스트가 중지된다. – 옮긴이

```
dockerd.exe -H 0.0.0.0:2375 -D
```

4. 데스크톱 컴퓨터에서 PowerShell을 새롭게 열고 다음 명령어를 실행해서 앞 단계에서 구성한 원격 Docker 호스트 내에 설치된 이미지 목록을 가져온다. 그리고 -H 옵션을 사용해 원격 IP 및 포트를 지정하고, 이미지는 원격 Docker 호스트에서 실행하는 명령어를 입력한다.

```
docker -H tcp://<<가상 컴퓨터의 IP 주소>> images
```

```
PS C:\WINDOWS\system32> docker -H tcp://52.163.227.162:2375 images
REPOSITORY                    TAG               IMAGE ID          CREATED          SIZE
microsoft/windowsservercore   10.0.14393.321    93a9c37b36d0      6 weeks ago      8.675 GB
microsoft/windowsservercore   latest            93a9c37b36d0      6 weeks ago      8.675 GB
microsoft/nanoserver          10.0.14393.321    e14bc0ecea12      6 weeks ago      810.3 MB
microsoft/nanoserver          latest            e14bc0ecea12      6 weeks ago      810.3 MB
```

5. 원격 호스트에 대해 명령어를 실행할 때마다 -H를 지정할 필요는 없다. 변수를 사용해 원격 호스트의 IP 주소를 구성할 수 있다. Docker가 연결할 원격 호스트를 환경 변수 형태로 구성하려면 다음 명령어를 입력한다. 환경 변수가 설정되면 로컬 Docker에 연결할 수 없다는 것을 명심하자.

```
$env:DOCKER_HOST = "tcp://<<가상 컴퓨터의 IP 주소>>:2375"
```

또는 다음과 같이 입력한다.

```
set DOCKER_HOST=tcp://<<가상 컴퓨터의 IP 주소>>:2375
```

6. 다음 그림과 같이 -H 옵션을 사용하지 않고, 이제 클라이언트 컴퓨터에서 Docker 명령어를 실행할 수 있게 됐다.

```
PS C:\Windows\System32> docker info
Containers: 0
 Running: 0
 Paused: 0
 Stopped: 0
Images: 2
Server Version: 17.03.1-ee-3
Storage Driver: windowsfilter
 Windows:
Logging Driver: json-file
Plugins:
 Volume: local
 Network: l2bridge l2tunnel nat null overlay transparent
Swarm: inactive
Default Isolation: process
Kernel Version: 10.0 14393 (14393.1358.amd64fre.rs1_release
Operating System: Windows Server 2016 Datacenter
OSType: windows
Architecture: x86_64
CPUs: 4
Total Memory: 14 GiB
Name: wschoststaging
ID: LRGN:K5XB:SCOO:HQXM:RGUQ:HPPQ:5TMT:WQI5:SHEN:2VCN:46GP:
Docker Root Dir: C:\ProgramData\docker
Debug Mode (client): false
```

7. musicstore 컨테이너 이미지를 원격 Docker 호스트로 가져오려면 다음 명령
   어를 실행한다.

```
docker pull happykoalra/musicstore:1.0.0
```

8. 다음 명령어를 실행해 원격 Docker 호스트의 musicstore 이미지를 사용한
   새 컨테이너를 만든다.

```
docker run --name musicstore -d -p 80:80
happykoalra/musicstore:1.0.0 dotnet musicstore.dll
```

9. 다음 그림과 같이 IP 주소나 DNS 이름으로 뮤직 스토어 응용 프로그램의 페이
   지에 접속할 수 있다.

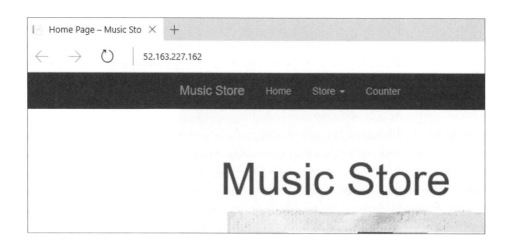

▌ 부하 분산 설정

단일 인스턴스의 응용 프로그램은 가용성을 보장하지 않는다. 최대 가용성을 보장하고
사용자에게 최상의 성능을 제공하려면 응용 프로그램을 쉽게 확장할 수 있어야 한다. 이
절에서는 NGINX Server를 사용해 여러 뮤직 스토어 컨테이너 간 부하 분산을 구성한다.

1. Microsoft Azure 포털에서 IP 주소를 클릭해 사용자 정의 DNS 이름을 원격
    호스트에 할당한다. 이 DNS 이름을 사용해 부하 분산의 엔드포인트를 구성할
    것이다.

> 컴퓨터 이름
> wschoststaging
> 운영 체제
> Windows
> 크기
> 표준 DS3 v2(4개 코어, 14GB 메모리)
> 공용 IP 주소
> 52.187.16.127
> 가상 네트워크/서브넷
> wschost-staging-vn/default
> DNS 이름
> wscstaginghost.southeastasia.cloudapp.azure.com

2. 공용 IP 주소에서 구성을 클릭한다.

3. DNS 이름 레이블(옵션)에 원하는 이름을 지정하고, 다음 그림과 같이 저장을 클릭한다.[10]

4. 개발 환경에서 새로운 NGINX Windows 컨테이너 이미지를 만들고, Docker Hub에 게시하자. NGINX 이미지를 만들기 위한 리소스는 C:\learningwsc\ chapter5\resources\musicstore-nginx-azure에서 확인할 수 있다.

   해당 폴더에는 여기서 사용할 파일 두 개가 있다. dockerfile에는 Windows Server Core 기반 이미지에 NGINX를 설치하는 방법이 포함돼 있다. nginx. conf 파일에는 NGINX Server의 구성 옵션이 들어 있다.

5. nginx.conf 파일을 열고 <DNS 이름> 문자열을 앞서 설정한 DNS 이름으로 바꾼다. 최종 파일 내용은 다음과 같다.[11]

```
events {
    worker_connections 1024;
}
```

---

10. DNS 이름이 중복일 시 다른 이름으로 지정한다. – 옮긴이

11. 3번 항목에서 DNS 이름을 변경했을 경우 <DNS 이름>뿐만 아니라 server_name 항목의 <DNS 이름>도 수정해야 한다. – 옮긴이

```
http {
    upstream myapp1 {
        least_conn;
        server  <DNS 이름>:5000;
        server  <DNS 이름>:5001;
        server  <DNS 이름>:5002;
    }

    server {
        listen 80;
        server_name <DNS 이름>;
        location / {
            proxy_pass http://myapp1;
        }
    }
}
```

6. 개발 컴퓨터에서 새로운 PowerShell 창을 열고 C:\learningwsc\chapter5\
   resources로 이동한 후 다음 명령어를 실행해 NGINX 이미지를 만든다.

```
docker build -t learningwsc/nginx:1.0.0 .
```

7. 다음 명령어를 실행해 Docker Hub에 이미지를 푸시해서 준비^{Staging} 환경에서
   사용할 수 있게 한다.

```
docker login --username learningwsc --password ******
docker push learningwsc/nginx:1.0.0
```

8. 준비 환경에서 NGINX 컨테이너를 구성하기 전에 5000, 5001, 5002번 포트를
   사용하는 3개의 musicstore의 컨테이터를 만든다. 앞서 살펴본 포트에 대한
   엔드포인트들은 ARM 템플릿의 일부로 준비 환경에 만들어진다. 다음 명령어

를 한 줄씩 실행해서 다른 포트에서 구동되는 3개의 musicstore 컨테이너를 만든다.

```
docker run --name musicstore-1 -d -p 5000:80
    learningwsc/musicstore:1.0.0 dotnet musicstore.dll
docker run --name musicstore-2 -d -p 5001:80
    learningwsc/musicstore:1.0.0 dotnet musicstore.dll
docker run --name musicstore-3 -d -p 5002:80
    learningwsc/musicstore:1.0.0 dotnet musicstore.dll
```

9. 다음 명령어를 실행해 컨테이너가 실행 중인지 확인한다.

```
docker ps
```

이 명령어를 실행하면 다음과 같은 결과가 출력된다.

```
PS C:\Windows\System32> docker ps
CONTAINER ID      IMAGE                                    COMMAND                CREATED
       STATUS                 PORTS                        NAMES
a34e88be622a         learningwsc/musicstore:1.0.0     "dotnet musicstore..."   24 seconds
ago      Up 22 seconds         0.0.0.0:5002->80/tcp    musicstore-3
71bb5a0645ea         learningwsc/musicstore:1.0.0     "dotnet musicstore..."   28 seconds
ago      Up 26 seconds         0.0.0.0:5001->80/tcp    musicstore-2
a84c2f302a99         learningwsc/musicstore:1.0.0     "dotnet musicstore..."   43 seconds
ago      Up 40 seconds         0.0.0.0:5000->80/tcp    musicstore-1
```

10. 다음 명령어를 실행해 방화벽에서 5000, 5001, 5002번 포트를 연다.

```
New-NetFirewallRule -Name "App" -DisplayName "App"
-Enabled True -Profile Any -Action Allow -Direction Inbound
-LocalPort 5000 -Protocol TCP
New-NetFirewallRule -Name "App1" -DisplayName "App1" -Enabled
True -Profile Any -Action Allow -Direction Inbound -LocalPort
5001 -Protocol TCP
New-NetFirewallRule -Name "App2" -DisplayName "App2" -Enabled
```

```
True -Profile Any -Action Allow -Direction Inbound -LocalPort
5002 -Protocol TCP
```

11. 생성한 NGINX 이미지를 사용해 컨테이너를 만들려면 다음 명령어를 실행해 준비 환경에서 이미지를 가져온다.

```
docker pull learningwsc/nginx:1.0.0
```

12. learningwsc/nginx 이미지를 사용하는 컨테이너를 만들려면 다음 명령어를 실행한다. 부하 분산에 대해 80번 포트를 사용하고 nginx.config에 구성된 최소 연결[least connection] 알고리즘을 사용해 5000~5002번 포트로 들어오는 요청을 균등하게 조정할 것이다.

```
docker run -d -p 80:80 learningwsc/nginx:1.0.0
```

13. 이제 다음 그림과 같이 DNS 이름을 사용해 사이트를 확인할 수 있다.

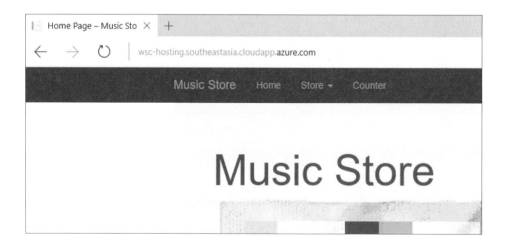

14. 페이지를 새로 고칠 때마다 카운터를 증가시키는 특별한 페이지인 Counter가 있다. 부하 분산의 구성을 테스트하기 위해 카운터 변수를 정적으로 만들었다. 이제 다른 Incognito 브라우저 창을 사용해 다음 URL을 열면 다른 수치가 표시되는 것을 볼 수 있다.[12] 다음 그림은 실제로 세 가지 다른 경우가 나온다는 것을 확인할 수 있다.

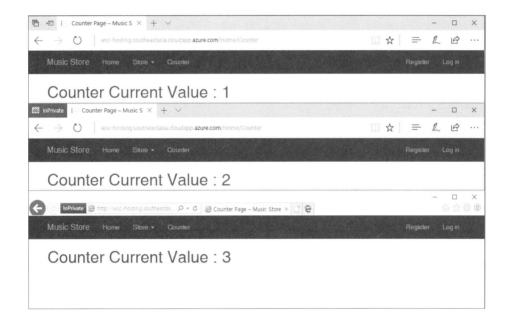

▌ Hyper-V 컨테이너 배포

비즈니스 또는 IT 관리자는 최고의 보안 수준, 높은 가용성 및 빠른 생성이 가능한 환경이 필요하다. Windows Server 컨테이너가 쉽게 가동할 수 있고 고가용성을 보장할지라도 업무에 필수적인 환경이나 안전한 환경을 제공할 수 없다. 모두가 같은 커널

---

12. Incognito 브라우저는 구글 크롬(Chrome) 브라우저의 모드를 의미한다. IE나 Edge의 경우 InPrivate Mode 브라우저 창이라고 부른다. – 옮긴이

을 공유하기 때문에 OS에 대한 다양한 멀웨어 공격은 컨테이너를 쉽게 통과한다. 이는 응용 프로그램에도 영향을 주게 된다. 그래서 Microsoft는 Hyper-V 컨테이너라는 또 다른 컨테이너 기술을 만들었다(Linux 컨테이너는 한 가지의 격리 유형만 있다). Windows Server 컨테이너와는 달리 Hyper-V는 자체 OS를 갖고 있다. 이에 컨테이너 간에 공유되는 것이 없으므로, Windows Server 컨테이너보다 더 안전하다. Microsoft는 또한 Docker와의 파트너 관계를 통해 큰 이점을 추가했다. 동일한 Docker 명령어를 사용해 Windows 컨테이너 이미지를 작성, 실행 또는 테스트할 수 있다.

또한 Hyper-V 컨테이너는 Hyper-V를 이용하는 런타임 기술이지만, 격리된 Hyper-V 컨테이너는 Hyper-V 가상 컴퓨터가 아니어서 일반적인 Hyper-V 도구로 관리할 수 없다. Hyper-V 컨테이너의 경우 사용자가 컨테이너를 만들 때 플래그를 사용해서 어떤 격리 기술을 사용할지 결정해야 한다. Microsoft Azure는 현재 특정 크기의 가상 컴퓨터에서만 Hyper-V 컨테이너를 지원하므로, 5장에서는 온-프레미스 환경에서 Hyper-V 컨테이너를 통해 뮤직 스토어를 만들고 실행하는 방법을 살펴본다.

사전 요구 사항

Hyper-V 컨테이너를 배포하기 위한 사전 요구 사항은 다음과 같다.

- Windows Server 2016 가상 컴퓨터를 사용하기 위해 Hyper-V가 활성화된 Windows 컴퓨터
- 8GB 메모리(최소 2GB는 가상 컴퓨터에 할당돼야 함)
- VHD 파일을 저장하기 위한 최소 20GB 저장소
- Windows 10의 Hyper-V 기능

Hyper-V 컨테이너에서 뮤직 스토어를 실행하는 순서

Windows 10(1주년 업데이트 이상) 컴퓨터로 구성된 온-프레미스 환경에서 Hyper-V 컨테이너를 실행하는 방법은 다음 순서와 같다.

1. Windows 10이 설치된 컴퓨터에서 Hyper-V 기능이 활성화돼 있는지 확인한다.

2. https://www.microsoft.com/ko-kr/evalcenter/evaluate-windows-server-2016/에서 Windows Server 2016 ISO 최신 파일을 다운로드한다.

3. Hyper-V 관리자를 사용해 새 가상 컴퓨터를 만든다.

4. Docker Hub로부터 풀^{Pull}/푸시^{Push} 작업을 수행하기 위해 네트워크 어댑터가 가상 컴퓨터에 구성돼 있고, 해당 가상 컴퓨터가 인터넷에 연결할 수 있는지 확인한다.

5. 앞서 다운로드한 ISO 파일을 사용해 Windows Server를 설치한다.

6. 다음 그림과 같이 기본 이미지가 설치돼 있는지 확인한다.

```
PS C:\Windows\System32> docker images
REPOSITORY                    TAG        IMAGE ID
microsoft/windowsservercore   latest     015cd665fbdd
microsoft/nanoserver          latest     4a8212a9c691
```

7. 다음 명령어를 실행해 최신 musicstore 이미지를 온-프레미스 컴퓨터로 다운로드한다.

```
PS C:\Users\wscadmin> docker pull happykoalra/musicstore:1.0.0
1.0.0: Pulling from happykoalra/musicstore
bce2fbc256ea: Already exists
baa0507b781f: Pull complete
06164cb6006d: Pull complete
77b2fbe5f326: Pull complete
491aa2484cd8: Pull complete
2aae03d5ab69: Pull complete
8ae8673e6869: Pull complete
f02f5d17d36c: Pull complete
22673eb39220: Pull complete
0f84428f3055: Pull complete
d6441fa9cd65: Pull complete
c999e6c2368d: Pull complete
337abf158c51: Pull complete
Digest: sha256:d016c178fbab300f45a35b221999e5ed6ae8dd00422f425913f7433510716f75
Status: Downloaded newer image for happykoalra/musicstore:1.0.0
PS C:\Users\wscadmin>
```

8. 다음 명령어를 실행해 세 개의 뮤직 스토어 응용 프로그램의 인스턴스를 Hyper-V 컨테이너로 설치/생성한다. 각 명령어에서 사용하는 --isolation 플래그를 확인한다. 이 플래그는 Windows에서만 유효하다.

```
docker run --isolation=hyperv -d -p 5000:80
   happykoalra/musicstore:1.0.0 dotnet musicstore.dll
docker run --isolation=hyperv -d -p 5001:80
   happykoalra/musicstore:1.0.0 dotnet musicstore.dll
docker run --isolation=hyperv -d -p 5002:80
   happykoalra/musicstore:1.0.0 dotnet musicstore.dll
```

9. C:\learningwsc\chapter5\resources\musicstore\nginx-hyperv의 내용을 온 -프레미스 컴퓨터로 복사한다.

10. nginx.conf 파일을 열고 $hostIP를 가상 컴퓨터의 IP 주소로 바꾼다. 파일 내용을 저장하고, 닫는다.

11. 앞서 업데이트한 구성 파일을 사용해 NGINX 이미지를 만들려면 다음 명령어 를 실행한다.

```
docker build -t nginx .
```

12. 다음 명령어를 실행해 Hyper-V NGINX 컨테이너를 만든다.

```
docker run --isolation=hyperv -d -p 80:80 nginx:latest
```

13. 브라우저를 열고 http://$hostIP를 탐색한다. 여기서 $hostIP는 가상 컴퓨 터의 네트워크 항목에 표시된 시스템의 IP 주소다.

▋ 이름 없는 이미지

Docker는 이름 없는 이미지^{Dangling images}라고 불리는 이름과 버전이 없는 이미지를 거의 만들지 않지만, 해당 이미지들은 다음 그림과 같이 docker image -a 명령어를 사용해 볼 수 있다.

```
PS C:\Windows\System32> docker images -a
REPOSITORY                    TAG          IMAGE ID
learningwsc/nginx             1.0.0        470b885f4861
<none>                        <none>       f2709376adc5
<none>                        <none>       f1ef2f0f613d
<none>                        <none>       36a9ced76143
<none>                        <none>       7aaead4300f2
learningwsc/musicstore        1.0.0        7eacfedda3c0
<none>                        <none>       276f68ed6bb4
<none>                        <none>       0cfd056b764c
```

이름 없는 이미지에 대해 자세하게 이해하려면 먼저 Windows 운영체제가 다운로드한 컨테이너 이미지를 어떻게 저장하는지 이해해야 한다. 기본적으로 이미지는 Docker 루트 디렉터리인 C:\ProgramData\docker(ProgramData는 숨겨진 폴더)에 저장된다. Docker 루트 디렉터리 경로를 살펴보려면 다음 명령어를 실행한다.

```
PS C:\Windows\System32> docker info
Containers: 4
 Running: 4
 Paused: 0
 Stopped: 0
Images: 13
Server Version: 17.03.1-ee-3
Storage Driver: windowsfilter
 Windows:
Logging Driver: json-file
Plugins:
 Volume: local
 Network: l2bridge l2tunnel nat null overlay transparent
Swarm: inactive
Default Isolation: process
Kernel Version: 10.0 14393 (14393.1480.amd64fre.rs1_release.170706-2004)
Operating System: Windows Server 2016 Datacenter
OSType: windows
Architecture: x86_64
CPUs: 4
Total Memory: 14 GiB
Name: wschoststaging
ID: LRGN:K5XR:SCOO:HOXN:RGUO:HRPQ:SINT:WQI5:SHEN:2VCN:46GP:WXR7
Docker Root Dir: C:\ProgramData\docker
Debug Mode (client): false
Debug Mode (server): false
Registry: https://index.docker.io/v1/
Experimental: false
Insecure Registries:
 127.0.0.0/8
Live Restore Enabled: false
```

Windows에서의 Docker는 레이어화된 저장소 시스템을 따르며, 각 레이어는 부모-자식 관계를 통해 다른 레이어와 연결된다. Docker Hub에서 이미지를 가져올 때 Docker는 한 번에 하나의 레이어씩 가져오고, 중간 레이어를 Docker 루트 디렉터리에 저장한다. 이런 중간 레이어는 <none>:<none>으로 이름이 지정되며, 이것들이 이름 없는 이미지가 된다. docker image 명령에 -a 옵션을 사용하면 중간 레이어의 이미지 목록과 관련된 ID 정보를 볼 수 있다. Docker는 이미지를 구성하기 위해 스택^{Stack} 형태로 레이어를 쌓는다. 쓰기 가능한 얇은 레이어는 이미지를 이용해 컨테이너를 생성할 때 만들어진다. 읽기 전용 및 쓰기 가능한 레이어가 포함된 이미지의 전체 구조는 다음 그림과 같다.

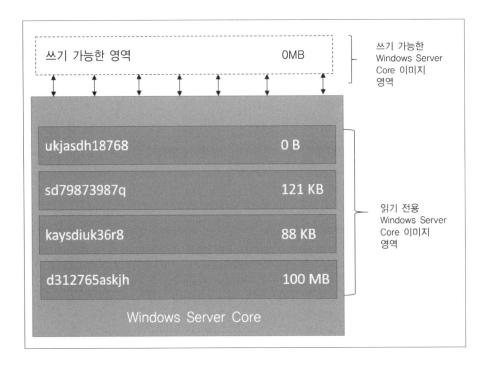

개별 레이어는 고유한 ID로 식별할 수 있으며, 이미지는 이름이나 SHA256 값으로 식별된다. 개별 이미지의 SHA265 값은 기본적으로 C:\ProgramData\docker\image\ windowsfilter\repository.json 파일에서 찾을 수 있다.

이제 이름 없는 이미지는 무엇이며, 왜 이름 없는 이미지가 좋지 않은지 살펴보자. Docker에는 사용하지 않는 레이어를 지속적으로 정리하는 자동화가 없다. 따라서 부모-자식 관계가 깨어진 모든 이미지는 저장소의 공간을 소비하고, 호스트의 디스크 공간을 차지한다. 이러한 이미지들이 이름 없는 이미지라고 칭하는 나쁜 이미지다. 좋은 이미지와 달리 나쁜 이미지는 -a 옵션이 없어도 표시된다. 이러한 이미지는 docker build 또는 docker pull 명령어를 사용할 때 만들어진다. 다행히도 Docker는 이름 없는 이미지를 식별하고 태그를 지정할 수 있다. Docker는 이름 없는 이미지에 플래그를 설정해서 다음 명령어를 통해 이를 정리할 수 있다.

```
docker rmi $(docker images -f "dangling=true" -q)
```

앞선 명령어는 사용되지 않은 이미지 레이어를 제거할 때 사용할 수 있으며, 가비지 수집기^{Garbage Collector}의 용도로도 사용된다.

Docker 이미지는 레어이들로 구성되며, 각 레이어는 부모-자식 계층 구조의 일부다. 모든 Docker 이미지를 나열하면 <none>:<none>라는 이름을 가진 소수의 이미지만 찾을 수 있을 것이며, Docker Hub 또는 다른 원격 리포지토리에서 가져온 횟수에 따라 이런 이미지의 숫자가 늘어난다. 이는 이미지를 가져올 때 Docker가 한 번에 하나의 레이어를 가져오기 때문이다. 먼저 다운로드한 레이어는 이름이 없거나 <none>:<none> 형태의 이름을 가진다. 해당 레이어는 중간 레이어며, Docker는 이를 중간 이미지로 표시해놓기 때문에 -a 옵션과 함께 사용하는 경우에만 나타난다.

이름 없는 이미지에는 좋은 이미지와 나쁜 이미지가 있다. 좋은 이미지는 디스크 공간 문제를 일으키지 않지만, 나쁜 이미지는 많은 공간을 차지한다. 나쁜 이미지는 -a 옵션을 사용하지 않아도 볼 수 있는 이름 없는 이미지다. 이러한 유형의 이미지는 공간만 차지하며, 어떤 이미지에서도 참조하지 않는다. 이는 정리가 필요한 이미지들이다. 이러한 이름 없는 이미지는 docker build 또는 docker pull 명령어로 인해 만들어지게 된다.

▌ 요약

5장에서는 자동화를 사용해 Microsoft Azure상에 컨테이너 호스트 환경을 만들고, 이를 원격 컨테이너 호스트로 사용하게 구성하는 방법을 살펴봤다. 5장에서 살펴본 내용을 정리하면 다음과 같다.

- Microsoft Azure상의 ARM은 설정 중심 자동화를 통해 Windows 컨테이너 호스트를 만드는 방법을 제공한다.
- Windows 컨테이너 호스트는 보안/안전하지 않은 연결 유형을 사용해 원격 연결을 구성할 수 있다.
- 보안 연결을 구성하려면 OpenSSL과 CA 서버가 필요하다.
- Docker에는 같은 클라이언트 및 서버 프로세스를 사용하는 Windows 컨테이너(기본 값)와 Hyper-V 컨테이너라는 다수의 격리 옵션을 제공한다.
- 격리 유형 지정은 컨테이너가 실행될 때 결정한다.
- Hyper-V 컨테이너는 격리가 뛰어나지만 부팅 시간이 길다.
- Hyper-V 컨테이너는 가상 컴퓨터가 아니므로 기존 Hyper-V 도구를 사용해 관리할 수 없다.
- 중간 레이어 또는 이름 없는 이미지가 좋은 이미지인지 나쁜 이미지인지를 확인해서 나쁜 이미지가 컨테이너 호스트의 공간을 차지하지 않게 주기적으로 직접 삭제해야 한다.

06

저장소 볼륨

지금까지는 영구적이지 않은 응용 프로그램을 만들어왔다. 전통적인 응용 프로그램은 텍스트, 이미지, 미디어 등 다양한 형태 또는 관계형 데이터를 MySQL, SQL Server, 오라클Oracle 같이 잘 알려진 관계형 데이터베이스 관리 시스템을 사용해 저장했다. 스토리지 장치나 저장 공간을 저렴한 가격으로 사용할 수 있으므로, 최신 웹 응용 프로그램은 비용 효율적이고 확장성이 뛰어나게 설계된 저장소를 구축하고, 이를 최대한 활용할 수 있게 제작됐다. 또한 저장소에 데이터가 수년간 축적됨에 따라 추가적으로 사용량 분석과 더욱 뛰어난 사용자 경험을 제공하는 딥러닝Deep Learning을 위해 저장소의 접근성과 가용성이 매우 중요하다. 6장에서는 저장소 볼륨을 이용해 컨테이너의 저장소와 컨테이너 간 공유된 저장소를 추가 및 관리하고, 해당 저장소를 항시 접근 가능할 수 있게 Windows Server 2016 컨테이너 기능에서 제공하는 옵션을 살펴본다. 기업용 응용 프로그램은 관계형 저장소 없이는 서비스를 할 수 없으며, 컨테이너 응용 프로그램도 예외는 아니다. 6장에서는 비관계형 또는 바이너리 데이터를 저장하기 위해 저장소 볼륨을 사용할 수 있는 웹 응용 프로그램을 만드는 방법을 살펴본다. 또한 SQL Server와 같은 기존 RDMS 시스템을 사용하는 응용 프로그램을 컨테이너화된[Containerized] 웹 응용 프로그램으로 만드는 방법을 살펴본다.[1]

6장에서 다루는 내용은 다음과 같다.

- 저장소 볼륨과 컨테이너에 볼륨 연결
- 컨테이너 간 데이터 공유
- 공유 컨테이너 저장소를 사용해 응용 프로그램 생성
- Microsoft SQL Server 컨테이너 이미지 생성
- SQL Server 컨테이너를 이용해 지속 가능한 응용 프로그램 개발
- 익숙한 도구를 이용한 SQL Server 관리

▌ 저장소 볼륨

Windows Server의 Docker는 컨테이너 호스트에서 이미지와 컨테이너 저장소를 관리한다. Docker는 별도의 저장소 드라이버를 사용하고 COW[Copy-On-Write] 방식을 사용해 컨테이너 저장소를 관리한다. 좀 더 빠른 속도로 서비스를 제공하기 위해 Docker는 레이어 방식으로 데이터를 저장하며, 컨테이너는 여러 개의 레이어로 구성된다. 컨테이너 관점에서의 단일 파일 시스템은 컨테이너를 구성하는 개별 읽기 전용 레이어에 있는 파일 시스템을 모두 합친 것이다. 컨테이너는 이러한 파일 시스템을 사용해 데이

---

1. 1장에서도 언급했지만 Storage라는 단어에 대한 번역을 꽤 오랫동안 고민해왔다. Microsoft의 Windows Server나 Microsoft Azure에서는 Storage를 저장소로 번역해오고 있다. 그렇지만 IT 엔지니어 입장에서는 스토리지라는 단어가 더 익숙할 것이다. 구분을 위해 하드웨어 Storage의 경우에는 스토리지로 음차했으며, Windows Server나 Microsoft Azure 기반의 Storage는 저장소라고 번역했다. - 옮긴이

터를 저장하지만, 일반적으로 컨테이너의 파일 시스템은 Docker Daemon에 의해 생성된 가상 환경일 뿐이다. 컨테이너에 있는 파일에 대해 새로운 쓰기 작업이 발생하면 Docker는 읽기 전용 파일의 사본을 만들고 최상위 레이어에 읽기와 쓰기 권한을 부여하지만, 파일의 기본 읽기 전용 사본은 절대 삭제되지 않는다. 컨테이너가 삭제되면 쓰기 가능한 레이어의 모든 변경 사항은 사라진다. 이전 이미지를 사용해 새 컨테이너를 만들면 이미지의 쓰기 가능한 레이어가 있는 새로운 읽기 전용 복사본이 만들어진다. 읽기 전용과 쓰기 가능 레이어를 사용해 저장소를 관리하는 구조를 **통합 파일 시스템**Union File System이라고 한다. Docker는 레이어를 최적의 방식으로 업로드하고, 동일한 레이어화된 저장소 구조를 통해 최소한의 정보만 업로드한다. Docker Engine을 통해 Windows Server에 새로운 컨테이너를 생성하면 약 20GB의 C 드라이브를 제공한다. 이 저장소에는 이미지 빌드 프로세스(Docker COPY 명령어 사용)의 일부 단계에서 복사된 OS 파일과 소프트웨어나 응용 프로그램 파일이 포함된다. 다양한 전통적인 저장소 시나리오처럼 응용 프로그램은 응용 프로그램 관련 파일을 저장하기 위해 별도의 저장소를 요청하기 때문에 저장소는 독립적인 관리가 가능하고, 백업 또는 보관Archive 할 수 있다. 해당 기능은 Windows Server 컨테이너 내의 저장소 볼륨에서 제공된다.

저장소 볼륨은 새로운 개념이 아니다. 사실 모든 가상화 인프라 공급자 또는 벤더(예: Virtual PC, Hyper-V, VMware)는 동일한 형태로 호스트에서 실행되는 가상 컴퓨터에 저장소 용량을 제공한다. 이와 동일한 개념이 저장소 볼륨을 사용하는 Windows Server 2016 컨테이너에도 적용된다. 저장소 볼륨은 컨테이너에 제공돼 실행되는 응용 프로그램, 서비스 또는 소프트웨어가 모든 유형의 데이터를 저장할 수 있게 되는 컨테이너 호스트의 서장소 공간의 일부분이다. Docker는 -v 옵션을 세공해 컨테이너를 생성할 때 데이터 볼륨을 만든다.

다음 명령어는 컨테이너를 만들고, 호스트에 있는 C:\temp 폴더를 공유한다.

```
docker run -it -v c:\temp --name mycontainerstorage
microsoft/windowsservercore:latest
```

-it 옵션은 컨테이너를 실행할 때 대화식 창을 여는 데 사용되며, 중요한 옵션은 -v
c:\temp다. 다음 그림은 컨테이너 내부에서 생성된 폴더 목록을 보여준다.

```
C:\>dir
 Volume in drive C has no label.
 Volume Serial Number is 38C6-F1F6

 Directory of C:\

11/22/2016  10:45 PM             1,894 License.txt
07/16/2016  01:18 PM    <DIR>          PerfLogs
07/31/2017  05:40 AM    <DIR>          Program Files
07/16/2016  01:18 PM    <DIR>          Program Files (x86)
07/31/2017  05:39 AM    <SYMLINKD>     temp [\\?\ContainerMappedDirectories\D5E0D5D7-CC60-4FED-8422-A30B0CA58E44]
07/31/2017  05:39 AM    <DIR>          Users
07/31/2017  05:43 AM    <DIR>          Windows
               1 File(s)          1,894 bytes
               6 Dir(s)  21,183,238,144 bytes free

C:\>
```

temp 폴더는 컨테이너 안에서 보이며, 호스트의 대상 폴더인 temp[\\?\
ContainerMappedDirectories\DSE0D57-CC60-4FED-8422-A30B0CA58E44]에 심볼릭^Symbolic 링
크(SYMLINKD)가 돼 있다. 여기서 DSE0D57-CC60-4FED-8422-A30B0CA58E44는 볼륨의
식별자다.

이제 temp 공유 폴더에 새 파일을 추가해보자. 다음 명령어를 실행해 temp 폴더에
새 텍스트 파일을 만든다.

```
New-Item -Path . -Name 'sample.txt' -Value 'This is a sample
text.' -ItemType file
```

앞선 명령어는 다음과 같은 결과를 보여준다.

```
C:\temp>powershell
Windows PowerShell
Copyright (C) 2016 Microsoft Corporation. All rights reserved.

PS C:\temp> New-Item -path . -Name 'sample.txt' -Value 'This is a sample text' -ItemType file


    Directory: C:\temp


Mode                LastWriteTime         Length Name
----                -------------         ------ ----
-a----        7/28/2017   7:15 PM             21 sample.txt


PS C:\temp> _
```

실제 파일은 컨테이너 호스트에 저장되면서 sample.txt라는 파일은 컨테이너의 쓰기 가능한 계층에 생성된다. 그렇다면 sample.txt는 호스트의 C:\temp에 있을까? 그렇지 않다. Docker는 기본적으로 모든 볼륨을 C:\programdata\docker\volumes에 저장한다. 컨테이너 호스트의 volumes 폴더로 이동하면 다음 그림과 같이 볼륨의 이름이 긴 이름을 가진 여러 개의 폴더가 나타난다.

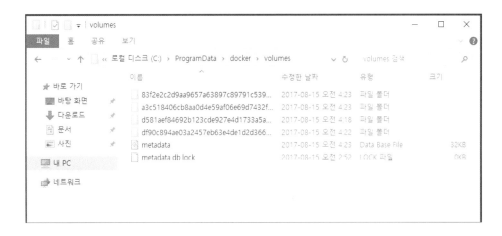

이 볼륨들은 호스트에서 실행 중인 컨테이너에 연결된 모든 볼륨들이다. 어떻게 mycontainerstorage라는 이름을 가진 컨테이너에 연결된 볼륨을 찾을 수 있을까? 컨테이너의 모든 메타데이터Metadata 정보를 보여주는 docker inspect라는 명령어가 있다. 다음 명령어를 실행해 방금 만든 컨테이너의 메타데이터를 가져온다.

```
docker inspect mycontainerstorage
```

다음 그림과 같이 Mounts 영역을 확인한다. Name 항목은 폴더의 식별자다. 같은 이름
의 폴더가 C:\programdata\docker\volumes 아래에 있지만, Source 항목에는 볼륨의
절대 경로가 표시된다.

```
},
"Mounts": [
    {
        "Type": "volume",
        "Name": "421b9d55bdc5cd71defbb5b17b20b6268e8538b60bacff02f3262aee82a6dd4b",
        "Source": "C:\\ProgramData\\docker\\volumes\\421b9d55bdc5cd71b20b6268e8538b60bacff02f3262aee82a6dd4b\\_data",
        "Destination": "c:\\temp",
        "Driver": "local",
        "Mode": "",
        "RW": true,
        "Propagation": ""
    }
],
```

컨테이너에서 만든 sample.txt 파일은 앞 그림에서 알 수 있듯이 _data라는 특별한
폴더 아래에 존재한다. 호스트에서 텍스트 파일을 수정하면 실행 중인 컨테이너에도
반영된다.

```
PS C:\temp> Get-Content .\sample.txt
This is a sample text
PS C:\temp> _
```

Docker 볼륨

Docker 볼륨은 Docker의 통합 파일 시스템 밖에 있으며, 호스트 파일 시스템에 일반
적인 디렉터리로 존재한다. 기존 폴더는 컨테이너와 공유할 수도 있다. 폴더 내의
모든 파일은 다른 컨테이너에서도 사용할 수 있다. 이를 통해 호스트와 컨테이너 간에
많은 양의 데이터를 공유할 수 있다. 컨테이너에 SQL Server나 MySQL 같은 소프트웨
어를 설치한다고 가정해보자. 큰 파일을 복사할 필요가 없다. 대신 폴더를 컨테이너에
연결하고, 컨테이너 내의 상대 경로를 사용해 설치를 완료할 수 있다. 이 절에서는

Docker 볼륨을 만들고, 관리하는 데 사용할 수 있는 옵션에 대해 살펴본다.

Docker는 컨테이너 호스트에서 사용 가능한 볼륨을 살펴보는 옵션을 제공한다. 또한 나중에 컨테이너에 연결할 수 있게 미리 생성하는 옵션도 제공한다. docker volume 명령어를 사용해 볼륨을 관리할 수 있다. 다음 명령어는 docker volume과 관련된 옵션을 보여준다.

```
PS C:\> docker volume

Usage:  docker volume COMMAND

Manage volumes

Options:
      --help    Print usage

Commands:
  create     Create a volume
  inspect    Display detailed information on one or more volumes
  ls         List volumes
  prune      Remove all unused volumes
  rm         Remove one or more volumes

Run 'docker volume COMMAND --help' for more information on a command.
PS C:\>
```

컨테이너에서 사용 가능한 모든 볼륨을 확인하려면 다음 명령어를 실행한다.

```
docker volume ls
```

이 명령어를 실행하면 다음과 같은 결과가 나타난다.

```
PS C:\> docker volume ls
DRIVER             VOLUME NAME
local              18ab7b4f0fbb064d3d8e826db7794e428bf7577b7b98a24af1797e4facf76e7c
local              421b9d55bdc5cd71defbb5b17b20b6268e8538b60bacff02f3262aee82a6dd4b
local              5316c9ba64a05c2477d1e36bf052184e72b24b8b7443172e6c938b8ce6454433
local              c6329d065536f5701256e1e7d9a95145a818c6d40c91e97fadff0b92faf6f04a
PS C:\>
```

컨테이너가 저장된 위치를 살펴보려면 다음 명령어를 실행해 확인할 수 있다.

```
docker volume inspect [볼륨 ID]
```

이 명령어의 결과는 다음과 같다.

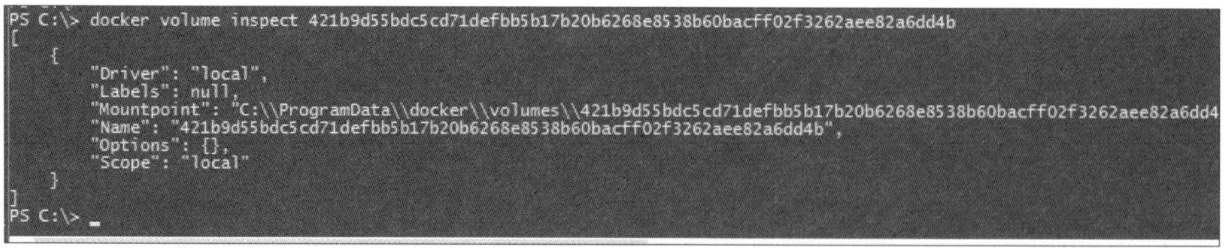

Docker 볼륨의 식별자는 길고 읽기가 어렵다. 이를 해결하기 위해 Docker는 다음과 같이 docker volume create 명령어를 사용해 볼륨 이름을 생성하는 옵션을 제공한다.

```
docker volume create --label desc='mycontainer용 데이터 저장' mycontainervolume
```

docker volume create 명령어는 --label 플래그를 사용해 볼륨에 메타데이터를 추가할 수 있으며, 이는 다음 그림과 같이 볼륨을 확인하는 경우 모든 사용자에게 보인다.

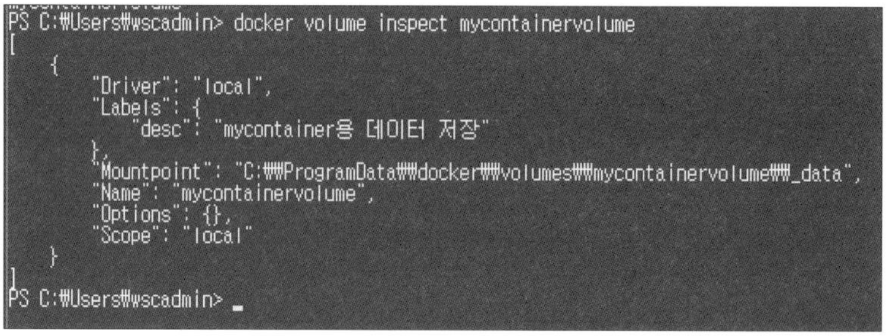

이제 다음 명령어를 실행해, 앞서 생성한 볼륨을 컨테이너에 연결할 수 있다.

```
docker run -it -v c:\programdata\docker\volumes\mycontainervolume:
c:\storagevolume --name mycontainer microsoft/windowsservercore:latest
```

컨테이너가 생성되면 명령어에서 언급한 것처럼 C:\storagevolume을 사용할 수 있다. 다음 명령어와 같이 컨테이너 호스트의 여러 볼륨이나 물리적 경로는 각각 -v

옵션으로 다른 이름의 컨테이너와 공유할 수도 있다.[2]

```
docker run -it -v c:\programdata\docker\volumes\
mycontainervolume1:c:\storagevolume1 -v
c:\programdata\docker\volumes\mycontainervolume2:
c:\storagevolume2 microsoft/windowsservercore:latest
```

이 명령어는 다른 이름으로 지정된 두 개의 볼륨을 컨테이너에 추가한다. 각 볼륨은 다음과 같이 C 드라이브 밑에 있다.

```
C:\>dir
 Volume in drive C has no label.
 Volume Serial Number is 38C6-F1F6

 Directory of C:\

11/22/2016  10:45 PM             1,894 License.txt
07/16/2016  01:18 PM    <DIR>          PerfLogs
07/31/2017  06:24 AM    <DIR>          Program Files
07/16/2016  01:18 PM    <DIR>          Program Files (x86)
07/31/2017  06:24 AM    <SYMLINKD>     storagevolume1 [\\?\ContainerMappedDirectories\90176B89-4614-4CD9-AE40-EE8654F9011E]
07/31/2017  06:24 AM    <SYMLINKD>     storagevolume2 [\\?\ContainerMappedDirectories\0C9484D6-3079-48C3-897C-8F6F58E83393]
07/31/2017  06:24 AM    <DIR>          Users
07/31/2017  06:24 AM    <DIR>          Windows
               1 File(s)          1,894 bytes
               7 Dir(s)  21,220,376,576 bytes free

C:\>
```

공유 볼륨

컨테이너와 폴더를 공유할 때 C:\temp처럼 호스트 컴퓨터에서 사용할 수 있는 실제 경로를 사용한다. 동일한 실제 경로를 이용해 다른 컨테이너를 생성한다면 컨테이너들이 실제 폴더인 C:\temp를 공유하는 것이 아니다. 이는 컨테이너 볼륨을 연결할 때마다 Docker가 C:\programdata\docker\volumes에 새 폴더를 만들어 컨테이너에 공유되기 때문에 호스트의 실제 저장소 경로가 컨테이너들에게 공유되는 것은 아니다. 그렇다면 컨테이너 간 볼륨을 공유할 수 없는가? 그렇지 않다. Docker는 이름이 지정된 볼륨을 사용해 여러 컨테이너에서 볼륨을 공유하는 방법을 제공한다. 여러 컨테이너가 동일한 이름의 볼륨을 이용해 파일을 공유할 수 있다. 이름이 지정된 볼륨

---

2. 다음 명령어는 앞서 살펴본 docker volume create 명령어를 사용해 mycontainervolume1과 mycontainervolume2를 미리 만들어야 실행된다. – 옮긴이

이나 볼륨이 일반적으로 계층화된 파일 시스템 외부에 있기 때문에 가능하다.

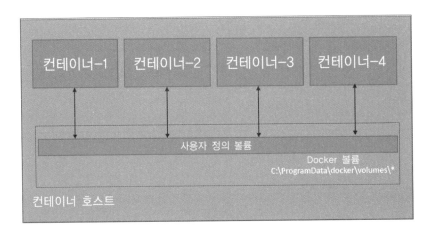

이미 -v 옵션을 사용해 컨테이너에서 사용 중인 이름이 있는 볼륨이나 일반(이름이 없는) 볼륨은 --volumes-from 플래그를 사용해 다른 컨테이너와 공유할 수 있다. --volume-from 플래그를 사용할 때 대상 컨테이너는 실행 중이어야 한다. 다음 명령어는 ID가 있는 컨테이너에 연결된 볼륨을 공유하는 예제이다. 컨테이너나 호스트에 만든 파일 시스템의 수정 사항은 모든 컨테이너에서 확인할 수 있다.

```
docker run -it --volumes-from cd8f3b00ccc5 microsoft/
windowsservercore:latest
```

뮤직 스토어: 볼륨을 사용한 이미지 저장

뮤직 스토어 응용 프로그램은 새 앨범을 만들고 앨범 표지에 이미지를 업로드할 수 있다. 하지만 아직 뮤직 스토어가 앨범 이미지를 저장하기 위한 저장소를 만들지 않았다.

이제 새로 생성된 앨범의 이미지를 저장하기 위해 저장소 볼륨을 사용하도록 뮤직 스토어 웹 응용 프로그램을 업그레이드한다. 이 절의 예제는 https://github.com/

vishwanathsrikanth/learningwsc/tree/master/chapter6/musicstore-volumes에서 살펴볼 수 있다.

 GitHub에서 복제(Clone)한 경우 이 절의 솔루션이 C:/learningwsc/chapter6/musicstore-volumes/(드라이브 문자가 다를 수 있음)에서 사용 가능한지 확인해야 한다. 이는 솔루션 내의 DockerTask.ps1이 솔루션 파일의 경로를 사용해 빌드를 게시할 것이기 때문이다. 다른 폴더로 코드 소스를 복사할 수도 있다. 빌드의 결과를 게시하기 위해 DockerTask.ps1 내의 경로를 수정해야 한다.

응용 프로그램이 저장소를 사용할 수 있게 하려면 다음과 같이 수정해야 한다. 첫 번째 작업은 Areas/Admin/Controllers/StoreManagerController.cs의 **Create** 부분이다.

```
// POST: /StoreManager/Create
[HttpPost]
[ValidateAntiForgeryToken]
public async Task<IActionResult> Create(
    Album album,
    [FromServices] IMemoryCache cache,
    CancellationToken requestAborted)
{
    if (ModelState.IsValid)
    {
        // 볼륨에 파일 업로드
        string imgUrl = "~/Images/{0}";
        var uploads = _appSettings.StorageLocation;
        var file = Request.Form.Files.Count > 0 ?
            Request.Form.Files[0] : null;
        if (file != null)
        {
            string fileName = ExtractFileName(file);
            using (var fileStream = new
                    FileStream(Path.Combine(uploads, fileName),
```

```
                    FileMode.Create))
        {
            await file.CopyToAsync(fileStream);
        }
        album.AlbumArtUrl = string.Format
                (imgUrl, fileName);
        album.Created = DateTime.UtcNow;
    }

    //인메모리 데이터베이스에 앨범 추가
    DbContext.Albums.Add(album);
    await DbContext.SaveChangesAsync(requestAborted);
    var albumData = new AlbumData
    {
        Title = album.Title,
            Url = Url.Action("Details", "Store",
            new { id = album.AlbumId })
    };
    cache.Remove("latestAlbum");
    return RedirectToAction("Index");
    }
    ViewBag.GenreId = new SelectList(DbContext.Genres,
        "GenreId", "Name", album.GenreId);
    ViewBag.ArtistId = new SelectList(DbContext.Artists,
        "ArtistId", "Name", album.ArtistId);
    return View(album);
}
```

이 코드는 다음 코드에서 볼 수 있는 것처럼 config.json 파일 내에 지정된 **StorageLocation**을 사용해 이미지를 컨테이너 안의 폴더에 저장한다. 빌드 결과물은 dockerfile의 명령어에 따라 C:\app 폴더로 복사되고, 이미지는 하위 wwwroot\Images\albums 폴더를 참조한다.

```
"AppSettings": {
    "SiteTitle": "Music Store",
    "CacheDbResults": true,
    "StorageLocation": "c:\\app\\wwwroot\\Images\\albums"
},
```

새롭게 업그레이드된 기능을 실행하고 테스트하려면 다음 순서를 진행한다.

1. Visual Studio 2015를 실행해, C:\learningwsc\chapter6\musicstore-volumes 폴더의 Music Store 업데이트 솔루션을 연다.

2. Ctrl + Shift + B를 눌러 업데이트된 musicstore 이미지를 빌드하고, docker images 명령어로 업데이트된 이미지를 확인한다. 다음 명령어를 실행해 musicstore 이미지를 저장할 새 볼륨을 만든다.

```
docker volume create musicstoreimages
```

3. 새 컨테이너를 만들고 다음 명령어를 실행해 musicstoreimages 볼륨을 컨테이너 안에 있는 config.json에 언급된 폴더에 연결한다.

```
docker run -d -p 80:80 -v c:\programdata\docker\volumes\
musicstoreimages:c:\app\wwwroot\Images\albums --name musicstore
learningwsc/musicstore:1.0.0 dotnet musicstore.dll
```

4. 호스트의 주소를 사용해 웹 응용 프로그램에 접속해본다.

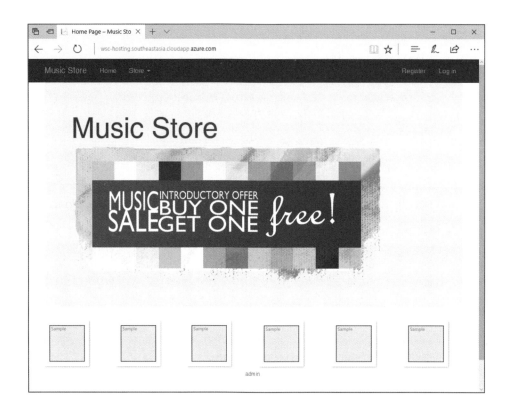

5. Login 링크를 클릭하고 config.json 파일에 저장된 기본 관리자 자격증명을 이용해 로그인한다.

6. 바닥글Footer에서 Admin 링크를 클릭해 관리 영역으로 이동한다.

7. Create New를 클릭한다.

8. 새 앨범을 만들고, 다음 그림과 같이 컴퓨터에서 앨범 표지 이미지를 업로드한다(이미지는 검색해 활용하자 - 옮긴이). Create를 클릭한다.

9. 상단 메뉴의 Store 드롭다운을 클릭하고, Rock을 선택한다.

10. Death Magnetic이라는 이름으로 만든 새 앨범을 찾으려면 페이지 끝까지 스크롤한다.

11. 이미지를 클릭하면 다음과 같이 세부 정보 메뉴가 보인다.

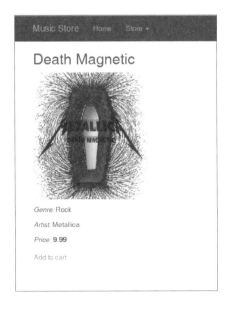

12. `musicstore` 컨테이너에 연결돼 있는 호스트 내의 C:\Programdata\docker\volumes\musicstoreimages 폴더에서 업로드한 이미지를 찾을 수 있다.

프로덕션^{production} 환경과 같이 여러 개의 `musicstore` 컨테이너를 실행한다면 컨테이너 간에 동일한 볼륨을 연결하거나 `--volumes-from` 플래그를 통해 `musicstoreimages` 볼륨을 공유할 수 있다. `-v` 옵션을 여러 번 사용해 여러 볼륨을 컨테이너에 연결할 수도 있다. 볼륨 연결을 활용하는 다른 좋은 방법은 응용 프로그램의 소스코드를 호스트에 두고, 컨테이너에서 이를 실행할 수 있다는 점이다. 이렇게 하면 소스 파일이나 구성을 독립적으로 편집할 수 있다. 공유 볼륨을 사용하는 다수의 컨테이너가 데이터를 손상시킬 수 있으므로, 응용 프로그램이 모든 조건을 처리하게 설계됐는지 확인해야 한다. 앞서 dockerfiles와 **docker build** 명령어를 사용해 컨테이너 이미지를 생성했었다. 볼륨 생성은 VOLUME 명령어를 사용해 dockerfile에 통합할 수 있다. 다음 dockerfile은 새 볼륨을 만든다.

```
FROM microsoft/windowsservercore
VOLUME ["c:/vol"]
```

이미지를 한 번 만들면 해당 이미지를 사용해 생성한 컨테이너에 새 볼륨이 만들어지고, 자동으로 연결된다. -v 옵션을 사용해 단일 파일도 연결할 수도 있다. dockerfile에서 VOLUME과 -v의 차이점은, -v는 Docker 컨테이너에 있는 OS의 기존 파일을 연결하는 것이고, VOLUME은 호스트에서 새로운 빈 볼륨을 만들고 컨테이너에 연결하는 것이다.

볼륨 삭제

Docker 볼륨은 컨테이너가 삭제된 후에도 계속 남아있기 때문에 **docker rm** 명령어를 사용해 컨테이너를 삭제했을 경우 다수의 사용하지 않는 볼륨들이 남아있을 수 있다.

216

Docker는 연결되지 않은 볼륨들을 정리해 주지 않으므로, 사용하지 않는 볼륨을 직접 정리해야 한다. 다음 옵션을 사용해 볼륨을 삭제할 수 있다.

- 다음 명령어와 같이 run 명령에 --rm 플래그를 지정해 볼륨을 삭제할 수 있다. 이 명령은 컨테이너가 중지될 때 volume1과 volume2를 제거한다. docker run --rm은 컨테이너 종료 시 자동으로 컨테이너를 삭제하는 데 사용된다. --rm 플래그를 사용하면 Docker는 컨테이너가 삭제될 때 컨테이너에 연결된 볼륨도 제거한다.

```
docker run --rm -it -v c:/volume1 -v c:/volume2
microsoft/windowsservercore powershell
```

- 다음 명령어는 docker volume rm을 사용해 mycontainervolume을 제거한다.

```
docker volume rm mycontainervolume
```

특정 사전 조건이 충족되는 경우에만 볼륨을 삭제할 수 있다. 볼륨은 컨테이너가 중지돼 있고, 다른 컨테이너에 연결되지 않은 경우에만 삭제된다. 사용자가 지정한 디렉터리에 연결된 볼륨은 Docker가 삭제하지 않는다. Docker는 연결 해제된 볼륨을 이름 없는 볼륨(이름 없는^{Dangling} 이미지와 같이)으로 태그를 지정한다. 다음 명령어를 사용해 이름 없는 플래그를 가진 이름 없는 이미지 목록을 가져올 수 있다.

```
docker volume remove -f dangling=true
```

▌ 관계형 데이터베이스와 SQL Server 컨테이너

마이크로서비스^{Microservice} 방식으로 응용 프로그램을 설계하는 것은 ROI와 기민성^{Agility}을 높이는 좋은 방법이다. 응용 프로그램을 사일로^{Silo} 형태로 쪼개고, 사일로를 관리하는 것은 배포 시간을 줄일 수 있다. 지금까지 몇 분 만에 확장 및 업데이트할 수 있는 컨테이너 형태로 웹 응용 프로그램을 만드는 방법을 살펴봤다. 더불어 확장 가능한 저장소 기능을 통해 응용 프로그램을 만드는 방법도 살펴봤다. 그러나 현실에는 비관계형 데이터를 다루는 응용 프로그램이 많이 없으므로, 이 절에서는 SQL Server와 같은 관계형 데이터베이스 컨테이너를 사용해 응용 프로그램을 만드는 방법을 주로 살펴본다. 데이터베이스 컨테이너는 배포 시간을 크게 줄이는 데 도움이 되며, 테스트/개발 환경, 격리된 환경과 샌드박스^{Sandbox} 환경을 만드는 데 사용할 수 있다. 데이터베이스 컨테이너는 멀티테넌트^{Multi-tenant} 응용 프로그램을 만들 경우 큰 도움이 된다. 개별 테넌트의 데이터베이스는 독립적으로 관리되며, 사용량에 따라 확장할 수 있다. 마이크로서비스나 컨테이너를 이용해 만들어진 환경이 있다면 개별 테넌트는 수분 안에 이용 가능해진다.

Microsoft는 데이터베이스 컨테이너를 만들고 배포할 경우 사용 가능한 Windows 컨테이너 이미지를 Docker Hub에 출시했다. 또한 매개변수로 전달된 JSON 구성을 사용해 기존 데이터베이스를 연결할 수도 있다. 다음은 SQL Server 2016 익스프레스 컨테이너를 만들고, SQL Server Management Studio와 같은 데이터베이스 도구를 사용해 연결하는 과정을 살펴본다.

1. 다음 명령어를 사용해 Docker Hub에서 최신 SQL Server 2016 Express 이미지를 가져온다.

```
docker pull microsoft/mssql-server-windows-express
```

2. SQL Server에 연결하기 위한 기본 포트는 1433번이다. Microsoft Azure를 사용하는 경우 이 포트에 대해 인바운드^Inbound 보안 규칙을 설정해야 한다. https://portal.azure.com에 로그인한 후 가상 컴퓨터에 생성된 네트워크 인터페이스를 선택하고 네트워크 보안 그룹 ❯ 설정으로 이동해 인바운드 보안 규칙을 클릭한다. 모든 원본에서 1433번 포트로의 연결을 허용하는 새 규칙을 추가한다.

3. 컨테이너 호스트에서 다음 명령어를 실행해, 방화벽에서 1433번 포트를 연다.

```
if (!(Get-NetFirewallRule | where {$_.Name -eq "SQLServer 1433"}))
{New-NetFirewallRule -Name "SQL Server 1433"
-DisplayName "SQL Server 1433" -Protocol tcp -LocalPort 1433
-Action Allow -Enabled True}
```

4. 다음 명령어는 SQL Server 2016 데이터베이스 컨테이너의 새 인스턴스를 만들고, PowerShell을 사용해 대화형 세션을 연다(-it 옵션).

```
docker run -it -p 1433:1433 microsoft/mssql
-server-windows-express powershell
```

5. 데이터베이스 컨테이너에 연결하려면 SQL 명령어나 SSMS^SQL Server Management Studio라는 프로그램이 필요하다. 앞 명령어는 다음 그림과 같이 컨테이너 내부에서 실행되는 SQL Server에 연결할 경우 사용할 수 있는 PowerShell 세션을 연다.

```
Windows PowerShell                                                    —  □  ×
PS C:\> sqlcmd
1> SELECT @@VERSION
2> GO

-------------------------------------------------------------------------------
-------------------------------------------------------------------------------
Microsoft SQL Server 2016 (SP1) (KB3182545) - 13.0.4001.0 (X64)
        Oct 28 2016 18:17:30
        Copyright (c) Microsoft Corporation
        Express Edition (64-bit) on Windows Server 2016 Datacenter 6.3 <X64> (Build 14393: ) (Hypervisor)

(1 rows affected)
1> _
```

6. sa 계정을 활성화하고 암호를 구성하려면 sqlcmd를 사용해 다음 명령어를
   실행한다.

```
ALTER LOGIN [sa] ENABLE
ALTER LOGIN [sa] WITH PASSWORD=N'Password@123'
Go
```

7. 두 번째 방법은 SSMS를 사용해 연결하는 것이다. https://msdn.microsoft.
   com/en-us/library/mt238290.aspx에서 SSMS를 다운로드하고 설치한다.[3]

8. SSMS를 열고 다음 값을 참고해 연결한다.

   ○ **Server name**: 컴퓨터의 IP 주소나 DNS 이름

---

3. 필요에 따라 다시 시작이 필요할 수 있다. - 옮긴이

- Login: sa
- Password: 환경 변수 sa_password의 값

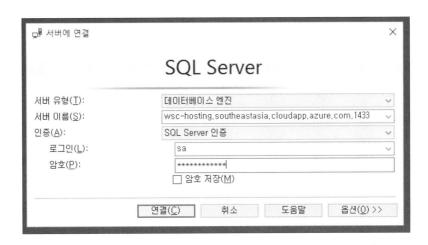

이제 SQL Server 데이터베이스 컨테이너를 사용해 데이터베이스를 만들거나, 런타임 시 응용 프로그램 데이터베이스를 만들고 테스트하기 위한 Entity Framework Code-First와 같은 ORM 프레임워크를 사용할 수 있다.

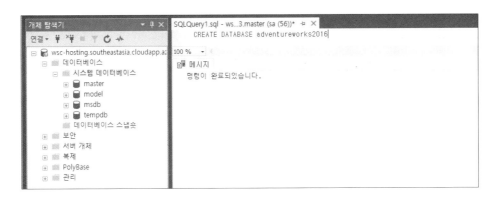

9. 또한 다음 명령어를 실행해 어디서나 **sqlcmd**를 사용해 데이터베이스 컨테이너에 연결할 수 있다.

```
sqlcmd -S tcp:<IP 주소>,1433 -U sa -P Password@123
```

현재 이미 만들어진 SQL Server 이미지를 사용하고 있지만, 처음부터 SQL Server 이미지를 새롭게 만드는 것은 어렵지 않다. Microsoft는 데이터베이스의 설정을 변경할 수 있는 옵션을 충분히 제공한다. 이미 데이터베이스(MDF 파일)가 있다고 가정한다면 다음과 같이 attach_dbs에 대해 JSON 값을 전달해 데이터베이스를 연결할 수 있다.

```
docker run -p 1433:1433 -v C:/temp/:C:/temp/ --env attach_dbs="
[{'dbName':'adventureworks2016','dbFiles':
['C:\\temp\\adventureworks2016.mdf',
 'C:\\temp\\adventureworks2016_log.ldf']}]"
microsoft/mssql-server-windows-express
```

Docker Hub에서 사용할 수 있는 SQL Server 컨테이너를 생성 시 사용되는 dockerfile을 편집해 추가로 기능을 수정할 수 있다. SQL Server 2016 Express는 무료 버전 형태의 초기 테스트용 데이터베이스이기 때문에 몇 가지 제한 사항들이 있다. 예를 들어 데이터베이스 크기가 최대 10GB인 소형 데이터베이스 기반 응용 프로그램만 만들 수 있다. 이는 개발/테스트 환경이나 멀티테넌트 구조를 만들 경우에 적합하다. Microsoft는 SQL Server 2016 익스프레스 컨테이너를 만들 경우 사용하는 dockerfile을 오픈소스화했기 때문에 이를 이용해 다른 사용자 지정 SQL 컨테이너를 만드는 데 사용할 수 있다.

앞선 이미지에 대한 소스코드 및 dockerfile 명령어는 https://github.com/Microsoft/mssql-docker/tree/master/windows/mssql-server-windows-express에서 살펴볼 수 있다. Windows Server Core에서 지원되는 SQL Server 기능을 확인하려면 https://msdn.microsoft.com/en-us/library/hh231669.aspx를 살펴본다.

다음의 격리 명령어를 실행해 Windows Server 2016과 SQL Server 2016을 이용한

Windows 컨테이너 이미지를 온-프레미스에 설치한 후 Hyper-V 컨테이너를 만들 수도 있다. 여기에 사용된 sa_password 환경 변수는 데이터베이스 컨테이너의 관리자(기본적으로 administrator) 암호다.

```
docker run -d -p 1433:1433 --env sa_password=<관리자 암호>
--isolation=hypervmicrosoft/mssql-server-windows-express
```

▌뮤직 스토어: SQL Server 컨테이너를 사용해 데이터 저장

앞 절에서는 볼륨을 사용해 Music Store를 업그레이드하고 이미지 데이터를 저장했다. 이 절에서는 데이터를 저장하기 위해 SQL Server 2016 Express 컨테이너를 사용하는 musicstore 이미지를 만들어본다. 완성된 뮤직 스토어 예제는 GitHub 리포지토리인 C:/learningwsc/chapter6/musicstore-sqlserver에서 확인할 수 있다.

다음은 데이터 저장소를 사용하기 위해 뮤직 스토어 응용 프로그램에 수정된 내용이다.

- DockerTask.ps1: 앞 절에서 볼륨을 사용해 이미지를 만들었으며, DockerTask. ps1은 다음과 같이 변경돼 빌드 및 실행 프로세스의 일부로 볼륨을 만들고 사용한다.

```
# Docker 볼륨 생성
docker volume create musicstoreimages
# 뮤직 스토어 컨테이너 생성
docker run -v d:\temp\uploads -p
$HostPort&grave;:$ContainerPort -v
c:\programdata\docker\volumes\musicstoreimages:
c:\app\wwwroot\Images\albums $ImageName&grave;:
$Version dotnet musicstore.dll
```

- **Config.json**: config.json 내의 **defaultconnection** 매개변수는 다음 연결 문자열을 사용해 SQL Server 컨테이너를 가리킨다.

```
"DefaultConnection": {
  "ConnectionString": "Data Source=<IPAddressOrDNSName>, 1433;
  Initial Catalog=MusicStore;User ID=sa;
  Password=Password@123"
}
```

- **Startup.cs**: 5장에서는 인메모리 데이터베이스를 사용해 데이터를 저장했다. 다음 코드는 config.json 내에 설정된 데이터베이스 연결을 이용하도록 Music Store 응용 프로그램을 구성한다. Music Store 응용 프로그램은 Entity Framework Code-First 방식으로 데이터를 만들고 시드[Seed]한다.

```
services.AddDbContext<MusicStoreContext>(options =>
options.UseSqlServer(Configuration
[StoreConfig.ConnectionStringKey.Replace("__", ":")]));
```

저장소 기능이 있는 뮤직 스토어 응용 프로그램을 실행하고 테스트하려면 다음을 진행한다.

1. Visual Studio 2015를 실행하고, C:\learningwsc\chapter6\musicstore-sqlserver 폴더에서 Music Store 업데이트 솔루션을 연다.
2. Config.json 파일을 열고 **<IPAddressOrDNSName>**을 컨테이너 호스트의 DNS 이름이나 IP 주소로 변경한다.
3. Ctrl + Shift + B를 눌러 솔루션을 빌드하고 **musicstore** 이미지를 만든다. 빌드 프로세스는 **musicstorevolume**이라는 이름으로 볼륨을 생성하고, 이 볼륨을 사용해 이미지를 저장한다.

이러한 작업은 앞서 만든 SQL Server 데이터베이스 컨테이너가 config.json 내에 명시된 IP 주소와 포트 번호에서 이미 구동되고 있다고 가정한다. 7장에서 다중 컨테이너 환경을 만드는 과정을 살펴본다.

4. 다음 그림과 같이 실행 프로필로 Docker가 선택돼 있는지 확인하고, F5 키를 누른다.

```
프로젝트(P)   빌드(B)   디버그(D)   팀(M)   도구(T)   테스트(S)
   ↺ ▾ ⌐ ▾    Debug ▾   Any CPU        ▾   ▶ Docker ▾ ⟳ ▾
```

5. dotnet 프로세스가 Music Store 데이터베이스를 만들고 예제 데이터를 시드할 때까지 기다린다. 프로세스가 완료되면 다음 로그가 콘솔 창에 보인다.

```
Stopping conflicting containers using port 80
3275d4492603
musicstoreimages
Hosting environment: Production
Content root path: C:\app
Now listening on: http://*:80
Application started. Press Ctrl+C to shut down.
```

6. SQL Server Management Studio를 통해 SQL Server 컨테이너에 연결해 Music Store 데이터베이스가 만들어졌고, 해당 데이터베이스 내의 테스트 데이터가 있는지 확인한다. 이제 뮤직 스토어 응용 프로그램을 테스트할 수 있다. 앞서 언급한 것처럼 개발 팀에게 신규 환경을 제공하는 데 얼마의 시간이 걸리지 않는 것을 알 수 있다.

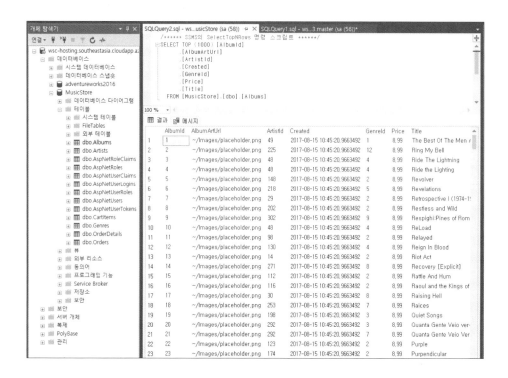

SQL Server 컨테이너는 Docker 볼륨도 지원하므로 컨테이너 호스트 폴더를 탑재할 수 있다. 이는 컨테이너 외부에서 데이터베이스를 저장하는 데 사용할 수 있다. Microsoft는 Linux용 SQL Server 2016 이미지도 https://hub.docker.com/r/microsoft/mssql-server-linux/에서 다운로드할 수 있게 게시했다.

시간이 지날수록 데이터베이스의 크기는 증가하기 때문에 실제 파일을 저장하기 위해 확장 가능한 저장소가 필요할 수도 있다. Windows 컨테이너를 사용하면 저장소가 컨테이너의 공간에만 제한되지 않는다. 저장소 공간^{Storage spaces}과 같은 확장 가능한 스토리지 장치를 사용해 저장소를 확장할 수 있다. Microsoft Azure 가상 컴퓨터를 호스트로 사용하는 경우 Microsoft Azure는 더 저렴한 가격으로 저장소 옵션을 제공한다. Microsoft Azure 내의 저장소를 사용해 추가 디스크를 만들거나 저장소 파일 서비스를 사용해 다음 그림과 같이 별도의 확장 가능한 위치에 데이터베이스의 로그와 데이터를 저장할 수 있다. 또한 Microsoft Azure는 백업 및 보관^{Archiving}에 사용할 수 있는 종량제 기반의 로컬 중복성 및 글로벌 복제를 제공한다.

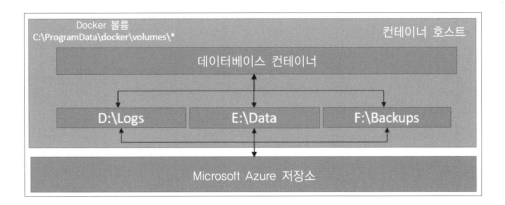

6장에서는 이미 만들어진 컨테이너를 사용했지만, MySQL, SQLLite, MongoDB, 오라클 같은 데이터베이스 컨테이너를 만들 수 있다. 이후 필요시 데이터베이스 컨테이너를 변경하고 이미지를 저장한 후 Docker Hub에 업로드해서 추후 몇 분 내에 환경을 생성할 수 있다는 것이다. 컨테이너 기술을 사용하면 몇 분 이내에 수백 개의 SQL 컨테이너 인스턴스를 만들 수 있다. 더 이상 개발/테스트 환경을 위해 처음부터 SQL Server 환경을 만들 필요가 없다.

▌ 요약

6장에서는 다음 내용을 살펴봤다.

- Docker 볼륨을 사용해 호스트의 폴더나 파일을 컨테이너(들)와 공유할 수 있다.
- 컨테이너는 명명된 볼륨이나 --volume-from 플래그를 사용해 볼륨을 공유할 수 있다.
- 공유 볼륨을 사용하는 응용 프로그램은 여러 컨테이너가 공유 파일에 같이 쓰지 않게 해야 한다. 그렇지 않으면 데이터가 손상될 수 있다.

- 관계형 데이터베이스를 컨테이너로 구성하고 실행할 수 있다.
- 실행 중인 컨테이너에 연결된 볼륨은 삭제할 수 없다. 컨테이너를 중지한 다음 볼륨을 삭제할 수 있다.
- 다수의 볼륨을 하나의 컨테이너에 연결할 수 있다.
- VOLUME은 빌드 프로세스의 일부로 볼륨을 생성할 경우 사용할 수 있는 dockerfile 명령어다.
- Microsoft는 SQL Server Express 2016과 2014용 컨테이너 이미지를 제공하므로 쉽게 사용할 수 있다.
- Microsoft Azure 컨테이너 호스트 용도인 Microsoft Azure 스토리지를 사용하거나 온-프레미스 컨테이너 호스트 용도인 저장소 공간을 사용해, 확장 가능한 저장소로 구성된 데이터베이스 컨테이너를 사용할 수 있다.

07

Redis Cache 컨테이너

성능은 모든 기업과 외부에 공개된 데이터 중심의 응용 프로그램에 있어 중요한 척도다. 응용 프로그램에 중요한 데이터를 저장하고 호출을 자주하는 스토리지는 지연 시간을 줄이고 응용 프로그램의 응답을 향상시키기 위해 응용 프로그램과 가능한 한 가까이 있어야 한다. 웹 응용 프로그램은 트래픽을 기반으로 부하가 분산되게 여러 서버에서 운영되도록 설계하지만, 스토리지는 여전히 하나의 데이터베이스나 저장소를 이용한다. 따라서 항상 데이터베이스를 응용 프로그램에 가능한 한 가까이 배치할 수 없다. 이에 해당되는 경우는 데이터센터의 위치적 가용성(특히 데이터 소유자가 특정 지역에 데이터를 배치한 경우)과 법적인 사항, 그리고 데이터 무결성 정책 등이 있을 수 있다. 데이터베이스 크기가 커져 갈수록 읽기나 쓰기 작업의 성능이 저하된다. 이는 데이터 행을 가져오거나 업데이트하기 위해 찾아야 하는 데이터의 양에서 기인한다. 이 경우 최근에 사용한 데이터를 캐시^{Cache}하고 데이터 만료 정책을 적절하게 사용하는 Cache Server를 사용하는 것이 좋다. 이렇게 하면 데이터를 다시 가져올 경우 대기 시간이 줄어든다. Cache Server 프로비저닝은 인프라 프로비저닝, 소프트웨어 설치 후 마스터^{Master}/슬레이브^{Slave} 구성과 기타 여러 저장소 관련 구성을 포함하는 큰 작업이다. 클라우드 벤더는 이런 프로비저닝의 문제를 줄여주기 위해 캐시 기능을 제공하지만 종량제로 청구된다. 테스트 후 사용하지 않는 상태로 남겨진 리소스나 항시 사용되지 않는 개발 환경으로 인해 클라우드 이전 시 개발/테스트 환경과 관련된 비용이 늘어날 수 있다. Cache 컨테이너는 앞선 모든 시나리오에서 리소스를 절감하는 효과를 준다. 이는 큰 장점이다. 이는 몇 초 만에 제공되고 동일한 호스트 내에 존재하므로 개발 및 테스트 환경의 운영비용을 줄일 수 있다. 응용 프로그램은 프로덕션 환경으로 이동할 경우 연결을 실제 서버로 전환하거나 기존 컨테이너 기반 환경에 CPU 및 저장소 용량을 추가해 동일한 서버를 계속 사용할 수도 있다. 사일로^{Silo} 또는 컨테이너 안에서 응용 프로그램을 개발하면 개발 팀과 운영 팀들이 기민한 대응을 할 수 있다. 7장에서는 Redis Cache 컨테이너, 구성 및 ASP.NET Core 응용 프로그램과의 연동을 살펴본다.

7장에서는 다루는 내용은 다음과 같다.

- Redis Cache 컨테이너 생성
- Redis Cache 컨테이너 운영
- 영구적인^{Persistent} Redis 컨테이너
- 고가용성을 위한 마스터/슬레이브 환경 구성
- Cache 컨테이너와 웹 응용 프로그램의 연동

▌ Redis Cache 컨테이너 생성

Redis는 Cache Server뿐만 아니라 데이터 저장 및 메시징 플랫폼으로도 사용할 수

있는 오픈 라이선스(BSD 라이선스: http://redis.io/ropics/license) 소프트웨어다. 단순한 키-값 캐시 저장 외에도 Redis는 해시와 같은 복잡한 데이터 구조, 목록, 집합과 범위 쿼리[Range Query]를 사용한 정렬된 집합, 비트맵, 하이퍼로그, 반경 쿼리[Radius Query]를 사용하는 특정 지역과 관련된 인덱스[Geospatial Index] 등을 지원한다. Redis는 복제 기능이 기본 제공되고 하나의 마스터 및 다수의 슬레이브를 통한 고가용성 설정이 가능하다. Redis는 Redis 센티넬[Redis Sentinel]과 같이 Redis 컨테이너를 관리하는 다양한 도구를 제공하며, 이를 통해 관련 작업을 구성하고 모니터링할 수 있다. Redis Desktop Manager는 Redis Cache 데이터베이스 내에 저장된 데이터를 관리할 수 있는 GUI 도구다.

Redis for Windows의 공식 버전은 없다. Microsoft Open Tech 그룹의 개발자들이 Windows 64/32비트용 Redis 버전을 유지 관리한다.

 TIP 32비트 버전을 빌드하려면 GitHub 저장소에서 소스를 다운로드해서 빌드해야 한다. 32비트 버전의 빌드에 대한 방법은 https://github.com/MSOpenTech/redis를 살펴본다.

Windows의 Redis 소스코드 저장소는 GitHub(https://github.com/MSOpenTech/redis)에서 사용할 수 있다. 다음 그림은 마스터-슬레이브 형태로 Cache Server 역할을 하는 Redis의 예제 구성을 보여준다.

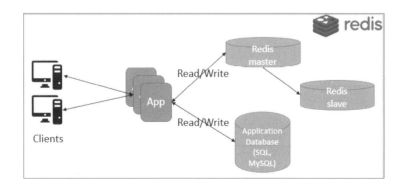

Windows 컨테이너 또는 Hyper-V 컨테이너로 동작되는 Windows Server 2016을 이용해 Redis Server 이미지를 빠르게 만들어보자. 다음 실습은 Microsoft Azure 또는 온-프레미스의 Windows Server 2016에서 할 수 있다. Redis Cache를 만들기 위해서는 dockerfile을 작성하는 것이 중요하다. https://github.com/MSOpenTech/redis/releases 에 접속해 Redis for Windows의 MSI나 압축된 파일을 다운로드할 수 있다. 다음 단계로 dockerfile에 들어가는 명령어들을 살펴본다. https://github.com/vishwanathsrikanth/learningwsc/blob/master/chapter7/redis-server/dockerfile에서 전체 dockerfile을 다운로드할 수 있다.

1. 컨테이너 호스트에 c:\learninwsc\chapter7\redis-server 폴더를 생성한다.[1]

2. C:\learninwsc\chapter7\redis-server에서 새 dockerfile을 생성한다. 확장자가 없는 dockerfile이 생성됐는지 확인한다.

3. 문서 편집기에서 dockerfile을 열고 이후 명령어를 하나씩 추가한다.

4. 첫 번째 줄은 기본 OS 이미지를 선택하는 것이다. 다음 명령어를 실행해 최신 windowsservercore를 기본 OS 이미지로 설정한다.

```
FROM microsoft/windowsservercore
```

5. PowerShell을 사용해 명령어를 실행할 것이므로 PowerShell이 기본 셸로 설정되게 dockerfile에 다음 명령어를 추가한다. 이를 지정하지 않으면 Windows용 기본 셸인 명령 프롬프트(CMD)가 사용된다.

```
SHELL ["powershell"]
```

---

[1] dockerfile에 대해 이해도가 높고, https://github.com/vishwanathsrikanth/learningwsc 경로에서 이미 전체 소스를 C:\learningwsc에 다운로드했다면 이 예제를 따라하지 않아도 된다. - 옮긴이

6. 다음 명령어는 Windows의 Redis 최신 릴리스(3.2.100)를 ZIP 형태로 다운로드하고, 기본 설치 위치(C:\Program files\Redis)로 압축을 해제한다. 그 후 다운로드한 ZIP 파일을 삭제한다. dockerfile에 다음 명령어를 추가한다.

```
RUN $ErrorActionPreference = 'Stop'; \
    wget https://github.com/MSOpenTech/redis/releases/
    download/win-.2.100/Redis-x64-3.2.100.zip -OutFile
    Redis-x64-3.2.100.zip ; \
    Expand-Archive Redis-x64-3.2.100.zip -dest
    'C:\\Program Files\\Redis\\' ; \
    Remove-Item Redis-x64-3.2.100.zip -Force
```

7. 전체 경로를 지정하지 않고 Redis에 필요한 PATH 변수를 설정하려면 다음 명령어를 추가한다.

```
RUN setx PATH '%PATH%;C:\\Program Files\\Redis\\'
WORKDIR 'C:\\Program Files\\Redis\\'
```

8. Redis for Windows는 기본 설치 경로인 C:\Program Files\Redis\redis.windows.conf에 구성 파일이 있으며, 여기에 네트워크 바인딩Binding, 포트Port, 영구 저장소 설정, 복제 구성 등의 Redis Cache 설정이 있다. 다음 명령어는 기본 네트워크 바인딩 구성을 제거하기 위해 신규 구성 파일인 redis.unprotected.conf(그리고 중간 파일 redis.openport.conf)를 만든다. 그리고 기본적으로 켜져 있는 보안 설정Protected도 비활성화Unprotected한다. dockerfile에 다음 명령어를 추가한다.

```
RUN Get-Content redis.windows.conf | Where { $_ -notmatch
'bind 127.0.0.1' } | Set-Content redis.openport.conf ; \
Get-Content redis.openport.conf | Where { $_ -notmatch
```

```
'protected-mode yes' } | Set-Content redis.unprotected.conf ; \
Add-Content redis.unprotected.conf 'protected-mode no' ; \
Add-Content redis.unprotected.conf 'bind 0.0.0.0' ;
```

> ⓘ 기본적으로 Redis 구성 파일 내에 바인딩 정보가 없으면 Redis Server는 서버 내에
> 서 사용 가능한 모든 네트워크 인터페이스를 바인딩한다. 이는 프로덕션 환경에서는
> 권장되지 않는다. 프로덕션 환경의 경우 bind 명령어를 사용해 특정 IP(예, bind
> 127.0.0.1 123.33.xx.xx)만 바인딩한다. 또한 허가되지 않은 클라이언트의 연결을 차
> 단하기 위해 서버의 방화벽을 설정할 수도 있다. Protected 모드는 Redis Cache
> 컨테이너의 좀 더 높은 보안을 추가 위해 bind와 함께 사용할 수 있다.

9. 다음 명령어는 컨테이너에 대한 6379번 포트를 연다. Windows 컨테이너 호
스트가 Microsoft Azure에 프로비저닝된 경우 6379번 포트로 원격 연결을 할
수 있는 호스트의 엔드포인트가 있는지 확인한다. 또한 6379번 포트는 컨테이
너 호스트의 방화벽에서 차단 해제가 돼 있어야 한다.

```
EXPOSE 6379
```

10. 다음 명령어는 6379번 포트에 설정 파일인 redis.unprotected.conf를 이용해
서비스를 시작한다.

```
CMD .\\redis-server.exe .\\redis.unprotected.conf --port 6379 ; \
Write-Host "Redis Started..." ; \
while ($true) { Start-Sleep -Seconds 3600 }
```

이를 통해 Redis Cache Server 이미지를 빌드하기 위한 dockerfile이 만들어진다.

Redis 이미지와 컨테이너 생성

이전 dockerfile에는 Redis for Windows 컨테이너 이미지를 만들기 위한 모든 기본 설정이 포함돼 있다. 다음 명령어는 Redis 이미지를 작성하고 Windows 컨테이너를 생성한다. --isolation 플래그를 사용해 Hyper-V 컨테이너로 만들 때도 Redis 이미지를 사용할 수 있다.

1. PowerShell 창을 관리자 권한으로 새로 열고, C:\learningwsc\chapter7\redis-server로 이동한다.

2. 다음 명령어를 실행해 learningwsc/redis-server라는 이름의 Redis Server Windows 컨테이너 이미지를 생성한다. Successfully built <이미지 ID> 메시지를 확인해 이미지가 성공적으로 만들어졌는지 확인한다.

```
docker build -t learningwsc/redis-server
```

3. Redis에 연결하기 위한 기본 포트는 6379번이다. Microsoft Azure를 사용하는 경우 이 포트에 대해 인바운드 보안 규칙을 설정해야 한다. Microsoft Azure 포털(https://portal.azure.com)에 로그인해서 가상 컴퓨터 내에 생성된 네트워크 인터페이스를 선택한다. 그리고 네트워크 보안 그룹 ➤ 설정으로 이동한 후 인바운드 보안 규칙을 클릭한다. 모든 대상에서 6379번 포트로 연결을 허용하는 새 규칙을 추가한다.

4. 컨테이너 호스트에서 다음 명령어를 실행해 방화벽에서 6379번 포트를 연다.

```
if (!(Get-NetFirewallRule | where {$_.Name -eq "Redis 6379"}))
    {New-NetFirewallRule -Name "Redis 6379" -DisplayName "Redis 6379"
    -Protocol tcp -LocalPort 6379 -Action Allow -Enabled True}
```

5. 다음 명령어를 사용해 컨테이너를 만들고(분리^{Detached} 모드), 6379번 포트를 컨테이너 호스트에 매핑한다.

```
docker run --name redis-server -d -p 6379:6379
learningwsc/redis-server
```

컨테이너가 분리 모드로 만들어졌기 때문에 호출된 프로세스가 종료돼도 Redis Server 컨테이너는 종료되지 않는다. Windows의 Docker는 특별히 명시하지 않으면 자동으로 종료하거나 삭제되지 않는다. 컨테이너를 생성할 때 -rm 옵션을 사용하면 컨테이너가 중지 또는 종료됐을 경우 리소스를 자동으로 삭제할 수 있다.

▌Redis Cache 컨테이너 운영

앞서 만든 Redis Cache 컨테이너는 호스트에서 실행 중이며, (모든 컴퓨터에서) 6379번 포트로 연결을 받을 준비가 됐다. Windows(또는 Linux)에서 Redis Server에 접속하려면 Redis 클라이언트 커맨드라인 유틸리티를 사용해야 한다. Redis 클라이언트는 https://github.com/MSOpenTech/redis/releases에 있는 MSI 설치 파일을 다운로드해 설치한다. Windows에서 Redis 클라이언트의 기본 설치 위치는 C:\Program Files\Redis다. 다음 사항은 Windows에서 Redis Cache 컨테이너에 연결할 때 사용할 수 있다.

1. PowerShell이나 Windows 명령 프롬프트(CMD)를 실행한다.
2. C:\Program Files\Redis로 이동한다.
3. 다음 명령어에서 <IP 주소 또는 호스트 이름>을 앞서 생성한 컨테이너 호스트의 이름이나 IP 주소로 수정해 실행한다.

```
.\redis-cli.exe -h <IP 주소 또는 호스트 이름> -p 6379
```

4. 다음 그림은 Microsoft Azure의 Windows Server 2016(컨테이너 호스트)에서
   실행되는 Redis Server 컨테이너에 원격 연결된 Redis 클라이언트를 보여준다.

```
PS C:\Program Files\Redis> .\redis-cli.exe -h wsc-hosting.southeastasia.cloudapp.azure.com -p 6379
wsc-hosting.southeastasia.cloudapp.azure.com:6379> _
```

5. PING [메시지] 명령어를 사용해 연결을 테스트할 수도 있다. 다음 그림과 같이
   연결이 성공하면 서버는 입력한 메시지로 응답해야 한다.

```
wsc-hosting.southeastasia.cloudapp.azure.com:6379> PING HelloWorld
"HelloWorld"
wsc-hosting.southeastasia.cloudapp.azure.com:6379> _
```

RDM(Redis Desktop Manager)

Redis는 여러 플랫폼에서 사용할 수 있는 GUI 도구인 RDM[Redis Desktop Manager]을 제공한
다. 이 도구는 https://redisdesktop.com/download에서 다운로드할 수 있다. RDM
도구를 통해 트리 보기나 키에 대한 CRUD 작업 및 셸을 통한 명령어를 실행할 수
있다. 도구를 다운로드해 설치한다. 다음은 RDM을 사용해 Redis 컨테이너에 연결하
는 방법을 살펴본다.

1. RDM을 관리자 권한으로 실행한다.
2. 왼쪽 하단에 있는 Connect to Redis Server 버튼을 클릭한다.
3. 다음과 같이 연결 속성을 입력한다.
   - Name: RedisContainer
   - Host: 컨테이너 호스트의 IP 주소 또는 DNS 이름
   - Port: 6379(기본 포트)

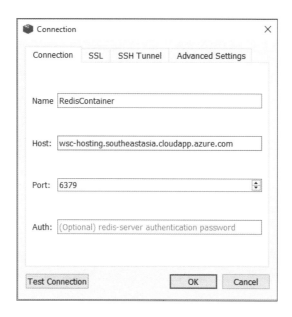

4. Test Connection을 클릭해 연결이 성공하는지 확인한다.

5. OK를 클릭해 Redis 컨테이너에 연결한다.

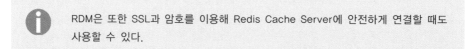 RDM은 또한 SSL과 암호를 이용해 Redis Cache Server에 안전하게 연결할 때도 사용할 수 있다.

Redis 컨테이너에 키-값 쌍을 추가하고 몇 가지 기본 기능을 테스트해보자.

1. 왼쪽 패널 내의 RedisContainer를 더블 클릭한다. 이제 트리가 확장돼 사용 가능한 모든 데이터베이스가 나타난다.

2. db0을 마우스 오른쪽 버튼으로 클릭하고 Add New Key를 클릭한다.

3. 다음과 같이 Add New Key 창 내의 매개변수를 입력하고 Save를 클릭한다.

   ○ Key: Test

   ○ Type: string

   ○ Value: HelloWorld from Redis Container!!

앞 절에서 살펴본 바와 같이 Windows 명령 프롬프트에서 Redis 컨테이너에 연결한다. 다음 명령어를 실행해 데이터베이스를 선택하고, RDM을 통해 입력한 키-값 쌍을 확인한다.

```
Select 0
get Test
```

Redis 컨테이너 게시

지금까지 Redis Cache 인스턴스를 빠르게 프로비저닝할 수 있게 기본 설정 형태의 Redis 컨테이너에 대한 생성 방법을 살펴봤다. 해당 이미지를 Docker Hub에 푸시하면 Windows 또는 Hyper-V 컨테이너에 배포할 경우 이미지를 재활용할 수 있다. 이미지를 Docker Hub에 게시하려면 다음 명령어를 실행한다. 추가적으로 다른 Redis 구성을 가진 이미지에 버전을 이용해 용도에 따라 실행; 배포할 수 있다.

```
docker login -username <사용자 이름> --password <암호>
docker push learningwsc/redis-server
```

▌영구적인 Redis 컨테이너

기본적으로 Redis Server는 기본 구성 파일에 설정된 것처럼 dump.rdb라는 바이너리 파일을 사용해 데이터의 스냅숏^{Snapshot}을 디스크에 저장한다. 지금까지 만든 Redis 컨테이너는 영구적이지 않다. 예를 들어 컨테이너를 제거하거나 중지하면 컨테이너에 저장된 모든 데이터는 손실된다. 때때로 컨테이너가 종료되더라도 데이터베이스 복사본을 갖고 싶을 수 있다. Redis는 오프라인 데이터베이스 파일 위치(및 이름)를 변경해서 컨테이너가 종료되기 전에 최신 데이터베이스를 백업하거나 보관할 수 있는 옵션을 제공한다. 이는 압축된 단일 파일 형태로 백업본을 만들어줌으로써 다른 위치에 전송 및 복구가 가능한 좋은 재난 복구 전략이다. 6장에서 컨테이너 호스트의 파일 시스템에 저장되는 볼륨을 생성해 컨테이너에서 사용하는 방법을 살펴봤다. 다음은 볼륨을 사용해 영구적인 Redis 컨테이너의 생성하는 과정이다.

1. C:\learningwsc\chapter7\redis-server-volumes에 새 폴더를 만든다.
2. dockerfile을 redis-server 폴더에서 redis-server-volumes 폴더로 복사한다.
3. redis-server-volumes 폴더 내의 dockerfile을 문서 편집기로 연다.

4. dockerfile에 다음 명령어를 추가하면 기본 위치가 C:\redisdatastore로 변경된다.

```
RUN (Get-Content redis.unprotected.conf).replace
('dir ./', 'dir c:\redisdatastore') | Set-Content
redis.unprotected.conf
```

5. [선택 사항] 바이너리 파일의 기본 이름은 dump.rdb다. 이 단계는 선택 사항이지만, 파일 이름을 변경하면 응용 프로그램별 캐시를 식별하는 데 도움이된다. 다음 명령어는 파일의 기본 이름을 redisdata.rdb로 바꾼다. 프로덕션환경에서는 바이너리 파일의 이름을 응용 프로그램 이름으로 바꿀 수 있다.

```
RUN (Get-Content redis.unprotected.conf).replace
('dbfilename dump.rdb', 'dbfilename redisdata.rdb') |
 Set-Content redis.unprotected.conf
```

6. 작업을 완료한 dockerfile의 최종 버전은 다음과 같다.

```
FROM microsoft/windowsservercore

SHELL ["powershell"]

RUN $ErrorActionPreference = 'Stop'; \
   wget https://github.com/MSOpenTech/redis/releases/
   download/win-.2.100/Redis-x64-3.2.100.zip -OutFile
   Redis-x64-3.2.100.zip ; \
   Expand-Archive Redis-x64-3.2.100.zip -dest 'C:\\Program
   Files\\Redis\\' ; \
   Remove-Item Redis-x64-3.2.100.zip -Force

RUN setx PATH '%PATH%;C:\\Program Files\\Redis\\'
```

```
WORKDIR 'C:\\Program Files\\Redis\\'

# Unprotected 모드로 변경하고, 모든 인터페이스에서 수신 대기하게 데몬을 연다.
RUN Get-Content redis.windows.conf | Where { $_ -notmatch
'bind 127.0.0.1' } | Set-Content redis.openport.conf ; \
    Get-Content redis.openport.conf | Where { $_ -notmatch
    'protected-mode yes' } | Set-Content
     redis.unprotected.conf ; \
    Add-Content redis.unprotected.conf 'protected-mode no' ; \
    Add-Content redis.unprotected.conf 'bind 0.0.0.0'

RUN (Get-Content redis.unprotected.conf).replace('dir ./',
    'dir c:\redisdatastore') | Set-Content redis.unprotected.conf

RUN (Get-Content redis.unprotected.conf).replace
    ('dbfilename dump.rdb', 'dbfilename redisdata.rdb') |
    Set-Content redis.unprotected.conf

EXPOSE 6379

CMD .\\redis-server.exe .\\redis.unprotected.conf --port 6379 ; \
    Write-Host Redis Started... ; \
    while ($true) { Start-Sleep -Seconds 3600 }
```

7. Redis 컨테이너 이미지의 업데이트된 버전을 만들기 위해 다음 명령어를 실행한다. 이름은 learningwsc/redis-server-volumes로 한다.

```
docker build -t learningwsc/redis-server-volumes .
```

8. 컨테이너를 실행하기 전에 다음 명령어를 사용해 redisdatastore라는 새 볼륨을 만든다.

```
docker volume create redisdatastore
```

9. 다음 명령어를 사용해 영구적인 Redis 컨테이너를 (대화식 모드로 구동) 만든다. 다음 명령어는 앞서 생성한 볼륨을 -v 옵션을 사용해 컨테이너에 매핑한다. 그리고 컨테이너에 대한 PowerShell 창을 연다.

```
docker run --name redis-server-volumes -it -p 6379:6379
-v c:\ProgramData\docker\volumes\redisdatastore:
C:\redisdatastore learningwsc/redis-server-volumes powershell
```

10. 다음 명령어를 실행해 컨테이너의 Redis 설치 폴더로 이동한다.

```
cd\
cd "C:\Program Files\Redis"
```

11. 다음 명령어는 저장소 위치가 업데이트된 구성 파일을 사용해 Redis Server를 시작한다.

```
.\redis-server.exe redis.unprotected.conf
```

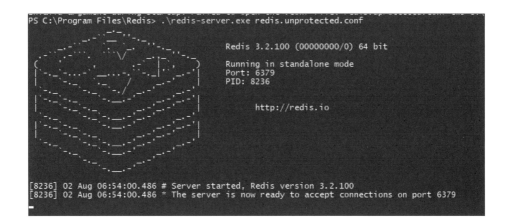

12. 다음과 같이 Redis 커맨드라인 클라이언트를 이용해 호스트의 IP 주소나 DNS 이름으로 Redis Server에 연결한다.

```
.\redis-cli.exe -h <IP 주소 또는 DNS 이름> -p 6379
```

13. 다음 명령어를 실행, 새 키-값 쌍을 Redis Cache 저장소에 추가한다.

```
Set Greeting "Welcome to Persistent Containers"
```

14. Redis에서 Save 명령어는 강제로 캐시 데이터를 영구 파일 저장 장치에 저장한다. 다음 명령어를 Redis 콘솔 창에서 실행해 강제로 저장한다.

```
Save
```

15. 앞선 명령어는 서버 구동 시 사용되는 Redis 구성 파일에 설정된 이름과 위치를 이용해서 단일 파일에 데이터를 저장한다. 다음 명령어를 원격 서버에 연결된 Redis 커맨드라인 클라이언트에서 실행하면 데이터베이스 파일 이름과 파일 위치를 살펴볼 수 있다.

```
wsc-hosting.southeastasia.cloudapp.azure.com:6379> config get dbfilename
1) "dbfilename"
2) "redisdata.rdb"
wsc-hosting.southeastasia.cloudapp.azure.com:6379> config get dir
1) "dir"
2) "c:\\redisdatastore"
wsc-hosting.southeastasia.cloudapp.azure.com:6379> 
```

대상 디렉터리인 c:\\redisdatastore가 컨테이너 호스트에서 탑재됐으므로, 데이터베이스 파일은 호스트의 해당 위치 C:\ProgramData\docker\volumes\redisdatastore\redisdata.rdb에 저장될 것이다.

데이터베이스 파일을 갖고 있는 폴더에 안전한 백업 전략을 적용해 캐시 데이터의 수명을 늘릴 수 있게 됐다. Cache 컨테이너가 삭제됐다고 가정해보자. 몇 초 내로 호스트에 저장된 데이터베이스 파일을 이용하는 새로운 컨테이너를 만들 수 있다. Microsoft Azure 내의 가상 컴퓨터를 이용해 컨테이너를 구동할 경우 Microsoft Azure 는 기존 컴퓨터에 캐시 데이터 파일 저장용 데이터 디스크를 추가할 수 있는 옵션을 제공한다. 해당 디스크는 지역 간 복제를 제공하고, 높은 대역폭으로 상호 복제된다.

다음 명령어는 앞서 사용했던 redisdata.rdb 파일을 새 컨테이너에 연결해 이전 키-값 쌍을 계속 사용할 수 있게 한다.

```
docker run --name redis-server-new -d -p 6379:6379
-v c:\ProgramData\docker\volumes\redisdatastore:C:\redisdatastore
learningwsc/redis-server-volumes
```

다음 그림은 키-값이 새 컨테이너에서도 계속 유지된다는 것을 보여준다.

Redis는 구성 파일 내의 Save Points 부분에 설정된 바와 같이 데이터를 데이터베이스 파일에 저장한다. 저장 시점은 영구적인 데이터의 저장 빈도수를 정의한다. 예를 들어 5 100은 서버가 5분마다 100개의 데이터를 저장하게 구성하는 것을 의미한다. 저장 간격 사이에 컨테이너가 충돌하면 데이터가 손실될 수 있다. Redis는 AOF 파일 이라고 부르는 다른 유형의 지속성 방안을 제공한다. 지속성의 AOF 유형은 캐시 저장소로 모든 쓰기 작업을 저장한다. 이에 서버가 시작돼 원본 데이터들을 재구성할 때 데이터를 재생(Replay)할 수 있다. 이 접근 방식의 단점은 컨테이너를 사용하기 전에 수행해야 할 재생이 너무 많을 경우 신규 컨테이너의 구동 시간이 오래 걸릴 수도 있다는 것이다.

▌마스터-슬레이브 구성

앞서 살펴본 개별 솔루션에는 장/단점이 있다. 파일에 데이터를 저장하게 구성된 Redis 컨테이너에 문제가 발생하면 데이터가 손실될 가능성이 있다. 반면에 AOF 유형 지속성을 사용하게 구성된 경우 새 컨테이너는 로그를 재생하는 데 많은 시간이 필요할 수 있다. 안정적이고 높은 성능의 웹 응용 프로그램을 빌드하려면 하위 서브시스템도 높은 가용성과 성능을 제공해야 한다. 24/7 형태의 가용성을 보장하는 이상적인 솔루션은 복제다. Redis에는 간단하지만 효과적인 복제 기능이 기본 내장돼 있다. Redis는 마스터가 자신의 사본을 똑같이 슬레이브로 저장할 수 있다. 데이터를 슬레이브에 복사할 때 비동기 복제를 사용해 Cache Service의 신뢰성을 높인다. 복제가 마스터의 리소스를 많이 사용하지 않으므로 복제 시 업스트림^{Upstream} 서버의 성능에 영향을 주지 않는다. 게다가 슬레이브는 다른 슬레이브와 계단식으로 순차적 통신이 가능하므로 비동기 방식으로 쓰기 작업을 또 다른 하위 슬레이브로 복사할 수 있다. Redis 구성 파일에는 필요에 따라 마스터-슬레이브 관계를 구성하는 다양한 옵션이 있다. 예를 들어 슬레이브와 동기화되지 않을 경우 마스터에 쓰기를 금지하게 구성할 수 있다. 게다가 슬레이브와 동기화하는 도중에도 이전 데이터를 사용해 슬레이브 간 읽기 작업을 분산시킬 수 있다.

지금까지 마스터 형태의 Redis 컨테이너 생성용 Redis 이미지를 만들었고, 컨테이너의 수명주기를 넘어 영구적으로 저장 가능한 데이터 볼륨을 연결했다. 이 절에서는 동일한 Redis 이미지를 사용해 새 컨테이너를 만들고, 이를 슬레이브로 구성한 후 마스터 컨테이너와 동기화할 것이다. Redis Server의 인스턴스를 슬레이브로 구성하려면 마스터의 IP를 알아야 한다. 따라서 다음 절에서는 마스터를 먼저 만들고, 마스터의 IP를 확인할 것이다. 그 후 동일하게 Redis Server를 하나 더 만들고, 이를 슬레이브로 구성할 것이다.

1. 다음 명령어를 실행해 마스터에 대해서 기본 포트인 6379번 포트를 사용하는 `learningwsc/redis-server-master`라는 Redis Cache 컨테이너를 생성한다.

```
docker run --name redis-server-master -d -p 6379:6379
-v c:\ProgramData\docker\volumes\redisdatastore:C:\redisdatastore
learningwsc/redis-server-volumes
```

2. 앞서 만든 컨테이너의 고유 ID를 확인하려면 다음 명령어를 실행한다.

```
docker ps
```

3. 다음 명령어는 컨테이너의 IP 주소를 확인하기 위해 마스터의 컨테이너 ID를 사용한다. 다음 명령어를 실행하면 컨테이너 구성이 JSON 형식으로 콘솔 창에 출력된다. 다음 그림과 같이 Networks 영역에서 IP Address라는 속성을 찾아본다.

```
docker inspect <컨테이너 id>
```

```
"Networks": {
    "nat": {
        "IPAMConfig": null,
        "Links": null,
        "Aliases": null,
        "NetworkID": "ba8cdb5a7bcd5fedfe4dd8888692c89b651df3f60657a28e20beec5db180fd15",
        "EndpointID": "aca4a8ca1092a6a54e22602549347793e702f26e4f6057c2ac1cc92272c10d66",
        "Gateway": "172.17.32.1",
        "IPAddress": "172.17.35.185",
        "IPPrefixLen": 16,
        "IPv6Gateway": "",
        "GlobalIPv6Address": "",
        "GlobalIPv6PrefixLen": 0,
        "MacAddress": "00:15:5d:a9:52:7c"
    }
}
```

docker inspect는 또한 컨테이너 관련 로그를 저장하기 위해 컨테이너가 사용 중인 로그 파일의 위치(컨테이너의 파일 시스템 내)도 알려준다. LogPath 속성을 살펴본다.

4. 마스터에 대해 슬레이브 역할을 하는 새로운 Redis Cache 컨테이너를 생성한
   다. 마스터가 이미 실행 중인지 확인한다. 방금 생성한 컨테이너는 마스터의
   IP 주소와 포트를 사용해 마스터와 연결하고 동기화하게 된다. Redis 커맨드
   라인 콘솔에서 -slaveof 인수를 이용해 마스터의 IP 주소를 입력할 수 있다.
   직접 구성 파일을 열고 마스터의 IP 및 포트를 변경해도 동일한 결과를 얻게
   된다.

```
docker run --name redis-server-slave -it -p 6380:6380
-v c:\ProgramData\docker\volumes\redisdatastore:C:\redisdatastore
learningwsc/redis-server-volumes
.\\redis-server.exe .\\redis.unprotected.conf -port 6380
--slaveof 172.17.35.185 6379
```

Redis 콘솔의 다음 로그는 슬레이브가 마스터에 성공적으로 연결됐음을 보여준다.

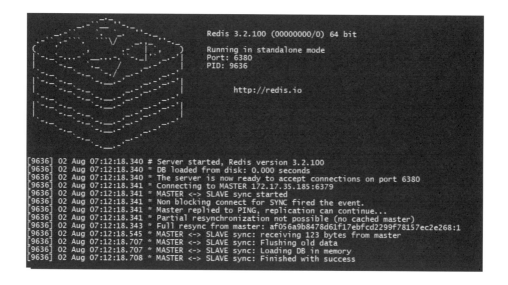

또한 Redis 클라이언트를 이용해 컨테이너 호스트에서 실행 중인 마스터 Cache 컨테이너
에 연결하고 다음 명령어를 실행하면 마스터에 연결된 슬레이브의 개수를 살펴볼 수 있다.

```
wsc-hosting.southeastasia.cloudapp.azure.com:6379> info replication
# Replication
role:master
connected_slaves:1
slave0:ip=172.17.32.168,port=6380,state=online,offset=589,lag=0
master_repl_offset:589
repl_backlog_active:1
repl_backlog_size:1048576
repl_backlog_first_byte_offset:2
repl_backlog_histlen:588
wsc-hosting.southeastasia.cloudapp.azure.com:6379> _
```

 docker logs <컨테이너 ID> 명령어는 표준 오류 로그로 기록된 모든 로그를 보여준다.

Redis는 마스터와 슬레이브 간 관계에 대한 작업을 진행할 수 있는 다양한 옵션을 제공한다. 이들 중 클라이언트에서 실행 가능한 일부 명령어는 다음과 같다.

- **role**: 복제 컨텍스트 내의 인스턴스 역할을 반환
- **sync**: 복제에 사용되는 내부 명령어
- **wait**: 모든 쓰기 명령의 동기 복제를 대기

앞선 예제는 슬레이브 배포 시 마스터와 동일한 컨테이너 호스트를 사용했지만, 프로덕션 환경에서는 호스트의 다운타임 시 가용성을 보장하기 위해 다른 컨테이너 호스트에 슬레이브 컨테이너를 프로비저닝해야 한다. Redis 2.8 이상 버전은 디스크 없는 복제를 지원한다. 데이터를 새 슬레이브에 복제해야 할 경우 쓰기를 재생하는 것이 아니라 네트워크를 통해 RDB 파일을 슬레이브에 복사해 성능이 향상되고 Cache Service에 대한 구동 시간이 단축된다. 디스크 없는 복제는 서비스 시작 시 **repl-diskless-sync** 인수를 적용하거나 구성 파일을 사용해 설정할 수 있다.

엔지니어와 사이트 운영은 매우 밀접하게 연결돼 있다. 환경 조건과 무관하게 독립적으로 구성, 배포, 운영 가능한 솔루션을 설계하는 것은 응용 프로그램 개발자의 책임이다. Windows 내의 Docker는 Redis와 같은 형태의 구성 가능한 시스템 및 서브시스템

을 만드는 데 도움을 주며, 이는 자연스럽게 구성할 수 있고 배포 경험을 향상시킨다. 컨테이너 서브시스템과 매끄럽게 연동되게 설계된 응용 프로그램은 날마다 일어나는 전달 프로세스 및 배포를 빠르게 할 수 있다.

▌ Redis 컨테이너를 뮤직 스토어에 연동

모놀리식^{Monolithic} 응용 프로그램의 형태로 뮤직 스토어 응용 프로그램을 살펴보기 시작했다. 우리의 목표는 이를 가능한 한 빠르게 독립적으로 배포 가능할 수 있는 다수의 서브시스템으로 나누는 것이다. 서비스의 기민성을 높이기 위해 운영 팀에서 해당 서브시스템별로 구성할 수 있어야 한다. 6장에서 뮤직 스토어에 데이터베이스 저장 기능을 추가했다. 데이터베이스 컨테이너는 별도의 호스트에 프로비저닝돼 유지 보수 작업을 용이하게 하고, 요청 시 CPU 및 저장소 같은 리소스를 추가하는 데 도움을 준다. 데이터에 크게 의존하는 응용 프로그램은 데이터 트랜잭션을 빈번하게 실행하며, 개별 트랜잭션들은 비용과 대기 시간을 증가시킨다. 분산 캐시 저장소를 사용하는 응용 프로그램에 자주 사용하는 데이터를 저장해 응용 프로그램의 성능을 향상시킬 수 있다. 이 절에서는 Redis Cache 컨테이너를 사용해 자주 사용되는 데이터를 저장할 것이다. 뮤직 스토어는 C#, ASP.NET Core와 리포지토리 레이어로 엔티티 프레임워크를 사용해 만들어졌다. 해당 솔루션은 개발에 도움이 되는 다양한 타사 기술을 갖고 있으며, 이는 NuGet 패키지 관리자를 통해 설치된다. Microsoft는 .NET Core 프로젝트에 Redis Cache Server를 연동할 수 있는 NuGet 패키지 `Microsoft.Extensions.Caching.Redis.Core`를 제공한다.

이제 6장에서 만든 뮤직 스토어 솔루션을 이용해 시작할 것이다. 이는 앨범 데이터를 저장하기 위해 SQL Server 컨테이너를 사용하고 있다. 여기에 Redis Cache 기능을 추가해보자. 다른 장과 동일하게 7장에서도 소스코드를 다운로드해서 C:\learningwsc 폴더에 압축 해제돼 있다고 가정한다. 완성된 솔루션은 C:\learningwsc\chapter7\

musicstore-redis\completed에 있다.

1. C:\learningwsc\chapter7\musicstore-redis\begin에 있는 Visual Studio 2015 용 뮤직 스토어 솔루션을 연다.

2. 앞서 설명한 것과 같이 캐시 저장소에 연결해서 데이터를 저장하려면 C# Redis 라이브러리를 추가해야 한다. 뮤직 스토어 프로젝트의 References 영역에서 마우스 오른쪽 버튼을 클릭하고 Manage NuGet References를 클릭한다.

3. Browse를 클릭하고, `Microsoft.Extensions.Caching.Redis.Core`를 검색 한다.

4. 검색 결과를 클릭하고 최신 버전을 설치한다(완성된 버전에서는 버전 1.0.3을 사용했다).

5. config.json 파일을 열고 App Settings 영역 내에 다음과 같은 새로운 구성을 추가한다. 입력 시 `<IPAddressOrDNSNameofHost>`를 컨테이너 호스트의 IP 주 소나 DNS 이름으로 바꾼다. 필요한 경우 기본 포트도 바꿀 수 있다. 마찬가지 로 `ConnectionString` 항목 내의 `<IPAddressOrDNSNameofHost>`도 컨테이너 호스트의 IP 주소나 DNS 이름으로 바꾼다.

```
"RedisConnection": "<IPAddressOrDNSNameofHost>:6379"
```

6. ASP.NET Core는 자체적으로 의존성 주입[Dependency Injection] 기능을 내장하고 있는 데, 이는 생성자 내부에서 일련의 의존성[Responsibility Chain]을 주입하기 위해 사용된 다. Redis Cache Service를 생성자에 주입하려면 `IDistributedCache` 인터페이 스의 변형[Variant]으로 등록해야 한다. Startup.cs 파일을 열고 `ConfigureService` 함수에 다음 코드를 추가한다. `ConfigureService`는 응용 프로그램 수명주기 의 일부로 호출된다.

```
services.AddDistributedRedisCache(option => {
    option.Configuration = Configuration["AppSettings:
    RedisConnection"];
    option.InstanceName = "master";
});
```

7. [선택 사항] 다음 코드는 인메모리 캐시를 서비스로 등록한다. 주석을 달거나 필요에 따라 인메모리에 데이터를 저장하는 데 사용할 수 있다.

```
services.AddMemoryCache();
```

8. HomeController.cs 파일을 열고 다음 코드를 이용해 Index 메소드[Method]의 서명을 업데이트한다. 이 코드는 앞서 등록한 Redis Cache 객체를 생성하고 주입한다.

```
public async Task<IActionResult> Index(
    [FromServices] MusicStoreContext dbContext,
    [FromServices] IDistributedCache cache)
```

9. 다음 코드와 같이 Index 함수의 내용을 변경한다.

```
// 가장 인기 있는 앨범 가져오기
var cacheKey = "topselling";
List<Album> albums = null;
// 캐시에서 인기 판매 앨범 가져오기 시도
var cachedalbums = cache.Get(cacheKey);
if (cachedalbums == null)
{
    // 데이터베이스에서 앨범 가져오기
    albums = await GetTopSellingAlbumsAsync(dbContext, 6);
```

```
if (albums != null && albums.Count > 0)
{
    if (_appSettings.CacheDbResults)
    {
        // 10분마다 새로 고침
        cache.Set(cacheKey,
            Encoding.ASCII.GetBytes
            (JsonConvert.SerializeObject(albums)),
            new DistributedCacheEntryOptions() {
            AbsoluteExpiration =
                DateTimeOffset.UtcNow.AddMinutes(10) }
        );
    }
}
else
{
    // 캐시된 앨범 역직렬화(Deserialize)
    albums = JsonConvert.
    DeserializeObject<List<Album>>
    (System.Text.Encoding.UTF8.
        GetString(cachedalbums));
}
return View(albums);
```

앞 코드는 캐시 저장소에서 가장 많이 판매되는 앨범을 얻으려고 시도한다. 캐시 저장소는 데이터베이스 저장소로 판매가 가장 많은 앨범을 요청한다. 후속 요청에서 캐시된 데이터를 사용할 수 있게 데이터베이스 호출의 결과는 캐시 저장소에 저장된다. 캐시 기능을 이용한 뮤직 스토어를 실행 및 테스트하기 전에 종속 컨테이너를 만들어야 한다.

1. 다음 명령어를 실행해 SQL Server 컨테이너를 만들고, sa 로그인을 구성한다. 자세한 내용은 6장을 참조한다.

```
docker run -it -p 1433:1433 microsoft/mssql-server-windows-express
powershell
```

2. sa 로그인을 구성하려면 다음 명령어를 실행한다.

```
SQLCMD
ALTER LOGIN [sa] ENABLE
ALTER LOGIN [sa] WITH PASSWORD=N'Password@123'
GO
```

3. 다음 명령어를 사용해 Redis와 SQL Server가 데이터를 저장할 컨테이너 볼륨을 호스트에 만든다.

```
docker run --name redis-server-slave -it -p 6380:6380
-v c:\ProgramData\docker\volumes\redisdatastore:C:\redisdatastore
learningwsc/redis-server-volumes
.\\redis-server.exe .\\redis.unprotected.conf -port 6380
--slaveof <Redis Master 컨테이너의 IP 주소 > 6379
```

4. 여기에 필요한 두 번째 서브시스템은 Redis Cache 컨테이너(마스터)다. 다음 명령어는 첫 번째 Cache 컨테이너를 만든다. Redis Cache를 기본 값이 아닌 포트로 변경하려면 뮤직 스토어의 Config.json 파일 내에서 변경된 포트로 수정돼 있는지 확인한다.

```
docker run --name redis-server-master -d -p 6379:6379
-v c:\ProgramData\docker\volumes\redisdatastore:C:\redisdatastore
learningwsc/redis-server-volumes
```

5. 방금 생성했고 6379번 포트로 수신 대기 중인 마스터 컨테이너에 연결하는 슬레이브 컨테이너를 만든다. Redis 클라이언트를 사용해 슬레이브 컨테이너

에 연결하고, 명령어를 실행할 수 있음을 기억하자.

 Redis의 모든 명령어에 대한 참고 자료는 https://redis.io/commands를 살펴본다.

이제 뮤직 스토어의 업데이트된 이미지를 만들고 인기 앨범 확인 시 성능이 향상됐는지 확인할 수 있는 환경을 갖췄다. Ctrl + Shift + B를 눌러 캐싱 기능이 있는 업그레이드된 musicstoreage 이미지를 만든다. 다음 그림과 같이 Docker가 실행 프로필로 선택됐는지 확인하고, F5 키를 누른다.

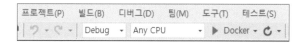

.NET 프로세스가 예제 데이터로 Music Store 데이터베이스를 만들고 시드[Seed]할 때까지 기다린다. 프로세스가 끝나면 콘솔 창에 다음 로그가 보인다.

```
C:\Windows\System32\WindowsPowerShell\v1.0\powershell.exe
musicstoreimages
Hosting environment: Production
Content root path: C:\app
Now listening on: http://*:80
Application started. Press Ctrl+C to shut down.
```

브라우저를 열고 컨테이너 호스트의 IP 주소나 DNS 이름을 사용해 응용 프로그램의 홈페이지를 연다. 아주 작은 차이지만 첫 번째 요청과 두 번째 요청 간 응답 시간의 차이를 확인할 수 있다. 많은 양의 데이터를 저장하는 실시간 응용 프로그램에서는 응답 시간의 차이가 중요하다. 다음 그림과 같이 RDM을 사용해 Redis Cache 컨테이너에 추가된 새로운 키-값을 확인할 수 있다.

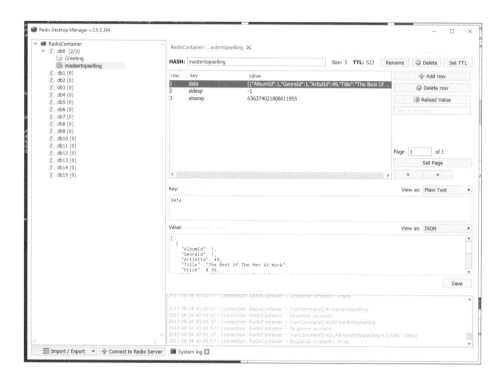

앞선 예제에서 뮤직 스토어 솔루션에 다른 서브시스템을 성공적으로 추가했었다. 새로운 서브시스템인 Redis는 컨테이너화됐으므로 빠르게 Cache 컨테이너를 프로비저닝할 수 있게 됐다. 이에 개발 팀은 빠른 속도로 작업이 가능하다. Redis는 관리, 가용성, 성능을 위한 Redis 센티널$^{Redis\ Sentinel}$ 및 RDM 같은 타사 도구들을 제공한다. Redis는 다양한 프로그래밍 언어도 지원한다. 컨테이너화는 개발 및 테스트 인프라스트럭처의 실행 비용을 줄여준다. 동일한 공유 호스트에서 사용자 지정 컨테이너를 프로비저닝해 격리된 형태로 여러 팀이 같이 일할 수 있다.

▌ 요약

7장에서는 다음과 같은 내용을 살펴봤다.

- Redis는 Cache Server(및 데이터 저장소)로 사용할 수 있는 오픈소스 소프트웨어다. Redis Cache Server는 Windows 컨테이너 또는 Hyper-V 컨테이너로 구성 및 배포할 수 있다.

- Redis는 컨테이너 배치 및 구성을 사용자 정의하는 데 필요한 여러 구성 옵션을 제공한다. Redis 구성 옵션은 dockerfile의 일부로 명령어 인수 형태나 Redis 구성 파일을 사용해 전달할 수 있다.

- RDB 파일이나 AOF 지속성 메커니즘을 사용해 Redis Cache 데이터를 저장하는 용도에 Windows 컨테이너 볼륨을 사용할 수 있다. 볼륨은 컨테이너 호스트에서 데이터를 저장하는 데 볼륨 데이터는 데이터 가용성 및 내결함성을 높이기 위해 백업하거나 보관할 수 있다.

- .NET 응용 프로그램은 기존 NuGet 패키지 라이브러리인 `Microsoft.Extensions.Caching.Redis.Core`를 사용해 Redis Cache Server를 사용하는 응용 프로그램을 만들 수 있다.

- Redis는 기본 내장된 복제 기능을 갖고 있으며, Redis Cache 배포는 하나의 마스터와 여러 개의 슬레이브들을 가질 수 있다. 슬레이브들은 동기 또는 비동기 방식을 사용해 동기화된다. Redis 구성 파일은 마스터-슬레이브 관계 속성을 변경하는 데 사용될 수 있다.

08

컨테이너 네트워크

응용 프로그램은 데이터 저장소 계층과 비즈니스 구성 요소 계층, 그리고 사용자와 상호작용을 위한 웹 계층과 같이 여러 계층으로 구성된다. 각 계층은 일반적으로 다중 서브넷 보안 네트워크 토폴로지를 사용해 배포되며, 계층 간 통신은 서브넷별로 제어할 수 있다. 모든 응용 프로그램은 네트워크 토폴로지와 유연성, 확장성을 염두에 두고 설계되지만, 일반적인 응용 프로그램 개발 과정에서는 이러한 기능들을 거의 테스트하지 않는다. 이는 인프라를 구성하는 데 시간과 노력이 들어가기 때문이다. 개발자들은 네트워크의 제한을 적용하지 않고 격리된 단일 인스턴스를 사용해 응용 프로그램을 테스트한다. 클라우드 시대에서는 실제 환경과 동일한 보안과 확장성, 성능에 대해 프로덕션과 유사한 환경에서 (적어도 가끔은) 응용 프로그램을 테스트해야 한다. 서브넷과 방화벽, ACL 같이 모든 네트워크 관련 설정을 포함하는 프로덕션과 유사한 환경에서 테스트한다. 이렇게 하면 테스트의 범위/영역이 넓어지며, 보안과 확장성에 문제가 있는 경우를 찾아낼 수 있다. 하지만 응용 프로그램 개발자와 운영 팀 간의 경계가 모호해지기 때문에 운영/배포 팀은 모든 개발 주기마다 이러한 환경을 만들고 유지 관리하기가 어렵다. 또한 데이터센터나 공용 클라우드에서 응용 프로그램의 인프라 비용을 증가시키는 문제가 발생한다. 고맙게도 이런 문제를 해결하기 위해 Windows Server 2016의 Windows Server 컨테이너와 Docker가 힘을 합쳤으며, Windows Server 2016을 사용하면 Docker 명령어나 PowerShell을 사용해 컨테이너 호스트 내에 가상 네트워크를 만들 수 있다. 응용 프로그램의 요구 사항에 따라 컨테이너 간 보안/통신 채널을 구성할 수 있으며, 이를 8장에서 자세히 살펴본다. Windows Server 2016 호스트에서 가상 네트워크가 구동 방식과 컨테이너 및 호스트 간 다소 복잡한 네트워크를 구성해 비용을 줄이고 보안을 강화하는 방법을 살펴본다.

8장에서 다루는 내용은 다음과 같다.

- Windows 컨테이너 네트워크 관리 스택^{Stack} 소개
- 컨테이너 네트워크 구성
- 네트워킹 모드, 다중 컨테이너 네트워크
- 여러 노드^{Node} 간 컨테이너 네트워크
- 마이크로서비스 형태로 뮤직 스토어 배포
- Docker용 PowerShell을 사용한 Docker 관리

▌ Windows 네트워킹 소개

응용 프로그램의 네트워크 요구 사항은 비즈니스 문제를 해결하려는 것만큼 중요하면서도 복잡하다. 네트워크 구성은 업계 최고의 모범 사례와 지침을 따르는 것이 매우 중요하다. 응용 프로그램은 일시적으로 서비스가 중단되지 않아야 하며, 최대의 부하 시 응용 프로그램이 잘 수행돼야 한다. 그리고 응용 프로그램을 중단시키려는 침해

사고로부터 시스템을 보호하거나 민감한 고객 데이터를 훔치는 해킹에도 보안이 유지돼야 한다. 강력한 네트워킹 정책 및 방화벽 제한 사항을 준수함으로써 보안을 제어하고, 여러 그룹의 컴퓨터(서브넷이라고 함)와 각 인스턴스 수준에서 통신 제어, 제한 및 모니터링을 할 수 있다. 또한 네트워크 구성을 통해 단일 테넌트를 멀티테넌트 환경 내 논리적 격리를 할 수 있다.

가상 네트워크를 사용해 컨테이너화된 응용 프로그램을 배포하는 것은 가상 컴퓨터를 네트워크에 배포하는 것과 동일하다. 일반적인 기업용 웹 응용 프로그램은 HTML, CSS 및 일부 스크립트로 구성된 웹 계층으로 구성된다. REST API 또는 SOAP 기반 웹 서비스 형태의 중간 계층은 비즈니스 규칙 엔진과 응용 프로그램 로직을 갖고 있으며, 데이터베이스 계층은 관계형 데이터베이스 내에 데이터베이스를 배치하고 복제, 작업 및 백업 정책을 적용시킨다. 각 계층은 동일한 배포를 실행하는 하나 이상의 가상 컴퓨터로 구성된다. 각 계층의 가상 컴퓨터는 서브넷이라는 논리 그룹에 구성되며, 접근 제어 정책은 서브넷 수준에 적용되므로 계층 간 통신은 IP, 포트 번호 및 인바운드/아웃바운드를 조합해 완벽하게 제어할 수 있다.

예를 들어 Microsoft Azure는 가상 컴퓨터를 논리적인 서브넷으로 분할할 수 있는, 사용량 과금 기반 가상 네트워크 서비스를 제공한다. 가상 네트워크는 NSG^{Network Security Group}를 이용해 계층 간 추가 보안을 제공하는데, 사용자가 구성한 서브넷 및 컴퓨터에서 다른 계층, 인터넷 및 사내 네트워크로의 접근이 제어된다. 또한 Microsoft Azure는 사용자 지정 정책을 구성해 테넌트 내에 동일하게 배포된 가상 컴퓨터 간 부하를 분산시킬 수 있는 소프트웨어 기반 부하 분산 장치를 제공한다. 예를 들어 멀티테넌트 모델 내의 프리미엄 고객은 높은 수준으로 구성된 가상 컴퓨터로 항시 접속시켜 빠른 서비스를 제공받을 수 있는 것과 같은 라우팅 패턴을 적용할 수 있다.

다음 그림은 서브넷, ILB(내부 부하 분산 장치)와 더불어 NSG를 이용해 서브넷 간 접근 제한을 적용한 가상 네트워크의 예제를 보여준다. 웹 계층은 인터넷에서 접근할 수 있지만 중간 계층은 인터넷에서 분리하는 추가적인 보안 계층이 있어야 한다. 비즈니스 로직은 웹 계층에서만 접근돼야 하며, 인터넷에서는 접근되면 안 된다. 허용된 IP 주소(웹 계층 서브넷)만 중간 계층으로의 접근을 할 수 있게 설정해 응용 프로그램 내의 주요 부분으로 접근을 제어할 수 있다. 데이터베이스 계층은 중간 계층에서만 접근할 수 있어야 하므로, 인터넷에서 분리한다. 동시에 데이터베이스 계층은 또한 사내 네트워크에 연결할 수 있어야 하는데, 이는 기존 온-프레미스 도구를 이용해 데이터에 대한 백업 및 지속적인 모니터링을 가능하게 한다.

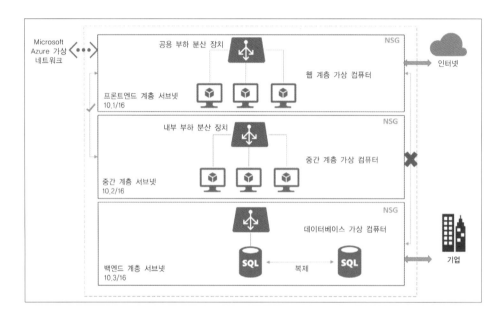

Windows 컨테이너의 네트워크 관리 스택

Windows 컨테이너 네트워킹은 앞의 구성과 매우 유사하다. Windows 컨테이너 호스트 컴퓨터는 Windows Server 2016이 설치된 실제 서버나 가상 컴퓨터이거나 Windows 10 기반 컴퓨터이며, 컨테이너에 대한 네트워킹 기능을 확장할 수 있다. 컨테이너 호스트가 NIC^{Network Interface Card}를 사용하는 유선이나 무선과 같이 다양한 채널을 사용해 인터넷에 연결돼 있는 경우 호스트 내부에서 실행되는 컨테이너는 vNIC^{가상 NIC}를 통해 네트워크에 연결 가능하다. 컨테이너는 각 컨테이너마다 설치된 vNIC를 사용해 호스트의 네트워크에 연결되며, 각 vNIC는 컨테이너 호스트의 가상 스위치^{vSwitch}에 연결된다. 각 컨테이너에 설치된 vNIC의 유형은 컨테이너의 격리 유형에 따라 다르며, Windows 컨테이너는 호스트의 vNIC를 사용하지만 Hyper-V 컨테이너는 Synthetic[1] vmNIC를 사용한다.[2]

Hyper-V 스위치는 컨테이너와 컨테이너 호스트의 실제 네트워크 간 연결을 제공한다. 또한 TCP/UDP, 그리고 포트 번호 같은 IP 주소와 프로토콜을 기반으로 지정된 컨테이너로 패킷을 전달하기 위해 추가적인 L3 네트워크 구성이 컨테이너 호스트에 필요할 수 있다. DNS, DHCP, HTTP 및 SMB 같은 L4-L7 서비스도 다양한 시나리오에서 사용되는 컨테이너에 필요하다. Windows 컨테이너 네트워킹 스택은 앞서 언급한 모든 요구 사항을 지원한다. 다음 그림은 컨테이너의 네트워킹 스택이 컨테이너 호스트에서 어떻게 동작하는지 보여준다.

---

1. Synthetic이라는 단어는 가상화에서 많이 사용하는 단어다. 번역하면 모조, 가짜라는 단어가 되지만 의미를 적절히 전달하기에 좋지 않다. 가상화 기술은 실제 존재하는 하드웨어를 여러 개로 나눠진 소프트웨어 기반 하드웨어로 처리한다. 예를 들어 실제 서버에 설치된 한 개의 네트워크 인터페이스 카드의 경우 가상화를 이용하면 눈에 보이지 않는 무형의 네트워크 인터페이스 카드 여러 개로 나눠져 개별 가상 컴퓨터에서 동작한다. 이 경우 실제 눈에 보이는 네트워크 인터페이스 카드(NIC)와는 달리 눈에 보이지 않는 무형의 네트워크 인터페이스 카드를 가상화에서 Synthetic NIC이라고 부른다. - 옮긴이
2. vNIC과 vmNIC, vNIC은 호스트(실제 컴퓨터)에서 만들어진 가상용 NIC을 의미하며, vmNIC은 가상 컴퓨터를 위해 생성한 Sythentic NIC을 의미한다. - 옮긴이

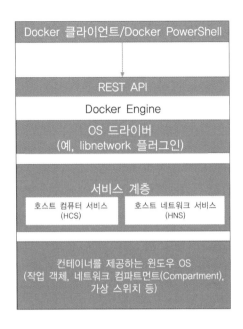

Windows 컨테이너 호스트의 네트워크 관리 스택은 다음과 같은 계층으로 구성되며, Docker 커맨드라인 클라이언트, Docker REST API 또는 Docker PowerShell을 사용해 각 계층은 가상 네트워크를 만들고 구성한다.

- **Windows OS 컨테이너 계층**: Windows OS 컨테이너 계층은 네트워크 생성 및 관리의 핵심 기능을 제공하는 작업 객체, 가상 스위치 및 네트워크 컴파트먼트[3]로 구성된다.

- **서비스 계층**: 서비스 계층은 HCS[Host Compute Service] 및 HNS[Host Network Service]라는 두 가지 핵심 구성 요소로 구성된다. HNS는 여기에 살펴보는 하위 핵심 구성 요소를 이용해 필요한 네트워크 서비스를 제공한다. 예를 들어 HNS는 Docker 서비스를 사용해 컨테이너가 생성될 때마다 호스트에서 방화벽 규칙을 만드는 역할을 한다.

---

3. 컴파트먼트(Compartment)는 Synthetic과 비슷한 형태의 이해가 필요하다. 가상화를 통해 구성된 개별 격리된 공간은 실제로 존재하지 않고 논리적으로 존재하는 공간이다. 이를 컴파트먼트라고 부른다. - 옮긴이

- **Docker 확장 계층**: Docker 확장 계층은 Docker Engine, Docker REST API 및 OS 드라이버로 구성된다. Docker는 네트워크를 만들고 구성하기 위해 Windows HNS를 사용한다. Docker는 Windows 컨테이너 네트워크에 대한 유일한 기본 관리 스택이다. Docker Engine은 앞 그림과 같이 `libcontainer` 플러그인을 사용해 HNS와 통신한다.

`libcontainer` 플러그인은 Docker의 실행 드라이버다. 이는 하위 커널 기능에 대한 의존성을 분리시켜 플랫폼에 대한 독립성을 만들어준다.

 libcontainer가 나오기 전에 Docker는 LXC 및 cgroup과 같은 Linux 커널 기능에 의존해 Linux의 컨테이너를 제공했다. libcontainer가 나온 이후 이를 이용해 Docker는 여러 플랫폼에서 지원된다.

Docker 팀은 Linux에서만 구동되는 것이 아닌 `libcontainer`를 만들었다. `libcontainer`는 호스트 OS에서 컨테이너를 생성하는 데 사용할 수 있는 표준 인터페이스를 제공한다. 컨테이너는 `libcontainer`를 통해 예측 가능한 형태로 호스트 OS의 리소스, 보안 및 제어와 상호 교신할 수 있다. `libcontainer`를 사용하는 Docker Engine은 Windows HNS와 상호 교신해 호스트 포트와 컨테이너 포트 간 정적 매핑을 생성해준다. Docker는 컨테이너를 만들 때 자동으로 포트 매핑을 만들고 컨테이너에 대한 방화벽 규칙을 활성화한다.

Windows 컨테이너의 기본 내부 IP 범위는 172.16.0.0/12다. Docker Engine은 서비스가 처음 시작될 때 이 네트워크를 만들며, 네트워크의 기본 이름은 NAT다. `docker run` 명령어 또는 dockerfile을 사용해 컨테이너를 만들 때 아무것도 지정하지 않으면 해당 컨테이너의 IP가 여기에 속한다. 컨테이너의 엔드포인트는 NAT 네트워크에 자동으로 연결되게 만들어진다.

호스트의 IP가 NAT 네트워크의 기본 IP 접두사와 같으면 기본 IP 접두사를 변경해야 한다. 네트워크 구성을 설정하는 단계는 이후 절에서 살펴본다.

▌ 컨테이너 네트워크 구성

Windows 컨테이너 네트워크 관리 스택은 Docker 명령어나 PowerShell을 사용해 관리할 수 있다. Docker는 이를 관리하는 데 사용할 수 있는 REST API도 제공한다(10장에서 REST API를 이용하는 방법을 살펴본다). 7장에서 살펴본 바와 같이 원격 연결(원격 데스크톱이나 원격 세션 연결)을 사용해 원격 Docker 호스트에 연결할 수도 있다.

다음은 컨테이너 네트워크를 관리할 경우 사용할 수 있는 몇 가지 Docker 명령어들이다.

docker network

```
PS C:\> docker network

Usage:  docker network COMMAND

Manage networks

Options:
      --help    Print usage

Commands:
  connect     Connect a container to a network
  create      Create a network
  disconnect  Disconnect a container from a network
  inspect     Display detailed information on one or more networks
  ls          List networks
  rm          Remove one or more networks

Run 'docker network COMMAND --help' for more information on a command.
```

Docker는 서비스 구동 시 기본 NAT 네트워크를 만든다. Docker 호스트의 사용 가능한 네트워크 목록은 다음 그림과 같이 docker network ls 명령어를 사용해 살펴볼 수 있다.

```
PS C:\> docker network ls
NETWORK ID          NAME           DRIVER              SCOPE
70bd0e6a326c        nat            nat                 local
434654b99817        none           null                local
```

호스트의 기본 네트워크 구성은 다음 그림과 같이 docker network inspect <네트워크 이름>을 사용해, 살펴볼 수 있다. 다음 명령어는 기본적으로 컨테이너에서 사용하는 NAT 네트워크의 서브넷(172.30.16.0/20)과 게이트웨이 IP 주소를 보여준다.

```
docker network inspect nat

"Name": "nat",
"Id": "70bd0e6a326cae6910de85fe865df6e873bc511930a24edd2cca26f71991ae51",
"Scope": "local",
"Driver": "nat",
"EnableIPv6": false,
"IPAM": {
    "Driver": "default",
    "Options": null,
    "Config": [
        {
            "Subnet": "172.30.16.0/20",
            "Gateway": "172.30.16.1"
        }
    ]
},
"Internal": false,
"Attachable": false,
"Containers": {},
"Options": {
    "com.docker.network.windowsshim.hnsid": "95779b39-d7f8-4433-b01b-4088e674ee49",
    "com.docker.network.windowsshim.networkname": "nat"
},
"Labels": {}
```

NAT^Network Address Translation는 Windows 컨테이너 호스트의 기본 네트워킹 모드다. 컨테이너에 IP 주소를 제공하려면 호스트의 IP와 NAT를 사용하는 것이 가장 간단하다. 이는 개발 환경에 가장 적합한 네트워킹 모드다. Microsoft는 다음 절에서 살펴보는 Transparent 네트워크, L2 브리지 및 L2 터널 같은 몇 가지 다른 네트워킹 모드를 제공한다. NAT를 사용하면 호스트의 컨테이너나 가상 컴퓨터가 호스트의 공용 IP 주소를 공유해 외부 네트워크에 연결할 수 있다. 모든 컨테이너(중첩된 가상화^Nested Virtualization를 지원하는 가상 컴퓨터도 마찬가지)가 사용할 수 있는 사설 네트워크를 호스트 내에 생성한다. 새 컨테이너가 만들어지고 NAT 네트워크에 연결되면(기본 설정) NAT에 할당된 IP 주소 범위에서 컨테이너 IP 주소가 할당되고 www.bing.com으로의 연결과 같은 신규 연결이 가능해진다. NAT는 컨테이너에 할당된 사설 IP 주소를 호스트의 공용 IP 주소로 변환^{Translate}하고, 호스트의 NAT 플로우 상태 테이블$^{Flow\ State\ Table}$에 새 항목을 만든다. 다시 외부에서 사설 네트워크 컨테이너로 연결될 경우 NAT는 해당 테이블을 이용해 컨테이너의 사설 IP 주소로 변환한다.

동일한 개념을 가상 컴퓨터에도 적용할 수 있으므로 다음과 같이 Windows Server 컨테이너, Hyper-V 컨테이너 및 기존 가상 컴퓨터로 구성된 하이브리드 환경을 만들 수 있다.

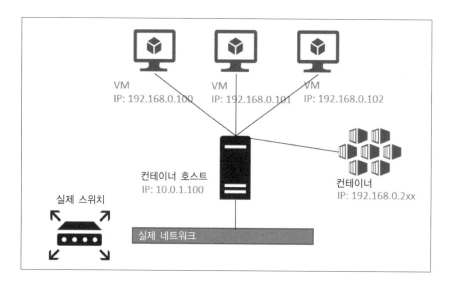

NAT는 컨테이너 생성을 위한 기본 네트워크다. --network 플래그를 사용해 컨테이너 생성 시 사용할 네트워크 이름을 지정해야 할 수도 있다. 따라서 다음 명령어는 --network 플래그를 사용하지 않는 것과 결과가 같다.

```
docker run -it --network nat microsoft/windowsservercore cmd
```

다음 명령어를 실행해 mynetwork라는 새 네트워크를 만들고 새 서브넷 172.20.81.0/24와 게이트웨이 172.20.81.1을 지정한다.

```
docker network create -d nat --subnet=172.20.81.0/24
--gateway=172.20.81.1 mynetwork
```

외부 네트워크에 연결하기 위해 Windows 컨테이너는 호스트의 네트워크 스택을 이용하는 네트워킹 컴파트먼트를 개별적으로 생성한다. Hyper-V 컨테이너는 내부에 자체 네트워크 스택을 갖고 있으므로, vmNIC을 사용해 네트워크에 연결된다. 앞선 명령어에서 사용된 게이트웨이 IP 주소는 호스트의 vNIC에 할당되는데, 이는 외부 연결을 위해 컨테이너 호스트 내의 NAT를 구동하기 위한 WinNAT과 컨테이너 호스트의 TCP/IP 스택에서 사용된다. 다음 그림은 앞 명령어에 대한 네트워크 연결 구조를 살펴본다.

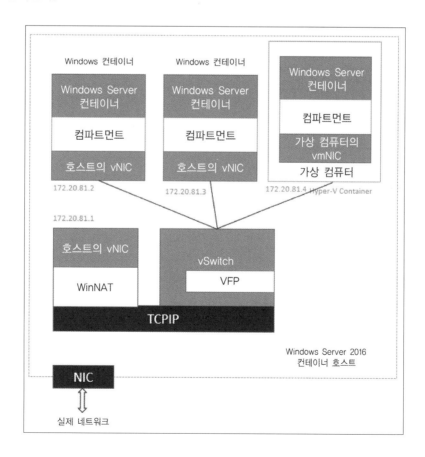

이 그림에서 살펴본 네트워크를 이용하게 컨테이너 생성 시 명령어를 사용해 해당
서브넷 범위로 컨테이너를 넣을 수 있다. 다음 명령어를 실행해 mynetwork라는 새
네트워크에 컨테이너를 만든다.

```
docker run -it --network mynetwork microsoft/windowsservercore cmd
```

다음 그림과 같이 신규 생성된 컨테이너의 IP 구성을 확인할 수 있다. 컨테이너의
IP 주소 범위는 앞서 만든 서브넷 범위 내에 속하며, 기본 게이트웨이도 동일하다.

```
C:\>ipconfig
Windows IP Configuration

Ethernet adapter vEthernet (Temp Nic Name):

   Connection-specific DNS Suffix  . : wsc-dev-1016.i7.internal.cloudapp.net
   Link-local IPv6 Address . . . . . : fe80::504b:5625:8050:c80f%24
   IPv4 Address. . . . . . . . . . . : 172.20.81.21
   Subnet Mask . . . . . . . . . . . : 255.255.255.0
   Default Gateway . . . . . . . . . : 172.20.81.1
```

다음과 같이 컨테이너를 생성한 후에 네트워크를 연결할 수도 있다.

```
docker run -d --name natcontainer microsoft/windowsservercore
docker network connect mynetwork natcontainer
```

응용 프로그램이 특정 IP 주소를 필요로 하는 경우 docker network 명령어 내에 --ip
플래그를 추가해 네트워크에 연결된 컨테이너의 IP 주소를 지정할 수 있다. Windows
는 실행 중인 컨테이너의 네트워크 설정 변경을 지원하지 않으므로 IP 주소를 할당하
기 전에 컨테이너를 중지해야 한다.

```
docker network connect --ip 172.20.81.2 mynetwork natcontainer
```

--alias 플래그를 사용해 네트워크 내의 컨테이너 이름을 바꿀 수도 있다. 예를 들어 다음 명령어는 정적 IP 주소를 컨테이너에 할당하고, 이름을 mynetworkcontainer로 변경해 네트워크 내에서 별칭을 통해 이름 풀이가 가능하게 한다.

```
docker network connect --ip 172.20.81.2 --alias mynetworkcontainer
mynetwork natcontainer
```

앞 예제와 같이 컨테이너의 IP 주소가 구체적으로 명시된 경우 컨테이너는 다시 시작 시 IP 주소를 유지하려고 노력한다. 해당 IP 주소를 사용할 수 없으면 컨테이너가 시작되지 않는다. 해당 IP 주소의 가용성을 보장하는 가장 좋은 방법은 네트워크 생성 시 --ip-range 플래그를 지정하고 범위 밖에 있는 정적 IP 주소를 사용하는 것이다. 이렇게 하면 해당 컨테이너가 네트워크에 없는 경우 다른 컨테이너에 해당 IP 주소를 제공하지 않는다. 네트워크에 연결된 컨테이너를 일시 중지, 중지 및 다시 시작할 수 있으며, 컨테이너가 실행될 때 해당 네트워크에 대한 재연결을 시도한다. 예를 들어 다음 명령어는 IP 범위를 지정해 네트워크를 만들고 범위 밖의 정적 IP 주소를 사용해 컨테이너에 대한 IP 주소를 유지시킨다.

```
docker network create --subnet 172.20.0.0/16
--ip-range 172.20.240.0/20 mynetwork
docker network connect
--ip 172.20.128.2 mynetwork container1
```

정적 포트 매핑

응용 프로그램이 컨테이너 호스트의 IP를 통해 접근되려면 컨테이너와 호스트 포트 사이에 매핑이 돼 있어야 한다. 이러한 매핑은 컨테이너를 생성하거나 컨테이너가 중지될 때 설정돼야 한다. TCP/UDP 포트는 PAT^{Port Address Translation}를 사용해 변환되므로 호스트의 외부 포트에서 수신된 트래픽을 다음 그림과 같이 매핑을 통해 내부 포트로 변환할 수 있다.

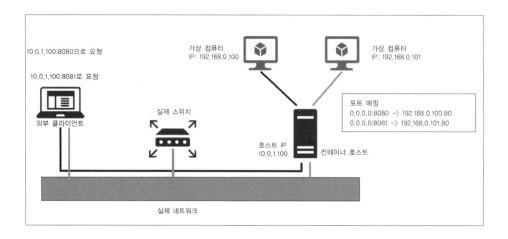

다음 명령어는 컨테이너 호스트의 80번 포트를 컨테이너의 80번 포트에 매핑한다. 예를 들어 컨테이너에서 IIS Web Server가 포트 80번을 이용해 실행 중이라고 하자. 외부 클라이언트에서 컨테이너 호스트의 포트 80번으로 요청을 보냈을 경우 호스트의 IP 주소나 DNS 이름은 컨테이너의 포트 80번으로 변환된다.

```
docker run -it -p 80:80 microsoft/windowsservercore cmd
```

포트 번호가 컨테이너와 호스트에서 동일해야 하는 것은 아니다. 예를 들어 다음 명령어는 호스트의 8082번 포트를 컨테이너의 80번 포트에 매핑한다.

```
docker run -it -p 8082:80 microsoft/windowsservercore cmd
```

Docker for Windows는 명령어에서 -p 옵션을 이용하거나 dockerfile 내의 EXPOSE 명령어를 통해서 동적 포트를 지원한다. 이를 지정하지 않으면 컨테이너 호스트에서 사용 가능한 임의의 포트가 선택된다. Docker가 선택한 임의의 포트는 다음과 같이 docker ps 명령어를 사용해 확인할 수 있다.

```
docker run -itd -p 80 microsoft/windowsservercore cmd
```

```
PS C:\> docker ps
CONTAINER ID        IMAGE                         COMMAND        CREATED             STATUS              PORTS
6ca3d9f3c557        microsoft/windowsservercore   "cmd"          About a minute ago  Up About a minute   0.0.0.0:61310->80
```

Windows Server 2016 및 Windows 10(1주년 업데이트 이상)의 Docker Engine은 NAT 네트워크에서 사용되는 포트 번호에 대한 방화벽 규칙을 만든다. 이 방화벽은 컨테이너 호스트에 대한 설정이며, 컨테이너나 네트워크 어댑터에 지정된 것이 아니다.

네트워크에서 컨테이너 연결 끊기

다음 명령어를 사용해 컨테이너를 네트워크에서 삭제할 수 있다. 네트워크에서 연결을 끊기 전에 컨테이너를 중지해야 한다. 네트워크에서 연결을 끊은 이후 중지된 컨테이너를 다시 시작하면 동일한 네트워크에 다시 연결하려고 시도한다. 컨테이너의 네트워크를 변경하려 앞서 살펴본 docker network connect 명령어를 사용한다.

```
docker network disconnect mynetwork <컨테이너 이름>
```

docker network rm 명령어를 사용해 네트워크를 완전히 정리하고 Hyper-V 가상 스위치 및 NAT를 정리한다.

```
docker network rm mynetwork
```

WinNAT 네트워크 구현의 한계

WinNAT은 개발 환경에서 가장 적절한 네트워킹 모드다. 그러나 다음과 같은 제한 사항을 염두에 두고 테스트/프로덕션 환경에서 사용해야 한다.

- **다수 서브넷 사용 불가**: 멀티테넌트 환경이나 호스트에서 컨테이너 형태로 실행하는 분리된 응용 프로그램을 갖고 있다고 가정해보자. WinNAT는 여러 개의 내부 서브넷 접두사를 허용하지 않기 때문에 응용 프로그램과 테넌트는 동일한 내부 서브넷을 공유해야 한다. 모든 컨테이너와 가상 컴퓨터들은 단일 서브넷 내의 구획을 나눠 상호 조정돼야 할 필요가 있다. 많은 숫자의 컨테이너와 가상 컴퓨터를 실행하려면 큰 서브넷(예를 들어 /18)이 필요하다. 컨테이너 호스트를 공유하는 응용 프로그램의 경우 NAT 구성에서 제공하는 정적 포트 매핑 기능은 외부 호스트 포트에 하나의 내부 포트만 매핑할 수 있으므로, 포트 가용성에 영향을 주게 된다. 컨테이너 호스트가 IIS와 같은 Web Server를 두 개의 컨테이너로 분리해 실행할 경우 호스트의 IP와 포트 80번은 그중 하나에서만 사용 가능하다.

- **IP 범위 중첩(Overlap)**: 컨테이너 호스트에서 NAT가 사용하는 서브넷 범위는 호스트의 외부 IP 주소 범위와 중첩될 수 없다. 예를 들어 NAT에 구성 서브넷 범위가 172.16.0.0/24인 경우 172.16.0.208과 같은 IP 주소는 호스트의 IP 주소로 사용할 수 없다. 컨테이너 호스트 IP 주소가 동적으로 할당돼 NAT 네트워크의 서브넷 범위에 포함된다면 NAT 네트워크의 내부 IP 접두사는 적절하게 수정돼야 한다.

- **호스트에서 내부 엔드포인트에 접근**: 컨테이너 호스트에서 호스트의 IP를 통해 정적 포트로 매핑된 컨테이너의 내부 엔드포인트로 접근할 수 없다. 예를 들어 microsoft/iis 이미지를 이용해 다음과 같은 컨테이너를 생성했다고 가정하자.

  - NAT에서 할당된 IP 주소 172.16.1.100
  - 내부 컨테이너 포트 8080번을 컨테이너 호스트의 포트 8080번으로 매핑

  이 경우 컨테이너 호스트에서 Web Server는 http://172.16.1.100:8080과 같은 컨테이너 IP 주소로는 접근이 가능하지만, 호스트의 IP 주소와 8080번 포트를

통해서는 접근이 불가능하다(예, http://호스트 IP 주소:8080). 앞서 살펴본 것처럼 Docker 서비스가 구동될 때 NAT 네트워크가 자동으로 만들어진다. 다음 명령어와 같이 -b none 옵션을 사용해 Docker 서비스(dockerd)를 시작하면 이를 피할 수 있다.

```
dockerd -b "none"
```

▌ 네트워킹 모드

Windows 컨테이너는 네 가지 사용 가능한 네트워킹 모드(또는 드라이버) 중 하나를 사용해 컨테이너를 외부에서 접근할 수 있다. 컨테이너의 네트워킹 모드는 외부에서 컨테이너에 접근할 수 있는 방법과 IP 주소 할당 방법, 네트워킹 정책 적용 방법에 의해 결정된다. NAT 네트워킹 모드 외에도 Windows Server 2016 네트워킹 스택에는 Transparent 네트워크, L2 브리지^{Bridge} 및 L2 터널^{Tunnel}의 세 가지 네트워킹 모드가 추가로 제공된다. 이를 다음 절에서 살펴보자.

Transparent 네트워크

Transparent 네트워킹 모드에서는 각 컨테이너가 (컨테이너가 컨테이너 호스트의 IP를 사용해 외부 네트워크에 연결하는 NAT와 달리) 호스트 네트워크에 직접 연결된다. 이 모드는 Hyper-V 사용자에게 가장 익숙하다. 컨테이너는 가상 스위치를 사용해 다음 그림과 같이 스위치와 연결된 네트워크에 연결한다.

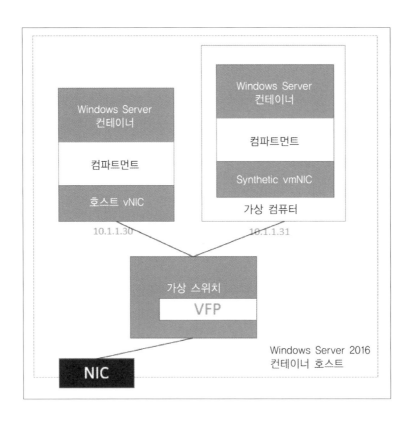

트래픽은 vSwitch를 통해 컨테이너에서 NIC로 직접 라우팅된다. DHCP Server를 사용해 컨테이너에 정적 또는 동적으로 IP 주소를 할당할 수 있다. DHCP^{Dynamic Host Configuration Protocol}는 IP 주소와 서브넷 마스크 및 기본 게이트웨이와 같은 기타 구성을 호스트에 제공할 수 있는 클라이언트/서버 프로토콜이다. 네트워크에 DHCP 장치가 없으면 모든 장치에 IP 주소가 수동으로 할당되며, 장치가 네트워크에서 제거될 때 수동으로 해당 주소를 정리해야 한다. DHCP는 네트워크 장치에 임대되고 장치가 네트워크에서 제거될 때 자동으로 수거되는 IP 주소 풀을 유지 관리한다.

다음 명령어는 단순한 Transparent 네트워크를 작성하지만, 서브넷이나 게이트웨이를 구성하지 않았으므로 이 네트워크로는 컨테이너에 접근할 수 없다.

```
docker network create -d transparent transparentnetwork
```

정적 IP 주소를 컨테이너에 수동으로 할당하려면 네트워크가 만들어질 때 게이트웨이
와 서브넷 정보를 지정해야 한다. 다음 명령어는 서브넷과 게이트웨이의 정보가 포함
된 Transparent 네트워크를 만든다.

```
docker network create -d transparent --subnet=10.123.174.0/23
--gateway=10.123.174.1 transparentnetwork
```

 컨테이너 호스트에 원격으로 연결돼 있는 경우 네트워크를 만들 때 일시적으로 네트
워크가 끊어질 수 있다.

새로 생성된 네트워크는 다음 그림과 같이 Transparent 드라이버가 있는 네트워크
다음에 나타난다.

```
PS C:\> docker network ls
NETWORK ID          NAME                  DRIVER          SCOPE
d49146542f9c        mynetwork             nat             local
b6b0a50a8a53        nat                   nat             local
875a672583a5        none                  null            local
b63ef5c76d0d        transparentnetwork    transparent     local
```

다음 명령어를 실행해 Transparent 네트워크에 연결된 컨테이너를 만든다.

```
docker run -it --network=transparentnetwork
--ip 10.123.174.105 microsoft/windowsservercore cmd
```

컨테이너가 컨테이너 호스트의 실제 네트워크에 접근할 수 있으므로 컨테이너에 대한
포트를 매핑할 필요가 없다. 앞 명령어에서 --ip 플래그를 사용해 지정된 컨테이너의
IP 주소로 직접 Ping을 수행할 수 있어야 한다.

컨테이너 호스트가 가상화돼 있을 경우 DHCP를 사용해 IP 주소를 자동으로 할당하려
면 가상 컴퓨터의 NIC에 MAC 주소 스푸핑^{Spoofing}을 사용하게 설정해야 한다. MAC
주소 스푸핑을 사용하지 않을 경우 컨테이너로 향하는 네트워크 트래픽이 차단된다.

```
Get-VMNetworkAdapter -VMName ContainerHostVM | Set-VMNetworkAdapter
-MacAddressSpoofing On
```

Microsoft Azure에서는 MAC 주소 스푸핑 기능을 제공하지 않으므로 사용할 수 없다.
Microsoft Azure는 NAT 네트워크 드라이버만 지원한다.

L2 브리지와 L2 터널

이 네트워킹 모드는 컨테이너 호스트의 서브넷을 사용해 개별 컨테이너의 엔드포인트
를 생성한다. IP 주소는 컨테이너 호스트의 서브넷에서 정적으로 할당돼야 한다. 모든
컨테이너 엔드포인트는 L2 주소 변환을 사용하므로 동일한 MAC 주소를 갖는다. 동일
한 서브넷에 있는 두 개의 컨테이너 간 네트워크 트래픽은 컨테이너 호스트로 브리지
^{Bridge}되며, 다른 IP 서브넷이나 다른 호스트에 있는 컨테이너 간 네트워크 트래픽은
실제 호스트의 가상 스위치로 전달된다. 컨테이너에서 패킷을 보낼 경우 MAC 주소는
컨테이너 호스트의 MAC 주소로 변환된다. 수신되는 패킷의 MAC 주소도 컨테이너의
MAC 주소로 다시 변환된다. 이러한 유형의 네트워킹 모드는 일반적으로 공용 및 사
설 클라우드 네트워크에 적합하다.

L2 브리지를 사용해 새 네트워크를 만들려면 다음 명령어를 실행한다.

```
docker network create -d l2bridge --subnet=192.168.1.0/24
--gateway=192.168.1.1 bridgenetwork
```

L2 브리지 및 L2 터널은 테넌트의 가상 네트워크에 컨테이너 엔드포인트를 연결하기 위해서 Microsoft SDN^{Software Defined Networking} 스택을 사용한다.

 테넌트 가상 네트워크에 컨테이너 엔드포인트를 연결하는 방법을 Microsoft Azure는 제공하지 않으므로, 해당 네트워킹 모드를 Microsoft Azure에서 사용할 수 없다.

L2 브리지 또는 L2 터널 모드의 구동 방식을 살펴보기 전에 Windows Server 2016의 다른 중요한 구성 요소인 SDN을 이해하는 것이 중요하다. SDN은 Windows Server 2016 Datacenter 에디션, System Center 2016 및 Microsoft Azure를 통해 제공되는 신기술이다. SDN은 데이터센터 내의 라우터와 스위치 같은 실제 네트워크나 가상 네트워킹 장치를 구성, 관리할 수 있게 한다. Hyper-V를 통해 서버를 가상화한 것과 같이 SDN은 실제 네트워크에 대해 가상화를 제공해 응용 프로그램이나 다른 구성 요소들이 SDN이 만든 추상화 계층 위에서 동일하게 동작할 수 있게 한다. SDN는 네트워크 정책의 정의와 관리를 중앙에서 할 수 있게 한다. SDN은 실제 네트워크와 가상 네트워크에서 동작한다. 그리고 기존 인프라스트럭처에서 SDN으로 새로운 응용 프로그램이나 워크로드를 추가/제거할 수 있음은 물론 정책을 구현하고 제한을 자연스럽게 적용할 수 있다.

다음은 SDN을 정의하는 핵심 소프트웨어 구성 요소다.

- **네트워크 컨트롤러(NC)**: 네트워크 컨트롤러는 사설 데이터센터 내의 물리 네트워크와 가상 네트워크를 연동, 구성, 관리 및 모니터링할 수 있는 API를 제공하는 서버 역할이다. 네트워크 컨트롤러는 높은 확장성과 가용성을 제공한다. 네트워크 컨트롤러는 Southbound API라고 부르는 API를 사용해 하위 네트워크와 통신한다. 더불어 네트워크 컨트롤러와 통신할 수 있는 Northbound API를 제공한다. REST API, PowerShell 또는 사용자 관리 클라이언트를 사용해 네트워크 컨트롤러와 작업이 가능하다. 네트워크 컨트롤러

를 통해 Hyper-V 가상 컴퓨터, 가상 스위치, 실제 스위치, 방화벽, VPN, 게이트웨이, 부하 분산 장치 등을 관리할 수 있다.

- **Hyper-V 가상화**: Hyper-V 가상화를 사용하면 기존의 실제 네트워크에서 가상 네트워크를 실행할 수 있다. 가상 네트워크는 멀티테넌트 환경에서 격리를 제공하고 리소스 사용률을 향상시킨다. 가상 네트워크는 VLAN과도 호환된다. Hyper-V 가상화에 대한 자세한 내용은 https://technet.microsoft.com/windows-server-docs/networking/sdn/technologies/hyper-v-network-virtualization/hyper-v-network-virtualization에서 확인할 수 있다.

- **Hyper-V 가상 스위치**: NAT 네트워크를 볼 때 이 단어를 접했다. Hyper-V 가상 스위치는 가상 컴퓨터나 호스트 내에서 실행되는 컨테이너를 다양한 방법으로 실제 혹은 가상 네트워크에 연결해주는 소프트웨어 기반 L2 이더넷 네트워크다. 가장 중요한 점은 가상 컴퓨터나 컨테이너 그룹에 보안 정책, 격리, 서비스 수준을 적용하기 위해서 이 기능을 프로그래밍 가능한 방식으로 관리할 수 있다는 것이다. Hyper-V 가상 스위치에 대한 자세한 내용은 https://technet.microsoft.com/windows-server-docs/networking/technologies/hyper-v-virtual-switch/hyper-v-virtual-switch를 참조하자.

- **iDNS(Internal DNS Service)**: 자체 네트워크 또는 외부 네트워크의 테넌트에 대한 DNS 이름 풀이용(로컬 이름 또는 내부 리소스) 역할을 한다. iDNS에 대한 자세한 내용은 https://technet.microsoft.com/windows-server-docs/networking/sdn/technologies/idns-for-sdn을 살펴본다.

- **네트워크 기능 가상화(Network function virtualization)**: 네트워크 기능 가상화에는 부하 분산 장치, 방화벽, 라우터 등과 같은 가상화 기반 네트워크 하드웨어 어플라이언스[Appliance]와 편리한 방법의 상호 작업을 제공하게 소프트웨어 기반 부하 분산 장치, NAT, 데이터센터 방화벽 및 RAS 게이트웨이 등의 다양한 기술이 포함돼 있다.

Windows Server 2016은 소프트웨어 정의 데이터센터[SDDC]를 구현하기 위한 완벽한 플
랫폼이다. 호스트 내의 가상 컴퓨터 간 공유되는 CPU와 디스크 형태로 가상화된 메모
리를 이용해 서버가 가상화된다는 것이다. 네트워크 가상화는 소프트웨어 기반 API를
사용해 네트워크 구성 요소를 제어할 수 있게 하는 가상화의 혁신 요소다. 네트워크
하드웨어는 라우터, 스위치 및 부하 분산 장치가 있는 가상 네트워크를 만들기 위해
가상화돼 있기 때문에 소프트웨어 정의 데이터센터 내의 멀티테넌트 응용 프로그램을
서비스할 수 있다. SDDC는 워크로드 간 비즈니스 격리를 제공한다. 그리고 매우 기민
하고 유연하게 네트워크 관리자가 정책을 구성할 수 있게 한다. 컨테이너와 결합돼
이는 응용 프로그램 패키지를 배포하고 미래를 향할 수 있는 가장 빠른 방법이 된다.

SDN은 호스트에서 어떻게 작동할까? 그 답은 소프트웨어적인 요소를 살펴보는 다음
그림에서 설명한다.

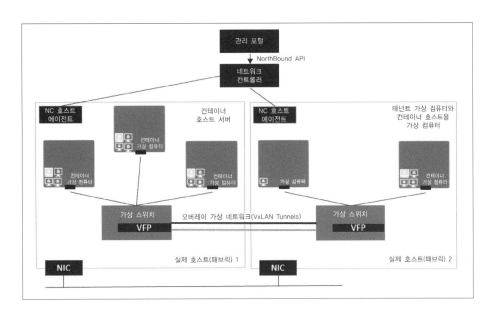

가상화 환경의 컨테이너는 실제 서버 내에 구동되고 있는 가상 컴퓨터에서 실행된다. 네트워크 컨트롤러는 OVSDB 프로토콜을 통해 Southbound API를 사용해 실제 서버 내에서 실행 중인 호스트 에이전트에 정책을 보낸다. 그런 다음 호스트 에이전트는 정책을 실제 서버의 VFP$^{\text{Virtual Filtering Program}}$ 확장에 적용한다. 이 정책은 개별 IP와 엔드포인트에만 적용된다. 이는 하나의 네트워크 어댑터를 사용해 단일 컨테이너 호스트에서 실행되는 여러 컨테이너에 대한 트래픽을 구성하기 위한 세분화된 정책을 정의하는 데 도움이 된다.

L2 브리지 네트워킹 모드를 사용하면 컨테이너의 모든 트래픽은 컨테이너 호스트의 가상 컴퓨터로 전달되고, 이는 다시 가상 스위치로 전달된다. 각 vSwitch마다 설치된 VFP 확장은 네트워킹 정책을 적용한다. 앞 그림에서 살펴볼 수 있었던 것처럼 컨테이너는 다수 노드로 구성된 클러스터에서 VxLAN과 같은 오버레이 네트워크를 이용해 컨테이너 호스트 간에 통신을 한다.

컨테이너 엔드포인트에 L2 브리지 네트워크를 어떻게 적용할까? L2 브리지 또는 L2 터널 네트워킹 모드는 SDN이 구성된 사설 클라우드 설정이 필요하므로 동작을 살펴볼 수 있는 예제를 제공하는 것은 이 책의 범위에서 벗어난다. 그러나 이 절에서는 컨테이너를 이용해 해당 네트워크를 구성하기 위한 가이드라인을 제공한다. 어찌됐든 이 절에서는 컨테이너를 사용해 네트워크를 설정하는 방법을 제공한다. L2 브리지 컨테이너 네트워킹 모드를 설정하기 위한 사전 요구 사항은 다음과 같다.

- 네트워크 컨트롤러가 있는 SDN 인프라
- 테넌트 가상 네트워크
- Windows 컨테이너 기능이 배포된 테넌트 가상 컴퓨터, Docker와 Hyper-V 역할이 활성화돼야 함(Hyper-V는 Hyper-V 컨테이너 배포에만 필요)

사설 클라우드에서 오버레이 네트워크를 사용해 컨테이너 엔드포인트를 구성하는 방법에 대한 자세한 내용은 https://docs.microsoft.com/en-us/windows-server/networking/sdn/manage/connect-container-endpoints-to-a-tenant-virtual-network를 살펴본다.

L2 터널과 L2 브리지의 기본적인 차이점은 다음과 같다. L2 터널은 컨테이너로 모든 네트워크 트래픽이 실제 Hyper-V 호스트를 통해 직접 전달되는 반면, L2 브리지는 실제 Hyper-V 호스트로 서브넷 간 네트워크 트래픽만 전달된다. 네트워크 정책은 네트워크 컨트롤러나 네트워크 리소스 공급자를 사용해 서브넷 간, 호스트 간 트래픽 모두에 적용된다.

▌ 다중 컨테이너 네트워크

Transparent 네트워크를 이용해 외부 스위치를 사용하거나 L2 브리지/터널 네트워킹 모드, 또는 NAT 모드를 사용해 다중 컨테이너 네트워크를 만들 수 있다. NAT 모드에서는 논리 파티션을 사용해 단일 컨테이너 호스트에서 다중 컨테이너 네트워크를 사용할 수 있다.

다음 명령어는 동일한 IP 접두사에 속하는 두 개 이상의 논리 NAT 네트워크를 만드는 데 사용할 수 있는 `InternalIPAddressPrefix`를 보여준다.

```
get-netnat
```

다음 그림과 같이 컨테이너 호스트의 `InternalIPAddressPrefix`는 172.20.80.1/20 이다.

```
PS C:\> get-netnat

Name                             : H971db7ae-da9a-4872-a360-6d16476383e6
ExternalIPInterfaceAddressPrefix :
InternalIPInterfaceAddressPrefix : 172.20.80.1/20
IcmpQueryTimeout                 : 30
TcpEstablishedConnectionTimeout  : 1800
TcpTransientConnectionTimeout    : 120
TcpFilteringBehavior             : AddressDependentFiltering
UdpFilteringBehavior             : AddressDependentFiltering
UdpIdleSessionTimeout            : 120
UdpInboundRefresh                : False
Store                            : Local
Active                           : True
```

다음 명령어를 실행해 두 개의 NAT 네트워크와 게이트웨이를 만든다.

```
docker network create -d nat --subnet 172.20.81.0/24
--gateway 172.20.81.1 natnetwork1
docker network create -d nat --subnet 172.20.82.0/24
--gateway 172.20.82.1 natnetwork2
```

특정 서브넷을 이용하는 컨테이너를 만들려고 할 경우 network 플래그를 사용해 적절한 네트워크를 선택할 수 있다.

▌ 컨테이너 네트워크 라우팅

다음 표는 서로 다른 네트워킹 모드 내에서 연결됐을 경우 컨테이너 트래픽이 어떻게 동작하는지 요약했다.

단일 노드

다음 표는 단일 네트워킹 모드를 사용하는 컨테이너 네트워크가 어떻게 컨테이너 호스트 간 라우팅을 하는지 보여준다.

	컨테이너와 컨테이너 간 트래픽	컨테이너와 외부 간 트래픽
NAT	Hyper-V 가상 스위치를 통해, 연결이 생성된다.	MAC 주소 변환을 사용하는 WinNAT을 통해 라우팅된다.
Transparent 네트워크	Hyper-V 가상 스위치를 통해, 연결이 생성된다.	컨테이너는 호스트의 실제 네트워크에 직접 접근한다.
L2 브리지	Hyper-V 가상 스위치를 통해, 연결이 생성된다.	컨테이너는 MAC 주소 변환을 통해, 실제 네트워크에 직접 접근한다.

다중 노드

다음 표는 서로 다른 네트워킹 모드를 사용하는 컨테이너 네트워크가 어떻게 컨테이너 호스트 간 라우팅을 하는지 보여준다.

	컨테이너와 컨테이너 간 트래픽	컨테이너와 외부 간 트래픽
NAT	트래픽은 WinNAT과 컨테이너 호스트의 IP와 엔드포인트를 이용해, 라우팅된다.	트래픽은 WinNAT과 컨테이너 호스트의 IP와 엔드포인트를 이용해 라우팅된다.
Transparent 네트워크	컨테이너 IP는 직접 접근할 수 있다.	컨테이너는 호스트의 실제 네트워크에 직접 접근할 수 있다.
L2 브리지	컨테이너 IP는 직접 접근할 수 있다.	컨테이너는 MAC 주소 변환을 통해 실제 네트워크에 직접 접근한다.

▌뮤직 스토어의 다중 서브넷 배포

앞에서 뮤직 스토어를 컨테이너화된 모놀리식 응용 프로그램으로 개발하기 시작했었다. 7장에서 이 응용 프로그램은 데이터베이스 계층과 캐시 계층을 추가해 구성 요소화됐다. 이제 뮤직 스토어 응용 프로그램에 비즈니스 로직을 담당할 API 계층을 추가할 것이다. 뮤직 스토어 API는 ASP.NET Core Web API 프로젝트며, 뮤직 스토어 데이터 및 비즈니스 로직을 위한 RESTful 서비스 계층으로 동작한다. 3계층 구조는 많은 기업용 응용 프로그램에서 매우 일반적이다. 뮤직 스토어는 HTML, CSS 및 일부 자바스크립트 파일이 포함된 ASP.NET Core MVC 프로젝트를 이용해 만든 웹 프론트엔드, 비즈니스 구성 요소와 캐시를 담당하는 중간 API 계층과 데이터 저장을 하는 데이터베이스 계층으로 구성된 하나의 예제다.

계층화된 아키텍처를 사용하면 여러 가지 이점이 있다. 각 계층을 개별적으로 관리할 수 있고, 보안 및 자동 확장 정책을 중앙에서 적용하거나 모니터링 할 수 있다. 그리고 독립적인 배포 모델을 지원한다. 마이크로서비스 환경에서 각 팀은 응용 프로그램의 다른 부분에 영향을 미치지 않으면서 응용 프로그램이나 서비스의 설계, 개발 및 배포에 집중할 수 있다. 반면에 모놀리식 디자인은 여러 측면에서 진행을 방해하며 응용 프로그램에 대한 일부 변경 시 전체를 대상으로 하는 테스트, 회귀Regression 및 배포를 하기 위한 많은 시간과 노력을 유발한다. 마이크로서비스는 응용 프로그램이나 서비스를 설계하는 새로운 방식이며, 이 절에서는 뮤직 스토어를 독립적으로 배포 및 확장 가능한 단위의 묶음으로 구축하는 것에 중점을 둔다. 분산 배포 방식 외에도 이 절에서는 비용이 적게 들지만 동일한 확장성 및 보안 기능을 제공하는 테스트/프로덕션 환경 생성에 중점을 둔다. 이는 프로덕션과 같은 환경에서 개발 중인 응용 프로그램을 테스트하는 데 도움이 된다. 더불어 일반적으로 모든 제품의 추가 주기마다 비용과 시간을 효율적으로 사용할 수 있다.

 분산 배포와 네트워킹의 개념을 이해하기 위해 뮤직 스토어 응용 프로그램의 몇 가지 기능을 소스코드에서 제거했다. 예를 들면 인증 및 관리자 로그인 화면이다. 8장에서는 응용 프로그램을 사일로로 나누는 것과 이들의 네트워킹 개념을 주로 다루기 때문에 비즈니스 기능은 자세히 다루지 않는다. 동일한 모델을 다중 사일로를 이용하는 특정 기업용 응용 프로그램으로 확장할 수 있다.

업데이트된 뮤직 스토어 응용 프로그램의 새 이미지를 만드는 것부터 시작하자. 이 절의 코드 예제는 C:\learningwsc\chapter8\musicstore에 있다(소스코드를 c:\learningwsc에 압축 해제했다고 가정한다).

다음 그림은 뮤직 스토어의 웹 및 API 구성 요소에 대한 새로운 솔루션의 구조를 보여준다.

ⓘ 여기에 사용된 IP 및 서브넷 예제는 호스트의 NAT IP에 종속적이며, 설명 목적으로만 사용된다. 실제 작업 시 컨테이너 호스트 내에 있는 InternalIPAddressPrefix의 IP를 변경한다.

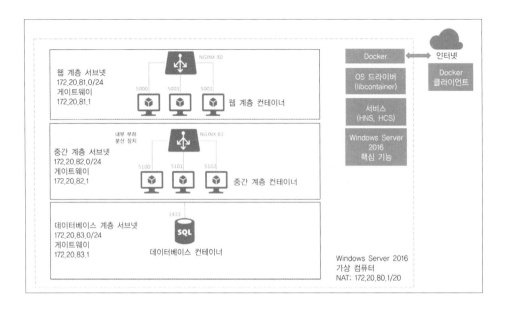

다음 예제에서는 위 그림에서 살펴본 것처럼 뮤직 스토어를 배포하는 순서를 살펴
본다.

1. 뮤직 스토어 웹 및 API 이미지 빌드를 시작한다. Visual Studio 2015에서 뮤직
   스토어 솔루션을 연다.

2. MusicStore.API 웹 프로젝트를 마우스 오른쪽 버튼으로 클릭하고, Build를
   클릭한다. 7장에서 설명한 것처럼 빌드 단계는 다음과 같이 project.json 파일
   을 통해 추가 작업을 수행하도록 수정, 확장된다.

```
"scripts": {
  "prepublish": [ "bower install", "dotnet bundle" ],
  "postcompile": [ "powershell -executionpolicy
              bypass ./docker/dockertask.ps1 -build
              -projectname '%project:name%'
              -configuration '%compile:configuration%'
              -version '1.0.0'" ],
  "precompile": [ "powershell -executionpolicy
```

```
                    bypass ./docker/dockertask.ps1 -clean" ]
    }
```

성공적으로 컴파일된 후 PowerShell 스크립트는 기본 매개변수 값을 이용해 빌드 함수를 호출한다. 첫 번째 단계는 바이너리와 리소스를 C:/learningwsc/chapter8/musicstore/musicstore.api/publishoutput 폴더에 게시한다. 사용자의 편의에 따라 대상 게시 폴더를 수정할 수 있다.

```
dotnet.exe publish --framework netcoreapp1.0
--configuration $Configuration
--output /learningwsc/chapter8/musicstore/musicstore.api/publishoutput
--no-build
```

다음 폴더가 만들어지고 최신 바이너리가 복사됐는지 확인하자. 다음 단계는 learningwsc/musicstore.api 버전 1.0.0으로 musicstore API 이미지를 생성한다. 이 경우 이미지 이름 앞에 learningwsc가 추가돼 게시 프로세스가 쉬워진다(learningwsc 는 Docker Hub 계정 이름 또는 사용자 이름이다). 이미지와 다른 매개변수들은 PowerShell 스크립트를 호출하거나 기본 매개변수를 변경하는 동안 매개변수 값으로 전달해 제어할 수 있다. 빌드가 성공적으로 완료됐으며, 다음 그림과 같이 musicstore API 이미지가 생성됐는지 확인한다.

```
PS C:\> docker images
REPOSITORY                          TAG            IMAGE ID            CREATED          SIZE
learningwsc/musicstore.api          1.0.0          9ae59befbe5f        9 minutes ago    8.92 GB
```

1. 다음 단계는 최신 뮤직 스토어 웹 컨테이너 이미지를 작성하는 것이다. 뮤직 스토어 프로젝트를 마우스 오른쪽 버튼으로 클릭하고 Build를 클릭한다. 빌드 프로세스는 여기에서 살펴본 것과 동일한 프로세스를 따른다. 유일한 차이점 은 이미지 이름에 있다. 다음 그림과 같이 learningwsc/musicstore 이미지 가 만들어졌는지 확인한다.

```
PS C:\> docker images
REPOSITORY                          TAG        IMAGE ID       CREATED         SIZE
learningwsc/musicstore.api          1.0.0      d310cdef2bb9   19 minutes ago  8.92 GB
learningwsc/musicstore              1.0.0      a700206d7c30   30 minutes ago  8.9 GB
```

 뮤직 스토어 웹 또는 API는 패턴 인식을 사용해 새 이미지를 만들기 전에 기존 이미지를 정리하게 설계됐다. 이전 버전을 유지하려면 $Version PowerShell 변수에 할당된 다른 버전 번호를 통한 이미지 버전을 지정해 정리 프로세스를 피할 수 있다.

2. 다른 컨테이너 호스트에서 이 이미지를 사용하고자 하는 경우 docker publish 명령어를 실행해 해당 이미지를 Docker Hub 계정에 게시할 수 있다.

3. 이 예제에 사용되는 컨테이너 호스트에 다음 포트(81, 5100-5103, 5000-5002, 1433, 6379)가 열려 있는지 확인한다. Microsoft Azure를 사용하는 경우 관리 포털에 접속해 언급한 엔드포인트를 생성한다. 온-프레미스 호스트의 경우 언급한 포트에 대해 트래픽을 허용해야 한다.

4. 뮤직 스토어 웹 및 API 이미지 외에도 SQL Server 및 Redis Cache 이미지가 필요하다. 7장에서 사용한 SQL Server Express 이미지와 달리 평가 기간이 180일인 Microsoft의 SQL Server 2016 컨테이너 이미지를 사용하게 된다. 이미지에 대한 자세한 내용은 https://hub.docker.com/r/microsoft/mssql-server-windows/에서 확인할 수 있다. 다음 명령어를 실행해 최신 Microsoft SQL Server 이미지를 가져온다.

```
docker pull microsoft/mssql-server-windows
```

5. 호스트에 Redis Server 이미지가 있는지 확인한다. 다음 명령어를 실행해 Docker Hub 계정에서 이미지를 다운로드하거나, 7장에서 살펴본 바와 같이 이미지를 만들 수 있다.

```
docker pull learningwsc/redis-server:1.0.0
```

6. 다음 명령어를 실행해 컨테이너의 내부 IP 인터페이스 주소의 접두사를 가져온다. 다음 그림은 컨테이너 호스트의 NAT 구성을 보여준다. `InternalIPInterfaceAddressPrefix` 속성 값을 기록해놓자. 이 예제에서는 172.20.80.1/20이다.

7. 이 예제는 NAT 네트워크가 웹 계층과 중간 계층, 그리고 데이터베이스 계층에 대한 세 개의 논리적인 서브넷으로 나뉜다. 이 주소는 호스트의 주소 접두사 내에서 확장될 수 있다. 많은 수의 서브넷을 생성하려는 경우 더 큰 NAT 네트워크를 만들 수도 있다. 다음은 세 개의 논리적인 서브넷의 구성이다. 주어진 주소의 접두사를 여러 서브넷으로 나누려면 서브넷당 네트워크 영역과 호스트 영역을 계산할 수 있어야 한다. 논리적인 서브넷을 구성하는 방법에 대한 자세한 내용은 https://technet.microsoft.com/en-us/library/cc958832.aspx 를 살펴본다.

계층	서브넷	게이트웨이
웹 계층	172.20.81.0/24	172.20.81.1
중간 계층	172.20.82.0/24	172.20.82.1
데이터 계층	172.20.83.0/24	172.20.83.1

8. 앞 표에서 살펴본 바와 같이 다음 명령어를 실행해 네트워크를 구성한다.

```
docker network create -d nat --subnet 172.20.81.0/24
--gateway 172.20.81.1 webtier
docker network create -d nat --subnet 172.20.82.0/24
--gateway 172.20.82.1 middletier
docker network create -d nat --subnet 172.20.83.0/24
--gateway 172.20.83.1 datatier
```

9. 우선 다음 명령어를 실행해 데이터 컨테이너 서브넷에 뮤직 스토어 데이터베이스를 서비스할 데이터베이스 컨테이너를 배포한다. 다음 Docker 명령어는 새 SQL Server 2016 이미지를 사용해 명령어의 일부로 입력한 SA 로그인 및 암호를 사용해 SQL Database 컨테이너를 만든다. 다음과 같이 컨테이너의 NAT 네트워크는 --network 플래그를 사용해 지정되며, 컨테이너의 IP 주소는 --ip 플래그를 사용해 구성된다.

```
docker run -d -p 1433:1433 --network datatier
--ip 172.20.83.2 -e sa_password=Password@123
-e ACCEPT_EULA=Y microsoft/mssql-server-windows
```

10. SSMS 또는 다른 관리 도구를 사용해 SQL Server 컨테이너에 연결할 수 있는지 확인한다. 호스트의 IP 주소나 DNS 이름을 사용해, 컨테이너에 연결할 수 있다. 사용자 계정은 sa로, 비밀번호는 Password@123를 입력해 컨테이너에 연결한다.

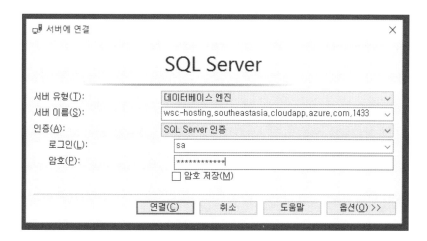

11. 이제 중간 계층 서브넷에 Redis Cache 컨테이너의 인스턴스를 배포한다. 다음 명령어를 실행해 Redis Cache 컨테이너를 만든다. 명령어에 지정된 Redis Cache 이미지를 호스트에서 사용할 수 있는지 확인한다. 없을 경우 Docker가 공개 리포지토리에서 다운로드하게 된다.

```
docker run -d -p 6379:6379 --name redis-server
--network middletier
--ip 172.20.82.5 learningwsc/redis-server
```

12. 컨테이너의 포트 80번에 매핑된 호스트 포트 5100, 5101 및 5102번을 사용해 뮤직 스토어 API 컨테이너 세 개를 배포한다. 다음 명령어를 실행해 중간 계층 네트워크에서 API 컨테이너의 인스턴스 세 개를 만든다.

```
docker run -d -p 5100:80 --name musicstoreapi1
--network middletier
--ip 172.20.82.2 learningwsc/musicstore.api:1.0.0
dotnet musicstore.api.dll
docker run -d -p 5101:80 --name musicstoreapi2
--network middletier --ip 172.20.82.3
```

```
learningwsc/musicstore.api:1.0.0 dotnet musicstore.api.dll
docker run -d -p 5102:80 --name musicstoreapi3
--network middletier --ip 172.20.82.4
learningwsc/musicstore.api:1.0.0 dotnet musicstore.api.dll
```

13. 이 책의 소스코드를 C:\learningwsc에 압축 해제했을 경우 C:\learningwsc\
    chapter8\musicstore\Deploy\MusicStore.API 폴더 아래에서 dockerfile 및
    nginx.conf 파일을 찾을 수 있다. 이 두 개의 파일을 사용해 3개의 웹 API
    컨테이너로 향하는 요청을 부하 분산시키는 NGINX 컨테이너를 만들 것이다.
    nginx.conf 내의 <dnsnameorip> 항목을 DNS 이름이나 컨테이너 호스트 이름
    으로 수정한다.

14. PowerShell을 열고, C:\learningwsc\chapter8\musicstore\Deploy\MusicStore.
    API 경로로 이동한다.

15. 다음 명령어를 실행해 웹 API에 대한 NGINX 이미지를 만든다.

```
docker build -t learningwsc/nginx.musicstore.api:1.0.0 .
```

16. 다음 명령어를 실행해 learningwsc/nginx.musicstore.api 이미지를 사용
    한 컨테이너를 만든다. 이는 80번 포트로 수신을 대기하고, 최소 연결 알고리
    즘을 이용해 포트 5100, 5101, 5102번으로 요청을 전달한다,

```
docker run -d -p 81:81 learningwsc/nginx.musicstore.api:1.0.0
```

17. API가 배포됐는지 확인하기 위해 URL http://<DNS 이름 또는 IP 주소>/
    api/album으로 접속해 데이터를 받을 수 있는지 확인한다. <DNS 이름 또는 IP
    주소>를 호스트의 IP 주소나 DNS 이름으로 바꾼다. 결과는 다음 그림과 같이
    앨범 데이터가 포함된 JSON이어야 한다. 데이터베이스 작성 및 초기화 단계

를 시작하기 때문에 초기 로딩 시간이 오래 걸릴 수 있다.

```
[
  - {
        albumId: 1,
        genreId: 1,
        artistId: 49,
        title: "The Best Of The Men At Work",
        price: 8.99,
        albumArtUrl: "~/Images/placeholder.png",
        genre: null,
        artist: null,
        orderDetails: [ ],
        created: "2016-12-28T13:35:22.8839055"
  },
  - {
        albumId: 2,
        genreId: 12,
        artistId: 225,
        title: "Ring My Bell",
        price: 8.99,
        albumArtUrl: "~/Images/placeholder.png",
        genre: null,
        artist: null,
        orderDetails: [ ],
        created: "2016-12-28T13:35:22.8844785"
  },
```

18. 뮤직 스토어 API는 다음 그림과 같이 한 앨범의 자세한 정보를 응답하는 다른
    엔드포인트를 제공한다. 엔드포인트는 앞의 URL에 albumId를 추가해 접속할
    수 있다. 예: http://<DNS 이름 또는 IP 주소>/api/album/1

```
{
    albumId: 1,
    genreId: 1,
    artistId: 49,
    title: "The Best Of The Men At Work",
    price: 8.99,
    albumArtUrl: "~/Images/placeholder.png",
  - genre: {
        genreId: 1,
        name: "Pop",
        description: null,
        albums: [ ]
    },
  - artist: {
        artistId: 49,
        name: "Men At Work"
    },
    orderDetails: [ ],
    created: "2016-12-28T13:35:22.8839055"
}
```

19. 다음 명령어를 실행해 웹 계층 내에 있는 세 개의 뮤직 스토어 웹 UI 컨테이너를 만든다.

```
docker run -d -p 5000:80 --name musicstore1 --network webtier --ip
    172.20.81.2 learningwsc/musicstore:1.0.0 dotnet musicstore.dll
docker run -d -p 5001:80 --name musicstore2 --network webtier --ip
    172.20.81.3 learningwsc/musicstore:1.0.0 dotnet musicstore.dll
docker run -d -p 5002:80 --name musicstore3 --network webtier --ip
    172.20.81.4 learningwsc/musicstore:1.0.0 dotnet musicstore.dll
```

20. PowerShell에서 C:\learningwsc\chapter8\musicstore\Deploy\MusicStore로 이동한다. 다음 명령어를 실행해 최소 연결 알고리즘을 통해 요청을 세 개의 컨테이너 중 하나로 라우팅하는 뮤직 스토어 웹 UI에 대한 NGINX 이미지를 만든다.

```
docker build -t learningwsc/nginx.musicstore:1.0.0 .
```

21. 다음 명령어를 실행해 뮤직 스토어 NGINX 이미지의 인스턴스를 만든다.

```
docker run -d -p 80:80 learningwsc/nginx.musicstore:1.0.0
```

22. 뮤직 스토어 홈페이지는 다음 그림과 같이 http://<컨테이너 호스트의 DNS 이름 또는 IP 주소>의 포트 80번을 사용해 연결할 수 있어야 한다.

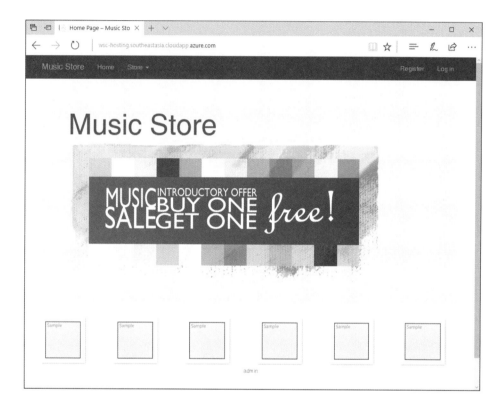

이로써 프로덕션과 같은 환경 내에서 독립적으로 배포 가능한 마이크로서비스 형태의 뮤직 스토어 배포를 완료했다. --isolation=Hyper-V를 추가하기만 하면 Hyper-V 컨테이너로 배포해 컨테이너의 격리 수준을 높일 수 있다. 앞서 설계된 응용 프로그램을 사용하면 보안, 확장성 및 성능에 대해서 테스트할 수 있다. 이러한 환경을 일반적인 환경으로 동일하게 구축한다면 필요한 추가 비용, 시간, 그리고 리소스로 인해 어려울 수 있다. 컨테이너를 추가해 응용 프로그램을 즉시 확장할 수 있다. 따라서 부하가 증가해도 응용 프로그램이 이를 처리할 수 있으며, 서브넷 IP를 이용해 보안 정책을 적용할 수 있다. 이런 환경을 제공하기 위해 수작업으로 많은 단계를 수행했지만, 9장에서는 컨테이너와 관련된 자동화된 빌드 및 배포, 그리고 Docker Compose와 같은 컨테이너 관리 도구를 사용해 복합 배포를 조정^{Orchestrating}하는 방법도 살펴볼 것이다.

▌ Docker용 Windows PowerShell을 사용해 Docker 네트워크 관리

지금까지 Windows 컨테이너 네트워킹 스택을 관리하기 위해 Docker 명령어를 사용했다. Windows는 스택을 관리하는 PowerShell 명령어도 제공한다. 그러나 PowerShell 패키지는 여전히 개발 중이며, 오픈소스로 사용할 수 있다. Docker PowerShell은 Docker REST API를 사용해 Docker 서비스에 연결한다. Docker 또는 REST API를 사용할지 여부는 순전히 선택의 문제다. Windows 컨테이너를 만들고 관리하기 위한 PowerShell 관리 스택을 설치하려면 다음 순서를 따라 한다.

1. PowerShell을 관리자 권한으로 연다.
2. 다음 명령어를 실행해 Docker용 PowerShell의 개발 빌드를 설치한다.

```
Register-PSRepository -Name DockerPS-Dev -SourceLocation
    https://ci.appveyor.com/nuget/docker-powershell-dev
Install-Module Docker -Repository DockerPS-Dev -Scope CurrentUser
```

3. 다음의 PowerShell 명령어를 실행해 실행 중인 컨테이너 목록을 가져온다.

```
Get-Containet
```

```
PS C:\Docker-PowerShell-master> Get-Container

ID                     Image            Command            Created                Status            Names
--                     -----            -------            -------                ------            -----
689f692238633c7ce...   learningwsc/...  /nginx-1.9.13/ngi...  12/28/2016 6:08:24 PM  Up About an hour  peaceful_haibt
a4ce2c36338c4a30a...   learningwsc/...  dotnet musicstore...  12/28/2016 6:02:29 PM  Up About an hour  musicstore3
074685c4d30eb2154...   learningwsc/...  dotnet musicstore...  12/28/2016 6:02:20 PM  Up About an hour  musicstore2
f094d5c4cd428e06d...   learningwsc/...  dotnet musicstore...  12/28/2016 6:02:10 PM  Up About an hour  musicstore1
19047cbf4177d4015...   learningwsc/...  dotnet musicstore...  12/28/2016 1:34:50 PM  Up About an hour  musicstoreapi3
54981c7285dab3427...   learningwsc/...  dotnet musicstore...  12/28/2016 1:34:38 PM  Up About an hour  musicstoreapi2
e3ab33a62e57012a2...   learningwsc/...  dotnet musicstore...  12/28/2016 1:34:31 PM  Up About an hour  musicstoreapi1
5f03a468b0fd3c691...   learningwsc/...  powershell .\re...    12/28/2016 1:28:50 PM  Up About an hour  redis-server
3425b3b664692b05e...   learningwsc/...  /nginx-1.9.13/ngi...  12/28/2016 1:22:08 PM  Up About an hour  infallible_curran
213318bda7e7675b8...   microsoft/ms...  cmd /S /C "powers...  12/28/2016 1:09:40 PM  Up About an hour  boring_spence
```

4. Docker용 PowerShell 모듈을 최신 빌드로 업데이트하려면 다음 명령어를 실행한다.

```
Update-Module docker
```

 Docker용 PowerShell 모듈에 대한 자세한 내용은 https://github.com/Microsoft/Docker-PowerShell/tree/master/src/Docker.PowerShell/Help에서 살펴볼 수 있다.

▌요약

Windows Server 2016은 NAT, Transparent 네트워크, L2 브리지 및 L2 터널 형태의 네 가지 네트워킹 모드를 제공한다. NAT는 Windows 컨테이너 호스트의 기본 네트워킹 모드다. 가장 간단한 방법으로 컨테이너의 IP 범위를 제공하기 위해 호스트의 IP 및 NAT를 사용한다. NAT 네트워킹 모드는 개발 환경에 적합하다. NAT 모드를 사용해 새 컨테이너가 만들어질 때 Windows Server 2016 HNS는 방화벽 규칙을 자동으로 만든다. Windows 컨테이너 네트워킹 스택을 사용해 격리된 테넌트 생성, 보안 정책 및 사용자 지정 라우팅을 적용할 수 있다. Windows Server 2016은 소프트웨어 기반 네트워크를 만들고 관리하는 데 사용할 수 있는 SDN이라는 실제 네트워크 기반 추상화 계층을 제공한다.

L2 브리지 및 L2 터널은 SDN을 사용하며, 사설 클라우드에서 가장 선호되는 네트워킹 방법이다. 서브넷 및 노드 간 연결은 네 가지 네트워킹 모드 모두를 사용해 가능하지만, NAT에서는 포트 사용에 대한 제한 사항이 있으므로 Transparent 네트워크, L2 브리지/L2 터널이 선호된다. NAT 네트워크 모드의 호스트 포트는 하나의 컨테이너에서만 사용할 수 있다.

다중 서브넷에 분산된 마이크로서비스 형태로 응용 프로그램을 배포하면 격리 및 확장성에 대한 이점을 얻을 수 있다. Microsoft는 Docker용 PowerShell도 개발하고 있다. 이는 Docker REST API를 사용해 컨테이너 호스트에서 실행되는 Docker 서비스와 상호 동작한다.

09

지속적인 통합과 배포

모놀리식^{Monolithic} 응용 프로그램을 여러 기능으로 분리된 프로세스나 마이크로서비스^{Microservice}로 분리하는 것은 마이크로서비스의 장점 중 한 가지일 뿐이다. 마이크로서비스는 전반적인 개발 프로세스를 민첩하게 해주는 동시에 새로운 기회를 제공한다. 새로운 기회 중 하나는 **지속적인 통합**^{CI, Continuous Integration}과 **지속적인 배포**^{CD, Continuous Delivery}를 수행할 수 있다는 것이다. CI와 CD는 애자일^{Agile} 팀에 가장 권장되며, 일반적인 개발 방법론이다. 마이크로서비스는 각각 독립적으로 배포할 수 있다. CI와 테스트 파이프라인을 구성하면 배포 과정을 유연하고 빠르게 할 수 있어 테스트와 검토를 마친 코드를 좀 더 빠른 속도로 배포할 수 있다. CI와 CD는 고객에게 작은 단위로 더 빠르게 기능들을 제공하기 위한 DevOps 문화의 핵심이기에 고객의 피드백을 수집하고 제품이 성숙함에 따라 여러 수정 사항들을 반영할 수 있다.

지속적인 테스트는 DevOps의 중요한 프로세스며, 품질 분석을 위해 CI에 포함돼야 한다. 지속적인 테스트란 개발자가 체크인한 모든 코드에 대해 충분한 비율의 코드 커버리지Code Coverage[1]를 갖춘 연속적인 테스트를 설정하는 과정이다. 그에 따라 팀에서는 코드의 품질에 대해 알고 새로운 코드가 문제를 야기하거나 회귀 문제Regression Issue를 발생시키지 않는다는 것을 확신할 수 있다.

9장은 VSTS(Microsoft가 제공하는 사용량에 따라 요금을 지불하는 서비스며, Azure 구독의 일부로 사용 가능하다)를 사용해 Windows 플랫폼의 컨테이너화된 응용 프로그램을 위한 CI/CD 파이프라인을 활성화하는 과정에 대해 주로 살펴본다. 또한 코드가 소스 제어Source Control로 푸시될 때마다 빌드와 Docker Hub로 게시되는 과정을 통합하는 방법을 알아본다.

9장에서 다루는 내용은 다음과 같다.

- Visual Studio Team Service 소개
- CIContinuous Integration
- VSTS 계정 등록
- VSTS 코드 저장소에 코드 업로드
- 사용자 지정 에이전트 생성 및 구성
- 자동화된 빌드 구성
- Docker 게시를 CI로 자동화
- CDContinuous Delivery
- 템플릿을 사용해 환경 생성
- Microsoft Azure상의 가상 컴퓨터에 컨테이너 배포 및 SPN 구성
- 통합 테스트와 웹 성능 테스트
- 배포의 승격과 코드 승격 워크플로Workflow

---

1. 코드 커버리지란 얼마나 테스트가 충분한지를 나타내는 지표 중 하나다. - 옮긴이

▌Visual Studio Team Service 소개

CI/CD는 많은 도구와 절차를 필요로 하는 프로세스다. 이러한 도구와 절차에는 개발자들이 코드를 제출하기 위한 코드 저장소, 버전 관리, 개발자가 코드를 저장소에 제출할 때마다 빌드를 할 수 있는 에이전트, 여러 환경에 코드를 배포할 수 있는 배포에이전트 등이 있다.

그 밖에도 관리 팀은 매일매일 개발 현황을 나타내는 대시보드와 리포팅을 위한 플랫폼이 필요할 수 있다. VSTS(이전의 Visual Studio Online)는 이러한 기능들 외에도 많은 기능을 제공하는 도구다. VSTS는 Visual Studio IDE와 매끄럽게 통합되며, 팀을 위한 완벽한 개발 환경을 만들어준다. 개발자들은 다양한 언어로 코드를 작성하고, 여러 플랫폼을 대상으로 하는 응용 프로그램들을 개발할 수 있다. VSTS는 코드 저장소이자 빌드 도구이기 때문에 다양한 언어들을 위한 여러 응용 프로그램 개발 도구들(예, 이클립스^Eclipse, 엑스코드^Xcode, IntelliJ, Visual Studio Code, 안드로이드 스튜디오^Android Studio)과통합될 수 있다.

VSTS는 Microsoft Azure에서 서비스되며, 기본적으로 Microsoft Azure 구독에 포함돼있다. VSTS의 주요 특징은 다음과 같다.

- **작업 항목 관리**: VSTS는 제품의 백로그^{Backlog}, 사용자 스토리, 작업, 버그, 심지어는 테스트 사례들을 저장하는 저장소로 사용될 수 있다. VSTS는 제품 소유자를 위한 단일 저장소로 사용될 수 있으며, 제품 소유자가 백로그 정리, 작업 항목의 우선순위 선정, 스프린트 계획, 실행 추적과 더불어 고객으로부터 제품에 대한 피드백을 수집해 전달할 수 있다. VSTS는 애자일, 스크럼^{Scrum}, CMMI 같은 여러 프로세스 템플릿을 지원한다. VSTS는 일괄 작업과 사용자 지정된 보고서를 위해 Excel, Power BI, Project 등의 Microsoft Office 제품과 매끄럽게 통합된다.

- **소스 제어**: VSTS의 핵심은 다양한 언어의 코드를 저장할 수 있는 단일 저장소다. VSTS는 두 가지의 소스 제어 방식을 지원하는데, Microsoft의 레거시 소스 제어 엔진인 TFVC^{Team Foundation Version Control}와 Git(2013 이후 버전부터)이 있다. Git은 다양한 운영체제에서 지원되기에 권장하는 엔진이며, 여러 도구들과 훌륭한 버전 관리 기능을 지원한다. 전통적인 Git 관리 도구와 커맨드라인 인터페이스를 활용해 VSTS를 관리할 수 있으며, 소스 제어 엔진으로 Git을 사용할 수 있다. VSTS와 Git은 Git이 제공하는 강력한 분기^{Branch} 시스템을 활용해 여러 버전의 코드를 저장하는 옵션을 제공한다. Git의 분기 모델은 매우 가벼우며, 분기 작업을 쉽고 빠르게 해준다.

- **CI**: VSTS는 자체 빌드 에이전트를 포함하므로 새로운 코드가 체크인되자마자 코드를 빌드할 수 있고(CI), 정책 적용, 분석 및 테스트를 할 수 있으며, 패키징 후 배포할 수도 있다. 또한 코드 메트릭, 테스트 결과, 코드 커버리지, 버전 관리 세부 정보 등 코드의 전반적인 상태에 대한 보고서를 게시하는 데도 사용할 수 있다. VSTS는 사용자 지정 빌드 실행 파일(.exe)을 사용하는 사용자 지정 빌드를 허용하는데, 이 파일은 코드의 일부로 포함되며 빌드 과정에서 실행된다. 자체 에이전트 외에도 VSTS는 사용자 지정 에이전트(예, VSTS 에이전트가 설치된 Windows 컴퓨터)와 사용자 지정 빌드를 수행하기 위한 에이전트 풀을 구성하는 것을 허용한다.

- **배포 관리**: VSTS는 다양한 환경으로의 배포를 관리하는 데 도움을 주며, 각 환경을 독립적으로 구성해 관리할 수 있다. VSTS를 사용해 응용 프로그램을 클라우드나 온-프레미스 환경에 배포할 수 있다. VSTS가 없을 경우 정기적인 제품 릴리스 주기의 승인 및 알림 프로세스가 꽤 귀찮을 것이며, VSTS가 승인 프로세스를 자동화해 이러한 작업들을 용이하게 해줄 것이다. 특정 환경에 배포된 내용을 다음 단계로 승격하기 전에 개별 단계에서 다양한 형태의 테스트를 거쳐 검토할 수 있다. 모든 단계에서 승인자나 환경의 담당자는 이메일이나 실시간 대시보드를 통해 알림을 받을 수 있다. 또한 승인을 취소해 하위 환경(예, 개발 환경)에 체크인된 모든 코드를 위한 CD 파이프라인을 활성화하는 것도 가능하다.

- **테스트**: VSTS는 지속적인 테스트와 예비 테스트 같은 향상된 방식의 테스트를 통해 고품질의 소프트웨어를 만드는 데 도움을 준다. 정기적으로 코딩된^{Coded} 테스트를 실행하기 위해서 MSTest, xUnit, 코딩된 UI$^{Coded\ UI}$, JUnit 등과 같은 다양한 도구들을 선택할 수 있다. 응용 프로그램이 클라우드, 온-프레미스 어디에 배포됐건 VSTS는 패키징/게시/배포 단계 이전에 다양한 테스트를 실행할 수 있는 테스트 에이전트를 제공한다. 단위 테스트 외에도 VSTS를 에이전트 구성에 대한 고민 없이 클라우드상의 성능 테스트를 위해 사용할 수 있으며, 수많은 동시 접속자 테스트를 시뮬레이션하고, 여러 지역에서의 부하를 만드는 경우에도 사용할 수 있다. VSTS는 MTM$^{Microsoft\ Test\ Manager}$ 같은 기존의 수동 테스트 클라이언트와도 통합되며, 수동 테스트, 결함 로깅과 추적^{Tracking}에도 사용할 수 있다. 또한 테스트 사례의 작성 없이 예비 테스트 방법을 통해 실행 가능한 결함에 대한 로그를 남길 수 있다. 예비 테스트에 대한 좀 더 자세한 내용은 https://www.visualstudio.com/en-us/docs/test/manual-exploratory-testing/getting-started/perform-exploratory-tests를 참고한다.

- **리포팅**: 프로젝트 수명주기의 진행 상황을 분석하기 위해 기본 메트릭만으로는 충분하지 않다. 너 나은 통찰력^{Insight}을 얻기 위해서 제품의 담당자나 이해

관계자들은 사용자 지정 보고서를 만들기 위한 많은 데이터의 수집이 필요할 수 있다. VSTS는 사용자 지정 대시보드와 맞춤형 보기를 만들고, VSTS 카탈로그로부터 위젯을 추가하는 등의 작업을 할 수 있게 한다. 또한 사용자 지정 위젯을 만들어 팀 간에 공유할 수도 있다. VSTS의 데이터는 내보내기가 가능하기 때문에 지능형 보고서나 대시보드를 만들기 위한 Power BI와 통합될 수 있다(Power BI는 Microsoft의 제품으로, 시각화된 동적 대시보드와 수정이 가능한 차트를 만들 수 있다). 모든 팀은 Power BI를 통해 높은 수준의 통찰력을 얻고, 답변할 수 없었던 질문들에 답변할 수 있게 된다. 이러한 결과물들은 Microsoft의 Cotana나 Microsoft Azure의 Cognitive Service와 같은 인공 지능 플랫폼들과 통합될 수 있다. VSTS와 Power BI에 대한 좀 더 자세한 내용은 https://www.visualstudio.com/en-us/docs/report/powerbi/connect-vso-pbi-vs를 참고한다.

VSTS의 기능들은 VSTS의 온-프레미스 버전인 TFS[Team Foundation Server]를 사용해 사설 데이터센터에서도 사용 가능하다. TFS 2015는 앞서 언급된 기능들을 모두 포함하며, 사설 클라우드에서도 실행된다. TFS 2015의 최신 버전은 https://go.microsoft.com/fwlink/?LinkId=615439에서 다운로드할 수 있다.

다음 다이어그램은 VSTS, Git, 사용자 지정 빌드 에이전트, Docker Hub, Microsoft Azure상에 배포된 Windows Server 2016 가상 컴퓨터 등을 이용해 9장에서 살펴보고자 하는 시나리오를 보여준다. 온-프레미스 환경에서는 TFS, Windows Server 2016, 비공개 Docker 리포지토리를 사용해 동일한 시나리오가 가능하다.

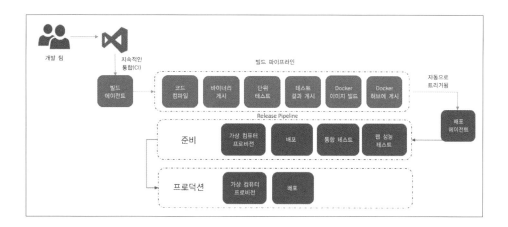

▌ 지속적인 통합(CI)

응용 프로그램 수명주기 관리^{ALM, Application Lifecycle Management}는 아이디어에서부터 제품 출시와 유지 보수에 이르기까지 제품을 전달하는 프로세스들의 집합이며, VSTS는 이를 가능하게 하는 도구다. 이번 절에서는 뮤직 스토어 예제 응용 프로그램을 빌드해 Docker Hub에 게시하는 과정을 포함하는 연속적이고 자동화된 CI에 중점을 둔다. 이 과정의 일부로 다음과 같은 순서들을 진행한다.

1. VSTS 계정에 가입하고 온라인 저장소에 코드를 업로드
2. Windows 환경에서 Docker 이미지를 만들기 위한 사용자 지정 빌드 에이전트 생성
3. 빌드 정의를 구성해 지속적으로 이미지를 빌드, 테스트 및 게시
4. CI 구성

VSTS 계정 생성

VSTS 계정은 무료이며, 개인 Git 저장소를 무제한으로 제공해 선호하는 개발 도구에 연결할 수 있다. VSTS 계정은 개인 Microsoft 계정을 사용할 수 있으며, 등록 링크는 https://signup.live.com이다. VSTS 계정은 Microsoft의 회사 계정(Azure Active Directory)을 사용할 수도 있다. VSTS의 무료 계정에서도 원하는 수만큼 저장소를 만들 수 있지만, 저장소와 연결된 사용자의 수에 약간의 제약이 있다. Microsoft Azure 구독이 VSTS 계정을 만드는 데 필수 조건이 아니지만, Azure 구독이 없다면 VSTS는 자체 빌드 에이전트와 릴리스 에이전트를 갖춘 온라인 코드 저장소로만 동작한다. 사용자 지정 빌드나 사용자 지정 릴리스 에이전트, 또는 바이너리를 배포하기 위한 환경(가상 컴퓨터, 저장소 등)을 만들려면 Microsoft Azure 계정이 필요하다. 이번 절에서는 Microsoft Azure를 사용해 Windows Server 2016 가상 컴퓨터에 사용자 지정 빌드 에이전트를 만들어 뮤직 스토어 응용 프로그램의 바이너리를 빌드할 것이다. VSTS 계정에 등록하기 위한 절차는 다음과 같다.

 9장에서는 Microsoft Azure 구독에도 연결할 수 있는 개인 Microsoft 계정의 사용을 추천한다.

1. 브라우저에서 https://go.microsoft.com/fwlink/?LinkId=307137&clcid=0x409 에 접속하고, 개인 Microsoft 계정을 사용해 VSTS에 로그인한다.

2. 로그인이 성공하면 VSTS 계정 페이지로 리디렉션되며, 새 VSTS 계정을 생성하게 된다. 모든 VSTS 계정은 visualstudio.com이라는 공통 접미사를 갖는다. 여기서 계정 이름으로 musicstorecode를 입력하고, 버전 관리로 Git을 선택한다.[2]

---

2. 계정 이름은 고유한 값이어야 하므로, 적당한 이름을 입력한다. - 옮긴이

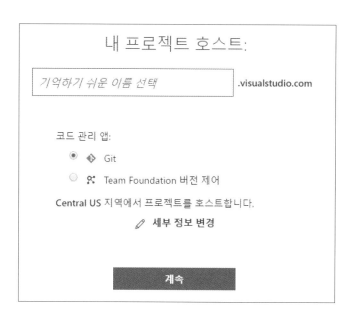

3. 기본적으로 VSTS는 코드와 프로젝트를 미국 중부 지역에서 운영한다. 세부 정보 변경 버튼을 클릭해 기본 지역과 개발 방법(Scrum, Agile, CMMI), 기본 프로젝트의 이름을 다음 그림과 같이 변경한다.

4. 하단의 **계속** 버튼을 클릭해 VSTS 계정을 생성한다. 이후 다음 그림과 같이 새롭게 생성된 VSTS 계정의 홈페이지로 리디렉션될 것이다. 이 계정은 https://musicstore.visualstudio.com에서도 접근 가능하다.

VSTS 계정은 Microsoft Azure의 구 포털(https://manage.windowsazure.com)
이나 신 포털(https://portal.azure.com)에서 새로 만들기 ❯ Developer Tools ❯
Team Project 메뉴를 이용해서도 만들 수 있다.

뮤직 스토어를 VSTS에 업로드

뮤직 스토어는 마이크로서비스로 개발됐으며, 하나는 웹 플랫폼용이고 다른 하나는
API 계층으로 동작한다. Windows 플랫폼용 Docker 컨테이너 이미지를 만들기 위해

Visual Studio에서 솔루션과 프로젝트를 컴파일할 때 ASP.NET Core 프로젝트를 수정했다. 사실 이러한 과정이 빌드마다 일어나면 많은 시간이 소모되므로 CI의 일부로 이미지를 빌드하는 방식을 통해 시간을 줄일 수 있다. DevOps 사례에서 응용 프로그램 패키징은 운영 팀의 관심 사항이며, 디자이너와 개발자는 제품이 다양한 형태(예, MSI[3], 압축 파일, Windows 컨테이너 등)로 패키징될 수 있게 해야 한다.

이번 절에서는 이미지의 빌드 과정과 완전히 분리되고 수정된 뮤직 스토어 버전에 대해 살펴본다. 이는 개발자들이 코드를 좀 더 빨리 개발하고 테스트할 수 있게 도와준다. 개발자들이 중앙 코드 저장소에 코드를 제출하는 동안에 사용자 지정 빌드 정의(다음 절에서 정의함)는 최신 컨테이너 이미지를 만들어 Docker Hub에 게시하는 것을 담당하게 된다. 이러한 방법으로 개발자가 응용 프로그램 계층에 추가한 기능들에 관계없이 패키지의 수정과 개발이 분리되는 진정한 DevOps 스타일(DevOps 팀이 패키징 과정을 담당하고, 개발 팀은 응용 프로그램 개발만을 담당하는)을 갖출 수 있다. 하지만 DevOps는 도구들을 사용하는 방법론이나 문화일 뿐이다. DevOps 문화의 가장 중요한 성공 요인은 개발 팀과 운영 팀 사이의 의사소통이다. 개발 팀과 운영 팀 사이의 적절한 의사소통은 제품의 성공에 있어 매우 중요하다. 기능이나 배포 수준에 대한 디자인 논의는 에러가 없고 자동화된 릴리스 파이프라인을 위해서 모든 팀원에게 알려져야 한다. 따라서 이번 예제에서 사용된 뮤직 스토어 응용 프로그램은 다음 그림과 같이 주요 응용 프로그램의 기능과 분리된 빌드 및 배포 구성 요소를 갖는다.

---

3. MSI는 Microsoft Windows Installer Package의 약자다. - 옮긴이

이 코드는 XUnit과 Moq 프레임워크를 사용해 작성된 단위 테스트를 포함하므로 단위 테스트와 배포의 여러 단계에서의 기능 테스트를 자동화하는 방법을 보여준다. 빌드와 배포 단계에서 테스트를 수행하면 빌드와 배포가 적합함을 확인할 수 있다. 또한 코드 커버리지를 구성하고 테스트 결과를 대규모의 팀에 전달해 테스트가 자동으로 얼마나 잘 수행됐는지에 따라 업데이트를 확인하고 승격시키거나, 실패 상태로 내버려 둘 수 있다. 9장에서는 CI/CD 주기에 단위 테스트와 기능 테스트를 포함하는 방법을 살펴본다. 이번 절의 코드 예제는 C:\learningwsc\chapter9에서 사용할 수 있다.

 이 책의 소스코드를 다운로드하고, C:\에 압축 해제했음을 가정한다.

소스코드 커밋의 일부로 빌드를 구성하려면 VSTS 코드 저장소에서 솔루션과 관련 요소들을 사용할 수 있어야 한다. VSTS에 기존 솔루션을 추가하는 과정은 다음과 같다.

1. 앞서 생성한 VSTS 계정(https://musicstorecode.visualstudio.com)으로 로그인한다.

2. MusicStore라는 이름의 새 팀 프로젝트가 생성돼 있다. New Project 버튼을

클릭해 새로운 팀 프로젝트를 생성할 수도 있다. 각각의 VSTS 계정은 여러 개의 팀 프로젝트를 가질 수 있다. MusicStore 팀 프로젝트를 클릭한다.

3. 다음 그림을 참고해서 Code 메뉴를 클릭한다.

4. Clone to your computer 항목 아래의 URL을 복사한다. 이 URL은 VSTS 계정 과 팀 프로젝트 이름을 포함하는 다음과 같은 형태다.

https://musicstorecode.visualstudio.com/_git/MusicStore/

5. Visual Studio 2015를 관리자 권한으로 실행하고 팀 탐색기로 이동한다. 팀 탐 색기가 보이지 않으면 보기 ❯ 팀 탐색기 메뉴를 클릭하거나, 단축키 Ctrl + \, Ctrl + M을 차례로 누른다.

6. 연결 관리 아이콘을 클릭하고, 복제본을 클릭한다.

7. 다음 그림과 같이 앞 단계에서 복사해 둔 URL을 붙여 넣고 개발용 컴퓨터의 로컬 저장소 경로를 지정한다.

8. 복제 버튼을 눌러 개발용 컴퓨터에 비어 있는 저장소를 복제한다.

9. C:\learningwsc\chapter9 폴더 내의 코드 예제를 로컬 저장소(C:\sourcecode\ musicstore)에 복사한다.

10. 팀 탐색기를 다시 열고 연결 관리 아이콘을 클릭한다. 이후 로컬 Git 리포지토리 메뉴 아래의 MusicStore를 더블 클릭해서 현재 사용할 저장소로 선택한다.

11. Visual Studio가 자동으로 현재 로컬 저장소의 솔루션 파일을 감지한다. 솔루션 영역의 MusicStore.sln 파일을 더블 클릭한다.

12. 프로젝트가 열리면 빌드 ❯ 솔루션 빌드 메뉴를 클릭하거나, 단축키 Ctrl + Shift + B를 눌러 솔루션이 성공적으로 빌드되는지 여부를 확인한다. 이번 빌드 과정에서는 Docker 이미지가 생성되지 않음을 기억하자.

13. 팀 탐색기에서 변경 내용 버튼을 클릭해 로컬 저장소의 변경 내용을 확인한다. Visual Studio에 새롭게 추가된 파일들이 다음 그림과 같이 나타난다.

14. 추가된 파일을 확인하고 적절한 커밋 메시지를 입력한 후 모두 커밋 버튼을 클릭한다.

15. Git 저장소는 로컬 저장소와 원격 저장소를 포함하는데, 모두 커밋 버튼은 로컬 저장소에만 코드를 커밋한다. 로컬 저장소에 커밋이 완료되면 동기화 링크를 클릭해 변경 사항을 원격 저장소와 동기화한다. 혹은 모두 커밋 후 동기화 메뉴에서 푸시 링크를 클릭해 로컬 저장소와 원격 저장소 모두에 변경 사항을 적용할 수도 있다.

16. 나가는 커밋 영역의 푸시 링크를 클릭해 변경된 코드를 원격 저장소에 푸시한다.

17. 푸시 명령은 마스터 분기를 사용해 원격 저장소로 변경 사항을 커밋한다. 푸시 명령이 성공적으로 완료되면 다음 그림과 같이 소스코드가 온라인 코드 저장소의 Code 영역에 표시된다.

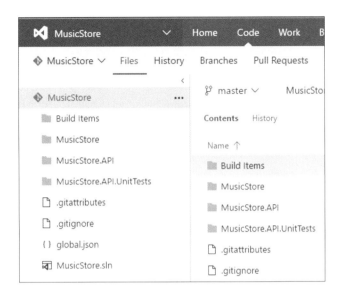

지금까지 Git 저장소의 마스터 분기를 사용해 성공적으로 VSTS에 코드를 추가했다. Git은 여러 분기를 관리해 개별 코드의 버전을 관리하고 독립적으로 배포될 수 있게 한다. 9장에서 소개된 빌드 후 배포 방식은 분기에 관계없이 동일할 것이다. Git의 분기 방식에 대한 좀 더 자세한 내용은 https://www.visualstudio.com/en-us/docs/git/tutorial/branches를 참고한다.

Git 저장소는 Windows나 Mac의 Git 커맨드라인을 사용해 관리할 수 있다. Visual Studio 2105는 기본 값으로 Git 저장소 확장 기능이 설치돼 있다. Visual Studio를 사용하지 않고 Windows에서 Git을 사용하는 방법은 https://git-for-windows.github.io/를 참고한다.

자동화된 빌드 구성

VSTS의 빌드 정의는 저장소의 코드를 빌드하고 패키지화하는 데 사용된다. 그러나 코드가 반드시 VSTS의 저장소에 위치해야 하는 것은 아니다. GitHub나 서브버전 Subversion 같은 타사의 원격 코드 저장소도 사용할 수 있다. VSTS의 빌드 정의는 에이전트 큐와 빌드 에이전트를 필요로 하는데, 이는 소스코드를 빌드하고 바이너리를 준비해 게시하며 테스트를 수행하는 등의 역할을 한다. 기본적으로 VSTS는 자체 빌드 에이전트를 제공하며, 이는 CI 프로세스 중에 빌드를 트리거하는 데 사용될 수 있다. .NET Core와 ASP.NET Core가 .NET Framework에 새로 추가된 이후 Microsoft는 .NET Core 구성 요소를 빌드할 수 있는 온라인 빌드 에이전트를 출시했다(.NET Core 구성 요소는 dotnet 커맨드라인 도구를 통해 코드를 빌드한다). 따라서 커맨드라인의 인수를 dotnet.exe 파일로 전달하거나, .NET 도구를 코드와 함께 패키징해 특정 버전의 .NET을 사용하게 사용자 지정할 수 있다.

사용자 지정 빌드 에이전트가 필요한 이유

ASP.NET Core 응용 프로그램을 빌드할 수 있었던 것처럼 Microsoft는 VSTS용 Docker 빌드 에이전트를 출시했다. 이를 이용해 Docker 이미지를 빌드하고 패키지화할 수 있으며, Docker Hub나 사용자 지정 Docker 이미지 리포지토리에 게시할 수 있다. 이 확장 기능은 VSTS 내에서만 사용할 수 있으며, VSTS 마켓플레이스 URL(https://marketplace.visualstudio.com/items?itemName=ms-vscs-rm.docker)을 통해 설치돼야 한다.

Marketplace 사이트에서 Install 버튼을 클릭하면 다음 그림과 같이 팝업 창이 열린다. 여기서 사용자는 확장 기능이 설치될 VSTS 계정을 선택할 수 있다.

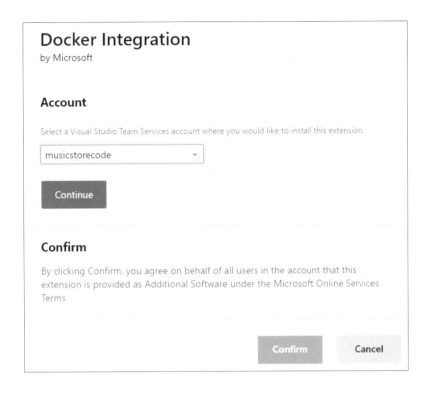

Continue 버튼을 클릭한 후 Confirm 버튼을 클릭해 VSTS 계정에 확장 기능을 설치한
다. 설치 과정에서 Docker와 Docker Compose(Docker Compose는 다중 컨테이너 배포
도구며, 10장에서 설명한다)라는 두 개의 작업이 추가된다.

Docker 작업은 Docker 이미지를 빌드하고 푸시하거나 실행하는 데 사용한다. 그러나 현재 시점에서 Docker 에이전트를 사용하는 데 가장 큰 문제점은 Linux 환경에서만 동작한다는 것이다. Windows 컨테이너는 Windows Server Core 기본 이미지를 사용해 생성되며, 이는 Linux에 설치될 수 없다. 이러한 제약 때문에 Windows 환경의 Docker 이미지를 만들 수 있는 Windows Server 2016 환경용 사용자 지정 에이전트가 필요하다. 추후 Microsoft가 Windows에서 동작하는 Docker 빌드 에이전트를 출시해 이러한 제약을 극복할 수도 있다. 다음 절에서는 VSTS에서 사용자 지정 빌드 에이전트를 만들고 구성하는 절차에 대해 살펴본다.

사용자 지정 빌드 에이전트

VSTS 빌드 에이전트는 VSTS 에이전트를 실행할 수 있는 Windows 컴퓨터에 서비스 형태로 설치할 수 있다. VSTS 에이전트를 설치하기 위한 운영체제의 최소 사항은 https://github.com/Microsoft/vsts-agent/blob/master/docs/start/envwin.md에서 살펴볼 수 있다.

이번 절에서는 사용자 지정 빌드 에이전트를 만드는 데 있어 ASP.NET Core 응용 프로그램과 Docker for Windows를 빌드할 수 있는 Windows Server 2016 with Containers 이미지를 사용한다.

빌드 에이전트를 위한 Microsoft Azure 가상 컴퓨터 생성: 빌드 에이전트를 만들고 구성하려면 다음과 같은 순서를 따라 한다.

1. 첫 번째 순서는 Windows Server 2016 가상 컴퓨터를 생성하는 것이다. 가상 컴퓨터를 생성하기 위해서는 Microsoft Azure 포털(https://portal.azure.com) 이나 PowerShell을 사용할 수 있다. 포털에 로그인한다.
2. 새로 만들기를 클릭한 후 계산을 클릭한다.
3. Windows Server 2016 Datacenter − with Containers 이미지를 검색한다.

4. 이미지를 선택하고 만들기를 클릭한다.

5. 다음 그림은 musicstoreagent라는 빌드 에이전트 가상 컴퓨터를 만들기 위한 기본 사항을 나타낸다. 적절한 값들을 입력하고 확인을 클릭한다.

6. 이후 적절한 크기의 가상 컴퓨터의 크기를 선택할 수 있는데, 권장되는 크기 중 DS2_v2 표준을 선택한 후 선택을 클릭한다.

7. 다음 그림은 기본 네트워크 구성을 보여준다. 추후 가상 컴퓨터를 설정하려면 원격 데스크톱 프로토콜 포트가 열려 있는지 확인한다.[4]

이번 예제는 가상 네트워크와 서브넷 구성의 영향을 받지 않으므로, 기본 값을 그대로 사용하고 확인을 클릭한다.

8. 다음은 가상 컴퓨터 구성에 대한 요약이다.

---

4. 네트워크 보안 그룹 항목을 클릭하면 된다. - 옮긴이

```
기본 사항

구독                        Microsoft Azure Internal Consumption
리소스 그룹                 (새로 만드는 중) musicstorerg
위치                        대한민국 중부

설정

컴퓨터 이름                 musicstoreagent
디스크 유형                 SSD
사용자 이름                 musicstore
크기                        표준 DS2 v2
관리됨                      예
가상 네트워크               (새로 만드는 중) musicstorerg-vnet
서브넷                      (새로 만드는 중) default(10.1.1.0/24)
공용 IP 주소                (새로 만드는 중) musicstoreagent-ip
네트워크 보안 그룹(방화벽)   (새로 만드는 중) musicstoreagent-nsg
가용성 집합                 없음
게스트 OS 진단              사용 안 함
부트 진단                   사용
```

9. 구매 버튼을 클릭해 배포를 시작한 후 완료될 때까지 잠시 기다린다.

사용자 지정 VSTS 에이전트로의 접근 구성: 사용자 지정 VSTS 에이전트에서 빌드를 실행하기 위해서는 VSTS 포털이 가상 컴퓨터를 식별하고 인증할 수 있어야 한다. 이번 절에서는 에이전트 가상 컴퓨터의 에이전트를 구성할 때 사용할 개인용 액세스 토큰을 만든다.

1. VSTS 계정(https://musicstorecode.visualstudio.com)으로 로그인한다.
2. 다음 그림과 같이 사용자 프로필 아래 있는 Security 링크를 클릭한다.

3. Personal access token 영역에서 Add 버튼을 클릭한다.

4. Description 항목을 입력하고 토큰이 만료될 날짜를 지정한다. 토큰 권한을 지정할 때 All scopes 항목을 선택해 전체 관리자 액세스 권한을 주거나 범위를 선택해 세분화된 액세스 제어 구성을 할 수도 있다.

5. 하단의 Create Token 버튼을 클릭한다. 이때 토큰을 복사해두는 것을 잊지 말아야 하는데, 그렇지 않으면 토큰을 잃어버리게 된다.

에이전트 구성: 앞서 생성한 에이전트 가상 컴퓨터는 ASP.NET Core 프로젝트와 Docker 이미지를 빌드할 수 있다. Windows Server 2016은 기본적으로는 ASP.NET Core를 빌드할 수 없고, 뮤직 스토어 응용 프로그램을 컴파일하기 위해 필요한 Bower, Node.js와 같은 오픈소스 컴파일러들도 갖고 있지 않다. 따라서 이번 절은 뮤직 스토어 응용 프로그램을 빌드, 패키징 및 게시하는 데 필요한 기능을 모두 가진 에이전트를 구성하는 방법을 살펴본다.

1. VSTS 에이전트를 다운로드하려면 VSTS 홈페이지의 Settings 아이콘을 클릭한 후 Agent Pools를 클릭한다.

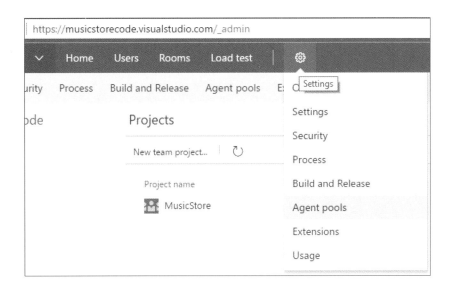

2. Download agent 버튼을 클릭한 후 운영체제로 Windows가 선택돼 있는지 확인한 후 Download 버튼을 클릭한다. 이 버튼은 vsts-agentwin7-x64-xx. zip라는 VSTS 에이전트 파일을 갖고 있는 zip 파일을 다운로드한다.

3. 다운로드가 완료되면 앞 절에서 생성한 뮤직 스토어 에이전트 가상 컴퓨터에 로그인한다. 이때 가상 컴퓨터 생성 시에 설정된 관리자 암호와 원격 데스크톱 파일을 사용한다. Microsoft Azure 포털에서 해당 가상 컴퓨터를 선택한 후 연결 아이콘을 클릭해 원격 데스크톱 파일을 다운로드할 수 있다.

4. 다운로드했던 ZIP 파일을 C:\에 복사한 후 C:\agent에 압축 해제한다.

5. 새 PowerShell 창을 열고, C:\agent로 이동한다.

6. 다음 명령어를 PowerShell에서 입력하고 실행한다.

```
.\config.cmd
```

7. VSTS의 URL(https://musicstorecode.visualstudio.com)을 입력한다.[5]

---

5. 여기서는 앞서 생성한 고유한 URL(예, https://krmusicstorecode.visualstudio.com)을 입력한다. - 옮긴이

8. 인증 방식으로 PAT를 선택한다.

9. 앞에서 복사해 둔 개인용 액세스 토큰 값을 붙여 넣는다.

```
PS C:\agent> .\config.cmd
>> Connect:
Enter server URL > https://musicstorecode.visualstudio.com
Enter authentication type (press enter for PAT) > PAT
Enter personal access token > ******************************************************
```

10. 다음 순서로 넘어가기 전에 VSTS에 내장된 에이전트와 사용자 지정 에이전트를 구분하기 위해 사용자 지정 에이전트 풀을 만든다. 브라우저에서 VSTS 홈 페이지에 접속한 후 Settings 아이콘을 클릭하고 Agent Pools를 클릭한다.

11. 좌측 상단의 New Pool…을 클릭한다. Create Agent Pool 팝업 창에서 에이전트 풀의 이름을 WindowsDockerAgent로 입력하고 OK를 클릭한다.

12. 다시 가상 컴퓨터의 PowerShell 창으로 돌아온다. 새롭게 생성한 에이전트 풀의 이름인 WindowsDockerAgent를 입력한다.

13. Enter를 다시 눌러 에이전트의 이름을 기본 값으로 설정한다. 이 과정에서 에이전트는 가상 컴퓨터에 설치된 기능들을 검색하고, VSTS 계정으로의 연결을 확인한다. 다음 그림의 메시지가 PowerShell 창에서도 나오는지 확인한다.

```
>> Register Agent:
Enter agent pool (press enter for default) > WindowsDockerAgent
Enter agent name (press enter for MUSICSTOREAGENT) >
Scanning for tool capabilities.
Connecting to the server.
Successfully added the agent
Testing agent connection.
```

14. Enter를 다시 한 번 눌러 C:\가 에이전트의 기본 작업 폴더로 동작하게 한다.

15. 다음으로 Y를 입력해 에이전트를 가상 컴퓨터의 서비스로 동작하게 한다.

16. 에이전트를 관리자 계정으로 실행하기 위해 관리자 계정과 암호를 입력한다.

이제 사용자 지정 에이전트의 구성이 끝났다. 새로운 에이전트는 VSTS 계정에 생성했던 Settings ❯ Agent Pools 메뉴의 All Pools 영역 아래에서 볼 수 있으며, 다음 그림과 같다.

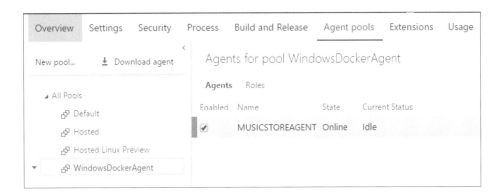

아직 에이전트의 몇 가지 주요 기능들을 살펴보지 않았다. 기본 값으로 에이전트가 Windows Docker 이미지를 생성할 수는 있지만 .NET Core나 뮤직 스토어 응용 프로그램에 종속된 구성 요소들을 컴파일할 수는 없다. 종속적인 구성 요소들을 빌드하기 위해서는 npm이나 bower와 같은 컴파일러들을 설치해야 한다. 종속 구성 요소는 응용 프로그램에 따라 다르다. 에이전트가 빌드 과정에서 사용자 지정된 명령들을 실행할 수 있게 모든 타사의 구성 요소들을 클래스의 경로에 설치 및 구성해야 한다. 뮤직 스토어 응용 프로그램을 컴파일하기 위해 필요한 타사 구성 요소들을 설치하려면 다음 순서를 따라 한다.

1. https://www.microsoft.com/net/core#windowscmd에서 .NET Core SDK를 다운로드하고 설치한다.

2. Windows 에이전트 가상 컴퓨터에서 https://nodejs.org/en/download/로 이동해 Windows 64비트용 MSI를 클릭한 후 Node.js 설치 프로그램을 다운로드한다.

> Internet Explorer의 향상된 보안 기능은 Windows Server 2016 가상 컴퓨터에서 기본 값으로 켜져 있다. 이 기능은 신뢰할 수 있는 사이트 영역에 포함돼 있지 않은 원격 URL로의 접속을 제한한다. 그러므로 서버 관리자를 열고 Local Server ❯ IE Enhanced Security Configuration으로 이동한 후 Off를 선택해 이 옵션을 끌 수 있다.

3. 앞 단계에서 다운로드한 설치 프로그램을 더블 클릭해 Node.js를 에이전트에 설치한다. 설치 중에는 기본 값을 사용한다.
4. Windows 커맨드라인 도구를 새로 열고 Node.js의 설치 경로로 이동한다. 설치 경로는 기본적으로 C:\Program Files\nodejs\다.
5. 다음 명령어를 입력하고 실행해서 bower 구성 요소를 전역 범위로 설치한다.

```
npm install -g bower
```

VSTS 에이전트 서비스에 추가된 구성 요소들을 등록하려면 서비스를 다시 시작해야 한다. 서버 관리자의 Tools ❯ Services를 열고, VSTS Agent(musicstorecode.MusicStoreAgent) 서비스를 마우스 오른쪽 버튼으로 클릭해 다시 시작한다. 이후 VSTS 포털에서 WindowsDockerAgent에 대한 Capabilities 영역 내에서 다음 그림과 같이 새로운 기능들이 등록됐는지 확인한다.

빌드 정의 생성: 빌드 정의는 여러 작업으로 구성되며, 각각의 작업은 빌드, 테스트, 패키징, 게시 과정과 연관이 있다. VSTS는 다양한 종류의 미리 만들어진 작업들을 제공하며, 이 작업들은 빌드 정의에 추가가 가능하며 필요시 구성할 수 있다. 이번 절에서는 빌드 정의를 만들고 앞 절에서 만든 사용자 지정 에이전트를 사용한다. 이후 뮤직 스토어 응용 프로그램을 빌드, 테스트 및 패키징해 Docker Hub에 게시한다. 미리 만들어진 Docker 작업을 사용할 수 없기 때문에 PowerShell 스크립트를 사용해 이미지를 생성한 후 Docker Hub에 푸시할 것이다.

1. VSTS 상단의 Builds & Release 메뉴를 클릭한 후 Builds를 클릭한다.
2. + New definition 버튼을 클릭한 후 ASP.NET Core 템플릿을 선택한다. Apply 버튼을 클릭한다.
3. 좌측의 Process 영역에서 Agent Queue는 앞 절에서 만든 WindowsDockerAgent 라는 사용자 지정 에이전트를 선택한다.
4. 좌측의 Get sources 영역을 클릭한 후 MusicStore를 저장소로 선택한다. 분기 는 마스터 분기를 선택한다.

5. 빌드 정의에 이미 포함돼 있는 Restore, Build, Publish 작업은 기본 값으로 내버려둔다.

6. 다음 그림과 같이 Test 영역의 정의를 변경한다. 이는 단위 테스트만 실행한 후 그 결과를 .xml 파일로 게시해준다.

7. Add Task를 클릭한 후 Publish Test Results라는 작업을 검색, 추가한다. 이후 다음 그림과 같이 구성한다. 이 작업이 Publish Artifact 작업 상단에 위치하게 드래그앤드롭한다.

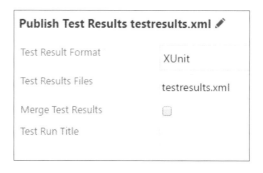

8. Add Task를 클릭한 후 Copy Files라는 작업을 검색, 추가한 후 다음과 같이 구성한다. 이번 순서는 빌드를 위한 PowerShell 스크립트를 저장 위치(소스코드와 각 빌드로부터 생성된 바이너리를 갖고 있는 빌드 에이전트 내의 폴더)에 복사한다. 역시나 이 작업이 Publish Artifact 작업 위에 위치함을 확인한다.

Copy Files to: $(build.artifactstagingdirectory) ✏

Source Folder	musicstore/Build Items/
Contents	**
Target Folder	$(build.artifactstagingdirectory)

9. 다시 한 번 Add Task를 클릭한 후 Copy Files라는 작업을 검색, 추가하고 다음과 같이 구성한다. 이번 순서는 기능 테스트들을 저장 위치에 복사한다. 역시나 이 작업이 Publish Artifact 작업 위에 위치함을 확인한다.

Copy Deploy Files to: $(build.artifactstagingdirectory) ✏

Source Folder	Deploy Items
Contents	**
Target Folder	$(build.artifactstagingdirectory)

10. Add Task를 클릭한 후 Copy Files라는 작업을 검색, 추가하고 다음과 같이 구성한다. 성공적으로 빌드가 끝나고 빌드 저장[Build drop]의 일부가 되는 기능 테스트들은 배포한 후에 준비 환경에서 실행된다. 역시나 이 작업이 Publish Artifact 작업 위에 위치함을 확인한다.

Copy Functional Test Files to: $(build.artifactstagingdirectory) ✏️

Source Folder	MusicStore.API.FunctionalTests
Contents	**
Target Folder	$(build.artifactstagingdirectory)/FunctionalTests

11. Add Task를 클릭한 후 PowerShell이라는 작업을 검색, 추가한다. 다음 세부 사항으로 순서를 구성하며, 작업 이름은 Build Music Store API 이미지로 한다.

   ◦ **Type**: File path

   ◦ **Script path**: musicstore/Build Items/Build-MusicStore.ps1

   ◦ **Arguments**: -ImageName "learningwsc/musicstore" -Version "$(ImageVersion)" -DockerfilePath "$(build.artifactstagingdirectory)/Dockerfile.MusicStore" -BuildContext $(build.artifactstagingdirectory) -ProjectName 'musicstore'

   ◦ **Advanced/Working Folder**: $(build.artifactstagingdirectory)

12. Task를 클릭한 후 PowerShell이라는 작업을 검색, 추가한다. 이 작업 이후에 이어지는 작업들은 Publish Artifact 단계에 종속성을 가지므로 이 작업과 다음 작업들이 Publish Artifact 작업 단계 다음에 위치하게 해야 한다. 순서를 바꾸기 위해서는 작업들을 드래그앤드롭하면 된다. 다음 사항으로 작업을 구성하고, Display Name을 Build Music Store image로 입력한다. 이번 순서는 배포된 뮤직 스토어 웹 구성 요소의 바이너리를 사용해 Windows Docker 이미지를 빌드한다.

   ◦ **Type**: File path

   ◦ **Script path**: musicstore/Build Items/Build-MusicStore.ps1

   ◦ **Arguments**: -ImageName "learningwsc/musicstore.api" -Version

"$(ImageVersion)" -DockerfilePath

"$(build.artifactstagingdirectory)/Dockerfile.MusicStoreAPI"

-BuildContext $(build.artifactstagingdirectory) -ProjectName

'musicstore.api'

- ⊘ Advanced₩Working Folder: $(build.artifactstagingdirectory)

13. Add Task를 클릭한 후 PowerShell이라는 작업을 검색, 추가한다. 다음 세부
사항으로 빌드 순서를 구성한다. Display name을 Publish Music Store Image
로 한다.

- ⊘ **Type**: File path
- ⊘ **Script path**: musicstore/Build Items/Publish-Image.ps1
- ⊘ **Arguments**: -ImageName "learningwsc/musicstore" -Version
  "$(ImageVersion)" -username $(DockerUsername) -password
  $(DockerPassword)

14. Add Task를 클릭한 후 PowerShell이라는 작업을 검색, 추가한다. 다음 세부
사항으로 빌드 순서를 구성한다. 작업 이름을 Publish Music Store API Image
로 한다.

- ⊘ **Type**: File path
- ⊘ **Script path**: musicstore/Build Items/Publish-Image.ps1
- ⊘ **Arguments**: -ImageName "learningwsc/musicstore.api" Version
  "$(ImageVersion)" -username $(DockerUsername) password
  $(DockerPassword)

15. Save & Queue 버튼을 클릭한 후 빌드 정의 이름을 MusicStore.CIBuild로
한다.[6]

---

6. 빌드 정의 이름에 마우스 포인터를 올리면 연필 모양 아이콘이 생겨서 이름을 수정할 수 있다. – 옮긴이

16. Variables 탭을 클릭한 후 +Add를 눌러 다음 그림과 같이 새로운 변수를 추가한다. Docker 사용자 이름과 암호를 이용 중인 Docker Hub 계정으로 변경할 수 있다. 이전 구성 내에서 이미지의 이름들이 적절하게 변경됐는지 확인한 후 이용 중인 계정에 푸시될 수 있게 한다.

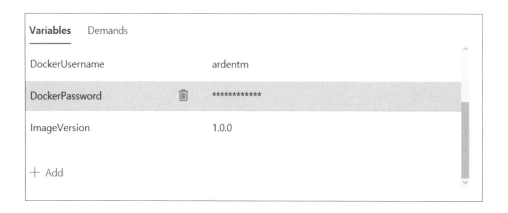

17. Save 버튼을 클릭해 위에 구성된 새로운 변수들이 저장되게 한다.

다음 그림은 지금까지 구성해온 빌드 정의의 모든 항목을 보여준다.

이로써 뮤직 스토어 응용 프로그램용 자동화된 빌드를 구성하는 프로세스를 마쳤다. 이제부터 저장소(마스터 분기)에 커밋되는 모든 코드는 자동으로 빌드되며, 해당 Docker 이미지는 이용 중인 Docker Hub에 게시될 것이다. 다음 다이어그램은 전체 CI의 프로세스를 보여준다.

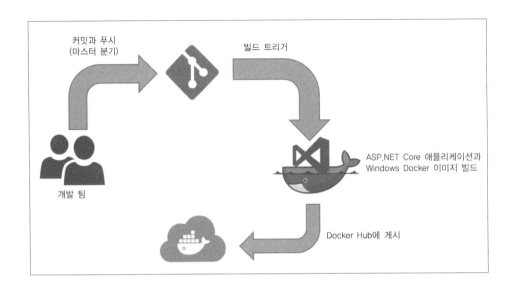

커밋과 푸시
(마스터 분기)

빌드 트리거

개발 팀

ASP.NET Core 애플리케이션과
Windows Docker 이미지 빌드

Docker Hub에 게시

빌드 대기화

CI를 빌드하는 것 외에도 VSTS는 수동으로 빌드를 트리거하거나 야간에 빌드 일정을 세울 수 있게 한다. 이렇게 하면 매일 좋은 품질의 빌드를 보장할 수 있고, 빌드 실패 시에는 관련 팀이 알림을 받을 수 있다. Git의 분기 전략은 Git이 유명해진 주요 이유 중 하나이며, Git 분기는 여러 버전의 코드를 실행할 수 있게 해준다. 마스터 분기는 항상 프로덕션에 배포된 코드를 나타낸다. 개발자들은 예를 들면 Develop라는 마스터로부터 생성된 분기에서 작업할 수 있다. 새로운 기능이 개발된 분기가 테스트를 거쳐 프로덕션 환경으로 배포되면 다시 마스터로 병합된다. 이러한 방법은 수많은 분기 전략 중 하나다. 또한 VSTS 빌드를 사용해 여러 분기에 예약된 빌드를 구성할 수도 있다. VSTS는 작업 항목 관리를 포함하므로 관리자가 실패한 빌드나 실패한 테스트를 작업 항목에 연계해서 관련 팀이나 팀원에게 할당할 수 있다. 이러한 방법을 통해 빌드 시스템은 전체적인 시스템의 상태를 보여주고, 응용 프로그램 수명주기 대시보드의 역할을 한다.

새로운 뮤직 스토어 빌드를 큐에 넣어 보고, 이미지의 게시 절차를 확인해보자.

1. VSTS 계정(https://musicstorecode.visualstudio.com)에 로그인한다.

2. Build & Release ❯ Builds 메뉴를 차례로 클릭한다.

3. 앞서 생성한 MusicStore.CIBuild 빌드 정의를 클릭한다.

4. Triggers 탭을 클릭한 후 다음 그림과 같이 Continuous Integration 버튼을 활성화한다. 이 영역에서 예정된 빌드를 트리거할 수도 있다.

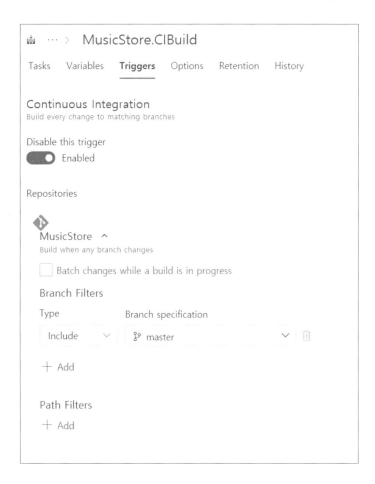

5. 다음 그림과 같이 마스터 분기를 사용해 Visual Studio에서 체크인을 수행할 수 있으며, 모두 커밋 버튼을 클릭한 후 동기화 링크를 클릭하거나 다음 순서와 같이 빌드를 수동으로 트리거할 수도 있다.

6. 또 다른 대안으로 Save & Queue를 클릭해 분기를 확인하고, 다음 그림과 같이 WindowsDockerAgent가 큐로 선택돼 있는지를 확인하면 된다. 빌드를 트리거하기 전에 이미지 버전을 변경할 수 있다.

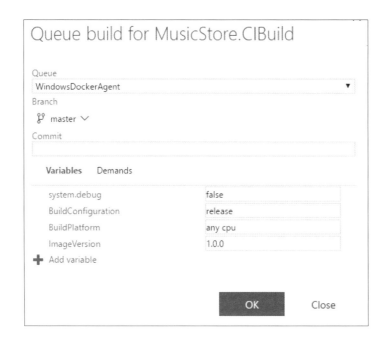

7. Queue 버튼을 클릭해 빌드를 시작한 후 빌드가 성공될 때까지 기다린다.

8. 포털에서 Build Definitions ❭ MusicStore.CIBuild ❭ Summary 순으로 클릭해
   빌드가 동작하고 있는지 확인한다.

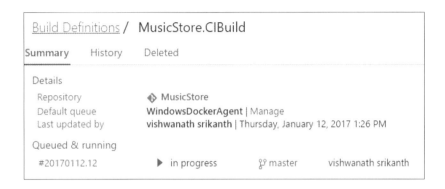

9. 빌드가 성공하면 Publish Test Results testresults.xml 작업 항목을 클릭해 테
   스트 결과의 링크를 확인한다. 테스트 결과의 링크를 클릭해 빌드 성공과 실
   패의 비율을 확인한다. 테스트 결과의 간단한 요약 내용이 다음 그림과 같이
   build summary 영역에 표시된다.

10. 이제 Windows Docker 이미지가 게시됐는지 확인한다. Docker Hub에 로그
    인한 후 다음 그림과 같이 새롭게 업데이트된 이미지를 확인한다.

PUBLIC REPOSITORY

learningwsc/musicstore ☆

Last pushed 2 hours ago

| Repo Info | Tags | Collaborators | Webhooks | Settings |

Tag Name	Compressed Size
1.0.0	5 GB

Docker Hub로의 게시 프로세스는 바로 확인되지 않을 수 있다. 이는 에이전트 서버에 할당된 네트워크 대역폭에 따라 다르다.

▌ 지속적인 배포(CD)

지속적인 배포^{CD}는 소프트웨어 엔지니어링의 접근 방식으로, CI 파이프라인을 확장해 특정 환경에 빌드의 결과물(혹은 빌드 저장)을 배포하는 방식이다. 일반적으로 모든 응용 프로그램의 배포 파이프라인은 여러 단계(예를 들면 개발, 통합, UAT, 프로덕션)로 구성된다. 빌드 저장이나 빌드의 결과물은 각 단계에서 여러 테스트를 거친 후 프로덕션 단계까지 배포된다. 각 단계/환경에는 새로운 업데이트를 적용한 후 검증을 하는 특정 팀이 있는데, 검증에는 여러 범주의 테스트(수용 테스트, 회귀 테스트, 통합 테스트, 기능 테스트, 부하 테스트, 성능 테스트)들이 진행된다. CD는 일상적인 배포를 쉽게 만들어 주며, 배포 자체를 코드와 설정으로 정의해 오류 발생을 줄이고 좀 더 예측이 가능하게 한다. VSTS의 릴리스 관리 기능을 사용해 릴리스 파이프라인을 자동화할 수 있으며, 이는 Releases 탭에서 사용할 수 있다. VSTS의 릴리스 관리는 미리 생성된 다양한 작업들을 사용할 수 있으며, 공용 클라우드나 사설 클라우드 같은 다양한 환경에 코드를 배포할 수 있다. 파이프라인은 릴리스 정의를 사용해 정의된다. 릴리스 정의는 여러 환경으로 구성되는데, 각 환경은 하나 이상의 작업을 포함할 수 있다. 개별 작업은 빌드 저장을 사용해 환경을 배포하고, 테스트 및 확인을 할 수 있다. 각 단계에서 환경을 관리하는 팀은 사전 승인이나 사후 승인을 구성할 수 있는 옵션을 갖게 된다. 승인이 되면 배포를 다음 단계로 보낸다. VSTS는 승인 상태를 이메일을 통해 알려주는데, 이메일 알림은 각 릴리스의 세부 사항(승인 상태, 릴리스 통과/실패 상태 등)을 포함한다. 또한 변수를 특정 환경과 릴리스 정의에 저장할 수 있으며, 변수들을 한 곳에서 변경할 수 있다. VSTS는 계정마다 배포를 실행하기 위해 자체 릴리스 에이전트를 제공하며, 사용자 지정 빌드를 만들었던 것과 같이 사용자 지정 에이전트도 만들 수 있다. 이번 절에서는 앞서 살펴본 빌드 정의로 구성된 빌드 저장을 사용할 것이며, 이를 준비 및 프로덕션 환경에 배포한다. 준비 환경에서 기능 및 부하 테스트를 진행해 환경을 검증한 후 빌드 저장을 프로덕션 환경으로 승격시킬 것이다. 릴리스는 새로운 빌드가 사용 가능할 때마다 자동으로 트리거될 수도 있지만, 필요할 경우 수동으로도 트리거할 수 있다. CD는 빌드 저장이 새롭게 사용 가능할 때마다 새 릴리스가 릴리스 관리에서 자동으로 생성되는 것을 의미한다. 다음의 다이어그램은 완성된 CI/CD 파이프라인을 보여준다.

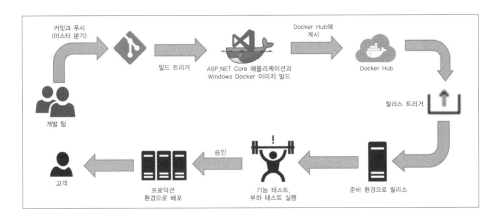

이번 절에서는 Windows Server 2016 환경을 Microsoft Azure에 생성한 후 설정하기 위해 ARM 템플릿을 사용한다. ARM^{Azure Resource Manager}은 인프라를 코드로 정의할 수

있게 함으로써 특정 환경의 생성과 설정을 자동화한다. 모든 릴리스에서 VSTS 릴리스 에이전트는 증분[Incremental] 방식[7]을 사용해 JSON 템플릿으로 정의된 인프라를 생성하거나 업데이트한다.

배포용 소스코드는 다음 그림과 같이 Deploy Items 항목 아래에 있다. 릴리스 정의는 뮤직 스토어 기능 테스트를 사용하는데, 이는 테스트 클라이언트를 사용해 API 계층을 테스트하고 응답의 유효성을 검사한다. 이상적으로 해당 테스트 결과는 빌드의 다음 단계 승격 여부를 정의한다. 소스코드는 다음 그림과 같다.

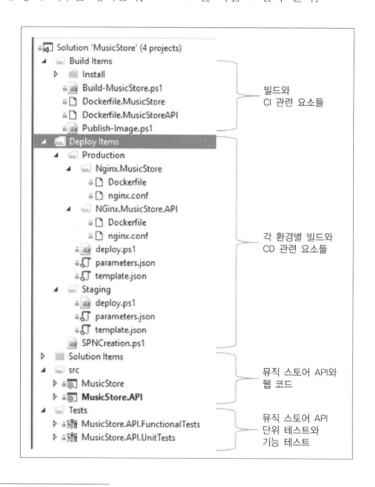

---

7. 증분 방식이란 변경된 부분만 적용하는 방식이다. - 옮긴이

SPN 구성

VSTS가 사용자의 구독에 리소스를 생성하려면 Microsoft Azure 구독에 연결된 Azure Active Directory 계정에 새로운 역할이 준비돼야 한다. 그러면 VSTS 에이전트가 환경을 만들기 전에 인증될 수 있다. 이번 절에서는 Azure 자원 관리자 서비스^{Resource Manager Service} 엔드포인트^{Endpoint}를 만드는 방법을 살펴본다. VSTS가 가상 컴퓨터를 생성하게 허가하기 위해 AAD 응용 프로그램을 생성하고, SPN^{Service Principal Name}에 역할을 할당해야 한다. 이 절차를 간소화하기 위한 PowerShell 스크립트가 C:\learningwsc\chapter9\musicstore\Deploy Items\SPNCreation.ps1에 있다. PowerShell을 이용해 해당 스크립트를 실행하거나, 다음 순서들을 따라 한다.

1. PowerShell을 관리자 권한으로 실행한다.
2. 다음 명령어를 실행해 Deploy Items 폴더로 이동하거나 개발용 컴퓨터로 복제한 VSTS 코드 저장소에 추가된 항목을 사용할 수 있다.

```
cd "C:\learningwsc\chapter9\MusicStore\Deploy Items"
```

3. 다음 명령어를 실행해 PowerShell 스크립트를 실행한다.

```
.\SPNCreation.ps1
```

4. Microsoft Azure 구독의 이름과 암호(여기서 입력하는 암호는 Service Principal Key이며, 다음 단계에서 다시 쓰인다)를 입력한다.
5. Microsoft Azure 구독의 자격증명으로 로그인한다.
6. SPN 역할의 할당이 성공적으로 완료됐는지 확인한다.
7. Copy and Paste below value for Service Connection 영역 아래의 Connection Name, Subscription ID, Subscription Name, Service Principal ID and Tenant

ID와 같은 세부 사항들을 복사해 둔다. Service Principal Key는 4단계에서 입력한 암호다.

8. VSTS 계정(https://musicstorecode.visualstudio.com)으로 로그인한다.

9. Settings 영역을 클릭한다.

10. New Service Endpoint를 클릭한 후 Azure Resource Manager를 선택한다.

11. Add Azure Resource Manager Service Endpoint라는 팝업 창이 나타나면 Subscription을 선택하고 connection의 이름을 MusicStoreConn으로 입력한다.

12. OK를 클릭해 설정을 저장한다.

준비 환경 구성

뮤직 스토어 응용 프로그램에 대한 CD를 구성하려면 다음 순서를 따라 한다.

1. VSTS 계정(https://musicstorecode.visualstudio.com)으로 로그인한다.

2. MusicStore 팀 프로젝트를 선택하고 Build & Release ❯ Releases 영역을 차례로 클릭한다.

3. New definition 버튼을 클릭한 후 Empty 항목을 클릭한 후 Next를 선택한다.

4. 다음 그림과 같이 Builds, Project Name, Build Definition을 선택한다. CD를 위한 체크박스를 선택해 새로운 빌드가 사용 가능할 때마다 릴리스하게 한다.

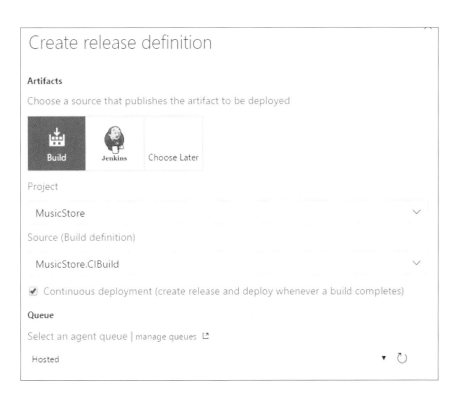

Create release definition

Artifacts

Choose a source that publishes the artifact to be deployed

Build   Jenkins   Choose Later

Project

MusicStore   ⌄

Source (Build definition)

MusicStore.CIBuild   ⌄

☑ Continuous deployment (create release and deploy whenever a build completes)

Queue

Select an agent queue | manage queues ⎘

Hosted   ▾ ↻

5. Create를 클릭해 릴리스 정의를 생성한다.

6. 포털의 펜 모양 아이콘을 클릭해 릴리스 정의의 이름을 MusicStore.CD로 변경한다.

7. 이름인 Environment 1을 Staging Environment로 변경한다.

8. Add task를 클릭한 후 Azure resource group deployment라는 새로운 작업을 추가하고 Close를 클릭한다. 미리 만들어진 이 작업은 준비 환경의 template. json 파일 내에 정의된 리소스들을 생성하거나 업데이트한다. 다음 값들을 입력한다.[8]

    ○ **Azure subscription**: 앞선 단계에서 만든 Azure Resource Manager Service Endpoint의 이름(MusicStoreConn)을 선택한다.

---

8. 상단에서 version 2.*을 선택한다. — 옮긴이

- Action: Create or update resource group
- Resource group: musicstorestagrg
- Location: Korea Central(혹은 적절한 데이터센터를 선택하되 지역을 모두 같은 곳으로 통일한다)
- Template:

  $(System.DefaultWorkingDirectory)/MusicStore.CIBuild/drop/

  Staging/template.json
- Template Parameter:

  $(System.DefaultWorkingDirectory)/MusicStore.CIBuild/drop/

  Staging/parameters.json
- Override Template Parameters: -adminPassword

  (ConvertToSecureString -String '$(password)' -AsPlainText

  -Force)
- Deployment Mode: Incremental

9. Add Task를 클릭한 후 Azure File Copy라는 새로운 작업을 추가한다. 그런 다음에 다음 그림과 같이 작업을 구성한다. 소스 영역에는 $(System.Default WorkingDirectory)/MusicStore.CIBuild/drop/Staging/deploy.ps1를 입력한다.

RM storage Account 영역에서 저장소 계정은 아무 계정이나 선택해도 된다.
저장소 계정은 파일을 가상 컴퓨터에 복사하고 실행하기 전에 잠시 업로드하
기 위해 사용된다.

10. Add Task를 클릭한 후 대상 컴퓨터에서 PowerShell on target machines라는
새로운 작업을 추가한다. 이후 작업을 다음 그림과 같이 구성한다. 이 작업은
배포용 PowerShell 스크립트를 호출하는데, 이 스크립트는 이전 단계에서 대
상 컴퓨터에 복사했다.

11. Add Task를 클릭한 후 .NET Core라는 새로운 작업을 추가하고 다음과 같이
작업을 구성한다. 이 작업은 뮤직 스토어 응용 프로그램의 기능 테스트를 위
해 패키지를 복원한다.

12. Add Task를 클릭한 후 .NET Core라는 새로운 작업을 추가하고 다음과 같이
작업을 구성한다. 이 작업은 뮤직 스토어 응용 프로그램의 기능 테스트를 실
행한다. 모든 릴리스에 대한 테스트 결과는 로그로 남아 있어 나중에 사용할
수 있다.

dotnet test ✏	
Command	test
Project(s)	$(System.DefaultWorkingDirectory)/MusicStore.CIBuild/drop/FunctionalTests/project.json
Arguments	--configuration $(BuildConfiguration) -xml testresults.xml

13. 이제 클라우드^{Cloud} 기반의 부하 테스트 작업을 추가해보자. 이 작업은 설정된 부하를 생성하고, 릴리스 로그에 상태를 남길 것이다. Add Task를 클릭한 후 Cloud-based web performance test라는 새로운 작업을 추가하고 다음과 같이 작업을 구성한다.

Quick Web Performance Test Get-Albums ✏	
VS Team Services Connection	
Website Url	http://musicstorestag.southeastasia.cloudapp.azure.com:81/api/album
Test Name	Get-Albums
User Load	25
Run Duration (sec)	60
Load Location	Default
Run load test using	● Automatically provisioned agents ○ Self-provisioned agents

이로써 테스트 및 환경 생성이 포함된 준비 환경에 빌드 저장을 배포하기 위한 구성을 마쳤다. 다음 절에서는 프로덕션 환경의 구성 방법을 살펴본다.

프로덕션 환경 구성

환경 구성을 마치면 VSTS의 복제 기능을 사용해 유사한 환경을 구성할 수 있다. 각 단계별로 승인자를 할당할 수 있으며, 승인자의 할당은 배포 전과 배포 후에 모두 가능하다. 프로덕션 환경을 구성하는 과정은 다음과 같다.

1. 준비 환경의 줄임표를 클릭한 후 Clone Environment를 클릭한다.
2. 사전 배포 규칙을 적절히 선택한다. 새로운 환경으로의 배포를 승인할 사람을 선택하고 준비 환경의 성공적인 배포를 다음 단계로 자동으로 넘기려면 체크 박스를 선택한다. 사전 배포 승인자를 자동이 아닌 특정인으로 구성한 경우

배포가 보류된다. Create를 클릭해 환경을 생성한다.

3. 환경의 이름을 Production으로 변경한다.

4. Azure Resource Group Deployment task의 구성을 다음 내용으로 변경한다. 나머지 구성들은 그대로 내버려둔다.

   ○ **Resource Group**: musicstoreprodrg

   ○ **Template**:

   $(System.DefaultWorkingDirectory)/MusicStore.CIBuild/drop/

   Production/template.json

   ○ **Template Parameters**:

   $(System.DefaultWorkingDirectory)/MusicStore.CIBuild/drop/

   Production/parameters.json

5. Azure File Copy 작업의 구성을 다음과 같이 변경한다. 나머지 구성들은 그대로 내버려둔다.

   ○ **Resource Group**: musicstoreprodrg

   ○ **Filter Criteria**: musicstoreprod

6. PowerShell on the target machines 작업의 구성을 변경한다. 나머지 설정은 그대로 내버려둔다.

   ○ **Machines**:

   musicstoreprod.southeastasia.cloudapp.azure.com:5986

7. 기능 테스트, 부하 테스트를 수행하는 작업은 삭제해도 무방하다.

8. 유니버설 암호를 구성하려면 release definition 메뉴에서 Variables 영역을 클릭한 후 다음 그림과 같이 새로운 변수를 추가한다.

Variables	
Define custom variables to use in this release definition. View list of pre-defined variables	
Name	**Value**
🗑 password	Password@123

9. Save를 클릭해 릴리스 정의를 저장한다.

▌ CI/CD 테스트

앞의 구성으로 개발자가 체크인을 하면 코드가 빌드되고 준비 환경으로 배포된다. 팀의 규모가 굉장히 크고 하루에도 많은 빌드가 진행된다면 빌드를 일괄 처리하고, 필요에 따라 배포할 계획을 세울 필요가 있다. 기본적으로 VSTS는 빌드 저장에 대한 30일간의 보존 정책을 갖고 있기 때문에 히스토리에서 빌드 번호를 선택해 이전의 빌드 저장으로 되돌아가는 배포를 진행할 수도 있다. 다음 그림은 새로운 빌드 저장을 사용할 수 있을 때 CI 절차에 의한 릴리스 트리거 결과를 보여준다.

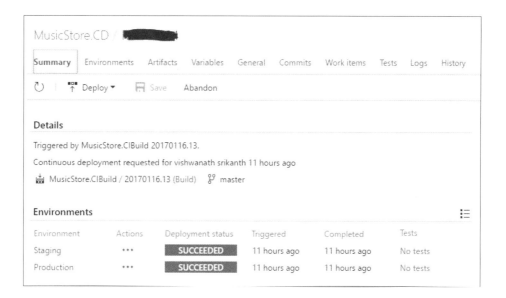

응용 프로그램을 성공적으로 만드는 요인 중 하나는 자동화되고 유연하며 에러가 없는 빌드와 릴리스 파이프라인을 갖는 것이다. 다른 하나는 좋은 원격 분석 솔루션을 갖춰 응용 프로그램의 성능과 고객의 응용 프로그램 사용 패턴을 진단할 수 있는 것이다. 원격 분석 솔루션은 사용과 관련된 통계와 에러, 프로덕션 환경의 특정 이벤트를 볼 수 있다. 이로써 아이디어에서부터 구현까지 전체 응용 프로그램의 수명주기를 완성할 수 있다. Microsoft의 Application Insights는 Microsoft Azure PaaS의 일부며, 응용 프로그램이 어떻게 동작하고 전 세계의 다양한 고객들이 이를 어떻게 이용하는지를 이해하게 해주는 훌륭한 제품이다. Application Insights는 깊은 통찰력을 주고 예측 경고를 생성하므로, 제품에 해당 사항들을 즉시 반영할 수 있다. 10장에서는 응용 프로그램을 Application Insights와 통합하고, 주요 이벤트를 캡처하는 방법을 살펴본다.

▮ 요약

Microsoft는 VSTS 단일 제품으로 코드 저장소와 빌드 및 릴리스 환경을 제공한다. VSTS는 Microsoft Azure 구독의 일부다. VSTS를 작업 항목 관리, 소스 및 버전 제어, 자동화된 빌드, CI/CD, 리포팅을 위해 사용할 수 있다. 또한 사설 클라우드 환경에서는 TFS 2015를 사용해 유사한 구성을 할 수 있다. VSTS를 통해 만들어진 CI/CD 파이프라인을 사용하면 Windows 컨테이너들을 빌드하고 게시할 수 있다. VSTS용 Docker 확장은 이미지를 빌드하고 생성할 경우 Linux를 사용하기 때문에 Windows 컨테이너 이미지 빌드용으로는 사용할 수는 없다. 현재 Docker 이미지를 빌드하고 게시하기 위해 Windows Server 2016을 사용해 Windows 에이전트를 생성해야 한다. CI/CD를 구성하면 빠른 릴리스가 가능할 뿐만 아니라 자동화를 통해 테스트가 완료된 릴리스가 가능하다. 개발 환경이나 준비 환경으로 체크인된 코드를 지속적으로 릴리스하게 되면 응용 프로그램은 정기적으로 테스트되고 해당 업무의 모든 관련자는 매일 최신의 개발 정보를 제공받을 수 있게 된다. VSTS를 사용해 자동으로 Microsoft Azure에 환경을 생성하고 업데이트할 수도 있다. 응용 프로그램의 성능과 사용 패턴에 대한 통찰력을 얻기 위해 응용 프로그램을 우수한 원격 분석 솔루션과 통합하는 것이 필요하다.

10

리소스 할당 관리 및
REST API

Windows 컨테이너는 가상화 플랫폼이며, 다른 가상화 플랫폼과 마찬가지로 사용에 있어 몇 가지 어려움이 있다. 그중 하나는 리소스 사용률 관리다. 컨테이너는 리소스 사용률을 극대화하는 데 중요한 역할을 하지만, 컨테이너가 공유된 환경 내의 CPU와 메모리를 얼마만큼 사용하게 될지 정하는 것 또한 중요하다. 리소스 사용을 제어할 중간 매체가 없다면 일부 시스템은 공유 인프라를 지나치게 사용하게 되며, 같은 인프라를 공유하는 다른 시스템에 에러나 오류가 발생할 수도 있다. 10장에서는 호스트 내에서 Windows 컨테이너의 리소스 할당을 관리하는 방법을 알아본다. 또한 Docker REST API를 사용하는 방법을 살펴봄으로써 Windows Server 2016의 Windows 컨테이너를 제어하고 관리할 수 있게 한다. 지금까지는 Docker 명령어를 사용해 컨테이너를 만들고 실행했지만, 이는 Windows 환경이 익숙한 사용자들에게 시스템을 제어하는 최적의 방법이 아닐 수 있다. 가령 컨테이너 호스트를 모바일 앱에서 관리하거나 다른 종류의 응용 프로그램에서 제어하고 싶을 수 있다. 10장에서는 Docker REST API를 통해 Windows 컨테이너를 빌드하고 관리하기 위한 사용자 지정 응용 프로그램을 만드는 방법을 살펴본다.

10장에서 다루는 내용은 다음과 같다.

- 컨테이너 리소스 할당
- OMS^{Operations Management Suite}를 이용한 모니터링
- dockerfile과 이미지 저장소 최적화
- Docker REST API와 API 참고 자료
- REST API를 이용한 컨테이너 목록 확인
- REST API를 이용한 컨테이너의 시작과 정지
- REST API를 이용한 이미지 빌드, 목록 확인, 푸시
- REST API 인증
- 네트워크와 볼륨 관리

▌ 컨테이너 리소스 할당

docker run 명령어를 사용해 컨테이너를 생성하면 컨테이너 호스트는 컨테이너의 리소스 사용에 대한 제약을 두지 않는다. 멀티테넌트 시스템을 구축해 여러 마이크로서비스들을 컨테이너에 운영할 계획이라면 모든 서비스가 잘 동작하길 바랄 것이다. 개별 서비스들은 고유한 리소스 요구 사항을 갖는다. 특정 서비스가 CPU를 주로 사용하는 작업이거나 인메모리 저장소 같은 메모리를 많이 사용하는 작업을 수행할 수 있으며, 높은 네트워크 대역폭에 의존할 수도 있다. 멀티테넌트 환경이나 인프라가 공유되는 경우 사용량이 많은 특정 고객이 발생시킬 수 있는 문제를 예방하기 위해서 리소스 사용이 제한돼야 한다. 그렇지 않으면 CPU를 많이 사용하는 서비스가 호스트

의 시스템을 잠식해 동일 호스트에서 동작하는 다른 서비스들에 영향을 주게 된다. 다음 그림은 이러한 문제 사례를 보여준다.

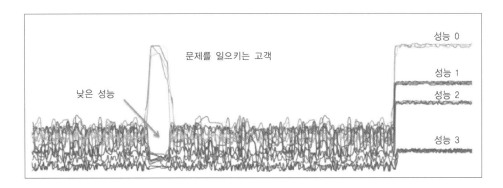

이렇게 특정 고객이 네트워크 대역폭과 디스크, IO, CPU 등의 리소스를 독점하는 문제는 클라우드 컴퓨팅과 인프라가 공유되는 경우에 발생하는 흔한 문제며, 다른 테넌트의 응용 프로그램 성능에 부정적인 영향을 준다. 또한 리소스의 배분에 불균등을 가져오고, 예고 없이 시스템이 종료되기도 한다. 클라우드 벤더들은 이러한 문제를 피하기 위해 계층Tier을 정의한다. 계층은 리소스 할당의 논리적인 단위인데, Tier-1을 선택한다면 서비스는 Tier-1의 규칙을 따르게 된다. Microsoft Azure는 다음 도표와 같이 Azure SQL Database 서비스 내의 기본, 표준, 프리미엄 세 가지 계층을 제공한다.

	기본	표준				프리미엄				
		S0	S1	S2	S3	P1	P2	P4	P6/P3	P11
DTUs	5	10	20	50	100	125	250	500	1,000	1,750
최대 데이터베이스 크기(GB)	2	250				500				1,000
최대 인메모리 OLTP 저장소(GB)	N/A	N/A	N/A	N/A	N/A	1	2	4	8	14
최대 동시 작업자	30	60	90	120	200	200	400	800	1,600	2,400
최대 동시 로그인	30	60	90	120	200	200	400	800	1,600	2,400
최대 동시 세션	300	600	900	1,200	2,400	2,400	4,800	9,600	19,200	32,000
특정 시점 복원	7일 내 특정 시점	35일 내 특정 시점				35일 내 특정 시점				
재난 복구	활성 지역 복제, 최대 4개의 보조 데이터베이스									

> ℹ️ 데이터 전송 유닛(DTU)은 Azure SQL Database Service에 할당되는 리소스의 측정 단위이며 CPU, 메모리, 대역폭 할당을 의미한다.

기본 계층에 해당하는 데이터베이스는 5GB까지의 데이터만 저장할 수 있으며, 그이상 확장할 수 없다. Microsoft Azure 내의 모든 리소스는 비슷한 분류가 적용된다. 이러한 전략은 아마존이나 구글 같은 다른 클라우드 벤더에도 적용된다. 또한 응용프로그램의 필요에 따라 수동/자동으로 계층 간의 전환이 쉽게 가능하다.

Windows의 Docker Engine도 유사한 방법을 사용해 CPU와 메모리, 네트워크 대역폭을 컨테이너별로 할당할 수 있다. 예를 들어 Windows 컨테이너 호스트에 다음과 같은 명령어를 실행하면 기본 값으로 리소스 할당 제한이 전혀 되지 않는 상태, 즉 리소스 사용에 제한이 없는 상태가 된다.

```
docker run -it microsoft/windowsservercore cmd
```

앞서 생성한 컨테이너의 CPU, 메모리, 네트워크 대역폭을 확인하기 위해 PowerShell 창에서 다음과 같은 명령어와 컨테이너 ID를 입력한다. 실행 중인 컨테이너의 ID를 확인하기 위해 docker ps 명령어를 실행한다.

```
docker inspect <컨테이너 id>
```

docker inspect 명령어를 실행하면 컨테이너의 리소스 정보를 host config 영역에서 확인할 수 있다. 다음 그림은 컨테이너의 기본 리소스 할당을 보여준다.

```
"Isolation": "process",
"CpuShares": 0,
"Memory": 0,
"CgroupParent": "",
"BlkioWeight": 0,
"BlkioWeightDevice": null,
"BlkioDeviceReadBps": null,
"BlkioDeviceWriteBps": null,
"BlkioDeviceReadIOps": null,
"BlkioDeviceWriteIOps": null,
"CpuPeriod": 0,
"CpuQuota": 0,
"CpusetCpus": "",
"CpusetMems": "",
"Devices": [],
"DiskQuota": 0,
"KernelMemory": 0,
"MemoryReservation": 0,
"MemorySwap": 0,
"MemorySwappiness": -1,
"OomKillDisable": false,
"PidsLimit": 0,
"Ulimits": null,
"CpuCount": 0,
"CpuPercent": 0,
"IOMaximumIOps": 0,
"IOMaximumBandwidth": 0
```

CPU 리소스 할당

Docker 명령어를 이용해 CPU 사용량, 기간^{Period}, 할당량^{Quota}, 공유^{Share}, 집합^{Set}, 집합 메모리$^{Set\ Mems}$ 등을 제어할 수 있다. 다음 docker run 명령어를 사용해 50%의 CPU 리소스를 컨테이너에 할당한다.

```
docker run -it --cpu-percent=50 microsoft/windowsservercore cmd
```

앞서 생성된 컨테이너의 ID로 docker inspect 명령어를 실행하면 다음 그림처럼 CpuPercent 항목의 값이 50으로 설정됐음을 확인할 수 있다. CPU 최대 사용량의 값은 항상 정수만 가능하다.

```
"PidsLimit": 0,
"Ulimits": null,
"CpuCount": 0,
"CpuPercent": 50,
"IOMaximumIOps": 0,
"IOMaximumBandwidth": 0
```

유사하게 --cpu-period나 --cpu-quota 플래그를 CFS^{Completely Fair Scheduler}[1]로 지정할 수 있다. 다음의 표는 컨테이너에 대한 CPU 할당을 제어하기 위한 옵션들을 보여준다.

플래그	데이터 유형	설명
--cpu-percent	Int	CPU 사용량을 컨테이너에 지정한다.
--cpu-period	Int	CPU의 CFS 기간을 제한한다.
--cpu-quota	Int	CPU의 CFS 할당량을 제한한다.
--cpu-shares	Int	여러 컨테이너 간 CPU 공유의 상대 비율이다. 예를 들면 50:50이나 80:20과 같이 CPU 공유를 지정할 수 있다.
--cpuset-cpus	String	실행을 허용할 CPU(0-3, 0,1)
--cpuset-mems	String	실행을 허용할 메모리(0-3, 0,1)

메모리 할당

Windows 컨테이너에 할당될 RAM 메모리를 제한하는 것도 가능하다. SQL Server처럼 메모리를 많이 사용하는 일부 컨테이너들은 많은 RAM 메모리를 요구할 수도 있다. 기본적으로 모든 컨테이너는 호스트에서 사용할 수 있는 모든 메모리를 사용할 수 있다. 다음 명령어는 Windows 컨테이너의 메모리 할당을 1GB로 제한한다.

```
docker run -it --memory=1024 microsoft/windowsservercore cmd
```

다음 표에서 보여주는 몇 가지 플래그들을 사용해 컨테이너에 메모리를 할당할 수 있다.

---

1. CFS는 Linux의 기본 스케줄러로 사용되는 알고리즘이다. - 옮긴이

플래그, 옵션	데이터 유형	설명
--memory, -m	String	메모리 제한
--memory-reservation	String	메모리 예약
--memory-swap	String	이 한도는 메모리 한도와 메모리 스왑(swap) 한도의 합과 같다. 무제한 swap을 위해서는 −1로 설정한다.
--memory-swappiness	Int	컨테이너 메모리를 스왑이 가능하게 조절한다(0∼100).

네트워크 할당

네트워크 대역폭은 컨테이너에 필요한 만큼 조절돼야 하는 중요한 리소스다. 다음 두 옵션은 컨테이너의 네트워크 사용량을 조절하는 데 사용할 수 있다.

플래그	데이터 유형	설명
--io-maxbandwidth	String	시스템 드라이브의 최대 IO 대역폭 한도(Windows만 해당)
--io-maxiops	UINT	시스템 드라이브의 최대 IOPS 제한(Windows만 해당)

 Docker의 리소스 할당 옵션은 커널에 따라 다르다. 대부분의 명령어는 Linux를 고려해 만들어졌으며, Microsoft와 Docker는 모든 Docker 명령어가 Windows 운영체제에서 동작할 수 있게 협력하고 있다. 리소스 할당에 대한 전략을 세우기 전에 관련된 최신 문서를 읽는 것을 권장한다.

▌통찰력과 원격 분석

가상화 환경에서 여러 시스템을 운영하는 경우 컨테이너의 성능을 분석하기 위한 원격 분석 및 모니터링 솔루션이 필요하다. 이번 절에서는 응용 프로그램의 성능과 시스템의 전반적인 상태에 대한 더 나은 통찰력을 얻기 위해 응용 프로그램 및 환경을 모니터링하는 솔루션에 대해 살펴본다. 이러한 솔루션들은 모든 서비스에 포함되는 것이 좋다. 소개할 기술의 대부분이 Microsoft의 기술이지만, 아직 Windows 컨테이너 에코시스템을 지원하지는 않는다. 하지만 개별 시스템의 기능들을 이해할 필요가 있으며, 추후 Microsoft가 Windows 컨테이너 에코시스템을 지원하면 모니터링 솔루션을 응용 프로그램 토폴로지에 통합할 수 있다.[2]

Application Insights

Visual Studio Application Insights for Docker는 응용 프로그램과 Docker 호스트에 대한 성능을 원격 분석해 컨테이너화된 응용 프로그램을 모니터링할 수 있게 한다.

Application Insights는 Docker가 수행한 모든 활동을 파악해 Insights 대시보드에 게시한다. Application Insights는 Microsoft Azure 구독 내의 일부로 사용 가능한 SaaS다. Application Insights는 .NET뿐만 아니라 다른 오픈소스 플랫폼들과 원활하게 통합된다. 컨테이너화되지 않은 응용 프로그램과 Application Insights의 통합에 대한 자세한 정보는 https://docs.microsoft.com/en-us/azure/application-insights/app-insights-overview에서 볼 수 있다. Application Insights는 모바일과 웹 응용 프로그램으로부터 원격 분석 정보를 수집할 수 있다. 응용 프로그램으로부터 수집된 원격 분석 정보는 Microsoft Azure로 전송, 처리된 후 저장된다. 처리된 데이터는 차트, 선 그래프 등의 형식으로 볼 수 있다.

---

2. 현재 Windows 컨테이너에 대한 지원이 추가됐다. - 옮긴이

최근 Microsoft는 Docker Hub에 Application Insights 이미지를 추가해 Docker 컨테이너에 대한 지원을 시작했다. Application Insights 이미지를 가져와 작업하는 방법에 대한 내용은 https://hub.docker.com/r/microsoft/applicationinsights/에서 볼 수 있다. 이 링크에서 Dockerfile 탭을 클릭해서 dockerfile의 내용을 확인해보면 비Windows 기반 이미지로 만들어져 있다. Docker 이미지를 활용해 Application Insights를 활성화하려면 Docker 호스트로 이미지를 가져온 후 컨테이너를 생성해야 한다. 이 컨테이너 내의 에이전트는 컨테이너화된 응용 프로그램으로부터 원격 분석 정보를 수집해 Microsoft Azure의 Application Insights 계정으로 보내는 역할을 한다. Docker 에이전트는 다음과 같은 정보들을 호스트로부터 수집한다.

- Application Insights와 연동되지 않은 응용 프로그램의 분석 정보를 수집한다. 예를 들어 Application Insights와 연동되지 않은 Linux 컴퓨터에서 ASP.NET Core 웹 응용 프로그램을 실행하는 경우에도 에이전트를 설치해 분석 정보를 수집할 수 있다.
- 컨테이너에 배포될 응용 프로그램을 개발하고 있다면 응용 프로그램에 Application Insights SDK를 설치하는 것이 좋다. 응용 프로그램이 마이크로서비스로 구성돼 있다면 모든 분석 데이터를 하나의 Application Insights 리소스로 보내고, 필요에 따라 데이터를 필터링할 수도 있다.
- Docker 호스트로부터의 수명주기 이벤트, 성능 카운터
- 모든 컨테이너의 CPU, 메모리, 네트워크 사용량 등에 대한 성능 카운터
- 컨테이너의 이벤트, 에러 정보

Application Insights 리소스를 설정하려면 Microsoft Azure 포털에 로그인한 후 Application Insights 리소스를 생성한다. 이후 계측 키$^{Instrumentation\ key}$를 복사해 Application Insights계정으로 분석 정보를 전송하고자 하는 응용 프로그램 혹은 마이크로서비스에 적용한다. 다음 그림과 같이 Docker 타일을 Application Insights 대시보드에 추가해야 하는 것에 주의한다.

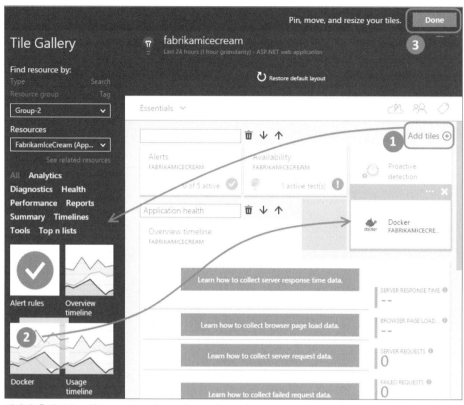

이미지 출처: https://docs.microsoft.com/en-us/azure/application-insights/app-insights-docker

다음과 같은 명령어를 Linux Docker 호스트에 실행해서 에이전트를 생성한다. 그리고 Application Insights 대시보드의 키 값을 다음과 같이 ikey 항목의 값으로 사용한다. 응용 프로그램이 여러 호스트에 분산돼 있다면 모든 호스트마다 같은 명령어를 입력하면 된다.

```
docker run -v /var/run/docker.sock:/docker.sock -d
microsoft/applicationinsights ikey=<Application Insights 키>
```

Application Insights의 대시보드의 예제가 다음 그림에 나와 있으며, Docker 호스트, 이미지, Docker 관련 정보(호스트에서 사용 가능한 컨테이너와 이미지의 숫자 등)들에 대한 분석 정보를 담고 있다.

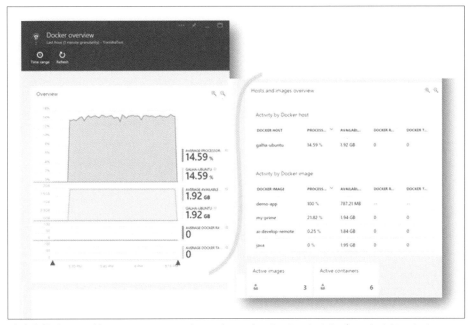

이미지 출처: https://docs.microsoft.com/en-us/azure/application-insights/app-insights-docker

다음 그림은 Docker 사용자 지정 이벤트에 대한 내용을 보여주며, 에러와 심각한 이벤트들을 살펴보기 위해 사용할 수 있는 세부적인 데이터들을 보여준다. Application Insights for Docker의 소스코드는 https://github.com/Microsoft/ApplicationInsights-Docker에서 살펴볼 수 있다.

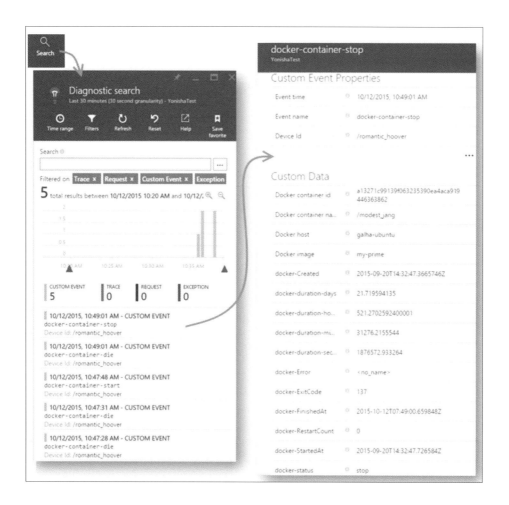

OMS

OMS[Operations Management Suite]는 Application Insights와 유사한 기능을 제공한다. OMS는 Microsoft가 제공하는 SaaS[Software as a Service]의 일부로, 기업의 IT 환경에서 하이브리드 클라우드를 관리할 수 있게 한다. OMS는 다양한 환경, 자동화된 배포나 작업, 백업 및 복구 등에 대한 로그를 통합해 분석을 할 수 있게 하며, 회사에서 설정한 보안 및 규정에 대한 표준을 준수할 수 있게 한다. Application Insights와 OMS는 상당한 차이점이 있다. Application Insights는 응용 프로그램 모니터링 도구임에 반해 OMS는 클라우드 관리 솔루션으로 공용 클라우드와 사설 클라우드에서 모두 동작한다. OMS는 여러 호스트에 분산된 컨테이너들을 관리하는 데 가장 적합하다.

Application Insights의 Docker 지원과 유사하게 OMS 컨테이너 솔루션은 Linux/Windows 운영체제를 모두 지원한다. OMS도 Application Insights 에이전트와 같이 컨테이너 호스트에서 에이전트로 실행된다. OMS용 dockerfile과 이미지에 대한 정보는 https://hub.docker.com/r/microsoft/oms/에서 살펴볼 수 있다.

OMS 컨테이너를 Linux 컨테이너 호스트에서 시작하기 위해서는 다음 명령어를 입력한다.

```
sudo docker run --privileged -d -v /var/run/docker.sock:/var/run/docker.sock
-e WSID="your workspace id"
-e KEY="your key" -p 127.0.0.1:25225:25225 --name="omsagent"
-h=&grave;hostname&grave; --restart=always microsoft/oms
```

다음과 같은 이벤트들이 OMS에서 수집된다.

- 컨테이너 호스트 가상 컴퓨터의 개수와 사용률
- 운영 중인 컨테이너 개수
- 컨테이너 및 이미지 인벤토리
- 컨테이너 성능과 로그
- Docker Daemon의 로그

이러한 정보들 외에도 OMS는 Windows Diagnostics API를 사용해 표준 오류 저장소로부터 정보를 수집할 수 있으며, Windows의 이벤트 로그 내의 시스템 항목에 남겨진 오류나 정보들을 수집할 수 있다. 다음 그림은 Linux용 OMS 컨테이너 솔루션을 보여준다.

OMS 대시보드의 타일은 컨테이너 호스트(호스트들의 묶음일 수도 있다)에서 실행 중이거나 중지된 전체 컨테이너들을 보여준다.

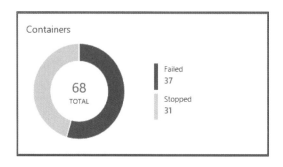

OMS는 사용자 지정 쿼리 구문이 있어, 결과를 필터링할 수 있으며, 컨테이너 호스트, 이미지, 컨테이너 상태 등으로 정렬할 수 있다. 다음 그림은 검색의 예를 보여준다.

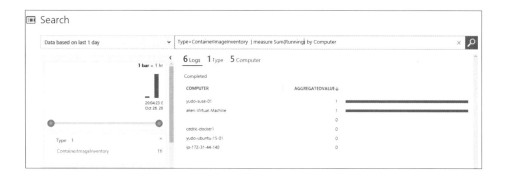

OMS나 Application Insights는 Office 365나 PowerBI와 같은 Microsoft의 BI 도구와 자연스럽게 연동된다.

▌ dockerfile 최적화

9장에서 Docker 이미지 파일과 **docker build**를 활용해 Windows 컨테이너 이미지를 만드는 방법을 살펴봤다. 하지만 이미지를 효율적으로 만드는 방법은 아직 살펴보지 않았다. 이번 절에서는 이미지 빌드 과정을 최적화하는 데 사용할 수 있는 중요한 팁과 전략을 다룬다. dockerfile에 대한 최적화 방안을 살펴보기 전에 먼저 Docker가 이미지를 빌드하는 과정을 살펴본다.

다음의 dockerfile은 IIS가 설치된 Windows 이미지를 생성한다.

```
FROM microsoft/windowsservercore
RUN dism /online /enable-feature /all
/featurename:iis-webserver /NoRestart
RUN echo "Hello World - Dockerfile" >
c:\inetpub\wwwroot\index.html
EXPOSE 80
CMD [ "cmd" ]
```

Docker는 앞선 dockerfile을 사용하게 되고, 명령어의 첫 번째 줄에서 기본 이미지로 microsoft/windowsservercore를 사용하는 임시 컨테이너가 만들어진다. 다음 줄의 개별 명령어들은 Docker가 컨테이너를 업데이트한 후 다음 명령어에서 사용될 임시 컨테이너를 다시 만든다. 이러한 방법으로 Docker는 파일의 끝에 도달할 때까지 이미지를 만들게 된다. 다음의 **docker build** 명령어를 앞의 dockerfile을 사용해 실행하면 세 개의 레이어를 예상해 볼 수 있다. 첫 번째는 컨테이너 OS 이미지며, 두 번째는 IIS를 설치하고 기본 페이지를 설정하는 레이어다. 마지막은 80번 포트를 여는 레이어다.

```
docker build -t learningwsc/iis .
```

하지만 다음 그림 내의 명령어를 실행해 이미지의 레이어들을 살펴보면 세 개 이상임을 확인할 수 있다.

```
PS C:\temp> docker history learningwsc/iis
IMAGE           CREATED         CREATED BY                                      SIZE
aef79f397d05    9 minutes ago   cmd /S /C #(nop)  CMD ["cmd"]                   22 MB
2280b9838275    9 minutes ago   cmd /S /C #(nop)  EXPOSE 80/tcp                 273 MB
5007124eac46    9 minutes ago   cmd /S /C echo "Hello World - Dockerfile" ...   1.35 GB
bcad545c6f91    9 minutes ago   cmd /S /C dism /online /enable-feature /al...   7.33 GB
```

위 그림의 개별 라인은 dockerfile 내의 한 줄에 해당한다. 하단에 이미지 이름으로 bcad545c6f91이 있는 라인은 7.33GB의 기본 이미지를 만든다. 그 위의 라인은 IIS 설치 레이어다. 그리고 그 위의 라인은 80번 포트를 여는 레이어다. dockerfile은 이러한 레이어의 숫자와 빌드 시간을 줄이면서 전체 프로세스가 향상되게 작성할 수 있다. dockerfile은 가독성이 좋아야 하므로, 이번 절에서는 dockerfile의 가독성을 높이는 방법을 살펴본다.

이미지 크기 최적화

앞 절에서 생성한 이미지는 약 9GB의 용량을 차지한다. 컨테이너 호스트에 이미지를 빌드할 때 이미지의 크기가 중요한 요소인데, 이미지를 특정 호스트에서 다른 호스트로 옮기거나 Docker 레지스트리Registry에 업로드할 경우가 이에 해당된다. 따라서 이미지의 크기를 현저히 줄일 수 있게 dockerfile을 작성하는 방법을 배우는 것이 매우 중요하다.

이미지의 크기를 줄이는 첫 번째 단계는 RUN 명령어를 그룹화하는 것이다. 앞 절에서 살펴본 바와 같이 각각의 RUN 명령어는 개별적인 레이어로 만들어지며, RUN 명령어의 숫자를 줄일 수 있다면 레이어의 개수도 줄일 수 있게 된다. 예를 들어 Redis를 Windows Server Core 기반에 설치하는 두 개의 dockerfile을 비교해보자. 다음 파일은 여러 개의 RUN 명령어로 나눠진 경우다.

```
FROM microsoft/windowsservercore
RUN powershell.exe -Command Invoke-WebRequest
https://github.com/MSOpenTech/redis/releases/download/
win-3.2.100/Redis-x64-3.2.100.zip -OutFile Redis-x64-3.2.100.zip
RUN powershell.exe -Command Expand-Archive Redis-x64-3.2.100.zip
-dest 'C:\\Program Files\\Redis\\'
RUN powershell.exe -Command Remove-Item Redis-x64-3.2.100.zip
-Force
EXPOSE 6379
CMD .\\redis-server.exe .\\redis.unprotected.conf --port 6379
```

결과로 생성되는 이미지는 다음 그림과 같이 다섯 개의 레이어를 가지며 RUN 명령어
하나당 한 개의 레이어가 된다.

```
PS C:\redis> docker history learningwsc/redis
IMAGE           CREATED             CREATED BY                                      SIZE
fc661da00736    15 seconds ago      cmd /S /C #(nop)  CMD ["cmd" "/S" "/C" ".\...    52.8 MB
084c2ba92e7d    19 seconds ago      cmd /S /C #(nop)  EXPOSE 6379/tcp                75.2 MB
a9b61af0c26f    25 seconds ago      cmd /S /C powershell.exe -Command Remove-I...    58.9 MB
af2b8d0ec366    51 seconds ago      cmd /S /C powershell.exe -Command Expand-A...    1.35 GB
b38955e7e0ae    About a minute ago  cmd /S /C powershell.exe -Command Invoke-w...    7.33 GB
```

이제 레이어의 개수를 줄여보자. 다음의 dockerfile은 모든 RUN 명령어를 단일 RUN
명령어로 구성했다. 가독성을 높이기 위해 명령어 간 '\' 문자를 사용해 여러 줄로
나눌 수 있다.

```
FROM microsoft/windowsservercore
RUN powershell.exe -Command Invoke-WebRequest
https://github.com/MSOpenTech/redis/releases/download/
win-3.2.100/Redis-x64-3.2.100.zip -OutFile Redis-x64-3.2.100.zip;\
    Expand-Archive Redis-x64-3.2.100.zip -dest 'C:\\Program
    Files\\Redis\\'; \
    Remove-Item Redis-x64-3.2.100.zip -Force
EXPOSE 6379
```

```
CMD .\\redis-server.exe .\\redis.unprotected.conf --port 6379
```

이 dockerfile의 실행 결과로 생성되는 이미지는 이전보다 적은 숫자의 레이어로 구성된다. 하지만 이미지의 크기는 줄어들지 않고 레이어의 수만 줄었다는 것에 유념하자.

```
PS C:\redis> docker history learningwsc/redis
IMAGE           CREATED           CREATED BY                                      SIZE
ccc6bed32eab    About a minute ago    cmd /S /C #(nop)  CMD ["cmd" "/S" "/C" ".\...    76.2 MB
a7ab9495427e    About a minute ago    cmd /S /C #(nop)  EXPOSE 6379/tcp                1.35 GB
2f6ce7491a9f    About a minute ago    cmd /S /C powershell.exe -Command Invoke-W...   7.33 GB
```

이미지를 빌드하는 중 소프트웨어를 설치했다면 설치를 위해 다운로드한 것들은 삭제하는 것이 좋다. 이 방법은 이미지의 크기를 소프트웨어의 크기만큼 줄여준다. 앞 Redis 예제의 dockerfile은 소프트웨어를 다운로드해 설치한 줄과 같은 줄에 그 항목을 삭제하는 명령어를 뒀음을 기억하자. 그렇게 함으로써 하단 이미지 레이어의 파일을 제거할 수 있다.

빌드 속도 최적화

반대로 여러 개의 RUN 명령어를 분할하면 빌드의 속도를 최적화할 수 있다. 이는 레이어로 변환될 개별 RUN 명령어가 이미지를 빌드하는 동안 Docker 빌드 시스템에 캐시되기 때문이다. Docker가 반복되는 명령어를 찾으면 새로운 레이어를 만들지 않고 캐시된 레이어를 사용한다. 그 결과 Docker의 빌드 속도가 빨라지게 된다.

예를 들어 다음의 dockerfile은 Visual Studio와 아파치의 재배포 가능 패키지를 다운로드하고 설치한 후 파일들을 삭제한다. 이 작업이 하나의 RUN 명령어로 끝났기 때문에 두 개의 레이어만 생성하게 된다.

```
FROM windowsservercore

RUN powershell -Command \
```

```
# 소프트웨어 다운로드 ; \
wget https://www.apachelounge.com/download/VC11/binaries/
httpd-2.4.18-win32-VC11.zip -OutFile c:\apache.zip ; \
wget "https://download.microsoft.com/download/1/6/B/
16B06F60-3B20-4FF2-B699-5E9B7962F9AE/VSU_4/vcredist_x86.exe"
-OutFile c:\vcredist.exe ; \
wget -Uri http://windows.php.net/downloads/releases/
php-5.5.33-Win32-VC11-x86.zip -OutFile c:\php.zip ; \

# 소프트웨어 설치 ; \

Expand-Archive -Path c:\php.zip -DestinationPath c:\php ; \
Expand-Archive -Path c:\apache.zip -DestinationPath c:\ ; \
start-Process c:\vcredistexe -ArgumentList '/quiet' -Wait ; \

# 불필요한 파일 삭제 ; \
Remove-Item c:\apache.zip -Force; \
Remove-Item c:\vcredist.exe -Force
```

이 방법의 단점은 이전 파일에 작은 변경 사항이 생겨도 전체 명령어 집합이 다시 실행된다는 것이다. 반대로 해당 dockerfile을 다음의 코드처럼 여러 명령어로 나누면 몇 가지 장점이 생긴다. 첫 번째 장점은 각 레이어가 캐시되므로 다른 dockerfile이 Visual Studio 재배포 가능 패키지를 필요로 하면 레이어가 재사용돼 다운로드와 설치 과정을 줄일 수 있다는 점이다. 두 번째 장점은 dockerfile의 한 줄에만 변경 사항이 생기게 되면 변경되지 않은 남은 부분들이 캐시에서 사용되므로 이미지를 다시 빌드 하는 데 드는 비용이 더 적게 든다는 점이다. 다음의 dockerfile은 여러 RUN 명령어로 나눠서 빌드 속도가 빨라진 경우를 보여준다.

```
FROM windowsservercore

RUN powershell -Command \
  $ErrorActionPreference = 'Stop'; \
```

```
    wget https://www.apachelounge.com/download/VC11/
    binaries/httpd-2.4.18-win32-VC11.zip -OutFile c:\apache.zip ; \
    Expand-Archive -Path c:\apache.zip -DestinationPath c:\ ; \
    Remove-Item c:\apache.zip -Force

RUN powershell -Command \
    $ErrorActionPreference = 'Stop'; \
    wget "https://download.microsoft.com/download/1/6/
    B/16B06F60-3B20-4FF2-B699-5E9B7962F9AE/VSU_4/
    vcredist_x86.exe" -OutFile c:\vcredist.exe ; \
    start-Process c:\vcredist.exe -ArgumentList '/quiet' -Wait ; \
    Remove-Item c:\vcredist.exe -Force

RUN powershell -Command \
    $ErrorActionPreference = 'Stop'; \
    wget http://windows.php.net/downloads/releases/
    php-5.5.33-Win32-VC11-x86.zip -OutFile c:\php.zip ; \
    Expand-Archive -Path c:\php.zip -DestinationPath c:\php ; \
    Remove-Item c:\php.zip -Force
```

이와 같이 명령어들을 분리할 것인지, 아니면 같이 구성할 것인지에 대한 결정은 명령어의 내용에 따라 달라진다. 소프트웨어의 일반적인 구성, 가령 SQL Server, IIS, .NET Framework를 설치한다고 하자. 개별 단계의 설치를 위해서 RUN 명령어를 안전히 분리시키면 추후 유사한 이미지를 만들 때 용이하다. 사용자 지정 응용 프로그램을 설치하거나 구성하는 명령이라면 RUN 명령어를 하나로 묶어 레이어의 숫자가 줄어들게 하는 것이 좋다. 개별 이미지를 빌드하기 위한 가이드라인은 장단점이 있으므로, 필요에 따라 적절히 선택해야 한다. 크기와 속도의 대결이다. 필자의 경우에는 저렴한 가격으로 사용 가능한 충분한 용량이 있다면 이미지의 크기를 줄이기보다는 속도를 선호할 것이다.

명령어의 순서 정하기

Docker가 사용하는 캐시의 동작 과정은 꽤 흥미롭다. dockerfile은 위에서 아래로 처리되며, 전체 명령어를 실행할 때 Docker Engine은 캐시된 레이어가 있는지 확인한다. 명령어에 캐시된 레이어가 포함되면 해당 레이어를 불러온다. 명령어가 새로운 내용이면 새 컨테이너 레이어가 생성되고, 다음 줄이 캐시됐다고 하더라도 이전 줄이 캐시되지 않았기 때문에 새로운 레이어를 다시 빌드한다. 이러한 이유로 명령어의 순서를 정하는 것이 매우 중요하다. 따라서 변경될 가능성이 적은 명령어는 dockerfile의 상단에 놓는다. 반면 변경될 가능성이 있는 명령어는 dockerfile 하단에 놓는다. 이렇게 하면 캐시 메커니즘을 효율적으로 사용할 수 있다.

예를 들어 다음 예제는 4개의 폴더를 생성하는 dockerfile이다.

```
FROM windowsservercore

RUN mkdir test-1
RUN mkdir test-2
RUN mkdir test-3
RUN mkdir test-4
```

이 파일의 실행 결과 이미지는 다섯 개의 레이어를 가지며, 하나는 컨테이너의 기본 OS 이미지고, 나머지는 개별 RUN 명령어에 해당되는 것이다. 이제 다음과 같은 dockerfile을 가정해보자.

```
FROM windowsservercore

RUN mkdir test-1
RUN mkdir test-2
RUN mkdir test-5
RUN mkdir test-4
```

Docker가 이 파일을 실행하게 되면 처음 두 **RUN** 명령어에 대해 Docker는 캐시된 레이어를 사용하게 된다. 세 번째 **RUN** 명령어의 경우 Docker는 새로운 레이어를 생성하고, 네 번째 **RUN** 명령어가 같은 명령어임에도 캐시된 레이어를 사용할 수 없는데, 이는 이전 명령어에서 생성한 레이어로 빌드해야 하기 때문이다.

응용 프로그램의 집합은 여러 레이어로 구성될 수 있으며, 응용 프로그램의 구성 요소들을 여러 컨테이너로 분리하는 것은 항상 좋은 방법이다. 예를 들어 특정 응용 프로그램은 웹 응용 프로그램, 데이터베이스 레이어, 캐시 레이어로 구성될 수 있다. 이때 하나의 레이어당 하나의 이미지를 준비하는 것이 항상 권장된다. Docker는 앞서 언급했던 것처럼 dockerfile의 모든 단계에서 기존 컨테이너가 이미지에 있는 파일의 내용을 **ADD**하거나 **COPY**하는지 검사한다. 캐시된 레이어가 사용되기 전에는 체크섬이 계산된다. 마지막으로 수정되거나 접근된 시간은 체크섬을 계산하면서 무시되며, 체크섬이 변경됐다면 캐시가 무효화된다. `docker build`를 사용해 이미지를 빌드할 때 캐시 레이어를 사용하지 않기 위해서는 명령어에 `--no-cache=true` 플래그를 추가한다.

▍Docker REST API

지금까지는 Docker 명령어와 PowerShell을 사용해 컨테이너와 이미지, 네트워크를 제어했다. 하지만 컨테이너 작업을 기존 응용 프로그램에 통합하거나 모바일 앱, 챗봇과 같은 사용자 지정 클라이언트를 만들어 환경 내에서 구동 중인 컨테이너를 관리하는 몇 가지 시나리오가 있을 수 있다. 명령어를 통해 Docker 관리 작업을 사용자 지정 응용 프로그램에 통합시키는 것은 지루한 작업이므로, 이러한 문제를 해결하기 위해 Docker는 Docker Engine API라는 REST API를 제공한다.

REST API는 Representational State Transfer의 약자다. REST API는 서로 다른 서비스들 간의 상호운용성을 제공한다. Restful 서비스는 다른 서비스와 통신하기 위해 HTTP/HTTPs를 사용하며, 이때 **GET**, **POST**, **PUT**, **DELETE** 같은 HTTP 함수에 매핑된

작업을 사용하게 된다. Docker Engine API는 사용 중인 응용 프로그램에서 Docker의 모든 기능을 제어할 수 있게 한다. 이러한 Docker API 클라이언트는 REST 호출을 할 수 있는 다양한 언어(C#, 자바, GO, Perl, 자바스크립트, 파이썬 등)로 작성될 수 있다. Docker는 C#, 자바, 파이썬, GO 언어를 위한 SDK를 제공하기 때문에 REST API를 좀 더 쉽게 사용할 수 있다. 전체 SDK와 다양한 언어에서 사용 가능한 SDK, 라이브러리의 목록은 https://docs.docker.com/engine/api/sdks/를 참고한다. 이러한 라이브러리들은 Docker 외부의 커뮤니티에서 만들고 관리되며, Docker 팀은 발생할 수 있는 문제나 지원되지 않는 기능들에 대한 책임이 없다. SDK에 포함되지 않은 기능을 사용해야 한다면 REST API를 사용할 수 있다. 이번 절에서는 REST API와 C# SDK를 사용해 Docker의 간단한 작업들을 수행해본다.

이 책이 집필되는 시점에 Docker Engine API는 1.26 버전이 최신이다.[3] REST 호출 시에는 버전의 번호를 지정해 언제든 특정 버전의 API를 사용할 수 있다. Windows Server 2016에는 Docker가 미리 설치돼 있다. Docker Engine API를 사용하려면 컨테이너 호스트가 원격 요청을 수신하기 시작해야 한다. PowerShell에서 다음과 같은 명령어를 실행해 Docker가 2375번 포트에서 수신 대기하게 한다.

```
Remove-Item C:\ProgramData\docker.pid -Force
dockerd.exe -H .0.0.0:2375
```

이번 절에서는 Postman 응용 프로그램을 사용해 Windows 컨테이너 호스트에서 Docker API를 사용해본다. Postman은 https://www.getpostman.com/에서 다운로드할 수 있다. 이번 절에서 언급된 API 호출들은 다양한 프로그래밍 언어와 클라이언트를 통해 가능하다. Docker REST API를 사용하려면 Docker 컨테이너 호스트의 IP 주소나 호스트 이름을 알아야 한다. 예를 들어 다음의 URL은 API 호출을 위한 기본 URL을 나타내는데, `musicstorehost.cloudapp.net`은 컨테이너 호스트의 이름이며,

---

3. 현재는 1.30 버전이 최신이다. – 옮긴이

2375는 Docker 프로세스가 연결을 위해 사용하는 포트 번호다. 또한 1.24 버전을 대상으로 한다. Docker Engine API는 JSON 형식으로 결과를 전송한다.

```
http://musicstorehost.cloudapp.net:2375/v1.24/
```

컨테이너 목록 확인

컨테이너 호스트에서 사용 가능한 컨테이너의 목록을 확인하는 명령어는 가장 자주 사용된다. 운영 중인 모든 컨테이너의 목록을 가져오려면 containers/json?all=1를 기본 URL에 붙여서 다음과 같이 구성한다.

```
http://musicstorehost.cloudapp.net:2375/v1.24/containers/json?all=1
```

또한 다음 표와 같이 쿼리 매개변수를 이용해 결과를 필터링할 수도 있다.

쿼리 매개변수	데이터 유형	기본 값	설명
All	boolean(0/1)	0(false)	기본 값으로 실행 중인 모든 컨테이너를 반환한다.
Limit	Int	-	변수 값으로 결과를 제한하며, 실행 중이지 않은 컨테이너를 포함한다.
Size	boolean	false	컨테이너의 크기를 필드 값으로 반환한다.
Filters	String		JSON 형식을 사용해 결과를 필터링한다. 예를 들어 {"status": "paused"} 같은 구문은 중지된 컨테이너만을 반환한다.

다음은 Postman에서 수행된 REST 요청과 반환에 대한 예다.

컨테이너 생성

쿼리 매개변수에 containers/create를 추가해 컨테이너를 생성할 수 있다. 컨테이너를 생성하기 위해서는 POST 함수를 사용하기 때문에 요청 매개변수를 post 바디^{Body}에 전달해야 한다. 다음 그림은 Windows Server Core 컨테이너를 생성하는 요청의 예다.

이 요청은 POST 요청이기 때문에 서버는 다음 표와 같이 다양한 응답 코드를 반환할 수 있으며, 클라이언트에서 응답 코드에 맞게 정상적으로 처리돼야 한다.

응답 코드	설명
201	성공적으로 컨테이너 생성
400	잘못된 매개변수
404	이미지/컨테이너 없음
409	충돌
500	서버 에러

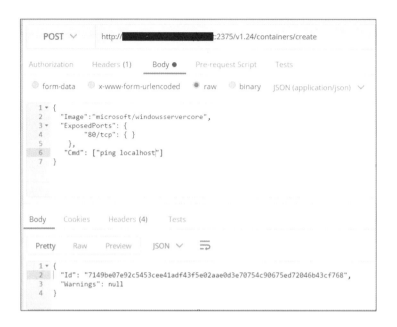

컨테이너 시작/중지

때로는 리소스를 저장하거나 원격 클라이언트에서 업데이트를 하기 위해 컨테이너를 시작 또는 중지해야 할 경우가 있다. 다음 post 요청은 컨테이너 ID를 사용해 컨테이너를 시작한다. 컨테이너 ID는 앞 절에서 살펴본 컨테이너 목록 확인 명령어를 사용해 확인하면 된다.

Containers/{Id}/start

컨테이너를 중지하기 위해서는 다음과 같이 start만 stop으로 바꿔주면 된다.

Containers/{Id}/stop

다음 그림은 Postman의 start 요청에 대한 예다.

컨테이너 삭제

다음 그림은 컨테이너를 삭제하기 위한 요청과 응답의 예제를 보여준다. HTTP DELETE 함수가 사용됨에 유의하자.

Docker는 커맨드라인에서 사용 가능한 모든 함수에 대해 REST API를 제공한다. REST API의 전체 스펙에 대해서는 https://docs.docker.com/engine/api/에서 볼 수 있다.

▌ Docker .NET SDK

.NET을 이용해 클라이언트를 만들 때 Docker.DotNet 네임스페이스는 Docker 원격 API를 사용하는 데 도움을 준다. Docker.DotNet은 전체가 비동기로 이뤄져 있으며, 컨테이너 호스트와 프로그래밍 방식으로 상호 동작하기 위해 논블로킹/객체지향의 방식으로 설계됐다.

해당 라이브러리는 다음과 같이 NuGet 패키지 매니저 콘솔에서 명령어를 실행해 프로젝트에 추가할 수 있다.

```
PM> Install-Package Docker.DotNet
```

또는 Visual Studio의 프로젝트를 마우스 오른쪽 버튼으로 클릭하고 NuGet 패키지 관리 메뉴를 선택한 후 Docker.Dotnet을 검색해 설치하면 된다. 설치가 끝난 후 Windows 컨테이너 호스트와 통신을 시작하려면 먼저 클라이언트 객체를 생성해야 한다. 다음 코드는 Docker 클라이언트 객체를 생성하는 방법을 보여준다. DockerClient는 Docker.Dotnet 네임스페이스의 일부이기 때문에 Docker.Dotnet을 네임스페이스 영역에 추가한다.

```
DockerClient client = new DockerClientConfiguration
(new Uri(containerHostUrl)).CreateClient();
```

DockerClient 객체는 이미지, 컨테이너, 네트워크 같은 속성들을 포함한다. 이러한 속성들은 list, create, remove 같은 docker 명령어들에 대한 작업을 할 수 있게 한다. 앞 절에서 봤던 http://Docker 호스트의 IP 주소 또는 DNS 이름:2375/와 같은 컨테이너 호스트의 URL은 호스트 이름과 포트 번호의 조합이다. 또한 다음과 같이 SSL/TSL 인증서로 연결을 보호할 수도 있다.

```
var certificate = new X509Certificate2 ("CertFile", "Password");
var credentials = new CertificateCredentials(certificate);
DockerClient client = new DockerClientConfiguration("tcp://your-docker-
    host:4243", credentials).CreateClient();
```

컨테이너 목록 확인

다음 코드는 컨테이너의 목록을 불러오는 방법을 보여준다. containerslistparameters 클래스는 컨테이너 목록을 크기, 숫자, 특정 컨테이너 ID, 사용자 지정 필터 등으로 필터링하는 속성들을 포함한다.

```
/// <summary>
/// 컨테이너 호스트에서 실행중인 모든 컨테이너의 목록을 보여준다.
/// </summary>
/// <param name="limit">컨테이너의 수를 제한한다 </param>
/// <returns>컨테이너의 목록을 반환</returns>
private async static Task<IList<ContainerListResponse>>
    ListContainers(int limit = 10)
{
    client = new DockerClientConfiguration(new
        Uri(containerHostUrl)).CreateClient();
    var containers = await client.Containers.
        ListContainersAsync(new ContainersListParameters()
    {
        Limit = limit,
        Size = true,
        All = true
    });
    return containers;
}
```

컨테이너 생성

다음 함수는 microsoft/windowsservercore 이미지를 사용해 컨테이너를 생성한다. CreateContainerParameters 클래스는 컨테이너를 생성하기 위한 다양한 옵션(작업 폴더 생성, 셸, 포트 매핑 등)을 제공한다.

```
/// <summary>
/// 컨테이너 생성
/// </summary>
private async static Task<CreateContainerResponse>
CreateContainer()
{
    client = new DockerClientConfiguration(new
        Uri(containerHostUrl)).CreateClient();
    return await client.Containers.CreateContainerAsync(new
        CreateContainerParameters()
    {
        Image = "microsoft/windowsservercore",
        Name = "mycontainer",
        Shell = new List<string> { "CMD" }
    }
    );
}
```

컨테이너 시작

다음 함수는 컨테이너 ID를 사용해 컨테이너를 시작한다.

```
/// <summary>
/// 컨테이너 ID를 사용해 컨테이너 시작
/// </summary>
/// <param name="id">컨테이너 Id</param>
private async static Task<bool> StartContainer(string id)
{
    client = new DockerClientConfiguration(new
        Uri(containerHostUrl)).CreateClient();
    return await client.Containers.StartContainerAsync(id, null);
}
```

컨테이너 중지

다음 함수는 컨테이너를 중지할 수 있으며, 더불어 컨테이너를 강제 종료하기 전에 대기 시간을 설정할 수 있다.

```
/// <summary>
/// 컨테이너 ID를 사용해 컨테이너 중지
/// </summary>
/// <param name="id">컨테이너 Id</param>
private async static Task<bool> StopContainer(string id)
{
    client = new DockerClientConfiguration(new
        Uri(containerHostUrl)).CreateClient();
    return await client.Containers.StopContainerAsync
        (id, new ContainerStopParameters()
    {
        WaitBeforeKillSeconds = 10 }, default(CancellationToken));
    }
```

컨테이너 제거

다음 함수는 컨테이너 호스트에서 컨테이너를 제거할 수 있게 한다.

```
/// <summary>
/// 컨테이너 ID를 사용해 컨테이너 제거
/// </summary>
/// <param name="id">컨테이너 Id</param>
private async static Task RemoveContainer(string id)
{
    client = new DockerClientConfiguration
        (new Uri(containerHostUrl)).CreateClient();
    await client.Containers.RemoveContainerAsync
        (id, new ContainerRemoveParameters()
```

```
    {
        Force = true
    });
}
```

이미지 다운로드

다음 코드는 필요시 Docker Hub에서 이미지를 다운로드해서 이미지를 생성한다.

```
/// <summary>
/// Docker Hub에서 이미지를 풀(Pull)해오고, 이미지를 생성
/// </summary>
/// <returns></returns>
public async static Task<Stream> CreateImage()
{
    client = new DockerClientConfiguration
        (new Uri(containerHostUrl)).CreateClient();
    return await client.Images.CreateImageAsync
        (new ImagesCreateParameters()
    {
        Parent = "microsoft/iis",
        Tag = "webserver"
    }, null);
}
```

이미지를 생성하고 Docker 이벤트를 모니터링하는 일부 Docker API들의 엔드포인트는 스트림을 반환한다. 다음 코드를 사용해 스트림에서 원하는 결과를 얻을 수 있다.

```
CancellationTokenSource cancellation = new CancellationTokenSource();
Stream stream = await client.Miscellaneous.MonitorEventsAsync(new
    ContainerEventsParameters(), cancellation.Token);
```

SDK를 사용할 때 기본 값으로는 API의 버전을 명시할 필요가 없지만, 특정 API의 버전을 대상으로 한다면 버전에 대한 매개변수에 다음과 같이 값을 지정할 수 있다.

```
var config = new DockerClientConfiguration(...);
DockerClient client = config.CreateClient(new Version(1, 16));
```

다음은 클라이언트 라이브러리에서 던져질 수 있는 예외들의 목록이다.

- DockerApiException: 이 예외는 Docker API의 결과가 성공적이지 않을 경우 발생한다. 이 예외의 서브클래스는 DockerContainerNotFoundException과 DockerImageNotFoundException이 있다.
- TaskCanceledException: 이 예외는 HTTPClient 라이브러리에서 연결이 끊어지거나 타임아웃이 발생했을 경우 발생한다. 타임아웃의 기본 값은 100초다.
- ArgumentNullException: 이 예외는 요구되는 매개변수의 값이 빠져 있을 경우 발생한다.

▌ 요약

공유 환경에서 개별 컨테이너가 사용하는 CPU, 메모리, 네트워크 리소스는 관리자에 의해 제어돼야 하고, 다른 테넌트에 영향을 미치지 않아야 한다. Docker는 컨테이너 생성 시 CPU와 메모리에 최소/최대 제한을 설정할 수 있는 구성 옵션을 제공한다. Microsoft는 분석 솔루션을 응용 프로그램과 호스트 수준 모두에서 제공한다. 이러한 분석 솔루션들은 컨테이너와 호스트 성능에 대한 중요한 정보들을 수집한다. 현재 Linux/Windows 기반의 컨테이너 호스트를 지원하고 있다.

dockerfile 내의 코드는 위에서부터 아래로 실행된다. dockerfile을 만들 때 이미지를 빌드하는 시간을 줄이기 위해 명령어들을 하나로 묶는 것이 좋다. Docker는 dockerfile

내에 있는 모든 라인의 명령어를 수행할 때 캐시된 레이어를 확인한다. 재사용률과 캐시의 사용량을 높이려면 응용 프로그램과 관련이 없는 설치 과정은 분리돼야 한다. dockerfile 내에 있는 명령어들의 순서를 정하는 것이 중요한데, 이는 중간 레이어에 변화가 생길 경우 이후 사용 가능한 캐시된 레이어를 무시하고 Docker가 처음부터 레이어를 다시 만들기 시작하기 때문이다.

명령어 외에도 Docker는 모든 Docker 호스트에 사전에 설치된 REST API를 제공한다. Docker REST API는 명령어에서 수행할 수 있는 모든 종류의 동작을 지원한다. Docker 커뮤니티는 REST API를 호출하기 위한 래퍼^{Wrapper}와 클라이언트 라이브러리들을 C#, 자바, 파이썬, Go 등의 다양한 언어 형태로 제공한다.

11

복합 컨테이너와
클러스터링

대부분의 기업용 응용 프로그램은 여러 계층^{Tier}으로 구성돼 있으며, 개별 계층은 웹, 서비스, 데이터베이스, 캐시, 네트워크 등으로 돼 있다. 여러 계층으로 구성된 응용 프로그램을 컨테이너로 배포할 때 Docker 명령어는 종종 비생산적이며 에러를 발생시키기도 한다. 또한 명령어들의 순서가 중요한데, 그 이유는 구성 요소 간의 종속성 (가령 웹 응용 프로그램이 데이터베이스 컨테이너의 DNS 이름이나 IP, 포트 번호를 필요로 하는 경우)이 있을 수 있기 때문이다. 이러한 상황에서는 복합 배포 도구를 사용해 환경을 설정하고, 개별 구성 요소들을 하나의 단위로 관리하는 것이 이상적이다. 11장에서는 다중 컨테이너 배포를 구성하는 방법과 하나의 단위로 관리하고 확장하는 방법을 살펴본다. 마찬가지로 컨테이너 호스트 또한 회사들이 가상 컴퓨터 기반 가상화에서 컨테이너화된 환경으로 이동함에 따라 그 수가 많아질 수 있다. 이럴 경우 분산된 컨테이너 호스트들을 관리하고 가동 시간을 제어하며, 비용 최적화를 계획하고 업데이트를 관리하는 일들은 쉽지 않다. 가상화 환경은 종종 대규모의 환경을 하나의 공간에서 구성하고 모니터링이 가능한 관리 도구로 백업되는 경우가 많다. 11장에서는 널리 사용되는 일부 도구를 사용해 컨테이너 호스트의 클러스터를 만들고 관리하는 방법을 알아본다.

11장에서 다루는 내용은 다음과 같다.

- docker-compose 명령어를 사용해 다중 컨테이너 배포를 조정
- docker-compose 파일 레퍼런스
- docker-compose CLI와 명령어
- 클러스터 관리 도구
- Docker Swarm 아키텍처
- ACS$^{Azure\ Container\ Service}$를 사용한 Swarm 클러스터 설정
- Docker Swarm의 기능

▌ docker-compose 명령어를 사용해 다중 컨테이너 배포 조정

최근 대부분의 응용 프로그램은 여러 계층으로 구성돼 있고, 다양한 폼 팩터를 지원하기 때문에 성능, 확장성 및 안정성의 요구 사항을 충족시키기 위해 하나 이상의 계층을 가진다. 대규모의 가상화 환경에서는 하나의 계층에 대한 환경을 즉각적으로 만들거나 분리할 수 있는 구성 도구가 필요하다. 예를 들어 Microsoft Azure는 계산, 저장소, 네트워크를 서비스의 형태로 제공한다. 고객이 다중 계층/다중 리소스로 구성된 응용 프로그램을 배포하고자 할 때에는 WebApp, Azure SQL Database, 가상 네트워크 순으로 배포하며, 종속성을 기반으로 논리적으로 서로 연결된다. 응용 프로그램의 환경을 하나씩 관리해야 한다면 꽤 지루한 일이며, 에러에도 취약하게 될 것이다. 이러한 문제를 해결하기 위해 Microsoft는 템플릿을 사용하는 ARM$^{Azure\ Resource\ Manager}$에 기반을 둔 배포를 소개했다. ARM 템플릿은 다양한 리소스와 종속성으로 이뤄진 환경

을 구성해 한 번에 배포하는 데 사용된다. 유사하게 논리적으로 하나의 응용 프로그램을 이루는 컨테이너들이 너무 많은 경우에는 대규모 환경을 구성하고 관리하는 단일 구성 도구가 필요하다. 이를 해결하기 위한 방법에는 두 가지가 있으며, 그중 한 가지 방법은 모든 구성 요소를 하나의 컨테이너에 구성하는 것이다. 이 방법은 확장성이 없으며, 안정적인 접근법이 아니다. 또한 컨테이너 내에 충돌이 발생하면 전체 응용 프로그램이 다운될 수도 있다. 따라서 응용 프로그램을 여러 컨테이너로 분리하고 각각을 따로 관리하는 것이 좋다. 하지만 어떻게 다중 컨테이너 환경을 만들고 관리할 수 있을까? 다행히 다중 컨테이너 배포를 조정할 수 있게 하는 다양한 도구들이 시장에 있으며, 모든 도구는 컨테이너 호스트에 내장된 Docker REST API를 사용한다. 그중 Docker가 내놓은 가장 권장할 만한 도구는 docker-compose다.

docker-compose는 다중 컨테이너로 도커화된[Dockerized] 응용 프로그램을 정의하고 실행하기 위한 도구다. 지금까지 Docker 이미지 파일을 사용해 응용 프로그램을 컨테이너로 작성하는 방법을 살펴봤는데, docker-compose도 하나의 파일을 사용해 다중 컨테이너 환경을 정의한다. 파일 작성이 완료되면 단일 명령어를 통해 환경을 만들고 분리하는 것이 가능하다. 또한 docker-compose 명령어를 사용해 환경 내의 개별 컨테이너나 컨테이너의 하위 그룹을 세부적으로 관리할 수도 있다.

다음은 docker-compose 파일의 예다.

```
version: '3'
services:
  web:
    image: microsoft/iis
    ports:
    - "8080:8080"
  db:
    image: microsoft/mssql-server-windows
  ports:
    - "1433:1433"
```

```
    environment:
    - ACCEPT_EULA="Y"
    volumes:
    - c:\data
networks:
    default:
        external:
            name: "nat"
```

파일의 이름은 docker-compose.yml 혹은 docker-compose.yaml이 돼야 한다. 앞의 **docker-compose** 파일은 다음과 같은 사항들을 정의한다.

- 서비스 영역에서는 두 개의 컨테이너를 만드는데, Web Server로는 `microsoft/iis` 이미지를 사용하고, 데이터베이스 서버로는 `microsoft/mssql-serverwindows` 이미지를 사용한다.
- 포트 포워딩을 설정하는데, Web Server는 8080번 포트를 사용하고, 데이터베이스 서버는 1433번 포트를 사용한다.
- 호스트의 c:\data 폴더를 데이터베이스 서버로 볼륨을 탑재한다.
- 컨테이너들에 `nat` 네트워크를 할당한다.

이 모든 과정이 하나의 파일에서 일어나지만, Docker 명령어의 기준으로 보면 이러한 과정들은 여러 Docker 명령어로 분리돼야 한다. **docker-compose**는 여러 컨테이너와 네트워크 요구 사항들을 하나의 파일로 만들어 환경을 구성할 수 있게 한다. 그럼 이제부터 환경을 구성하는 방법을 살펴보자. 위 파일의 이름을 docker-compose.yml로 변경해 C:\learninwsc\chapter11\simple-dockercontainer 폴더에 복사한다.

docker-compose를 사용해 응용 프로그램을 빌드하고 실행하기 위해서는 CLI 도구가 컨테이너 호스트에 설치돼야 한다. **docker-compose**를 Windows Server 2016이 설치된 컴퓨터에 설치하기 위해서는 다음 과정들을 따른다.

이번 절에서는 docker-compose를 chocolatey 패키지를 사용해 설치할 것이다. Chocolatey는 패키징을 돕는 소프트웨어로 PowerShell 위에 설치되며, 무인 설치가 가능하다. Chocolatey는 소프트웨어 설치를 쉽게 만들어주며, 별도의 프롬프트가 없다. PowerShell을 관리자 권한으로 열고 다음 명령어를 실행해 최신의 chocolatey를 설치한다.

```
iwr https://chocolatey.org/install.ps1 -UseBasicParsing | iex
```

이제 다음 명령어로 chocolatey를 사용해 docker-compose를 설치한다.

```
choco install docker-compose -y
```

설치 후 다음과 같이 docker-compose 명령어를 실행할 수 있다.

```
PS C:\> docker-compose
Define and run multi-container applications with Docker.

Usage:
  docker-compose [-f <arg>...] [options] [COMMAND] [ARGS...]
  docker-compose -h|--help

Options:
  -f, --file FILE             Specify an alternate compose file (default: docker-compose.yml)
  -p, --project-name NAME     Specify an alternate project name (default: directory name)
  --verbose                   Show more output
  -v, --version               Print version and exit
  -H, --host HOST             Daemon socket to connect to

  --tls                       Use TLS; implied by --tlsverify
  --tlscacert CA_PATH         Trust certs signed only by this CA
  --tlscert CLIENT_CERT_PATH  Path to TLS certificate file
  --tlskey TLS_KEY_PATH       Path to TLS key file
  --tlsverify                 Use TLS and verify the remote
  --skip-hostname-check       Don't check the daemon's hostname against the name specified
                              in the client certificate (for example if your docker host
                              is an IP address)
```

docker-compose.yml 파일을 저장한 폴더로 이동해 다음 명령어를 실행한다. 해당 명령어는 파일 내에 정의된 환경을 구성하게 된다.

```
docker-compose up
```

실행 결과는 다음과 같다.

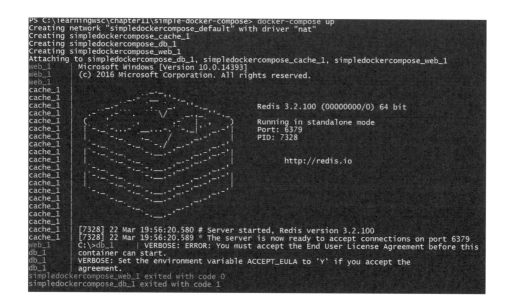

컨테이너의 목록을 확인해보면 docker-compose 명령어가 세 개의 컨테이너를 생성했음을 확인할 수 있으며, 각각은 docker-compose 정의에 명시된 서비스 영역을 수행한다.

```
PS C:\learningwsc\chapter11\simple-docker-compose> docker ps -a
CONTAINER ID          IMAGE                                        COMMAND              CREATED
          PORTS              NAMES
d9ff0635c2bc          microsoft/mssql-server-windows-express       "cmd /S /C 'powers..." 15 minutes ago
utes ago                     simpledockercompose_db_1
1cda7c9503f4          webserver                                    "c:\\windows\\system..." 15 minutes ago
utes ago                     simpledockercompose_web_1
b31f7b8f1faf          learningwsc/redis-server                     "powershell '.\\\\re..." 15 minutes ago
seconds ago                  simpledockercompose_cache_1
```

개별 컨테이너의 이름은 docker-compose 파일이 속해 있는 폴더와 서비스 이름, 인스턴스 숫자의 조합이다. 환경을 설정하기 위해서 보통 사용하는 docker-compose up 명령어를 실행하면 서비스가 포그라운드에서 실행되고, 호출[Invoke] 프로세스(이 경우에는 커맨드라인 도구를 의미한다)가 종료될 때까지 컨테이너가 실행된다. 또한 다음 명령어를 사용하면 서비스를 분리 모드로 실행해 백그라운드에서 실행되게 할 수 있는데, 보통 컨테이너 생성 시 많이 사용한다.[1]

---

1. 포그라운드에서 실행된다는 것은 다른 프로세스보다 우선권을 가지고 실행됨을 의미한다. – 옮긴이

```
docker-compose up -d
```

docker-compose up 명령어의 로그는 yml 파일 내에 있는 각 서비스들의 로그가 포함되며, 고유한 색상을 갖는다. 개별 서비스는 컨테이너별로 모니터링을 하거나 docker compose 명령어를 사용해 한꺼번에 모니터링이 가능하다. 예를 들어 실행 중인 모든 환경의 목록을 확인하려면 다음 명령어를 사용한다.

```
docker-compose ps
```

ps 명령어는 다음 그림과 같이 실행 중이거나 중지된 환경들을 나열한다.

```
PS C:\learningwsc\chapter11\simple-docker-compose> docker-compose ps
              Name                          Command                State      Ports
----------------------------------------------------------------------------------
simpledockercompose_cache_1     powershell .\\redis-server ...   Exit 1067
simpledockercompose_db_1        cmd /S /C powershell ./sta ...   Exit 1
simpledockercompose_web_1       c:\windows\system32\cmd.exe      Exit 0
```

전체 환경을 한 번에 끄기 위해서는 다음 명령어를 사용한다.

```
docker-compose down
```

다음 그림과 같이 --volume 플래그를 사용해 환경을 중지할 때 볼륨을 제거할 수도 있다.

```
PS C:\learningwsc\chapter11\simple-docker-compose> docker-compose down --volumes
Removing simpledockercompose_db_1 ... done
Removing simpledockercompose_web_1 ... done
Removing simpledockercompose_cache_1 ... done
Removing network simpledockercompose_default
```

지금까지 단일 명령으로 다중 컨테이너 배포를 구성하고 환경을 만들고 종료하는 방법까지 살펴봤다. docker-compose는 유연하고 강력한 도구다. docker-compose로 환경을 제어하는 방법을 좀 더 살펴보기 전에 우선 docker-compose 파일의 다양한 옵션을 사용해 환경을 구성하는 방법을 살펴보자.

▌ docker-compose 파일 레퍼런스

docker-compose 파일은 서비스와 네트워크, 컨테이너용 볼륨 등을 정의하기 위해 사용된다. compose 파일의 확장자는 .yml이나 .yaml의 형태다. compose 파일을 작성하기 위해서 원하는 문서 편집기를 사용할 수 있다. 기본적으로 docker-compose 도구는 같은 폴더 내에 위치한 compose 파일을 찾는다. docker-compose 파일에는 버전이 있다. 현 시점에서 가장 최신의 버전은 3.3이다. docker-compose 파일은 키:옵션:값의 쌍으로 이뤄져 있으며, version:3.0과 같은 키:값 쌍은 파일의 내용을 검사할 때 어떤 버전을 사용해야 할지 알려준다. compose 파일의 들여쓰기 규칙을 따르는 것은 매우 중요하며, docker-compose 파일을 행과 열이 있는 테이블로 생각해보면 모든 키:값의 쌍은 compose 파일의 0번째 열에서 시작한다. 다음 그림의 web과 같은 키 값은 첫 번째 열에서 시작하며 공백을 갖게 된다. 유사하게 web에 대한 옵션은 다음 줄에 두 개의 공백 뒤에 붙는다. 이러한 들여쓰기 규칙은 키:옵션:값 체인을 통해 확장된다.

다음 그림은 docker-compose 파일에 적용되는 들여쓰기 규칙을 보여준다. 그림 내의 점은 한 칸의 공백을 나타낸다.

```
version: '3'
services:
 web:
  image: microsoft/iis
  ports:
   - "8080:8080"
 db:
  image: microsoft/mssql-server-windows
  ports:
   - "1433:1433"
  environment:
   - ACCEPT_EULA="Y"
  volumes:
   - c:\data
networks:
 default:
  external:
   name: "nat"
```

빌드 옵션

docker-compose 내의 파일 옵션을 사용해 이미지를 빌드할 수 있다. 예를 들어 다음 docker-compose 파일은 사용자 지정 Web Server를 구축하고, 환경 설정까지 한 번에 한다. 또한 다음 예제에서는 build 키를 사용해 빌드에 대한 컨텍스트[context]를 제공하고, image 키를 사용해 태그를 포함한 이미지의 이름을 제공한다.

```
version: '3'
services:
    db:
  image: microsoft/mssql-server-windows-express
  ports:
    - "1433:1433"
 volumes:
    - c:\data
  cache:
  image: learningwsc/redis-server
```

```
    ports:
      - "6379:6379"
      web:
    build: .
    image: webserver:latest
    ports:
      - "80:80"
environment:
      - db_connection = db
      - cache_connection = cache
  networks:
   default:
    driver: nat
      ipam:
    driver: default
    config:
      - subnet: 172.20.81.0/24
```

여러 이미지를 하나의 docker-compose 파일로 만드는 경우 빌드 컨텍스트는 호스트 내의 상대 경로나 원격 Git 저장소를 가리킬 수 있다. 기본적으로 docker-compose는 빌드 컨텍스트 내에서 dockerfile을 찾지만, 다음 예제와 같이 원격에 존재하는 dockerfile을 가리킬 수도 있다. 또한 docker run 옵션처럼 args 키-값 옵션을 이용해 dockerfile에 매개변수를 전달할 수도 있다.

```
      web:
    build: .
 dockerfile:dockerfile-alternative
    image: webserver:latest
    ports:
      - "80:80"
      args
      - buildversion: '1.0.0'
```

컨테이너 명명

앞 예제를 통해 컨테이너 이름이 폴더 이름과 서비스의 이름을 사용해 정해지는 것을 살펴봤다. docker-compose는 컨테이너 이름을 다음과 같은 옵션을 통해 지정할 수 있게 한다.

```
    web:
    build: .
    image: webserver:latest
    ports:
      - "80:80"
Container-name: webcontainer
```

종속성

여러 컨테이너를 사용해 환경을 구성할 때 컨테이너 간의 종속성을 설정해야 할 수도 있다. 예를 들어 웹 컨테이너가 데이터베이스 연결 문자열이나 캐시의 연결 문자열을 필요로 하면 데이터베이스와 Cache 컨테이너는 웹 컨테이너가 생성되기 전에 생성돼야 한다. docker-compose 파일에는 depends_on 속성이 있어서 다음과 같이 컨테이너 간의 종속성을 설정할 수 있다.

```
  version: '3'
  services:
      db:
    image: microsoft/mssql-server-windows-express
    ports:
      - "1433:1433"
    volumes:
      - c:\data
    cache:
    image: learningwsc/redis-server
```

```
    ports:
      - "6379:6379"
        web:
    build: .
    image: webserver:latest
Container_name: webcontainer
    ports:
      - "80:80"
depends_on:
      - db
      - cache
environment:
      - db_connection = db
      - cache_connection = cache
  networks:
   default:
    driver: nat
      ipam:
    driver: default
    config:
      - subnet: 172.20.81.0/24
```

위와 같이 종속성이 정의된 경우 서비스는 종속성의 순서대로 시작된다. 이 경우에는 데이터베이스/Cache 컨테이너가 먼저 시작되고, 웹 컨테이너가 시작된다. 다만 docker-compose는 웹 컨테이너를 시작하기 전에 데이터베이스나 Cache 컨테이너가 준비될 때까지 기다리지 않는다는 것을 기억하자. 컨테이너가 여러 호스트 사이를 이동하는 분산 환경에서는 다른 리소스들을 항상 100% 사용할 수 있다는 보장이 없다. 따라서 응용 프로그램에 복원성이 있어야 연결이 끊어진 경우에도 몇 번의 재시도를 통해 종속된 리소스에 연결할 수 있다. Docker에는 기본 내장된 서비스 검색 기능이 있으며, 서비스들은 DNS로부터 자동으로 IP를 부여 받아 등록된다. 서비스 등록 과정에서 개별 서비스는 여러 내부 IP와 함께 등록되며, 내부 IP는 서비스를 실행하는 컨테이너의 엔드포인트로 동작한다. 이러한 방식으로 모든 서비스는 같은 네트워크에서 실행 중인 다른 서비스를 찾아 연동하기 쉬워지며, 서비스의 검색은 응용 프로그램을 실행하는 컨테이너의 개수와 상관없이 서비스 이름이나 IP 주소를 통해 이뤄진다.

다음 그림은 docker-compose의 up 빌드 옵션을 사용한 예제의 로그를 보여준다.

```
PS C:\learningwsc\chapter11\docker-compose-build> docker-compose up -d
Creating network "dockercomposebuild_default" with driver "nat"
Building web
Step 1/6 : FROM microsoft/windowsservercore
 ---> b4713e4d8bab
Step 2/6 : LABEL Description ∩┐║IIS∩┐║ Vendor Microsoft∩┐║ Version ∩┐║10?
 ---> Using cache
 ---> 1564a5cd4960
Step 3/6 : RUN powershell -Command Add-WindowsFeature Web-Server
 ---> Running in 1b1eeebab1df

Success Restart Needed Exit Code      Feature Result
-------  --------------  ---------      --------------
True     No              Success        {Common HTTP Features, Default Documen..


 ---> f4d245c62fb1
Removing intermediate container 1b1eeebab1df
Step 4/6 : COPY ./*.* c:/inetpub/wwwroot/
 ---> ee82411bb450
Removing intermediate container 96f782e73db9
Step 5/6 : EXPOSE 80
 ---> Running in e8d0e589f18b
 ---> 3c7492c9ee5e
Removing intermediate container e8d0e589f18b
Step 6/6 : CMD "ping localhost -t"
 ---> Running in 39d7772bf113
 ---> bf0aa8bc382e
Removing intermediate container 39d7772bf113
Successfully built bf0aa8bc382e
WARNING: Image for service web was built because it did not already exist. To
 build` or `docker-compose up --build`.
Creating dockercomposebuild_db_1
Creating dockercomposebuild_cache_1
Creating webcontainer
```

이름이 있는 볼륨

앞 절에서 살펴본 것과 같이 서비스의 일부로 볼륨을 선언하는 방법 외에도 이름이 있는 볼륨을 정의할 수 있다. 이름이 있는 볼륨은 compose에 정의된 여러 서비스에서 사용 가능하다.

```yaml
version: '3'
services:
    db:
  image: microsoft/mssql-server-windows-express
  ports:
    - "1433:1433"
  volumes:
    - data-volume:c:\data
  cache:
  image: learningwsc/redis-server
  ports:
    - "6379:6379"
    web:
  Build: .
  image: webserver:latest
Container_name: webcontainer
  ports:
    - "80:80"
depends_on:
    - db
    - cache
environment:
    - db_connection = db
    - cache_connection = cache
 networks:
  default:
   driver: nat
    ipam:
   driver: default
   config:
    - subnet: 172.20.81.0/24
  volumes:
 data-volume:
```

Docker CLI 옵션

docker-compose는 환경을 제어하기 위해 다양한 명령어 옵션을 제공한다. 관련 정보는 명령 프롬프트에서 docker-compose --help를 실행해 볼 수 있다. 지금까지 docker-compose의 up 명령어와 down 명령어를 통해 환경을 설정하는 방법을 살펴봤다. 이번 절에서는 좀 더 환경을 세부적으로 제어할 수 있는 일부 유용한 명령어를 살펴본다.

```
Commands:
  build         Build or rebuild services
  bundle        Generate a Docker bundle from the Compose file
  config        Validate and view the compose file
  create        Create services
  down          Stop and remove containers, networks, images, and volumes
  events        Receive real time events from containers
  exec          Execute a command in a running container
  help          Get help on a command
  kill          Kill containers
  logs          View output from containers
  pause         Pause services
  port          Print the public port for a port binding
  ps            List containers
  pull          Pull service images
  push          Push service images
  restart       Restart services
  rm            Remove stopped containers
  run           Run a one-off command
  scale         Set number of containers for a service
  start         Start services
  stop          Stop services
  top           Display the running processes
  unpause       Unpause services
  up            Create and start containers
  version       Show the Docker-Compose version information
```

서비스 시작/중지

다음 명령어를 사용해 docker-compose 환경의 모든 서비스를 중지한다.

```
docker-compose stop
```

서비스를 시작하려면 다음 명령어를 사용한다.

```
docker-compose start
```

```
PS C:\learningwsc\chapter11\docker-compose-build> docker-compose start
Starting cache ... done
Starting db ... done
Starting web ... done
```

compose 파일에 정의된 특정 서비스를 시작하거나 중지하려면 다음과 같이 서비스의
이름을 사용한다.

```
docker-compose start web
```

```
PS C:\learningwsc\chapter11\docker-compose-build> docker-compose stop web
Stopping webcontainer ... done
```

이미지 빌드

서비스의 dockerfile에 변경이 생기면 이미지를 다시 빌드해야 하는데, 다음 명령어는
compose 파일의 빌드 옵션을 사용해 이미지를 다시 빌드한다.

```
docker-compose build
```

다음 명령어는 이미지를 다시 빌드하는 도중에 생성되는 중간 컨테이너를 제거한다.

```
docker-compose build --force-rm
```

Docker는 이미지를 빌드하는 동안 중간 레이어들을 캐시해 재사용성을 높인다. 다음
명령어를 통해 Docker가 이미지를 빌드하는 동안 중간 레이어들을 강제로 생성할
수도 있다. 이 경우 이미지를 준비하는 데 좀 더 시간이 오래 걸린다.

```
docker-compose build --no-cache
```

다음 명령어는 db라는 이름의 서비스를 위해 사용되는 가장 최신 이미지를 가져온다.

```
docker-compose build --pull db
```

컨테이너 생성

다음 명령어는 컨테이너를 다시 생성한다.

```
docker-compose create
```

컨테이너들의 구성이나 이미지가 변하지 않았더라도 컨테이너 재생성을 원하는 경우에는 다음 명령어를 사용한다.

```
docker-compose create --force-recreate
```

다음 플래그들을 함께 사용하면 이미지를 생성하고 컨테이너도 강제로 다시 만들게 한다.

```
docker-compose create --build --force-recreate
```

--no-recreate나 --no-build 플래그를 사용해 컨테이너의 재생성이나 이미지를 다시 빌드하는 것을 방지할 수도 있다.

실행 명령

이 명령어는 docker exec와 동일하다. exec 명령어는 서비스에 명령을 내리게 도와준다. 다음 명령어는 실행 중인 컨테이너에 CMD를 사용할 수 있게 한다.

```
docker-compose exec web cmd
```

강제 종료(Kill) 명령

운영 중인 컨테이너를 강제로 중지시키려면 다음 명령어를 사용한다.

```
docker-compose kill
```

일시 중지와 재개

운영 중인 컨테이너를 일시 중지시키거나 다시 재개하기 위해서는 다음 명령어를 사용한다.

```
docker-compose pause
docker-compose unpause
```

확장

확장 기능을 통해 서비스용 컨테이너의 숫자를 지정할 수 있다. 예를 들어 다음 명령어는 두 개의 웹 컨테이너와 세 개의 데이터베이스 컨테이너를 생성한다.

```
docker-compose scale web=2 worker=3
```

클러스터 관리

응용 프로그램을 컨테이너에서 실행할 경우 한 대의 컨테이너 호스트가 충분하지 않을 수 있다. 컨테이너를 개발, 준비^{Staging}, 프로덕션 등의 환경에서 운영하려면 더 많은 컨테이너 호스트가 필요하다. 이런 상황에서는 여러 호스트를 추상화한 후 공동으로 관리하고 단일 인터페이스를 제공하는 클러스터링 도구가 필요할 수 있다.

Docker Swarm은 클러스터 관리를 돕는 훌륭한 도구다. 클러스터 관리 및 조정 기능은 Docker Engine에 기본 내장돼 있으며, Swarm 키트를 사용한다. Swarm 클러스터에서 실행되는 개별 Docker Engine은 Swarm 모드로 동작한다. Swarm 모드에서 Docker Engine을 실행하는 방법은 두 가지가 있는데, Swarm을 초기화하거나 기존 Swarm에 Docker Engine을 추가하면 된다. Swarm은 컨테이너들을 배포할 수 있는 Docker Engine의 클러스터다(클러스터는 서버들의 집합이며 노드라 부르기도 한다). Docker Engine과 Docker API는 클러스터 관리, 클러스터에 노드 추가/제거, 서비스를 클러스터에 배포하는 여러 함수들을 포함한다. Docker Engine을 Swarm 모드에서 실행할 경우와 그렇지 않을 경우에는 차이가 있다. Docker Engine을 실행할 때는 **docker** 명령어를 입력하지만 Swarm 모드에서 실행할 때는 서비스들을 조정한다. 또한 **docker** 명령어와 서비스를 하나의 호스트에서 실행해 하이브리드 Docker Engine을 실행할 수도 있다. Docker Engine을 Swarm 모드에서 사용하기 위해서는 Docker Engine의 1.12.0 이후 버전을 설치해야 한다.

▌ Docker Swarm 아키텍처

Swarm 클러스터의 노드는 Docker Engine이 설치된 서버며, 컨테이너/서비스를 운영할 수 있다(Swarm 모드에서 Docker Engine을 실행할 경우 응용 프로그램을 서비스라 부르기도 한다). 이 노드를 Docker 노드라고 부르기도 한다. Docker 노드는 실제 서버일 수도 있고, 클라우드 서버 위에서 실행 중인 하나 이상의 가상 컴퓨터일 수도 있다.

Docker 노드를 여러 실제 서버에 분산해 Docker 노드에서 운영 중인 응용 프로그램에 가용성과 안정성을 제공하는 것이 좋다. Docker Swarm 환경은 하나 이상의 관리자 노드로 이뤄진다. 응용 프로그램을 Docker Swarm에 배포하기 위해 관리자 노드에 서비스 정의라는 형태의 요청을 보낸다. 관리자 노드는 팜farm[2]의 이상적인 상태를 유지하기 위해 필요한 조정 기능과 클러스터 관리 기능을 수행한다.

Swarm 내에 여러 개의 관리자 노드가 있다면 조정 기능을 수행하기 위해 리더를 선출하며, Consul(https://www.consul.io/)은 리더를 선출하는 전략을 수행하는 프레임워크 중 하나다. 관리자 노드는 작업 패턴의 단위를 사용해 작업자 노드에 작업을 할당한다. 작업자 노드는 관리자 노드에서 작업을 전달받고, 각 작업자 노드 내에서 실행 중인 에이전트의 도움을 받아 다시 보고한다. 작업자 노드는 관리자 노드에게 할당된 작업을 보고해 관리자 노드가 작업자 노드의 이상적인 상태를 유지할 수 있게 한다. 다음 그림은 여러 개의 관리자/작업자 노드들로 구성된 Swarm 아키텍처를 보여준다.

---

2. 팜은 여러 노드의 모임을 의미한다. - 옮긴이

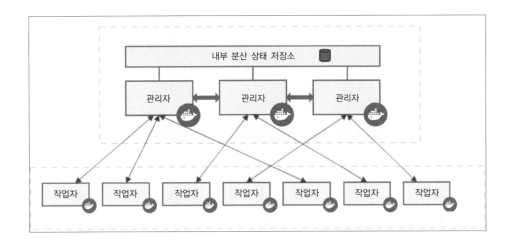

Docker 노드는 관리자 노드나 작업자 노드로 동작하게 구성될 수 있다. 관리자 노드는 작업자 노드의 역할을 같이 수행할 수 있으며, 조정 기능만을 담당하는 노드로 구성될 수도 있다. 이는 모든 Docker 노드가 같은 Docker Engine을 실행하고 있고, 개별 노드는 Swarm의 어떤 역할이든 필요에 따라 수행하게 구성될 수 있기 때문이다.

하나의 서비스는 작업 정의며, 작업자 노드에서 실행되는 작업의 주된 단위다. 작업 정의는 사용할 이미지, 포트, 컨테이너 내에서 실행될 명령들이다. 복제되는 서비스 모델에서 관리자 노드가 n개의 작업의 복제본을 생성하는데, n은 확장에 대한 속성 값으로 정의된다. 예를 들어 웹 컨테이너 인스턴스 두 개와 데이터베이스 컨테이너 세 개의 인스턴스를 원한다면 관리자 노드는 작업을 복제하고, 각각 다른 작업자 노드에 할당한다. 글로벌 서비스의 경우 Swarm은 클러스터 내의 가용한 모든 노드에서 서비스당 하나의 작업을 실행한다. 작업이 한 번 노드에 할당되면 다른 노드로 이동이 불가능하다. Swarm 관리자 노드는 작업자 노드에서 실행되는 서비스를 위해 내부 부하 분산 장치를 사용한다. 사용자나 부하 분산기와 같은 외부 구성 요소는 작업의 실행 여부에 관계없이 Swarm 클러스터 내의 모든 노드에 접근할 수 있다. 포트 번호는 사용자가 따로 지정하지 않은 경우 Swarm 관리자 노드에 의해 자동으로 할당되며, 그 범위는 30000-32767이다. Swarm 모드는 내장된 DNS를 갖고 있으며, Swarm 내에서 동작하는 모든 서비스에 대한 DNS 항목을 할당하는 데 사용된다.

관리자 노드의 IP 주소는 매우 중요하며, 클러스터 내의 나머지 노드는 이 IP 주소를
사용해 관리자 노드에 접근한다. 따라서 관리자 노드에는 고정 IP 주소를 쓰게 한다.
다음 포트들과 프로토콜이 호스트 간의 통신을 위해 사용되므로 활성화시켜야 한다.

- 클러스터 관리를 위한 통신에 사용되는 TCP 2377번 포트
- 노드 간 통신을 위한 TCP/UDP 7946번 포트
- 오버레이 네트워크[3] 트래픽을 위한 UDP 4789 포트

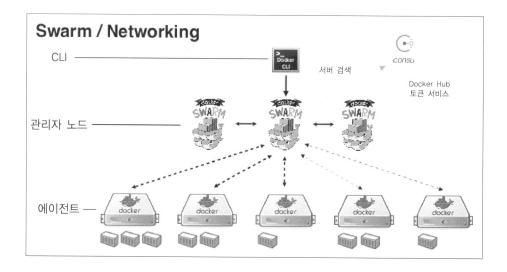

이 그림은 Docker Swarm의 통신 모델을 나타낸다. 동일한 Docker CLI를 사용해
Swarm 관리자 노드와 통신할 수 있으며, 관리자 노드는 사용 가능한 에이전트로 작업
을 할당한다. 에이전트는 작업의 상태를 선출된 관리자 노드에게 다시 보고하게 된다.

---

3. 오버레이 네트워크는 네트워크 위에 구성된 또 다른 네트워크를 의미한다. - 옮긴이

Swarm 클러스터 설정

Swarm 클러스터를 설정하는 방법에는 몇 가지가 있다. 첫 번째 방법은 Hyper-V, VirtualBox 같은 가상화 환경을 사용해 클러스터를 생성하는 것이다. Swarm 클러스터에서 동작하는 호스트의 숫자는 호스트의 CPU와 메모리 용량에 따라 달라진다. 전통적으로 온-프레미스 환경은 여러 대의 실제 노드를 사용하게 설정된다. Swarm 환경을 설정하는 두 번째 방법은 Microsoft Azure와 AWS 같은 클라우드 환경을 사용하는 것이다. 이번 절에서는 Linux와 Windows 컨테이너 호스트를 조합하는 하이브리드 클러스터를 설정하는 방법을 살펴본다. Microsoft Azure에서는 Swarm 클러스터를 생성하는 두 가지 방법이 있으며, 그중 한 가지는 https://github.com/Azure/azure-quickstart-templates/tree/master/docker-swarm-cluster와 같이 미리 정의된 ARM 템플릿을 사용하는 것이다.

이 템플릿은 Swarm 클러스터를 Microsoft Azure 구독에 배포하며, 3대의 Swarm 관리자 노드를 만든다. 이 과정에서 특정 지역의 리소스 그룹에 지정한 숫자의 Swarm 노드를 배포하게 된다. 다음 다이어그램은 위 템플릿의 클러스터 구조를 보여준다.

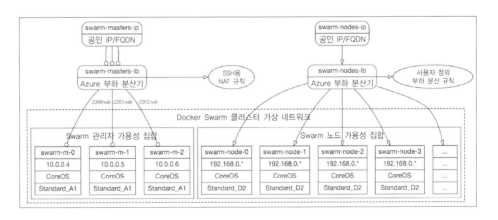

Swarm 관리자 노드는 Microsoft Azure의 가용성 집합에 포함되기 때문에 개별 관리자 노드들은 개별적으로 다른 장애 도메인에 속하게 돼 Swarm 관리자의 가용성을

높여준다. 또한 부하 분산기를 사용해 부하를 분산시킬 수 있다. 부하 분산기에는 공인 IP 주소가 할당돼 Swarm 관리자에 작업을 할당하는 데 사용할 수 있다. 유사하게 Swarm 노드들 또한 가용성 집합에 속하며, 공인 IP 주소를 사용하는 부하 분산기를 사용할 수 있다. 해당 공인 IP 주소는 Swarm 노드 내에서 실행 중인 서비스에 접근할 경우에도 사용된다. 클러스터 내의 모든 노드는 동일한 가상 네트워크에 속해 있기 때문에 개별 노드는 내부 IP 주소를 사용해 다른 노드에 접근할 수 있다.

기본적으로 Swarm 관리자 역할을 하는 가상 컴퓨터에는 내부 IP 주소로 10.0.0.4, 10.0.0.5, 10.0.0.6이 할당된다. Swarm 관리자는 각 관리자 노드에서 실행 중인 Consul 에이전트를 이용해 리더를 선출한다.

작업자 노드에는 192.168.0.* 범위의 IP 주소가 할당된다. 작업자 노드들은 관리자 노드를 통해 접근하거나 부하 분산기와 사용자 지정 프로브를 만들어 접근할 수 있다. 앞서 ARM 템플릿을 살펴봤다면 Windows Server 호스트가 전혀 없다는 것을 알 수 있다. 기존 클러스터에 Windows 컨테이너 호스트를 추가하는 일은 쉽지만, 이번에는 Microsoft Azure PaaS의 일부인 ACS[Azure Container Service]를 통해 Windows 컨테이너 호스트를 사용해 볼 것이다.

 ARM 템플릿은 Docker 1.12 버전에 대한 선행 작업을 설명하며, 이 버전에서는 Swarm 이 별도의 컨테이너로 분산돼 있다. 이 템플릿을 1.12 버전 이상(Docker Engine에 내장된 Swarm)에서 동작하려면 약간의 수정이 필요하다.

ACS를 사용하면 컨테이너를 제공하는 가상 컴퓨터의 클러스터를 Microsoft Azure에 쉽게 만들 수 있다. 현재로서는 ACS가 컨테이너를 실행하는 가장 쉽고 유연한 방법이다. ACS와 같은 PaaS 서비스가 왜 필요할까? 여러 회사에서 컨테이너화의 장점을 알게 되면서 프로덕션 환경에서 크게 확장하기를 원하기 때문이며, 대규모의 클러스터들을 생성하고 관리하는 일이 어렵다는 것을 알기 때문이다. 앞서 살펴본 방법 중 하나로 새로운 노드를 생성하고 가용성을 관리하는 것은 어려울 수 있다. ACS는 사용자가 기본/고급 클러스터를 몇 번의 클릭만으로 생성할 수 있게 해서 이러한 어려움들을 해결할 수 있게 개발됐다. ACS를 사용해 클러스터를 만들 때는 Docker Swarm, 구글 Kubernetes, DC/OS를 사용할 수 있다.

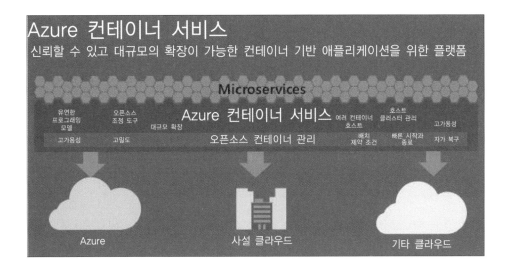

다음은 ACS를 사용해 Swarm 클러스터를 Microsoft Azure에 생성한다. 현 시점에서는 클러스터가 Linux 노드만으로 만들어져 있기 때문에 팜을 성공적으로 준비한 후 Windows 컨테이너 작업자 노드를 클러스터에 추가하는 방법을 살펴본다.[4]

SSH 키 생성

ACS는 Linux만을 지원한다.[5]

Microsoft는 Windows 작업자 노드를 지원하기 위해 ACS에 기능을 추가하는 작업을 하고 있다. Linux 작업자 노드에 연결하려면 SSH 키가 필요하다. Windows 컴퓨터에

---

4. 현 시점에서 ACS의 Kubernetes는 Windows 컨테이너를 지원하고 있다. - 옮긴이
5. 앞서 언급한 바와 같이 현재는 Kubernetes가 Windows 컨테이너를 지원하므로, 이 부분은 책의 처음 집필 시점의 이야기로 생각하면 되겠다. - 옮긴이

서 SSH 키를 생성하는 여러 방법 중 하나는 Windows의 **Git bash** 도구를 사용하는
것이다. 이 도구는 https://desktop.github.com/에서 다운로드할 수 있다.

SSH 키를 생성하려면 **Git bash**를 관리자 권한으로 실행하고 다음 명령어를 실행한다.

---

ssh-keygen

기본적으로 **ssh-keygen** 명령어는 RSA 공개 키와 개인 키를 사용자 폴더[6]의 .ssh 폴더
내에 생성한다. 명령어를 실행하면 위 폴더 내에 **id_rsa**(개인 키) 파일과 **id_rsa.pub**
(공개 키) 파일이 생성될 것이다. 파일의 위치나 이름을 변경할 수 있는 단계에서 Enter
키를 누르면 기본 이름과 위치를 사용하게 된다. 다음 단계에서 시스템은 암호
(passphrase)를 물어오며, 이는 클러스터에 연결하기 위한 암호다. 여기서 입력한 암
호를 기억해야 추후에 Linux Server에 연결할 때 다시금 사용할 수 있다. 이러한 작업
들이 끝나면 C:\users\{username\.ssh 경로에 생성된 두 개의 키 파일을 확인하자.

```
vism@sriks-machine MINGW64 ~
$ ssh-keygen
Generating public/private rsa key pair.
Enter file in which to save the key (/c/Users/vism/.ssh/id_rsa):
Enter passphrase (empty for no passphrase):
Enter same passphrase again:
Your identification has been saved in /c/Users/vism/.ssh/id_rsa.
Your public key has been saved in /c/Users/vism/.ssh/id_rsa.pub.
The key fingerprint is:
SHA256:TBtFeovnHGNLaJcvJLhdcZ+4C4MgNoONCxv5xsDQ4sk vism@sriks-machine
The key's randomart image is:
+---[RSA 2048]----+
|..       .o      |
|.o..      o      |
|o.B.   + o .     |
| E B * + * = o . |
| . X = S % . o   |
|  o o = % = .    |
|   . o B o       |
|      +  .       |
+----[SHA256]-----+
```

---

6. 사용자 폴더는 c:\users\<사용자 이름> 경로를 의미한다. – 옮긴이

ACS에 Swarm 클러스터 생성

Microsoft Azure의 Swarm 클러스터는 Microsoft Azure 포털이나 Azure CLI, PowerShell에서 만들 수 있다. CLI와 PowerShell의 경우 CI/CD 파이프라인을 설정하는 데 사용할 수 있다. 클러스터의 운영비용은 팜을 위해 선택된 서버의 크기에 따라 다르다. 총 소유비용[TCO]은 Azure 계산기 사이트(https://azure.microsoft.com/en-in/pricing/calculator/)에서 계산할 수 있다. Swarm 클러스터는 다음과 같은 리소스들로 구성돼 있다.

- 가상 네트워크
- 저장소 계정
- 가상 컴퓨터 크기 집합
- 공인 IP 주소
- 네트워크 보안 그룹[NSG]
- 네트워크 인터페이스
- 부하 분산기
- 컨테이너 서비스
- 가용성 집합

ACS에 클러스터를 생성하기 위해서는 다음 과정을 따라 한다.

1. Swarm 클러스터를 생성하기 위해서는 Microsoft Azure 포털(https://portal.azure.com)에 로그인한다. + 새로 만들기 버튼을 클릭하고 Azure Container Service를 검색한다.

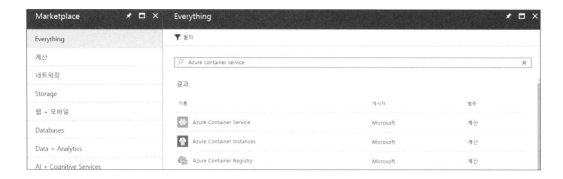

2. Azure Container Service를 클릭한 후 만들기 버튼을 클릭한다.

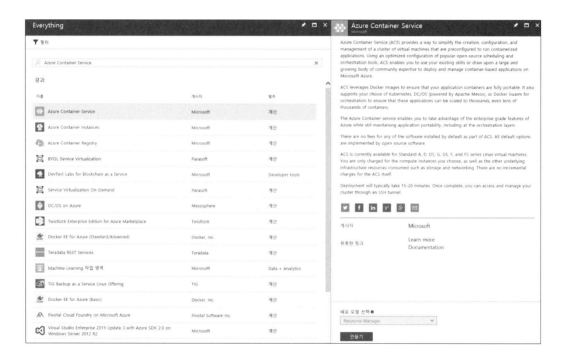

3. 다음 그림과 같이 ACS의 이름을 임의로 지정하고, 새로운 리소스 그룹을 생성 하게 한 후 확인을 클릭한다.

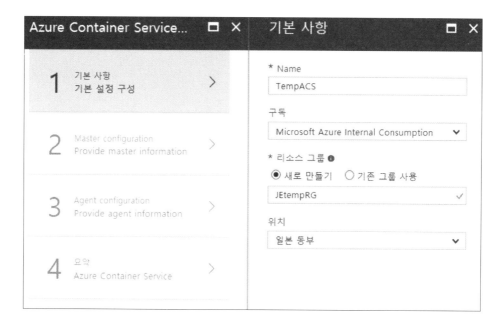

4. Orchestrator로는 Swarm을 지정한다. 클러스터에서 사용할 DNS name prefix 를 입력한다. 이는 클러스터에 생성되는 노드들의 접두사다. C:\users\{사용 자 이름}\.ssh 경로 내의 id_rsa.pub 파일을 메모장에서 열어 내용을 복사한 다. 복사한 내용을 다음 그림과 같이 포털의 SSH public key 영역에 붙여 넣는 다. 또한 여기서 클러스터에 필요한 마스터의 수를 지정할 수 있다. 이번 예제 는 하나의 마스터만을 사용했지만, 목록에 나와 있는 것처럼 세 개나 다섯 개로 지정할 수도 있다. VM diagnostics 영역은 마스터 노드를 진단할 필요에 따라 Enable이나 Disable을 선택하고 확인을 클릭한다.

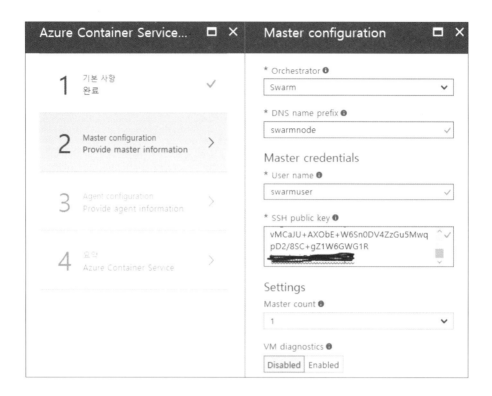

5. 에이전트의 숫자와 크기를 다음 그림과 같이 선택하고 확인을 클릭한다.

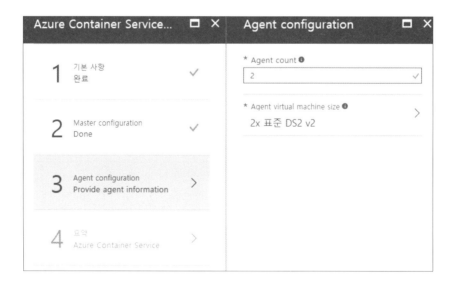

6. 마지막으로 다음 그림과 같이 유효성 검사가 성공적으로 진행됐는지 확인한다.

클러스터 준비에 몇 분이 소요된다. 다음 타일을 클릭하면 배포가 성공적으로 됐을 경우 배포된 리소스들을 보여줄 것이다.

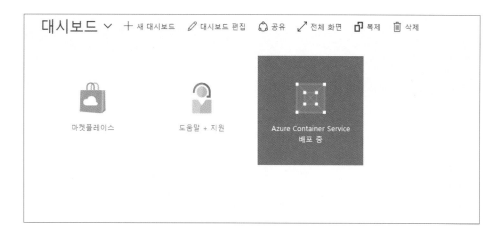

7. 성공적인 배포 후 지정한 이름의 리소스 그룹으로 이동한 다음에 **배포**를 클릭해 가장 최신 로그를 클릭한다.

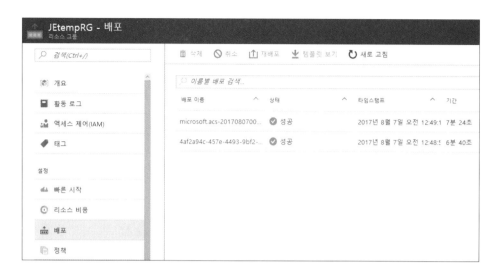

8. 다음 그림과 같이 SSHMASTER0의 값을 복사한다.

9. Git bash 도구를 관리자 권한으로 실행하고 복사한 값을 붙여 넣은 후 Enter 키를 누른다. yes/no를 묻는 메시지가 나오면 yes를 입력한 후 개인 키와 공개 키를 생성할 때 입력한 암호를 입력하고 Enter 키를 누른다.

```
vism@sriks-machine MINGW64 ~
$ ssh swarmuser@swarmnodemgmt.southeastasia.cloudapp.azure.com -A -p 2200
The authenticity of host '[swarmnodemgmt.southeastasia.cloudapp.azure.com]:2200 ([52.187.30.107]:2200)' can't be established.
ECDSA key fingerprint is SHA256:yprsYt7CvRhi7fUquJjV7Dp+wbUtuCQN6TfhSeajLE8.
Are you sure you want to continue connecting (yes/no)? yes
Warning: Permanently added '[swarmnodemgmt.southeastasia.cloudapp.azure.com]:2200,[52.187.30.107]:2200' (ECDSA) to the list of known hosts.
Enter passphrase for key '/c/Users/vism/.ssh/id_rsa':
Welcome to Ubuntu 14.04.4 LTS (GNU/Linux 3.19.0-65-generic x86_64)

 * Documentation:  https://help.ubuntu.com/

  System information as of Mon Mar 27 19:21:25 UTC 2017

  System load: 0.31              Memory usage: 1%   Processes:       93
  Usage of /:  5.7% of 28.80GB   Swap usage:   0%   Users logged in: 0

  Graph this data and manage this system at:
    https://landscape.canonical.com/

  Get cloud support with Ubuntu Advantage Cloud Guest:
    http://www.ubuntu.com/business/services/cloud

New release '16.04.2 LTS' available.
Run 'do-release-upgrade' to upgrade to it.

The programs included with the Ubuntu system are free software;
the exact distribution terms for each program are described in the
individual files in /usr/share/doc/*/copyright.

Ubuntu comes with ABSOLUTELY NO WARRANTY, to the extent permitted by
applicable law.

swarmuser@swarm-master-B633E6FA-0:~$ |
```

10. 이제 Swarm 클러스터의 마스터 노드에 연결됐다. 다음 명령어를 실행해 Swarm 클러스터에 대한 정보를 살펴본다.

```
swarmuser@swarm-master-B633E6FA-0:~$ docker -H 172.16.0.5 info
Containers: 0
 Running: 0
 Paused: 0
 Stopped: 0
Images: 0
Role: primary
Strategy: spread
Filters: health, port, dependency, affinity, constraint
Nodes: 2
 swarm-agent-B633E6FA000000: 10.0.0.4:2375
  └ Status: Healthy
  └ Containers: 0
  └ Reserved CPUs: 0 / 2
  └ Reserved Memory: 0 B / 7.145 GiB
  └ Labels: executiondriver=<not supported>, kernelversion=3.19.0-65-generic, operatingsystem=Ubuntu 14.04.4 L
TS, storagedriver=aufs
  └ Error: (none)
  └ UpdatedAt: 2017-03-27T19:36:36Z
 swarm-agent-B633E6FA000001: 10.0.0.7:2375
  └ Status: Healthy
  └ Containers: 0
  └ Reserved CPUs: 0 / 2
  └ Reserved Memory: 0 B / 7.145 GiB
  └ Labels: executiondriver=<not supported>, kernelversion=3.19.0-65-generic, operatingsystem=Ubuntu 14.04.4 L
TS, storagedriver=aufs
  └ Error: (none)
  └ UpdatedAt: 2017-03-27T19:36:49Z
Plugins:
 Volume:
 Network:
Swarm:
 NodeID:
 Is Manager: false
 Node Address:
Kernel Version: 3.19.0-65-generic
Operating System: linux
Architecture: amd64
CPUs: 4
Total Memory: 14.29 GiB
Name: 5b301e7adc64
Docker Root Dir:
Debug Mode (client): false
Debug Mode (server): false
WARNING: No kernel memory limit support
Experimental: false
Live Restore Enabled: false
swarmuser@swarm-master-B633E6FA-0:~$ |
```

11. 앞 내용을 통해 두 개의 작업자 노드가 우분투 14.04.4 버전을 실행함을 알 수 있다. 마스터 노드의 운영체제는 Linux다. 이제 Windows 작업자 노드를 클러스터에 추가해보자. 생성한 리소스 그룹을 다시 한 번 클릭한 후 개요 영역을 클릭한다. 다음 그림과 같이 상단의 + 추가 버튼을 클릭해 기존 리소스 그룹 내의 새로운 리소스를 추가한다.

12. Server 2016 Datacenter − with Containers를 검색한다. Windows Server 2016 Datacenter − with Containers를 클릭한 후 만들기를 클릭한다. 다음 그림과 같이 기본 구성 값들을 내버려 두고, 기존 리소스 그룹을 사용하는지 확인한 다. 이후 가상 컴퓨터의 이름과 사용자 이름, 암호를 입력한 후 확인을 클릭한 다. 사용자 이름과 암호를 꼭 기억해 다음 절에서 방화벽 규칙을 구성할 때 사용한다.

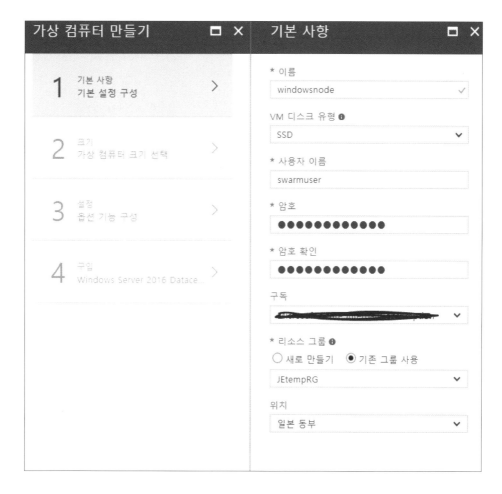

13. 이후 나머지 옵션들은 기본 값으로 내버려두거나 적절히 선택한 후 **구매** 버튼을 클릭해 배포를 시작한다. 그러면 Microsoft Azure는 새 Windows 가상 컴퓨터를 생성한 후 기존 리소스 그룹의 동일한 가상 네트워크 내에 가상 컴퓨터를 추가한다. Swarm 클러스터가 속한 리소스 그룹의 가상 네트워크 리소스를 클릭해 다음 그림과 같이 가상 네트워크에 대한 상세 정보를 살펴본다.

원격 데스크톱 연결을 이용해 가상 컴퓨터에 접속한다. 가상 컴퓨터 생성 시 입력한 자격증명을 사용해 Windows 가상 컴퓨터에 로그인한다. 이후 PowerShell을 관리자 권한으로 실행하고, 다음 명령어를 실행해 방화벽을 구성한다.

```
netsh advfirewall firewall add rule name="docker daemon"
dir=in action=allow protocol=TCP localport=2375 enable=yes
netsh advfirewall firewall add rule name="docker overlay1"
dir=in action=allow protocol=UDP localport=4789,7946 enable=yes
netsh advfirewall firewall add rule name="docker overlay2"
dir=in action=allow protocol=TCP localport=7946 enable=yes
```

기존 Swarm 클러스터에 Windows 가상 컴퓨터를 추가하면 마스터 노드에 이를 알려야 한다. 그리고 Windows 가상 컴퓨터의 Docker 서비스가 2375번 포트를 수신 대기하게 해야 한다. 우선 가상 컴퓨터에서 Task Manager를 열고 More Details ➤ Details 를 차례로 클릭해 dockerd.exe를 강제 종료^{Kill}시켜 실행 중인 Docker 서비스를 종료한다. 종료 방법은 dockerd.exe 프로세스를 마우스 오른쪽 버튼으로 클릭한 후 End Task를 클릭하면 된다. 또한 C:\ProgramData\docker 폴더의 docker.pid 파일을 삭제한다(ProgramData 폴더는 Windows 운영체제 내의 숨겨진 폴더임을 기억하자). 이후 명령 프롬프트 창에서 `ipconfig` 명령어를 실행한 후 가상 컴퓨터의 IP 주소를 적어두자.

Swarm 클러스터 내에 Windows 노드를 추가하려면 다음 명령어를 실행한다. 다음 명령어에서 10.0.0.5는 Windows 노드(가상 컴퓨터)의 IP 주소며, 172.16.0.5는 마스터 노드의 내부 IP 주소다. 마스터 노드의 IP를 확인하기 위해서 Swarm 클러스터의 가상 네트워크 영역을 확인한다(앞선 그림에서 확인한 바 있다).

```
dockerd.exe -D -H 10.0.0.5:2375 --cluster-
store=consul://172.16.0.5:8500
--cluster-advertise=10.0.0.5:2375
```

연결이 성공적으로 됐는지를 확인하려면 연결돼 있는 **Git bash** 도구로 전환한 후 다음 명령어를 다시 실행한다.

```
docker -H 172.16.0.5 info
```

이번에는 세 개의 노드를 볼 수 있으며, 그중 하나는 Windows Server 2016 Datacenter 운영체제를 실행하는 Windows 노드다.

다음 명령어를 실행해 클러스터 내에서 사용 가능한 이미지들의 목록을 가져온다.

```
swarmuser@swarm-master-B633E6FA-0:~$ docker -H 172.16.0.5 images
REPOSITORY                      TAG          IMAGE ID          CREATED         SIZE
microsoft/windowsservercore     latest       4d83c32ad497      2 months ago    9.56 GB
microsoft/nanoserver            latest       d9bccb9d4cac      2 months ago    925 MB
```

이후 다음 명령어를 실행해 Swarm 클러스터 내의 Linux 컨테이너와 Windows 컨테이너를 각각 생성한다.

```
docker -H 172.16.0.5 run --name hello-nginx -d -p 80:80 nginx
docker -H 172.16.0.5 run --name windowscontainer
microsoft/windowsservercore tasklist
```

Swarm 관리자 노드는 기본 OS 이미지에 따라 노드를 선정하므로 Nginx는 Linux 노드를 사용하고, Windows Server Core는 Windows 노드를 사용하게 된다. 다음 그림은 앞의 명령어들에 의해 만들어져 동작 중인 컨테이너로부터 나온 결과다.

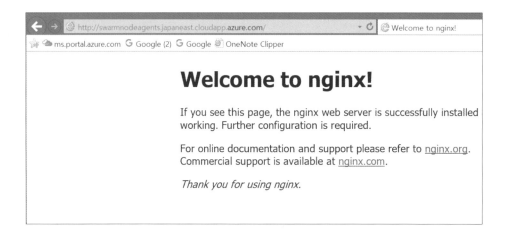

다음 그림은 Windows 컨테이너로부터의 응답을 보여준다.

```
swarmuser@swarm-master-A0331446-0:~$ docker -H 172.16.0.5 run --name hello-nginx -d -p 80:80 nginx
2909980987bb9812db9e119c121378781b2da8375b65ba7455eb074339aff633
swarmuser@swarm-master-A0331446-0:~$ docker -H 172.16.0.5 run --name windowscontainer microsoft/windowsservercore tasklist

Image Name                     PID Session Name        Session#    Mem Usage
========================= ======== ================ =========== ============
System Idle Process              0                          0          4 K
System                           4                          0        136 K
smss.exe                      5228                          0      1,172 K
csrss.exe                     6116 Services               4      4,120 K
wininit.exe                   5204 Services               4      5,240 K
services.exe                  4564 Services               4      5,976 K
lsass.exe                     5524 Services               4     10,328 K
svchost.exe                    880 Services               4      9,076 K
svchost.exe                    664 Services               4      6,908 K
svchost.exe                   5048 Services               4     10,764 K
svchost.exe                   2228 Services               4     11,468 K
svchost.exe                   4204 Services               4     25,860 K
svchost.exe                   4076 Services               4      9,844 K
svchost.exe                   1792 Services               4     15,192 K
svchost.exe                   5332 Services               4      5,428 K
CExecSvc.exe                  3320 Services               4      4,592 K
svchost.exe                   5992 Services               4     12,784 K
tasklist.exe                  1036 Services               4      7,532 K
DeviceCensus.exe              4420 Services               4        616 K
CompatTelRunner.exe           4756 Services               4      6,100 K
conhost.exe                   1696 Services               4      5,804 K
WmiPrvSE.exe                  2544 Services               4      8,232 K
```

▌Docker Swarm의 기능

Docker Swarm이 시장에서 사용 가능한 유일한 클러스터 관리 도구는 아니다. Swarm
은 Docker Engine, 표준 Docker API와의 자연스러운 연동 기능들을 제공한다.

다음은 Docker Swarm의 일부 중요한 기능으로, 다른 클러스터 관리 도구와 차별되는
부분이다.

- 응용 프로그램을 배포하기 위해 기존의 Docker CLI를 사용해 Docker Swarm
  이나 Docker Engine을 설정할 수 있다. 따라서 Docker 노드들을 관리하기
  위해 새로운 도구나 언어를 배울 필요가 없다.
- Docker Swarm의 노드들은 관리자나 작업자 역할을 할 수 있다. 이는 모든
  노드가 동일한 Docker Engine을 사용하기 때문이다.
- Docker Swarm은 또한 기본 탑재된 복원성을 갖기 때문에 열 개의 컨테이너
  에 대해서 복제가 필요한 경우 관리자 노드가 항상 이상적인 상태에 대한 확인
  을 한다. 관리자 노드는 장애가 있을 경우 즉각 새로운 컨테이너를 생성할
  것이다. 마찬가지로 작업자 노드에서도 노드 중 일부에 장애가 있을 경우 자
  동으로 사용 가능한 노드에 새로운 서비스 요청이 전달돼 장애가 있는 컨테이

너를 안정적인 노드에 재배포한다.

- Swarm은 오버레이^{Overlay} 네트워크를 지원한다. 관리자 노드는 컨테이너를 초기화하거나 업데이트할 때 자동으로 오버레이 네트워크의 IP 주소를 할당할 수 있다. Swarm 관리자 노드는 고유한 DNS 이름을 클러스터 내에 동작 중인 개별 서비스들에 할당한다. 이는 내장된 DNS 서버를 통해 Swarm 내에서 동작 중인 모든 컨테이너를 쿼리하는 데 도움이 된다.

- Swarm은 실행 중인 서비스에 대한 증분 업데이트를 지원한다. 따라서 서비스 배포 간의 지연을 제어할 수 있으며, 오류 발생 시 이전 버전의 서비스로 다시 되돌아갈 수 있다.

Kubernetes는 컨테이너 클러스터를 만들고 관리하는 또 다른 방법이며, 배포를 자동화하고 컨테이너화된 응용 프로그램을 관리하는 오픈소스 시스템이다. Kubernetes는 구글에 의해 만들어졌으며, 프로덕션 환경에서 컨테이너들을 운영하는 방대한 경험을 기반으로 하고 있다. Swarm의 작업자 노드와 마찬가지로 Kubernetes는 컨테이너를 Kubernetes 노드라 불리는 노드에서 실행하며, 개별 노드는 포드^{Pod}라 부른다. 각 포드는 배포에 사용되는 하나의 단위다. 개별 포드는 다섯 개까지의 컨테이너를 제공할 수 있으며, 포드에서 실행되는 컨테이너는 IP 주소를 공유한다. Kubernetes 클러스터의 포드들은 서로 교신할 수 있다.

Kubernetes 클러스터에서 동작하는 서비스들은 이름으로 처리된다. 서비스들은 라운드 로빈^{Round-Robin} 방식으로 포드에 할당된다. 복제 컨트롤러^{RC, Replication Controllers}는 Swarm 관리자와 같은 역할로, 서비스를 위해 포드를 시작하고, 제어하며 모니터링을 수행해 내결함성을 제공한다. Kubernetes 클러스터는 ACS를 사용해 생성할 수 있으며, 좀 더 자세한 내용은 https://docs.microsoft.com/en-us/azure/container-service/container-service-kubernetes-windows-walkthrough를 살펴보자. 다음 그림은 매우 개괄적인 Kubernetes 아키텍처를 보여준다.

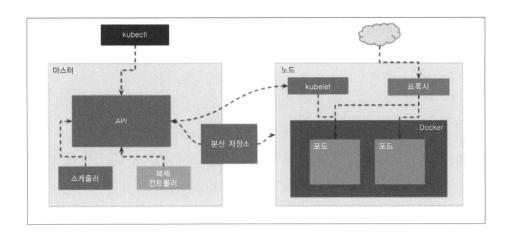

DC/OS는 또 다른 클러스터 관리 도구며, ACS를 통해 사용할 수 있다. Docker Swarm 이나 Kubernetes와는 달리 DC/OS 클러스터 위에서 동작하는 많은 도구가 있어 스케 줄링하거나 컴퓨팅 작업을 실행하는 데 도움을 준다. 그 여러 도구 중 하나가 마라톤 Marathon이다. DC/OS 클러스터를 ACS에서 생성하는 좀 더 자세한 방법은 https://docs. microsoft.com/en-us/azure/container-service/container-service-mesos-marathon-ui를 살펴보자.

▌요약

docker-compose는 커맨드라인 도구로 다중 컨테이너로 구성된 응용 프로그램을 정의 하고 실행하는 데 사용한다. docker-compose는 단일 파일을 사용해 다중 컨테이너 환경을 정의한다. docker-compose 파일은 yml 혹은 yaml 확장자를 가져야 한다. docker-compose 파일에 서비스, 네트워크, 저장소 볼륨 등을 사용해 컨테이너 환경 을 구성할 수 있다. 명령어들을 실행하려면 docker-compose CLI 도구를 컨테이너 호스트에서 사용할 수 있어야 한다. docker-compose는 이미지를 빌드하고, 볼륨을 생성하고, 포트를 매핑하며, 구성 요소 간의 종속성을 정의하는 등의 옵션을 제공한다. docker-compose CLI는 환경과 서비스, 컨테이너를 관리하기 위한 여러 명령어를 포함한다. 개별 서비스를 위한 컨테이너의 개수를 지정하는 데 Docker CLI를 사용할 수 있다. 서비스 검색 및 등록은 docker-compose를 사용해 가능하다. Docker Swarm 은 컨테이너의 클러스터를 관리하는 데 사용되는 여러 도구 중 하나다. 클러스터 관리 와 조정 기능들은 Swarm 키트를 사용한 Docker Engine에 기본 내장돼 있다. Docker Swarm은 Docker Engine이 설치된 관리자/작업자 노드와 같은 서버들과 동일한 서버 를 사용한다. Azure 컨테이너 서비스[ACS]는 Windows와 Linux 서버들이 노드로 구성 된 컨테이너 클러스터를 빠르게 만드는 데 도움을 준다. ACS는 Windows Docker 호스트를 사용해 구글의 Kubernetes나 DC/OS 팜 구성을 배포하는 데 사용할 수 있다.

12

Nano Server

환경을 어떻게 제공할 것인가에 대해 업계에서 큰 변화가 일어나고 있음을 눈치 채야만 한다. 응용 프로그램을 다수의 지속 가능한 컨테이너로 분할 관리하고, 최신 클라우드 호스팅 제공자를 통해 이를 확장할 때다. 가상화의 문제점을 상당수 해결했지만 여전히 풀지 못한 숙제가 있다. 컨테이너는 호스트 위에서 동작하며, Windows Server 2016은 덩치가 큰 OS다. 신경 쓰지 않아도 될 서버의 일부 기능들이 있기 때문에 서버를 주기적으로 패치 및 유지 보수해야 하거나 응용 프로그램 종료를 위해 다시 시작할 경우가 있다. 왜 응용 프로그램을 동작시키기 위해 필요한 것들만 가지면 안 되는가? 외부로 공개된 부분을 줄일 수 있는 기능의 최소화는 유지 보수와 여러 작업들을 줄여준다. Microsoft 역시 동일한 생각을 하고 있다는 것에 대해 여러분은 놀랄 것이다. 12장의 주제인 Microsoft의 Nano Server는 지속적으로 증가하는 높은 밀집도에 대한 요구의 목소리와 좀 더 효율적인 OS 리소스 사용률을 위한 Windows Server 의 축소된 서버 버전이다. 12장에서는 클라우드 또는 온-프레미스^{On-Premises} 환경에서 Nano Server를 사용하는 방법, 용도에 맞게 만들어진 응용 프로그램 배포, 원격 관리, 그리고 자동화를 살펴본다.

12장에서 다루는 내용은 다음과 같다.

- Nano Server에 대한 간단한 소개
- Nano Server에서 워크로드 구동 시 장점
- Microsoft Azure와 Windows 10에 Nano Server 프로비저닝
- 패키지 관리
- Nano Server에서 .NET Core 응용 프로그램 배포
- PowerShell DSC, Chef를 통한 설정 관리
- 기술 로드맵

▌ Nano Server에 대한 간단한 소개

최신식의 데이터센터는 마이크로서비스 아키텍처에 기반을 두고 분산된 응용 프로그램, 클라우드 기반 앱, 또는 컨테이너를 구동할 수 있는 최적화된 서버 플랫폼이 필요하다. 기존 서버 플랫폼은 강력하지만 용량이 크며, 많은 노출 영역(다수의 열려져 있는 포트와 VHD 크기)을 갖고 있다. 또한 패치 업데이트에 대해 많은 다시 시작을 요구한다. 이따금 사용하지 않는 부분에 대한 패치 업데이트 때문에 서버를 다시 시작해야만 해서 응용 프로그램의 구동 시간에 영향을 주게 된다. Microsoft는 Windows Server 2016에 Nano Server라는 다른 설치 옵션을 추가했다. Nano Server는 크게 줄어든 서버 저장 공간과 더불어 포트와 다시 시작 문제를 해결한다. 특히 사설 클라우드와 데이터센터용으로 구동을 설계했다. Nano Server 설치 옵션은 Windows Server 2016 Standard와 Datacenter 에디션에서 사용 가능하다. Nano Server는 맞춤형 응용 프로

그램을 위해 원격 관리 기능을 제공하며, 빠르고 강력하다.

Nano Server는 Windows Server 2016에서 제공하는 새로운 비입력 배포 옵션이다. Nano Server는 적은 패치, 적은 다시 시작, 나아진 리소스 사용률 및 강화된 보안과 함께 작고, 빠른 서버 구성을 제공하게 설계된 완전히 리팩터된 버전이다. Nano Server는 GUI와 원격 데스크톱 프로토콜을 제공하지 않기 때문에 PowerShell이나 WMI을 통한 원격 관리만 가능하다. 또한 원격 관리를 위해 웹 기반 관리 도구가 있다. Nano Server는 64비트만 지원하며, 32비트는 지원하지 않는다. Nano Server는 Windows 설치 관리자도 지원하지 않는다. Nano Server는 기존 Windows Server와 비교해 VHD 크기가 93% 정도 작아졌고, 중요 보안 권고는 92% 정도, 다시 시작 횟수도 80% 정도 감소했다.

최적화된 서버를 위한 Microsoft의 비전은 오늘날의 이야기가 아니다. Windows Server 2003과 Windows NT는 최초로 멋진 GUI 기반을 가진 완전한 서버 운영체제였다. UI가 화려해질수록 좀 더 많은 CPU 사이클과 메모리를 소모해 서버 운영체제의 큰 목적에 영향을 주게 됐다. 서버 운영체제는 항상 고객에게 사용 가능해야 하며, 대부분을 원격에서 관리해야 하는 프로덕션과 매우 민감하고 최적화된 워크로드용으로 사용됨을 의미한다. 화려한 UI, 애니메이션과 연관된 드라이버나 역할들은 서버 성능에 부정적 영향을 줬다. Windows Server 2008에서 Microsoft는 Server Core라는 추가적인 설치 옵션을 출시했다. 설치 시점에 전체 GUI 버전이나 Server Core로 갈지를 결정했었다. Server Core는 줄어든 코드 기반, GUI 제거와 공격 가능성을 낮추는 줄어든 노출 영역을 제공했다. Windows Server 2008에서 Server Core 버전은 좀 더 줄어든 역할이나 기능을 제공했고, GUI 계층의 완벽한 제거를 환영하는 서버 관리자, 역할 및 기능에 관심이 있었다. 사용자들은 여전히 원격 관리 도구를 이용해 IIS, 도메인 컨트롤러, DNS 같은 필요한 역할을 설치할 수 있었다.

이는 오늘날 볼 수 있는 Nano Server와 매우 유사하지만, 서버 최적화보다 관리 경험을 우선적으로 중요하게 여겼기 때문에 Server Core는 잘 받아들여지지 않았다.

Windows Server 2012와 2012 R2를 출시할 때 Microsoft는 3가지 설치 옵션을 발표했다. 첫 번째 옵션은 데스크톱 운영체제와 비슷한 경험을 갖고 있는 전체 GUI 버전이며, 두 번째 옵션은 Windows 탐색기 없이 **마이크로소프트 관리 콘솔**^{MMC, Microsoft Management} ^{Console}과 서버 관리자 같은 최소한의 서버 인터페이스만 가진 형태였다. 마지막 옵션이 GUI를 갖고 있지 않은 Server Core다. Windows Server에서 Server Core 옵션은 서버 내의 리소스에 영향을 주지 않고, 클라이언트 컴퓨터에서 원격 서버 관리 도구나 MMC와 같은 그래픽 사용자 인터페이스를 통해 원격으로 관리할 수 있다.

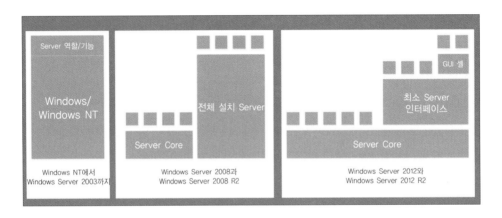

Nano Server는 상향식으로 만들어졌다. 이는 클라우드나 온-프레미스 데이터센터에 필요한 최소 기능 세트^{Just Enough OS}¹만 갖고 있다. 기업은 클라우드 내의 대규모 컴퓨팅과 리소스 최적화적인 측면에서 이런 변화는 매우 환영할 사항이라 생각할 것이다. Nano Server는 낮아진 공격에 대한 취약 가능성 및 서비스 요건들을 가졌음에도 불구하고 기존 워크로드와의 상호 운용이 가능하다.

---

1. Just Enough OS, 그저 충분한 OS, OS의 기본 동작 구조만 가진 것을 의미, 이어서는 작은 OS로 표기
 - 옮긴이

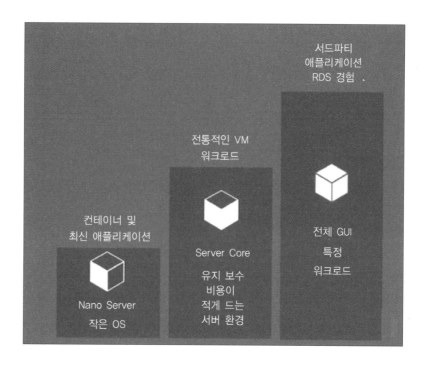

Windows Server 2016은 앞서 살펴본 바와 같이 3가지 설치 옵션을 갖고 있지만, Nano Server 옵션은 최신 컨테이너 응용 프로그램에 적절한 작은 OS가 들어있다. 이전 Windows Server 버전의 일부였던 Server Core 버전은 낮은 유지 보수 비용이 필요한 전통적인 워크로드를 위해 여전히 Windows Server 2016의 일부로 제공된다. GUI 버전은 UI 기반 관리 기능이 필요한 서드파티나 레거시 워크로드를 실행하기 위해 사용할 수 있다. Nano Server는 클러스터링, DNS, 스토리지(SoFS), IIS, Core CLR, 그리고 ASP.NET 5와 같이 클라우드 내의 워크로드를 구동할 때 필요한 최소한의 역할과 기능을 갖고 있다. 무엇보다도 필요하지 않은 것들은 모두 Nano Server 내부가 아닌 외부에 있고, 원격 관리 도구를 통해 설치해야 한다. 기능의 설치 여부와 관계없이 서버 내의 모든 역할과 드라이버 파일은 Server Core와 전체 설치 서버 OS에 포함돼 있었으므로, 개별 역할 및 드라이버에 대한 보안 위협 및 필요 패치를 증가시켰다. 그러므로 이는 매우 큰 변화다. Nano Server는 또한 PowerShell의 리팩터링된 버전임과 동시에 .NET Core에서 동작하는 PowerShell Core를 갖고 있다.

▌ Nano Server에서 워크로드 구동 시 장점

Server Core나 전체 설치 버전과 비교해 Nano Server가 해결할 수 있는 주요 문제들을 살펴보자.

실시간 마이그레이션

Windows Server 클러스터를 관리하는 것은 간단한 작업이지만, 10~20대의 서버를 지역 간 이전을 해야 한다면 매우 어려운 작업이 된다. 개별 Windows Server는 모든 역할이 설치된 경우 4~5GB의 공간을 차지한다. 10~20대 서버의 실시간 마이그레이션은 높은 대역폭을 요구하므로 전 세계에 걸쳐 20대의 서버를 마이그레이션할 경우 거의 1TB 데이터가 전송된다. 이를 해결하기 위해 종종 서버 관리자는 워크로드의 마이그레이션 대신 새 지역에 새 서버를 배포하지만, 이는 높은 비용과 응용 프로그램의 다운타임을 야기한다. Nano Server의 경우 각 서버가 400~500MB의 공간밖에 차지하지 않으므로 실시간 마이그레이션이 쉽고 빠르다.

제로 풋프린트[2]

Nano Server는 그저 필요한 것만 제공되며, 다른 서버 운영체제와 달리 서버 내에 어떠한 서버 역할이나 추가적인 기능을 사용할 수 없다. 이는 서버를 작고 얇게 만들어 공격 가능한 영역을 줄일 수 있다. 많은 기능 및 역할은 좀 더 많은 포트를 열어야 하므로 줄어든 기능은 응용 프로그램 실행을 위해 필요한 포트만 열 수 있게 한다. 모든 추가적인 소프트웨어 패키지는 다운로드하거나 미디어에서 복사한 후 패키지 관리 도구를 통해 설치해야 한다.

---

2. 제로 풋프린트(Zero Footprint)는 어떠한 역할/기능도 설치되지 않았음을 의미한다. - 옮긴이

패키지 관리

패키지 관리(OneGet으로도 알려져 있음)는 Windows 10, 그리고 Windows Server 2012 이상 운영체제에서 사용할 수 있는 매우 유명한 패키지 관리 도구다. 440MB의 디스크 공간을 사용하는 Nano Server에 대한 기대치는 최소한으로 시작해 사용할 기능/구성 요소만 추가한다는 것이다. Nano Server에서 제공되는 패키지 관리는 여타 운영체제와 매우 다르다. 다음 그림은 Nano Server 내의 패키지 관리 아키텍처와 공급자 목록을 보여준다. 기본적으로 Nano Server에는 **PowerShell Get**이 있고, 다른 공급자는 필요시 설치할 수 있다.

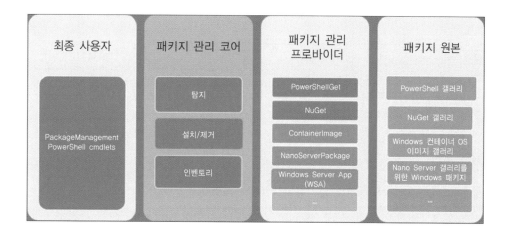

다시 시작

호스트를 패치하는 중요 업데이트는 매번 다시 시작을 해야 하며, 서버 운영체제의 일반적인 다시 시작 시 소요되는 시간은 2~3분 정도다. 서버는 일반적으로 한 달에 한두 번 다시 시작해야 한다. 이는 패치 업데이트를 위해 서버당 매년 1~2시간/20~30회의 다시 시작이 일어남을 의미한다(새 패치로 시스템이 업데이트되는 데 걸리는 시간 제외). 분명히 이는 매우 큰 숫자다. Nano Server는 다시 시작 횟수를 80% 정도로 줄여준다. 이는 완전히 리팩터링된 버전이기 때문에 가능하며, 드라이버나 역할이 적고 32비트 소프트웨어를 지원하지 않는다.

프로비저닝 시간

Microsoft Azure와 같은 클라우드 제공자도 새 서버 운영체제를 프로비저닝하는 데 3~4분 정도가 걸린다. Nano Server는 고성능 호스트에서 5초 정도 만에 부팅되며, 몇 분 내에 클러스터를 만들 수 있다. 다음 표는 운영체제의 버전별로 다시 시작 횟수, 열린 포트, 그리고 VHD 크기를 비교해서 보여준다. 분명히 Nano Server는 장점이 있다.

Windows Server 2016	Nano Server	Windows Server Core	전체 설치
다시 시작	3	6	11
패치	2	8	23
포트	11	26	34
VHD 크기	440MB	6.5GB	10.4GB

서버 관리

좋은 소식은 Nano Server를 관리하기 위해 PowerShell 전문가가 되지 않아도 된다는 점이다. 모든 기존 MMC 도구, Hyper-V 도구는 여전히 Nano Server를 관리하는 데 사용할 수 있다. WMI 버전 1이나 2를 사용해 작성한 기존 스크립트도 Nano Server에서 재사용할 수 있다. Microsoft는 Microsoft Azure 포털과 Microsoft Azure Stack과 같은 기존 플랫폼을 클라우드와 온-프레미스 환경에서 각각 Nano Server용 웹 인터페이스 형태로 동작하게 업데이트할 계획이다. PowerShell DSC^{Desired State Configuration}(필요한 상태 구성)을 이용해 서버를 구성할 수 있다.

PowerShell Core

모든 Nano Server는 기본적으로 PowerShell Core를 갖고 있다. PowerShell Core는 Nano Server와 Windows IoT Core와 같은 최적화된 Windows Server 에디션에서

동작할 수 있는 최적화된 PowerShell 버전이다. 전체 설치 버전의 Windows Server의 PowerShell과 비교할 경우 몇 가지 제한 사항이 있는데, 다음 절에서 차이점을 살펴본다.

▌ Microsoft Azure에 Nano Server 프로비저닝

PowerShell이나 Microsoft Azure 포털을 이용해 Nano Server를 만들 수 있다. 이 절에서는 Azure 포털을 이용해 Nano Server를 생성하는 방법을 살펴본다.

1. Microsoft Azure 포털에 로그인한 후 가상 컴퓨터 항목을 클릭한다(클래식 옵션이 없는).
2. 추가를 클릭해 새 가상 컴퓨터를 추가한다.
3. Windows Server 2016 - Nano Server를 검색한다.

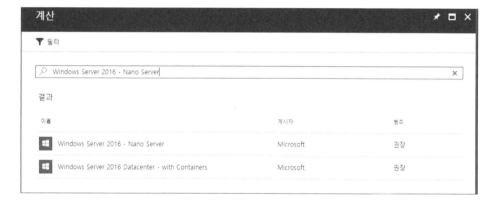

4. 첫 번째 옵션을 선택하고 만들기를 클릭한다.
5. 기본 사항에 필요한 값을 입력하고 확인을 클릭한다.

6. VM 크기는 DS2_V2 표준을 선택한다.

7. Nano Server는 원격 데스크톱을 지원하지 않으므로, 네트워크 보안 그룹에서 원격 PowerShell을 허가하도록 설정하는 것이 중요하다. WinRM을 실행하려면 HTTP(5985)이나 HTTPS(5986) 중 하나를 선택해야 한다. 프로덕션 시나리오에서는 항상 HTTPS 기반 WinRM 사용을 권장한다. 가상 네트워크 ➤ 새로 만들기를 선택한다. 기본 값을 확인한 후 확인을 클릭한다.

8. 네트워크 보안 그룹(방화벽) 항목을 클릭하고 + 인바운드 규칙 추가를 클릭한다. 다음 그림과 같이 입력하고 확인을 클릭한다. ...(상황에 맞는 메뉴)를 클릭해 RDP 규칙을 지울 수도 있는데, Nano Server에서는 이를 사용하지 않으므로 제거를 클릭한다.

인바운드 보안 규칙 추가
firstnanoserver-nsg

✖ 고급

★ 이름

WinRM   ✓

★ 우선 순위 ❶

1010   ✓

★ 소스 ❶

| Any | CIDR block | Tag |

서비스 ❶

사용자 지정   ∨

★ 프로토콜

| Any | TCP | UDP |

★ 포트 범위 ❶

5985   ✓

★ 작업

| 거부 | 허용 |

9. 네트워크 보안 그룹에서 확인을 클릭하고 다시 한 번 확인을 클릭해 요약 섹션
   으로 향한다.

10. 유효성 검사가 통과됐는지 확인하고 서버를 생성하기 위해 확인을 클릭한다.
    완료를 위해 약간의 시간이 필요하다.

11. VM이 생성되면 포털 내의 가상 컴퓨터에서 공용 IP 주소 항목을 찾아본다.

12. 여러분의 컴퓨터에서 WinRM을 사용하기 위해 관리자 권한으로 열린 PowerShell 창에서 다음 명령어를 입력한다.

```
Set-Item WSMan:\localhost\Client\TrustedHosts "<서버의 공용 IP 주소>"
Restart-Service WinRM
```

13. 이제 다음 명령어를 사용해 Nano Server에 접속할 수 있다. 계정 정보를 물어오면 VM 생성 시 선택한 사용자 이름과 암호를 입력한다.

```
$cred=Get-Credential
Enter-PSSession -ComputerName <서버의 공용 IP 주소> -credential $cred
```

다음 그림은 서버에 성공적으로 로그온한 후 Windows 원격 관리 콘솔을 통해 연결했음을 보여준다. 서버에서 동작 중인 프로세스의 목록을 확인하기 위해 Get-Process를 실행해보자.

```
관리자: Windows PowerShell

PS C:\WINDOWS\system32>
PS C:\WINDOWS\system32>
PS C:\WINDOWS\system32> Enter-PSSession -ComputerName 52.231.39.173 -Credential $cred
[52.231.39.173]: PS C:\Users\windowsuser\Documents> Get-Process

Handles  NPM(K)    PM(K)     WS(K)    CPU(s)     Id  SI ProcessName
-------  ------    -----     -----    ------     --  -- -----------
      0       6      780      2004      0.28    364   0 csrss
      0       5      908      4272      0.00   1400   0 EMT
      0       0        0         4                0   0 Idle
      0      19     4868     13260      0.91    436   0 lsass
      0      47    38344     52172      2.89   1768   0 Microsoft.Azure.Agent.Windows
      0       9     1908      5580      0.06    420   0 services
      0       2      332      1144      0.02    256   0 smss
      0       7     1400      6364      0.03    280   0 svchost
      0      18     3488     10120      0.09    308   0 svchost
      0       7     1304      5548      0.14    356   0 svchost
      0      14     8076     13428      0.06    544   0 svchost
      0       8     1728      6272      0.05    548   0 svchost
      0      13     1968      6648      0.09    596   0 svchost
      0      18    14036     23784      4.50    652   0 svchost
      0       5     1292      5476      0.02    692   0 svchost
      0      45     7104     18240      0.28    836   0 svchost
      0      27     3888     10316      0.03   1088   0 svchost
      0      14     4524     13640      0.09   1260   0 svchost
      0       0       80        80      1.80      4   0 System
      0       4      688      3636      0.02   1700   0 WaSvc
      0       7      804      3948      0.02    396   0 wininit
      0      43    38404     63356      1.92    504   0 wsmprovhost

[52.231.39.173]: PS C:\Users\windowsuser\Documents>
```

▌ Windows 10에서 Nano Server 프로비저닝[3]

Nano Server는 Hyper-V가 설치된 Windows 10 컴퓨터에도 배포할 수 있다. Microsoft는 Windows Server 2016 평가판을 제공한다. Windows Server 2016의 ISO는 https://www.microsoft.com/ko-kr/evalcenter/evaluate-windows-server-2016에서 다운로드할 수 있다. 계속하려면 등록을 클릭하고, 요청하는 정보를 입력한다.

다음 그림과 같은 형태로 포털은 3가지 다운로드 옵션을 보여준다.

---

3. 이 책의 저자가 집필할 시점에는 Microsoft 사이트에서 Nano Server용 파일만 별도로 다운로드가 가능했다. 2017년 8월 현재, 별도의 Nano Server 다운로드는 불가능하고, Windows Server 2016 미디어를 이용해 제작하는 형태로 변경됐다. 이에 이번 절에서는 미디어를 이용한 Nano Server 이미지를 제작하는 형태로 진행할 것이다. – 옮긴이

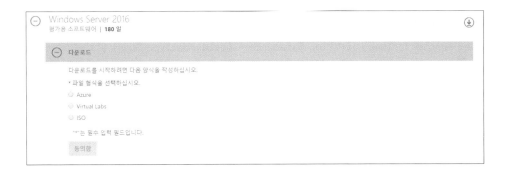

Nano Server를 사용하려면 Windows Server 2016 미디어가 필요하다. ISO를 선택하고 **동의함**을 클릭한다. 평가판은 별도의 한국어 버전을 제공하지 않으므로 제품 언어는 영어를 선택하고, 다운로드를 클릭한다. Windows Server 2016 평가판 미디어 파일 (ISO)의 다운로드가 완료되면 해당 파일을 더블 클릭해 Windows 탐색기에서 연다.

내 PC › DVD 드라이브 (F:) SSS_X64FREE_EN-US_DV9			
이름	수정한 날짜	유형	크기
boot	2016-10-14 05:13	파일 폴더	
efi	2016-10-14 05:13	파일 폴더	
NanoServer	2016-09-13 13:52	파일 폴더	
sources	2017-01-11 02:08	파일 폴더	
support	2016-10-14 05:13	파일 폴더	
autorun.inf	2016-05-26 06:52	설치 정보	1KB
bootmgr	2016-07-16 15:23	파일	378KB
bootmgr.efi	2016-07-16 12:06	EFI 파일	1,142KB
setup.exe	2016-07-16 11:52	응용 프로그램	79KB

이미지 내의 NanoServer 폴더에 관련된 파일들이 저장돼 있다. 이 폴더를 C 드라이브로 복사한다.

관리자 권한으로 연 PowerShell 창에서 C:\NanoServer로 찾아간다. 그 후 Nano Server VHD를 생성하기 위해 다음 명령어를 실행한다.

```
Import-Module .\NanoServerImageGenerator -Verbose
New-NanoServerImage -Edition Datacenter -DeploymentType Guest
-MediaPath C:\ -BasePath .\Base
-TargetPath .\NanoServerVM\NanoServerVM.vhd -ComputerName "<컴퓨터 이름>"
```

관리자 암호를 묻는 AdministratorPassword 값에 암호를 입력한다.

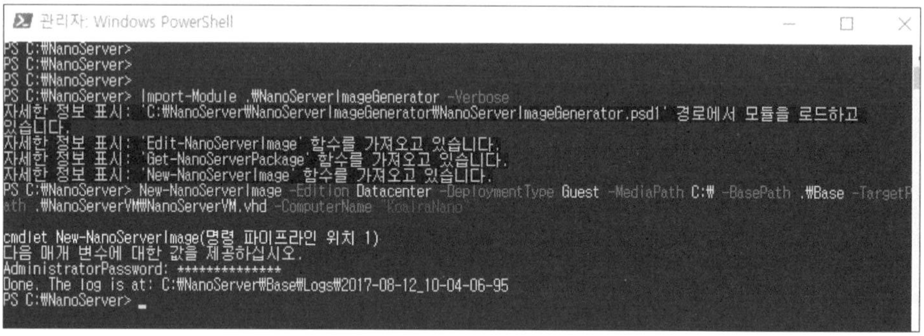

VHD 파일 생성이 완료되려면 약간의 시간이 필요하다. 명령어가 완료되면 NanoServerVM 폴더 내에 새롭게 생성된 NanoServerVM.vhd 파일을 확인할 수 있다. 해당 파일의 크기는 498MB다(2017년 8월 현재).[4]

이제 해당 VHD와 Hyper-V 관리자를 이용해 가상 컴퓨터를 만들어보자. Hyper-V 관리자는 제어판 ❯ 프로그램 ❯ Windows 기능 켜기/끄기를 통해 설치할 수 있다.

1. Hyper-V 관리자를 열고 우측의 작업 메뉴에서 새로 만들기 ❯ 가상 컴퓨터를 선택한다.

2. 시작하기 전 단계에서 다음을 클릭하고, 이름 및 위치 지정 단계에서는 다음 그림과 같이 가상 컴퓨터의 이름을 입력하고 위치를 선택한 후 다음을 클릭한다.

---

4. 이미지 생성과 관련된 내용은 Windows Server가 업데이트될 경우 변경될 수 있다. 시간이 지나, 위 명령어가 정상 동작하지 않는 경우 https://docs.microsoft.com/en-us/windows-server/get-started/nano-server-quick-start를 살펴보면 추가 정보를 확인할 수 있을 것이다. – 옮긴이

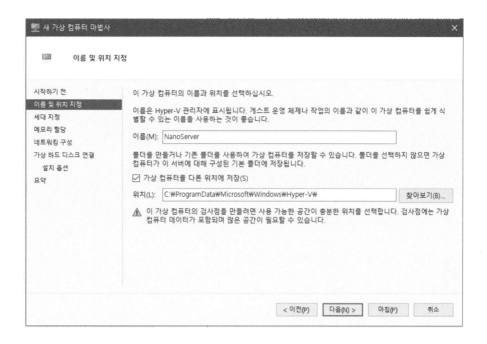

3. 다음을 클릭하고 세대 지정 단계에서 1세대를 선택한다. 다음을 클릭한다.

4. 시작 메모리에 1024MB를 입력하거나 필요에 따라 이를 더 크게 입력한 후 다음을 클릭한다.

5. 네트워킹 구성 단계 내의 연결 드롭다운 목록에서 연결되지 않음을 선택하고 다음을 클릭한다. 여기서 만드는 가상 컴퓨터를 결과적으로 인터넷이나 인프라넷에 접속하지 않을 것이다. 가상 컴퓨터를 인터넷에 접속시키려면 https://docs.microsoft.com/en-us/virtualization/hyper-v-on-windows/quick-start/connect-to-network를 참고하자.

6. 다음 그림과 같이 방금 만든 VHD 파일을 선택한다.

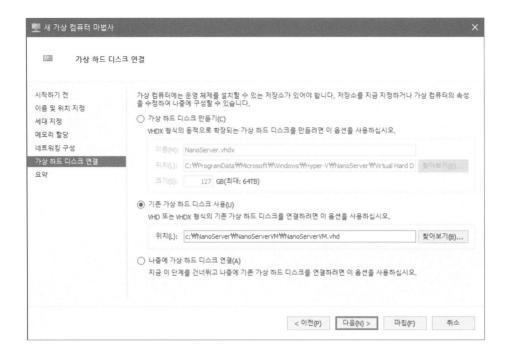

7. 다음을 클릭하고 마침을 클릭해 Nano Server 가상 컴퓨터의 생성을 완료한다.

8. 방금 만든 가상 컴퓨터를 클릭하고 우측 작업 영역 내의 시작을 클릭한다.

9. 로그인 프롬프트가 나타나면 User name 항목엔 Administrator를 입력하고,
   Password 항목엔 VHD 생성 시 입력한 암호를 입력한다.

```
User name: _____
Password: _____
Domain: _____




            EN-US Keyboard Required
```

10. 다음 그림은 Nano Server 복구 콘솔을 보여준다. 복구 콘솔은 기본적인 키보
    드 기능만 지원한다. 사용자는 복구 콘솔을 통해 방화벽 규칙, 네트워크,
    WinRM 설정을 확인하거나 변경할 수 있다.

```
                      Nano Server Recovery Console
==================================================================
Computer Name:  KoalraNano
User Name:      .\administrator
Workgroup:      WORKGROUP
OS:             Microsoft Windows Server 2016 Datacenter
Local date:     Friday, August 11, 2017
Local time:     6:10 PM
- - - - - - - - - - - - - - - - - - - - - - - - - - - - - - - - -
> Networking
  Inbound Firewall Rules
  Outbound Firewall Rules
  WinRM




-----------------------------------------------------------------
Up/Dn: Scroll | ESC: Log out | F5: Refresh | Ctl+F6: Restart
Ctl+F12: Shutdown | ENTER: Select
```

11. Nano Server로 원격 관리 연결이 가능하다. 이 경우 Nano Server 복구 콘솔
    내의 Networking 항목에서 IP 주소를 확인하고, 다음과 같은 명령어 형태로
    접속 가능하다.

Set-Item WSMan:\localhost\Client\TrustedHosts "<서버의 IP 주소>"
Enter-PSSession -VMName "<가상 컴퓨터 이름>" -Credential <서버 IP 주소>
administrator

```
PS C:\NanoServer>
PS C:\NanoServer> Enter-PSSession -VMName "NanoServer" -Credential 169.254.178.176\administrator
[NanoServer]: PS C:\Users\administrator\Documents>
```

▌ 패키지 관리

앞서 살펴본 바와 같이 Nano Server는 서버에 필요한 역할 및 기능을 갖고 있지 않다. 이 절에서는 Azure 내의 가상 컴퓨터에 역할을 설치하고, 이미 역할이 설치된 사용자 지정 VHD를 만든다. Nano Server는 온라인 패키지 저장소를 통해 다른 온라인 저장소에 연결하거나 사용 가능한 역할 및 기능을 설치, 다운로드할 수 있게 한다. 온라인 패키지 저장소에 연결하기 위해 서버는 인터넷에 연결돼 있어야 한다. 인터넷에 연결되지 않은 서버에 패키지를 설치하는 방법은 다음 절에서 살펴본다.

첫 번째 단계로 Nano Server에서 지원하는 패키지 공급자 목록을 살펴보기 위해 Azure 내의 Nano Server에서 WinRM 세션으로 접속해 다음 명령어를 실행한다.

```
Find-PackageProvider
```

추가적인 다운로드를 요청하면 Y를 입력해 추가 다운로드를 진행한다.

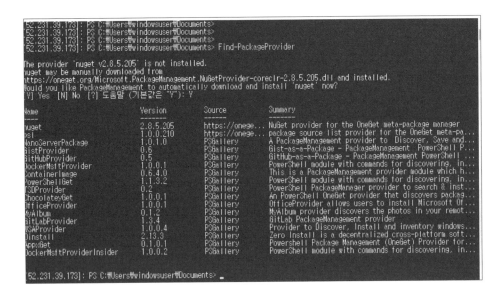

유명한 패키지 공급자의 상당수가 Nano Server에서 지원됨을 알 수 있다. 다음 명령어를 실행해 NanoServer 패키지 공급자를 설치한다. Windows Management Framework 5.0에서 Microsoft는 OneGet이라 부르는 PowerShell 모듈을 출시했다. OneGet은 웹을 통해 소프트웨어 패키지를 찾고 설치할 수 있는 새로운 방법이다.

```
Install-PackageProvider NanoServerPackage
```

NanoServerPackage는 내부적으로 NuGet 공급자에 의존하고 있어 연관 패키지도 다 운로드할지 물어온다.

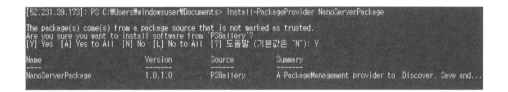

다음 명령어를 실행해 한 번 설치한 패키지를 언제나 가져올 수 있다.

```
Import-PackageProvider NanoServerPackage
```

다음 명령어는 컴퓨터에 설치된 패키지 공급자를 보여준다.

```
Get-PackageSource
```

다음 명령어는 NanoServerPackage의 일부로, 사용 가능한 패키지를 보여준다.

```
Find-NanoServerPackage -Name *
```

```
[52.231.39.173]: PS C:\Users\windowsuser\Documents> Find-NanoServerPackage -Name *

Name                                                  Version         Culture          Description
----                                                  -------         -------          -----------
Microsoft-NanoServer-SecureStartup-Package            10.0.14393.0    cs-cz, de-de,... Includes support for BitLoc...
Microsoft-NanoServer-SCVMM-Compute-Package            10.0.14393.0    cs-cz, de-de,... Includes services for monit...
Microsoft-NanoServer-FailoverCluster-Package          10.0.14393.0    cs-cz, de-de,... Includes Failover Clusterin...
Microsoft-NanoServer-ShieldedVM-Package               10.0.14393.0    cs-cz, de-de,... Includes Host Guardian Serv...
Microsoft-NanoServer-Storage-Package                  10.0.14393.0    cs-cz, de-de,... Includes services and tools...
Microsoft-NanoServer-SoftwareInventoryLogging-P...    10.0.14393.0    cs-cz, de-de,... Includes services and tools...
Microsoft-NanoServer-DSC-Package                      10.0.14393.0    cs-cz, de-de,... Includes PowerShell Desired...
Microsoft-NanoServer-SCVMM-Package                    10.0.14393.0    cs-cz, de-de,... Includes services for monit...
Microsoft-NanoServer-OEM-Drivers-Package              10.0.14393.0    cs-cz, de-de,... Includes basic drivers for ...
Microsoft-NanoServer-DCB-Package                      10.0.14393.0    cs-cz, de-de,... Includes Data Center Bridgi...
Microsoft-NanoServer-DNS-Package                      10.0.14393.0    cs-cz, de-de,... Includes Domain Name System...
Microsoft-NanoServer-Defender-Package                 10.0.14393.0    cs-cz, de-de,... Includes Windows Defender w...
Microsoft-NanoServer-IIS-Package                      10.0.14393.0    cs-cz, de-de,... Includes Internet Informati...
Microsoft-NanoServer-Compute-Package                  10.0.14393.0    cs-cz, de-de,... Includes Hyper-V and NetQoS...
Microsoft-NanoServer-IPHelper-Service-Package         10.0.14393.576  cs-cz, de-de,... Provides tunnel connectivit...
Microsoft-NanoServer-Host-Package                     10.0.14393.0    cs-cz, de-de,... Includes drivers and servic...
Microsoft-NanoServer-Guest-Package                    10.0.14393.0    cs-cz, de-de,... Includes drivers and integr...
Microsoft-NanoServer-Containers-Package               10.0.14393.0    cs-cz, de-de,... Includes services and tools...
Microsoft-NanoServer-SNMP-Agent-Package               10.0.14393.576  cs-cz, de-de,... Simple Network Management P...
```

다음 명령어는 Nano Server에 IIS를 설치해준다.

```
Find-NanoServerPackage *iis* | Install-NanoServerPackage -culture en-us
```

다음 명령어를 사용해 서버를 다시 시작한다.

```
Restart-Computer
```

다음 명령어는 IIS에 새 사이트를 만들고, 실제 경로 위치를 지정한다.

```
cd \
md mysite
Import-Module iis*
New-IISite -Name mysite -BindingInformation
"*:80:mysite" -PhysicalPath c:\mysite
```

Nano Server의 공용 IP나 DNS 이름을 이용해 웹 브라우저로 접속하면 기본 IIS 페이지가 나타날 것이다. Nano Server에 포트 80번을 열어주는 인바운드 보안 규칙을 만들어야 한다.[5] 패키지 설치 후 **Get-Package**를 이용해 목록을 살펴보거나 **Uninstall-Package**를 이용해 패키지를 제거할 수 있다.

인터넷에 연결된 서버에서 패키지를 설치하는 것은 살펴본 것처럼 쉽다. 일부 기업에서는 사설 데이터센터 내의 서버를 보안상의 이유로 인터넷에 연결하지 않는다. 이 경우 Nano Server에서 역할 및 기능의 오프라인 설치를 진행해야 한다. 이를 위한 2가지 방법이 있다. 첫 번째 방법은 사용자 지정 이미지를 생성하는 것이다. 수백 대의 Nano Server로 구성된 클러스터나 팜을 만들 계획이라면 필요한 소프트웨어가 미리 설치된 사용자 지정 Nano Server 이미지를 만들고, Nano Server를 생성할 때마다 재사용할 수 있다. 사용자 지정 Nano Server 이미지를 만들기 위해 'Windows 10에서 Nano Server 프로비저닝' 절에서 다운로드한 Windows Server 2016 ISO를 이용할 것이다.[6]

---

5. 앞서 살펴본 Microsoft Azure 내에서 Nano Server 가상 컴퓨터 생성 시 WinRM용 5785 포트를 네트워크 보안 그룹에서 추가했다. 동일한 방법으로 80 포트를 추가하거나 서비스 드롭다운 목록에서 HTTP를 선택한다. - 옮긴이

6. 앞에서 Nano Server 이미지 생성을 진행했다면 다음의 과정에서 3번부터 진행하면 된다. - 옮긴이

IIS가 설치된 사용자 지정 Nano Server 이미지를 생성하고, 이를 가상 컴퓨터로 만드는 과정은 다음과 같다.

1. Windows 10의 Windows 탐색기에서 다운로드한 ISO 파일을 마우스 오른쪽 버튼으로 클릭하고, 탑재를 선택한다.

2. 탑재된 디스크 내의 NanoServer 폴더를 C:\로 복사한다.

3. 관리자 권한으로 PowerShell 창을 열고, C:\NanoServer 폴더로 간다. Nano Server의 이미지 준비 모듈을 가져오기 위해 다음 명령어를 실행한다.

```
Import-Module .\NanoServerImageGenerator -Verbose
```

4. 다음 명령어는 신규 Nano Server Standard 에디션 이미지를 생성한다. 다음 명령어에서 MediaPath는 ISO가 탑재된 드라이브나 C: 드라이브 루트, BasePath는 임시 파일이 저장될 폴더, TargetPath는 결과물이 저장될 폴더, Package 옵션은 서버에 설치될 패키지를 의미한다.

```
New-NanoServerImage -Edition Standard -deploymentType Guest
-MediaPath C:\ -BasePath .\Base -TargetPath
.\NanoServerVM\NanoServerIIS.vhd -ComputerName nanowebserver
-Storage -Package Microsoft-NanoServer-IIS-Package -Verbose
```

5. 관리자 암호를 물어오면 입력한다. 이미지 준비는 수분이 소요되며, 다음 그림은 자세한 로그 및 진행률을 보여준다.

6. 성공적으로 진행되면 VHDX 파일은 C:\NanoServer\NanoServerVM\Nano-
   ServerIIS.vhdx로 만들어진다. 'Windows 10에서 Nano Server 프로비저닝' 절에서
   살펴본 순서들을 진행해 해당 VHDX 파일을 이용하는 신규 가상 컴퓨터를 생성한다.
7. 다음 그림과 같이 생성한 VHDX 파일을 이용한다.

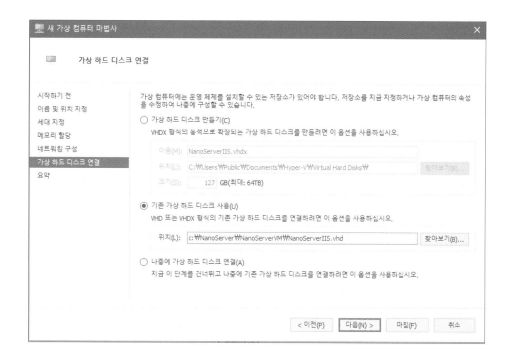

8. 가상 컴퓨터가 시작되고 가상 컴퓨터 내에서 WinRM이 구성됐는지 확인한다.

9. PowerShell 창에서 다음 WinRM 명령어를 이용해 로그인한다.

```
Set-Item WSMan:\localhost\Client\TrustedHosts "<서버의 IP 주소>"
Enter-PSSession -VMName NanoServerIIS -Credential <서버 IP 주소>\
administrator
```

10. PowerShell 명령어를 통해 IIS를 관리하거나 IIS 기능 사용/사용 중지 및 웹사이트, 앱 풀, 인증서 등을 만들 수 있다. 다음 그림은 기본 웹사이트를 만들 때 사용하는 몇 가지 명령어를 보여준다.

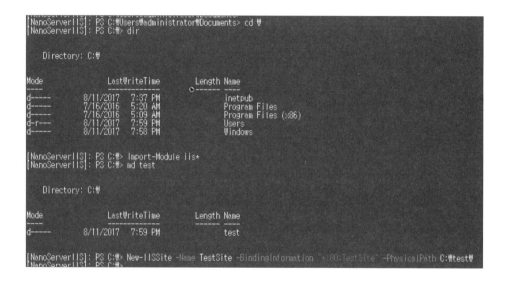

현재 운영 중인 몇 대의 Nano Server를 갖고 있고, IIS나 DSC 같은 신규 패키지 설치를 요구받았을 때 앞의 방법은 별로 도움이 되지 않는다. 이 경우 패키지 폴더를 원격 가상 컴퓨터로 이동해 오프라인 설치를 진행할 수 있다. 다음은 원격 서버로 파일을 복사할 때 사용하는 PowerShell 세션을 만든다.

```
$session = New-PSSession -VMName NanoServerIIS -Credential
NanoServerIIS\administrator
```

이후 다음과 같은 명령어를 이용해 호스트 컴퓨터에서 원격 컴퓨터로 패키지 폴더를
복사한다. 해당 파일들은 탑재된 ISO 파일 내의 \NanoServer\Packages에 존재한다.
폴더 내에서 하나의 .cab 파일은 개별 패키지를 의미한다.

```
Copy-Item 'C:\NanoServer\Packages' -Destination C:\Nano -Recurse
-ToSession $session -Verbose
```

```
en-US
Microsoft-NanoServer-Compute-Package.cab
Microsoft-NanoServer-Containers-Package.cab
Microsoft-NanoServer-DCB-Package.cab
Microsoft-NanoServer-Defender-Package.cab
Microsoft-NanoServer-DNS-Package.cab
Microsoft-NanoServer-DSC-Package.cab
Microsoft-NanoServer-FailoverCluster-Package.cab
Microsoft-NanoServer-Guest-Package.cab
Microsoft-NanoServer-Host-Package.cab
Microsoft-NanoServer-IIS-Package.cab
Microsoft-NanoServer-OEM-Drivers-Package.cab
Microsoft-NanoServer-SCVMM-Compute-Package.cab
Microsoft-NanoServer-SCVMM-Package.cab
Microsoft-NanoServer-SecureStartup-Package.cab
Microsoft-NanoServer-ShieldedVM-Package.cab
Microsoft-NanoServer-SoftwareInventoryLogging-Package.cab
Microsoft-NanoServer-Storage-Package.cab
```

이제 가상 컴퓨터로 원격 로그인해 Nano Server 내의 IIS 패키지를 설치하기 위해
다음 명령어를 실행한다.

```
dism /online /add-package /PackagePath:c:\nano\Microsoft
-NanoServer-Storage-Package.cab
```

```
dism /online /add-package /PackagePath:c:\nano\Microsoft
-NanoServer-IIS-Package.cab
```

 Windows Server 2016 – Nano Server에서 IIS를 관리하는 경우에 대한 좀 더 자세한 정보는 https://technet.microsoft.com/en-us/windows-server-docs/get-started/iis-on-nano-server#application-development를 살펴보자.

Nano Server에서 .NET Core 응용 프로그램 배포

Nano Server는 ASP.NET Core 응용 프로그램을 서비스하는 데 사용할 수 있다. 이 절에서는 ASP.NET Core 응용 프로그램을 서비스하기 위해 Microsoft Azure에서 생성한 가상 컴퓨터를 이용한다. 진행하기 전에 ASP.NET Core 응용 프로그램 파일이 필요한데, 이는 C:\learningwsc\chapter12\sampleaspnetcoreapp에서 복사할 수 있다. 다음 과정은 온-프레미스나 Microsoft Azure에서 생성한 Nano Server에서 모두 가능하다.

1. 관리자 권한으로 실행한 PowerShell 창에서 다음 명령어를 실행해 Nano Server로 신규 PowerShell 세션을 생성한다.

```
$ip = "<Nano Server의 IP>"
Set-Item WSMan:\localhost\Client\TrustedHosts -Value $ip
$cred = Get-Credential
$session = New-PSSession -ComputerName $ip -Credential $cred
```

2. 다음 그림은 서버로 정상적인 연결이 됐음을 보여준다.

```
[                )]: PS C:\> |
```

3. 다음 명령어를 실행해 TCP 포트 8000으로 들어오는 트래픽을 IIS가 수신 대기할 수 있게 방화벽 포트를 연다.

```
New-NetFirewallRule -Name "AspNet5 IIS" -DisplayName "Allow HTTP on
TCP/8000" -Protocol TCP -LocalPort 8000 -Action Allow -Enabled True
```

4. NanoPackage 공급자와 Windows 패키지를 설치하기 위해 다음과 같은 명령어를 실행한다.

```
Install-PackageProvider NanoServerPackage
Import-PackageProvider NanoServerPackage
Install-NanoServerPackage -Name Microsoft-NanoServer-Storage-Package
Install-NanoServerPackage -Name Microsoft-NanoServer-IIS-Package
```

5. 다음 명령어를 실행해 Nano Server를 다시 시작한다.

```
Restart-Computer -Force
```

이제 http://<IP 주소>로 접속하면 IIS의 기본 환영 페이지를 볼 수 있다. ASP.NET Core와 .NET Core는 수동으로 진행하는 단계가 필요하다. Windows 10과 같은 일반 컴퓨터을 이용해 https://go.microsoft.com/fwlink/?linkid=844461에서 .NET Core Windows 호스팅 패키지를 다운로드한 후 설치를 진행한다.

Windows 10 머신에서 Nano Server로 ASP.NET Core 모듈과 적절한 설정 파일을 복사하기 위해 다음 명령어를 실행한다.

```
Copy-Item -ToSession $session -Path 'C:\Program Files\IISExpress\
    aspnetcore.dll' -Destination C:\windows\system32\inetsrv\ -Force
Copy-Item -ToSession $session -Path 'C:\Program Files\IISExpress\
```

```
config\schema\aspnetcore_schema.xml' -Destination
C:\windows\system32\inetsrv\ -Force
```

Nano Server에 ASP.NET Core와 .NET Core를 설치할 때 사용할 설치 스크립트를
C:\learningwsc\chapter12에서 Nano Server의 C:\로 복사하기 위해 다음 명령어를
실행한다.

```
Invoke-Command -Session $session -FilePath C:\Install-AspNetCore.ps1
Invoke-Command -Session $session -FilePath C:\dotnetcore.ps1
```

C:\learningwsc\chapter12에서 Nano Server의 C:\sampleapp로 응용 프로그램 아티
팩트들을 복사하려면 다음 명령어를 실행한다.

```
Copy-Item -ToSession $session -Path "C:\sampleapp\" -Filter "*" -Destination
        C:\PublishedApps\AspNetCoreSampleForNano\sampleapp\ -Recurse -Force
```

Nano Server로 원격 세션을 만든 후 기본 웹사이트가 아닌 다른 포트를 사용하는
응용 프로그램용 IIS 신규 사이트를 다음 명령어로 생성한다. Nano Server에 포트
8000번이 열려있는지 Microsoft Azure 포털에서 확인한다.

```
Enter-PSSession -Session $session
Import-module IISAdministration
New-IISSite -Name "AspNetCore" -PhysicalPath C:\PublishedApps\
AspNetCoreSampleForNano\sampleapp\ -BindingInformation "*:8000:"
```

Nano Server에서 .NET Core CLI를 실행 시 알려진 문제점을 해결하기 위해 다음
명령어를 실행한다.

```
New-NetFirewallRule -Name "AspNetCore App Port 81 IIS" -DisplayName "Allow HTTP
on TCP/81" -Protocol TCP -LocalPort 81 -Action Allow -Enabled True
```

게시된 웹사이트는 http://<IP 주소>:8000로 접속될 것이다.

▌ PowerShell DSC를 이용해 구성 관리

필요한 상태 구성^{DSC, Desired State Configuration}은 Windows Server의 구성, 관리 및 유지 보수를 위한 기본적인 도구다. PowerShell DSC는 서버 구성에 대한 선언 방법론이다. 간단한 PowerShell 커맨드릿^{Cmdlet}을 이용해 서버의 상태를 원하는 바로 구성하는 데 DSC가 이용된다. PowerShell DSC는 역할/기능, 파일 시스템, 사용자/그룹, 그리고 소프트웨어 업데이트와 같은 표준 서버 구성을 도와준다. Nano Server 내의 PowerShell DSC는 추가 패키지다. DSC의 사용은 2단계로 진행되는데, 우선 MOF 파일로 변환할 PowerShell DSC 스크립트를 생성한다. 구성 프로세스 내의 단계에서 는 서버 구성용 MOF 파일을 사용한다. PowerShell DSC는 Nano Server의 로컬 또는 원격 호스트에서 실행할 수 있다.

Nano Server에서 어떻게 PowerShell DSC를 설정하는지 살펴보자.

1. 관리자 권한으로 실행한 PowerShell 창에서 WinRM을 이용해 Nano Server 에 연결한다.
2. 서버 내의 DSC 패키지를 설치하기 위해 다음 명령어를 실행한다(NanoServer-Package가 이미 설치됐다고 가정한다. 설치하지 않았다면 '패키지 관리' 절을 살펴보자).

```
Import-PackageProvider NanoServerPackage
Install-NanoServerPackage -Name Microsoft-NanoServer-DSC-Package
-Culture en-us
```

3. Nano Server의 PowerShell DSC에서 지원하는 명령어의 목록을 살펴보기 위
해 다음 명령어를 실행한다.

```
Get-Command -Module PSDesiredStateConfiguration
```

앞 절에서 Nano Server에 IIS를 설치했었다. 이제 PowerShell DSC를 사용해 Nano
Server에 Index.html 기본 페이지를 추가할 것이다. 다음 스크립트는 Index.html 페
이지를 추가하는 PowerShell DSC 스크립트를 보여준다.

```
Configuration NanoConfig
{
    Import-DscResource -ModuleName 'PSDesiredStateConfiguration'
    Node '<<IP 주소>>'
    {
        File Folder
        {
            Ensure="Present"
            DestinationPath="c:\inetpub\wwwroot"
            Type="Directory"
        }
```

```
    File HomePage
    {
        Ensure="Present"
        DestinationPath="c:\inetpub\wwwroot\index.html"
        Contents="<h1> Hello from Nano Server !! </h1>"
        Type="File"
        DependsOn="[File]Folder"
    }
  }
}
NanoConfig
```

이 명령어는 IIS 기본 루트 폴더가 있는지를 확인하고, 루트 폴더 내의 Index.html 파일을 만든다. 폴더의 존재 여부를 확인한 결과에 따라 파일 생성 단계 진행 여부를 결정한다. PowerShell DSC는 설치 또는 구성 간 종속성을 선언할 수 있다. <<IP 주소>> 부분을 서버의 IP 주소로 변경하고, C:\NanoConfig.ps1 이름으로 스크립트를 저장한다.

WinRM 세션에서 빠져나와 앞의 구성에 대한 MOF 파일을 만들기 위해 다음 명령어를 실행한다. MOF 파일은 DSC Engine이 이해할 수 있는 특별한 파일 유형이다. 각 MOF 파일은 특정 노드나 서버를 대상으로 한다. 이 구성을 호스트 컴퓨터나 Nano Server로 접속할 수 있는 원격 컴퓨터에서 실행할 것이다.

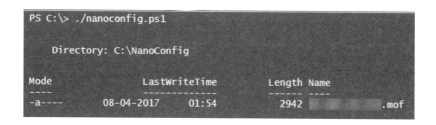

이 명령어는 C:\NanoConfig 폴더 내에서 구성의 이름을 의미하는 .mof 파일을 생성한다. Nano Server에서 DSC 구성을 적용하기 위해 다음 명령어를 실행한다(다시 한 번 Nano Server의 IP 주소로 <<IP 주소>> 부분을 바꾼다).

```
$cred = Get-Credential
Start-DscConfiguration -Path 'C:\NanoConfig\' -ComputerName '<<IP 주소>>'
-Credential $cred -Verbose -Wait -Force
```

다음 그림은 구성에 대한 자세한 로그를 보여준다. 샘플은 간단한 구성을 진행했지만,
PowerShell DSC는 한 번에 다수의 서버를 구성할 경우에 사용할 수 있고, 필요한
모든 유형에 적합하다. DSC는 풀Pull 또는 푸시Push 모델을 사용해 드리프트 관리를
처리한다. 예를 들어 누군가가 수동으로 Index.html 파일의 내용을 업데이트하면 차
후 DSC 구성이 실행될 때(이는 자동으로 진행) DSC는 파일 내용이 수정되지 않게 한다.
DSC 클라이언트는 Web Server로부터 구성을 주기적으로 끌어오게 설정할 수 있다.

웹 브라우저를 이용해 Nano Server의 IP 주소로 접속했을 때 다음과 같은 기본 HTML
페이지가 나타난다.

다음과 같은 DSC 기능은 Nano Server에서는 아직 사용할 수 없다.

- 암호화된 암호를 사용하는 MOF 문서의 해독
- **Pull Server**: Nano Server에 Pull Server를 현재 설정할 수 없다.

▌Nano 컨테이너

지금까지 Windows Server 2016의 설치 옵션 중 하나인 Nano Server에 대해 살펴봤다. Windows Server 2016은 windowsservercore와 nanoserver라는 2가지 형태의 기본 이미지를 갖고 있다. 앞의 장들에서는 기본 이미지로 Windows Server Core를 사용해 응용 프로그램을 만드는 것을 배웠지만, 이번 절에서는 Nano Server 기본 OS 이미지를 사용해 좀 더 작고 관리가 용이한 컨테이너 기반 응용 프로그램을 만들어본다. Nano Server 컨테이너는 Nano Server 버전뿐만 아니라 Windows Server 2016 전체 설치, Windows Server Core에서도 생성할 수 있다. 다음 순서로 Docker와 Nano Server를 설정해보자.

1. Nano Server로의 WinRM 연결을 생성하기 위해 다음 명령어를 실행한다. 프롬프트 창이 나타나면 Windows 계정 정보를 이용해 로그인한다.

```
$ip = "<<Nano Server의 IP 주소>>"
$cred = Get-Credential
Set-Item WSMan:\localhost\Client\TrustedHosts -Value $ip
Enter-PSSession -ComputerName $ip -Credential $cred
```

2. Nano Server에 Windows 컨테이너 기능을 설치하려면 몇 가지 중요한 업데이트가 필요하다. 해당 업데이트들은 다음 명령어를 통해 설치할 수 있다.

```
$sess = New-CimInstance -Namespace
root/Microsoft/Windows/WindowsUpdate -ClassName
MSFT_WUOperationsSession
Invoke-CimMethod -InputObject $sess -MethodName
ApplyApplicableUpdates
```

3. 다음 명령어를 통해 업데이트가 설치되도록 시스템을 다시 시작한다.

```
Restart-Computer
```

다음 명령어는 Docker를 설치하기 위한 OnetGet 공급자 PowerShell 모듈을 사용한다. 해당 공급자는 Nano Server에 컨테이너 기능을 사용하게 설정하고 Docker를 설치한다. 이 역시 다시 시작이 필요하다.

```
Install-Module -Name DockerMsftProvider -Repository PSGallery -Force
```

다음 명령어를 통해 최신 버전의 Docker를 설치한다.

```
Install-Package -Name docker -ProviderName DockerMsftProvider
```

이후 그림에서 Nano Server 가상 컴퓨터에 실행 중인 Docker를 살펴본다. 다음 명령어는 Docker Hub에서 Nano Server 컨테이너 이미지를 다운로드한다.

```
Docker pull microsoft/nanoserver
```

Windows Server 컨테이너에 관련한 Microsoft 공식 저장소와 달리 Nano Server 컨테이너에 대해서는 아직 공식 저장소가 없다.

Windows 컨테이너용 Nano Server 기본 OS 이미지의 좀 더 자세한 정보는 https://hub.docker.com/r/microsoft/nanoserver/를 살펴보자.

▌ 요약

Nano Server는 Windows Server 2016과 함께 제공되는 비입력 방식의 새로운 배포다. 적은 숫자의 패치 및 적은 다시 시작, 좀 더 나은 리소스 사용율 및 강화된 보안을 통해 Nano Server는 가장 가볍고 빠른 구성을 제공할 수 있게 새롭게 리팩터링된 버전이다. Nano Server는 어떠한 GUI 구성 요소도 갖고 있지 않으며, Windows 원격 관리를 통해서만 Nano Server를 관리할 수 있다. Nano Server는 Windows Server보다 약 93% 작은 VHD 크기, 92% 적은 중요 보안 권고 및 80% 이하의 다시 시작 확률을 제공한다. Nano Server는 Nano Server 설치 ISO, VHD 옵션을 이용해 Microsoft Azure, 또는 온-프레미스 환경에 프로비전할 수 있다. Nano Server 외부에 존재하는 역할 및 기능은 인터넷에서 다운로드하거나 Nano Server로 복사해야 한다. Microsoft는 또한 Nano Server에 대한 사용자 지정 이미지 생성기를 출시했다. Nano Server는 온라인 패키지 저장소를 통해 다른 온라인 저장소에 연결하거나, 사용 가능한 역할 및 기능을 설치, 다운로드할 수 있다. Microsoft는 또한 Nano Server를 포함한 Windows Server의 모든 배포 옵션에 사용할 수 있는 Windows 컨테이너용 Nano Server 기본 OS 이미지인 `microsoft/ nanoserver`를 제공한다. Nano Server는 PowerShell DSC, Chef 및 Puppet 같은 서버 구성 도구를 지원한다.

| 찾아보기 |

에이콘출판의 기틀을 마련하신 故 정완재 선생님 (1935-2004)

Windows Server Container 시작하기

Windows와 Docker의 새로운 만남

발 행 | 2018년 1월 2일

지은이 | 스리칸스 마히라지
옮긴이 | 백승주 · 김세준 · 최정현 · 최한홍

펴낸이 | 권 성 준
편집장 | 황 영 주
편 집 | 조 유 나
디자인 | 박 주 란

에이콘출판주식회사
서울특별시 양천구 국회대로 287 (목동)
전화 02-2653-7600, 팩스 02-2653-0433
www.acornpub.co.kr / editor@acornpub.co.kr

한국어판 ⓒ 에이콘출판주식회사, 2018, Printed in Korea.
ISBN 979-11-6175-097-2
ISBN 978-89-6077-210-6 (세트)
http://www.acornpub.co.kr/book/windows-server-containers

이 도서의 국립중앙도서관 출판시도서목록(CIP)은 서지정보유통지원시스템 홈페이지(http://seoji.nl.go.kr)와
국가자료공동목록시스템(http://www.nl.go.kr/kolisnet)에서 이용하실 수 있습니다.(CIP제어번호: CIP2017034387)

책값은 뒤표지에 있습니다.